诗仙 李白在济宁

太白湖畔话李白

张自义 ◎编著

中国文史出版社

图书在版编目（CIP）数据

　　诗仙李白在济宁 / 张自义编著 . -- 北京：中国文
史出版社，2021.9
　　ISBN 978-7-5205-3337-9

　　Ⅰ . ①诗… Ⅱ . ①张… Ⅲ . ①李白（701-762）—生
平事迹 Ⅳ . ① K825.6

　　中国版本图书馆 CIP 数据核字（2021）第 223037 号

责任编辑：梁　　洁
装帧设计：路　　然

出版发行：中国文史出版社

社　　址：北京市海淀区西八里庄路 69 号　邮编：100142

电　　话：010-81136606 81136602 81136603（发行部）

传　　真：010-81136655

印　　装：山东成信彩印有限公司 0537-2379999

经　　销：全国新华书店

开　　本：1/16

印　　张：33.5

字　　数：282 千字

版　　次：2023 年 2 月北京第 1 版

印　　次：2023 年 2 月第 1 次印刷

定　　价：98.00 元

序 一

济宁太白湖新区党工委书记

《诗仙李白在济宁》业已告竣，即将付梓，值得祝贺。

在党的十九大报告中，习近平总书记提出："没有高度的文化自信，就没有中华民族的伟大复兴。"由此可见，文化自信对我们所承担的时代使命具有非常重要的作用。刊行此书，既是太白湖新区坚定文化自信，弘扬中华优秀传统文化的有力举措，也是深入挖掘本地优秀传统文化资源的重要成果。它的出版，对于充分反映新区独特的历史文化，以及借助历史文化品牌之力推动地方经济社会发展，都具有十分重要的意义。

太白湖新区位于济宁城区南部，北临古任城，南衔微山湖，于2008年2月批准设立，辖区面积133平方公里。新区成立虽晚，但这方土地却承载着绵延不绝的悠久历史。据记载，明万历三十三年（1605）黄河决口，南阳湖（即微山湖北端）数千亩涝洼地被洪水冲刷，形成湖泊，即太白湖（原名北湖）的前身。20世纪70年代，为发展水产养殖业和稻改蓄水，当时的人民公社组织人工开挖，在微山湖北部筑堤围湖，形成今天的太白湖水域。1996年，山东省人民政府批准设立北湖省级旅游度假区，成为鲁西南第一家省级旅游度假区。2009年，济宁城市规划获省政府批复，北湖省级旅游度假区（今太白湖新区）被正式确定为城市发展的主中心。2013年，为纪念李白，北湖更名太白湖。据记载，唐开元二十四年（736），李白携妻女自湖北安陆迁居济宁，至59岁时（759）方才离开，诗留百篇。其在《任城县厅壁记》中提到的"白衣尚书之旧里"的白衣尚书，即东汉郑均（《后汉书》卷二十七《郑均传》："帝东巡过任城，乃幸均舍，敕赐尚书禄以终其身，故时人号为'白衣尚书'。"）。据考证，郑均当时所居就位于太白湖新区的李集村，今建有白衣尚书纪念馆，以示纪念。故太白湖新区有"青莲居士故地，白衣尚书旧里"之誉。除此之外，古老的京杭运河从此穿境而过，灿烂的运河文化同样也在滋润着这方土地。从元代至元二十六年（1289）开始，到至正元年（1341）止的53年间，在北起临清，南至沽头（今属江苏沛县，沛县在元代隶属济州）长约700里的山东运河主航道上，先后共建船闸31座。其中，南14闸中的赵村闸、石佛闸、辛店闸、新闸皆在太白湖新区。《清实录·康熙朝实录》载，康熙皇帝六次南巡，来回共七次由水路过石佛闸，并于康熙二十八年三月戊寅（1689年3月31日）第二次南巡回程时，在石佛闸停留召见意大利传教士利国安；于康熙四十四年四月己酉（1705年5月14日）第五次南巡回程时，在石佛闸驻跸。《清实录·乾隆朝实录》载，乾隆皇帝六次南巡，来回共三次由水路过石佛闸。

太白湖新区这方秀外慧中、诗材丰厚的诗歌沃土，曾令众多诗人流连忘返，留下了泻珠迸玉的诗词佳作。宋代李纲的《济州西湖》一诗，不仅描摹了"渺渺澄湖望不穷，画船曾驻夕阳中"的湖上夕照，还叙述了"玉箫吹彻游人醉，十里荷香送晚风"的氤氲烟火。明代黄省曾在《新闸晓行一首》中感叹"绿流沿翠鹢，红日起杨堤"之余，也触发了诗人"长天芳草岸，犹使客心迷"的流连之意。清代诗人瓜尔佳法良写于石佛寺的《石佛闸夜起纳凉》，不仅有"游子衣频视，床头剑漫凭"的思乡情切，更有"乡园渺何处，无那客心仍"的楚客之悲。如此等等，华章迭出，令人神往不已。

抒情为诗，放言成歌。当历史的风烟散尽，太白湖新区这方深沉厚重的土地，在"二次创业"生动实践的风云激荡里，从一个人烟稀少、冷清萧条的"荒凉之地"变成项目林立、市场活跃、配套一流、生态宜居的"一方热土"，到处焕发着新时代的勃然生机。党的建设、经济建设、社会事业飞速发展，走在了全市前列。雄厚的社会和经济底蕴，为新区的文化兴盛奠定了坚实的基础。市体育中心、市文化中心（市图书馆、市博物馆、市美术馆、市群艺馆）、市金融中心次第迭现，一座孕育于深厚文化底蕴之上的现代新城正闪耀着现代文明的熠熠光辉。今天的新区，安详的河湖碧透流清，街区的花木停僮葱翠，每棵树都向阳而生，每盏灯都温暖明亮，每个人都人心向暖。我们发现，新区本就是一个诗意十足、韵味十足的诗的世界。无论是前贤名士的诗词，还是当代才俊的佳作，都让我们触景生情，除了几许沧桑的感怀，更多的是对这块土地深深的眷恋和敬重。

怀古以励志，掩卷当奋发。目前，在全区人民以习近平新时代中国特色社会主义思想为指导，加快推进"二次创业"的征途中，编辑出版这本《诗仙李白在济宁》，恰逢其时。此书付梓前，先生张公自义嘱我作序。因政务缠身，曾一再推辞先生雅意，但仍难辞尊命。我于 2015 年 8 月到太白湖新区履职，朝乾夕惕，孜孜不倦，至今匆匆六载，亲历了新区浴火重生的蝶变。回望来路，感慨万千。为不负重托，又出于对太白湖新区这方厚土的热爱，爰陈芜辞，以为序言。

二〇二一年八月

序 二

曾繁仁

　　张自义仁兄告知他最近一直在做李白齐鲁诗踪的研究，并已经出版了《李白畅游齐鲁诗踪》一书，即日就将此书寄了过来。并告我他还在此基础上做了《诗仙李白在济宁》的研究，并将提纲发了过来，嘱我写一个序言。我本人是做理论研究的，李白研究不是我的专长，但自义所嘱我欣然应诺。自义与我是前后同学，毕业后在一起朝夕相处整整十年，我们谈理想，谈人生，谈文学，切磋学问，常常至深夜仍兴致盎然。我与自义是非常密切的朋友与同事，经过了波浪起伏的"文革"十年，自义对我照扶良多，情义永记心间。现在看到自义从领导岗位退下以后，做了李白山东诗踪研究这么一件非常有意义的事情，自己应该有所响应。我想自义此举有这样几个意义。

　　第一，深入研究李白山东行旅与诗踪是对于李白研究的细化与深化，也是李白研究的新贡献。

　　众所周知，唐诗是我国文学艺术的高峰，也是世界文学艺术的奇葩，特别是李白与杜甫，成为诗仙与诗圣，是中华民族的骄傲。李白以其气吞山河、一泻千里的豪放诗风震撼诗坛，成为盛唐时期

5

开元盛世的艺术写照，也成为中国诗歌艺术难以企及的高原。李白仅仅活了62年，但却有20余年生活基地是山东，即东鲁之地。李白的东鲁行旅、东鲁诗踪，成为李白研究的重点之一，因为从公元736年至756年恰恰是李白壮年之时，是他最有活力的20年，而且是"安史之乱"以前的时期，正是李白诗歌最为兴盛之时。但学术界对于这一段的细化与深入研究却不是很充分。自义的研究就补上了这一缺憾，价值意义自不待言。

第二，深入研究李白山东行旅与诗踪对于山东与济宁地方文化研究具有重要价值意义。

李白尽管在唐代不是达官贵人，但在诗坛已经具有很高的名望，"李白斗酒诗百篇""笔落惊风雨，诗成泣鬼神""兴酣落笔摇五岳，诗成笑傲凌沧州"，因此当贺知章初见李白时即称之为"谪仙人"。这样一位文化名人之所以选择在其盛年以山东东鲁为生活基地，除投亲友的原因之外，还与山东，特别是东鲁的地理与社会环境密切相关。东鲁之地物阜民丰，民风淳朴，有泗、汶、洸、济运道，交通四通八达，为唐时的繁华之地。在文化上，东鲁济宁，是儒家思想的发源地，是中国文化的中心。由此，李白选择东鲁作为生活基地，在此结婚生子，游览考察，留下壮美的诗篇。李白与杜甫在此地"醉眠秋共被，携手日同行"，结伴赏游，留下了闪光青史的活动足迹，也给诗坛留下美的佳话。因此，研究李白东鲁行旅与诗踪对于深入研究山东，特别是东鲁之地的文化传统，发掘其文化资源，充实地方文化与旅游业的文化内涵，意义重大。

第三，深入研究李白的山东行旅与诗踪，也是自义晚年生活价值的重放光彩。

自义兄在山东大学中文系学习整整五年，当时家境贫寒，生活极为艰苦，但自义始终坚持不懈，学习极为努力，成绩优秀，从而留校任教，一待十年。本来即将迎来业务的曙光，但家庭负担实在难以为继，不得不回家乡工作。我们师兄弟与他本人均充满遗憾。说实在的，我们师兄弟里自义是较有文采的，也喜欢文学，尽管从政也做得不错，但遗憾总是存在。这次李白山东行旅与诗踪研究，真的是自义找到了当年做学问的感觉，而且极有价值意义。应该祝贺自义，希望他沿着地方文化之路走下去，耄耋之年照样可以有所作为。

写了以上一些话，算是对于自义大作的序言，也代表了我对于自义的祝福，在自义这样的地位与年龄还在学术研究中有所作为，令人钦佩，由此表达老朋友的由衷敬佩之情！

2021 年劳动节写于济南寓所

曾繁仁，1964 年毕业于山东大学中文系，曾任山东大学党委书记，山东大学校长。在生态美学、审美教育与西方美学方面长期从事研究工作，是全国著名的美学家。曾任教育部学位委员会中文学科评议组召集人、教育部艺教委常委、全国高教学会美育专业委员会会长。现任山东大学终身教授、讲席教授、教育部社会科学委员会成员、文学语言新闻艺术学部召集人之一、教育部人文社科研究基地山东大学文艺美学研究中心学术委员会名誉主任。

目　录

李白其人　寓家济宁

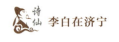

诗酒英豪　醉歌济宁

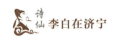

# 李白其人　寓家济宁

李白生于唐武后长安元年（701），卒于代宗元年（762），一生经历了唐玄宗开元、天宝的"盛世"和安史之乱。

关于他的出生地，有许多记载，多数人认为出生于中亚碎叶（今吉尔吉斯斯坦托克马克附近），当时属唐朝安西都护府。

五岁时随父亲迁居绵州昌隆县，即今四川江油市。在四川度过了童年、少年和青年时期。

开元十二年，李白24岁，他认为"大丈夫必有四方之志，乃仗剑去国，辞亲远游"。此一出游，再也没回过四川。他"南穷苍梧，东涉溟海"，在长江中下游一带漫游。

开元十五年，李白27岁，入赘安陆许氏，与高宗时宰相许圉师的孙女成婚。他在《代寿山答孟少府移文书》中写明他辅佐帝王，"济苍生""安社稷"然后功成身退的抱负和理想。这个时期，他"遍干诸侯"皆无果。

开元十八年，李白30岁，第一次入长安，"历抵卿相"，乃处

处碰壁，这次长安之行失败而回。

开元二十四年，李白36岁，移家东鲁。

天宝元年秋，李白奉诏入朝，为二入长安。开始，玄宗召见金銮，优礼有加，命为供奉翰林。但李白被人妒忌，遭人谗谤，致使皇帝与之疏远，并以"非廊庙器"为由"赐金还山"。李白怀着怨愤和悲痛的心情回到东鲁家中，为求得精神上的解脱，便借助宗教来麻痹他受巨伤的心灵。

天宝三载秋天，李白、杜甫相遇梁（开封）、宋（商丘），人们誉为"两曜"相遇。当时诗人高适也在梁、宋，三位大诗人同登吹台，慷慨怀古，又同游"梁孝王都"的宋州，在单父（今山东单县）孟诸泽纵猎。

次年春天，李、杜在兖州相会，同在泗水边赏春，夏天，李、杜一齐到济南与北海太守李邕、高适等相会，济南（当时为齐州）之会也是诗坛两曜和众星相聚的盛事。同年秋天，李、杜在兖州同访城北范居士，"醉眠秋共被，携手日同行"，亲如兄弟，情谊笃深。李、杜在梁、宋、单父、齐州（济南）、兖州等地相会，确是文坛佳话，也是中国诗歌史上值得纪念的日子。

天宝十二载早春，李白从幽州回到河南后，随即又有三入长安之行。到长安后，报国无门，无奈，怀着沉痛心情离开京城。这年秋，李白南下宣城。

天宝十四载（755）十一月，安史之乱爆发。天宝十六载正月，李白避乱于庐山，永王璘派人上山聘请李白参加了永王军幕，不料却坠入统治者争权夺位的旋涡，竟以"附逆作乱"的罪名入狱，被判"长流夜郎"，幸后遇赦放还。李白放还后，还有东山再起的幻想，无奈年老多病，于宝应元年（762），62岁，卒于安徽当涂。在他的绝命诗《临终歌》中，仍以大鹏自喻："大鹏飞兮振八裔，中天摧兮力不济"，他为自己的理想未实现而抱恨终生，留有遗憾，但是对自己的诗歌将传之不朽作了豪迈的预言。李白留下的一千余首诗，是中华民族宝贵的精神财富。

生于盛唐

　　李白是中国古代最伟大的浪漫主义诗人，是无与伦比的一代诗仙，他以独特的成就，把中国的诗歌艺术推上了顶峰。一棵参天的大树，有赖于生存的肥沃土壤和气候。伟大的天才诗人李白，他的横空出世，有赖于盛唐的肥沃土壤和气候，也就是盛唐的社会环境。这个社会环境，包含着物质方面、精神方面，还有制度方面，杂糅在一起，似春风春雨，培育李白成为时代的歌手，时代的骄子，时代的惊雷，时代的闪电，他的光焰照亮了诗歌艺术的天空。盛唐的背景是什么样子，下面加以说明。

　　一、经济繁荣，社会安定。关于盛唐经济繁荣的局面，很多文献都有记载，如"人家粮储，皆及数岁"（元结《问进士》三）；"四方丰稔，百姓殷富……路不拾遗，行者不囊粮。"（郑綮《开天传信记》）杜甫在《忆昔》里写道："忆昔开元全盛日，小邑犹藏万家室。稻米流脂粟米白，公私仓廪俱丰实。九州道路无豺虎，远行不劳吉日出……"这说明老百姓安居乐业，物资丰富。盛唐时，社会安定，交通方便。在全国范围内，水路交通便捷。除固有的黄河、长江等水道外，隋炀帝开通运河，起到了沟通南北的重要作用。唐人往南方去，从黄河乘船至汴州，转入运河到南方各地。唐时陆路交通也极为便利，道路四通八达，加之社会富裕，出门漫游甚为通畅。据《通典》卷七《食货》载："东至宋、汴，西至岐州，夹路列店肆待客，酒馔丰溢。每店皆有驴赁乘，倏忽数十里，谓之驿驴。南诣荆襄，北至太原范阳，西至蜀川、凉府，皆有店肆以供商旅，远适数千里，不持寸刃。"如此优裕的物质基础，方便的水路交通，到处的店肆待客，为盛唐诗人的物质生活和外出漫游提供了优越的条件。

二、政治的开明、开放。盛唐时，在民族、宗教和吸收外来文化方面，体现了宽容和四海一家的情怀。先介绍李唐皇室与鲜卑族的关系。自从孝文帝拓跋宏极力倡导推动鲜卑族和汉族通婚，一个血缘上的融合过程也全面展开，这不仅是生命意义上的融合，而且是政治意义上的融合。大唐皇家李氏，正是鲜卑族和汉族混血的结晶。据余秋里《中国文脉》中《走向大唐》一文说："唐高祖李渊和唐太宗李世民的生母都是鲜卑人。李世民的皇后也是鲜卑人。结果唐高宗李治的血统四分之三是鲜卑族，四分之一是汉族。"（参见王桐龄《中国民族史》）李唐皇室这一特殊情况，自然在民族政策上有区别于其他朝代的地方，唐太宗提倡胡汉一家，设法消除民族之间的隔阂，太宗说："自古皆贵中华，贱夷狄，朕独爱之如一，故其种落皆依朕如父母。"（《资治通鉴》卷198）就是说胡人汉人不分彼此，一样地爱抚。在具体措施上，在选拔将官和人才上，一视同仁，如少数民族中的尉迟敬德、阿史那社尔、契苾何力等，都曾担任过重要的职位。还提倡各种民族杂居，可以相互之间通婚，尊重少数民族的风俗习惯，包容少数民族的宗教等。

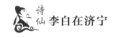

唐朝的这一民族政策，形成和谐宽松空气，大大推动民族间文化交流，有力促进民族间的融合，对各种人才包括诗人、艺人的成长，提供了极为肥沃丰厚的沃土。

唐王朝对宗教信仰也采取宽松包容的态度。儒家在唐朝的地位不断提高，并允许在民间立私学以弘扬儒家学说。玄宗崇道更甚于尊儒，在科举中设立了关于"道"的科目。同时也尊重佛教，包容、尊重异族的一些宗教。这样就出现儒、道、佛三教并用，三教圆融的新局面，思想界出现比较自由的气氛，这是形成盛唐气象的不可忽视的原因之一。

三、南北学风的融合及多种文化的交流。 从历史文化发展角度看，盛唐有两个明显的特点。一是南北文化的交融。东晋之后，中国历经200余年分裂和战乱，在这期间，南北文化呈现出明显的差异。南方喜庄老，尚清谈，注重抽象名理的辩论；北方流行汉儒的经学，注重人的行为准则。南方文风华靡，北方文风质朴；南方文风柔婉，北方文风阳刚；南方文化"贵于清绮"，北方文化"重乎气质"。很显然，单一的南方文化或单一的北方文化，都有局限性，如不融合就不能蔚为大观。隋统一全国及大运河的开通，已开始南北文化的互补过程。唐继隋之后，经过太宗的贞观之治，大大促进南北文化的交融，南方柔婉与北方阳刚进行互补，各去所短，合其两长，则"文质彬彬，尽善尽美矣"。一种融合了南北文化之长的、与唐帝国政治经济形势相适应的新文化达到一个新的高度，盛唐气象正是这种富有深厚内涵的新文化的升华。如果说战国是一个百家争鸣的时代，那么盛唐就是一个百花齐放的时代。李白、杜甫等众多诗人带着自己的浪漫与豪情，在大江南北、黄河两岸、边境军塞、沙漠草原，都留下壮美的诗篇，都留下充满豪情的战歌。二是中外文化的交流。当时的中国是世界上最强盛的国家，当时的长安是世界上最大的国际都会。如长安、洛阳、扬州、广州等大都市，都是中外文化交流的地方。南北文化的交流，中外文化的交流，开阔了诗人们的胸襟，拓展了他们的眼界，升华了他们的意境，这对盛唐气象的形成必然起到积极的作用。

四、唐代尊重人才，多种途径招揽人才。通过科举考试、地方官吏举荐、呈献辞赋、特殊技艺、隐居养望等办法，招揽大批人才，从而打破了门阀氏族垄断政治的局面，使大批中下层庶族文人登上政治舞台。同时，文化也从少数士族文人中转移到中下层庶族文人手中。这批在唐朝成长起来的新人，有丰富的生活阅历，比较了解群众的疾苦，了解社会的实际情况，他们有知识、有能力、有见识、有理想，敢于冲破旧的框框，开拓出新的局面。盛唐文化实际是这批人和广大群众创造出来的，盛唐气象也是他们这批人的气象。

唐朝皇帝们特别提倡和热爱诗歌，有的还亲自写诗。唐诗的兴盛，是与皇帝的提倡和身体力行分不开的。中国人有"唯上"的传统，"所谓上有所好，下必甚焉"，所谓"楚王好细腰，宫中多饿死"，说的就是这样一个道理。帝王既然爱诗，就会对下层的文士们有极大的影响。举几个例子：唐太宗李世民，励精图治，治国有方，在日理万机的情况下仍挤时间写诗，在《全唐诗》中，保存99首。女皇武则天也热爱诗，自己也写诗，并在东都洛阳组织有名的传为佳话的诗歌锦袍赛。据《唐诗纪事》记载：武则天率文武百官到洛阳的龙门香山寺游览，在兴致很浓的时候，把群臣叫在一起，令他们以此次游览写诗一首。当时有个叫东方虬的首先写完献了上来。武则天读完，还较满意，于是把锦袍赏给了他，众人一片羡慕的目光。不一会儿，宋之问的诗也递上来了，他不仅写出了和煦的春色，优美的风景，还巧妙而含蓄地奉承了武则天，使得这位女皇心花怒放，于是把东方虬手中的锦袍要了回来，赐给了宋之问。以高下优劣进行赏赐，由此带动了宫中创作诗的风气。到唐中宗时，中宗在原有的文学馆之外，于景龙二年另立修文馆，他在馆内与诗人们一起作诗、吟诗，他认为这是一件乐事。

到了盛唐，与李白、杜甫同一个时代的玄宗，他比任何一个皇帝都更像诗人，以前皇帝的道教顾问司马承祯离京时，送的礼物是金玉宝物，而玄宗却送一首诗为赠物，诗虽没有什么实用价值，但皇帝的诗却贵于金银，是一种巨大的荣耀。州牧官上任、大臣出使，明皇都送诗，甚至连刺史一级的也赠诗。刺史级的赠诗内容都是勤政爱民的道理，其诗水平不算高，但全国刺史级官吏人手一份，其影响和鼓舞作用是巨大的。

中唐以后的帝王不论会不会写诗，也都是诗迷。王维的弟弟王缙是代宗朝的宰相，王维去世以后，代宗就对王缙说，你的哥哥在"天宝中诗名冠代"，我曾经听过他奏的乐章，现在不知道他还剩有多少诗篇，你回家把它整理一下，都给我送来。王缙回答说：原有上千篇，但天宝事变以后大部分散佚了，从家中和亲朋那里收到的，只有400来篇。第二天，王缙把诗稿全都献了上去。代宗非常珍爱，特别褒扬了王缙。唐文宗也爱诗，尤其喜欢卢纶的诗，可是手头上卢纶诗不是全本，于是专门派人到山西永济卢纶家中去寻找，最后得诗500多首。文宗还曾经设置诗博士，后因大臣们的劝阻而作罢。他很尊重诗人，甚至到了不愿让别人直呼诗人名字的地步。这样的实例很多，不再一一列举。

从以上四点可以看出，在唐代特别是盛唐，由于那时国家统一，经济繁荣，政治开明，文化发达，南北文风融合，对外交流频繁，社会充满自信，中华大地才能处处有诗的咏唱。这种局面不仅是唐朝的高峰，也是中国封建社会的鼎盛时期。盛唐涌现出以李白、杜甫等为代表的一大批诗人，他们以诗歌的时代风格、昂扬的时代精神，共同开辟了一个博大、雄浑、深远、超逸、充满活力、充满创造愉悦的崭新的黄金时代，那时国势之强盛，气象之恢宏，不但在中国历史上是一个亮点，放到世界历史上也是值得我们骄傲的辉煌。

本家陇西人　　先为汉边将

李白的家世

李白自己说：白，陇西布衣，流落楚汉。（《与韩州书》）

本家陇西人，先为汉边将。（《赠张相镐二首》其二）

陇西是秦汉时郡名，治所在今甘肃临洮县南，当时称"狄道"。陇西是李姓郡望，所谓郡望就是在这一郡中显贵的世族，世居此郡为当地所仰望。唐人喜欢以郡望称其姓氏，所以大都承认陇西是李白的籍贯。李白又说他的祖先是"汉边将"，汉边将即是西汉时号称飞将军的李广。李广是陇西成纪（今甘肃秦安）人，所以李白自称陇西，实际上指陇西郡成纪县。李广离李白的年代太久远了，说李广是自己的祖先，可能是想炫耀自己的身份而随便说说。可李白又说他是东晋安帝时据河西五郡的凉武昭王李暠（hào）的九世孙。这个材料出自李阳冰的《草堂集序》。《序》中说："李白，陇西成纪人，凉武昭王暠九世孙。"李阳冰与李白为同时期人，李白称他为族叔。唐代宗宝应元年（762），李阳冰在安徽当涂县当

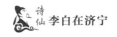

县令。此时李白已 62 岁，身体多病，穷困潦倒，就投奔族叔李阳冰。在病床上，李白自感不久于人世，便将自己身边保留的手稿交给族叔，并拜托他为自己的诗编集作序，即《草堂集序》。《序》中关于李白身世的说法，应该是李阳冰从李白那里听到的，算是第一手资料。

李白为李暠九世孙的材料还出自范传正的《唐左拾遗翰林学士李公新墓碑》：

公名白，字太白。其先陇西成纪人。绝嗣之家，难求谱牒，公之孙女搜于箱箧中，得公之亡子伯禽手疏十数行。纸坏字缺，不能详备，约而计之，凉武昭王九代孙也。

这个碑文大意是，李白字太白。其祖先为陇西成纪人。因无男嗣承续，为绝嗣人家，所以找不到家谱。李白的孙女在箱子里找到李白亡子伯禽手写的十几行字，由于纸坏字缺，不能全看清楚，但能看清楚李白为"凉武昭王九代孙也"。范传正也是唐代人，晚于李白 50 年左右。范传正的父亲范伦是李白的好朋友，两人来往有诗酬答（诗已失传）。李白去世 50 多年后，范传正做宣州、歙州、池州的观察使，他很仰慕李白，先找到李白的墓，又寻访到李白的两个孙女，其孙女从箱子中找到她父亲手写的残缺不全的几张纸。看来这个材料是李白告诉儿子伯禽记录的，也同李白口述一般。从李阳冰、范传正两人的材料得知，李白为李暠九世孙的可信度是很高的，而这一说法与李白自称陇西同出一源，并不矛盾。

汉代飞将军李广的后裔有一支定居陇西成纪，李暠是李广的十六世孙。他在敦煌、酒泉一带拥兵自立，号为凉公，死后国人加谥号为武昭王。

李唐皇帝们的祖先也是李暠，唐高祖李渊就是李暠的七世孙，唐玄宗李隆基是李暠的十一世孙，而李白为李暠的九世孙，这不仅与皇帝同宗，而且辈分很高，唐玄宗得称李白族爷爷。可在李白与皇室贵族交往的诗文中，他们常常以族叔、族兄、族弟、族侄等称呼对方，从中看到，李白将自己辈分排得很低，有时降一辈，有时降两辈以至四辈。李白本身与李阳冰是同辈，但是他却称李阳冰为族叔，把自己降低一辈。出现这种乱辈的现象，因为在迁移中族谱的丢失，无据可查，而不能准确地按辈分称呼对方。

据李白在《上安州裴长史书》中的自述，李暠去世之后，他的八子李歆即位，当地一个军阀沮渠蒙逊势力较强，李歆被其击败。李歆之弟李恂，自称冠军将军、凉州刺史，后来也被沮渠蒙逊所杀。就在这个时候，李白先祖的这一支流落到长安渭水一带，到了李白六世祖的时候，又迁徙到了碎叶城，李白就是在碎叶城出生的。之后，李白跟随父亲迁徙到四川。从碎叶到四川，千山万水，长途跋涉，克服艰难险阻，家谱丢失的可能性非常大。所以即使李白清楚是凉武昭王李暠的九世孙，因没有族谱、家谱为据，也无法论辈分的大小，很容易发生混淆。因无族谱、家谱，缺乏文字的证明材料，所以一直没有与唐王室建立合法的宗亲关系，没能够由唐朝宗正寺编入谱牒，没有入皇室宗亲的名籍。其实李白是有机会"列入宗正寺，编入属籍"的，唐玄宗天宝元年（742），玄宗听从官员李彦允的建议将李暠之后列入宗正寺，凡列入者都是皇室宗亲。当时李白就在长安，并得到唐玄宗的器重，而他在天宝三载离开长安后，找到李彦允一同去北海学道，说明二人的关系密切。如果有家谱、族谱或其他过硬的证明材料，是能够列入宗正寺的。

学界有人认为李白不是李暠的后代，而是出于某种政治目的攀附皇亲，假托李暠之后，抬高自己的门第。多数专家认为，李白假冒攀附的可能性不大，因为李白在世的时候，与那些皇室贵族有密切的交

往，诗文中常常称兄道弟、论资排辈，没有任何人质疑，也从没有任何人揭露、告发李白的假冒行为。再者，从李白一贯傲岸、蔑视权贵的性格看，他完全没有必要捏造一个辉煌虚假的先祖，何况冒充与李唐天子同宗，那是要犯杀头之罪的。因此，多数专家学者认为，只能暂且相信李白是李暠九世孙的自述。

李白的出生地

李白出生于什么地方，学界说法不一，有的说他生于四川，有的说他生于中亚碎叶，还有的说他生于今新疆库尔勒焉耆自治县一带，还有的说生于长安。在这些观点中，最具有代表性的有两种，一是四川江油，二是中亚碎叶。

认为李白生于四川者，主要依据材料是李阳冰《草堂集序》中的一段文字："神龙之初，逃归于蜀，复指李树而生伯阳。"这段叙述文字的次序，是说先逃归，再说李白出生。另一根据是魏颢的《李翰林集序》："白本陇西，因家于绵。身既生蜀，则江山英秀。"这两个人，李阳冰李白称之为族叔，在李白病重时托付他出集作序；魏颢是李白的崇慕者，李白很信任他。按说这二人说的话、写的文，应是第一手材料，有一定的可信度，但生于四川的说法，与李白本人说法存在矛盾。李白在《为宋中丞自荐表》中说："臣伏见前翰林供奉李白，年五十有七。"这个自荐表作于唐肃宗至德二载，也就是公元757年。据此推算，李白出生于武则天武周时期的大足元年，也就是公元701年，到神龙年间李白已经五岁了，这就与李阳冰、魏颢等人说法矛盾，看来，李白出生于四川的观点是存疑的。

李白出生于碎叶的说法主要来自中唐文人范传正《新墓碑》中的一段文字："公名白，字太白……隋末多难，一房被窜于碎叶，流离散落，隐易姓名。"此材料来自李白儿子伯禽的手疏，伯禽是记录他父亲的话，绝不是他随意编造的。因而李白出生于碎叶的说法更可靠些。郭沫若认为李白生于中亚碎叶。碎叶当时是汉胡客商杂居之地，郭沫若认为李白的父祖辈为西域富商。李白一家是"神龙之初逃归于蜀"的，神龙元年（705），李白已经五岁，所以李白出生于中亚碎叶。碎叶城现在已经不属于中国境内，而是在吉尔吉斯斯坦共和国首都比什凯克以东的托克马克附近，现在还有一个碎叶城遗址。

高冠佩雄剑　倒披紫衣裘

李白的相貌

　　李白是中国文学史上最伟大的浪漫主义诗人。因李白在济宁寄家数十年，济宁人一提李白便引以为傲。为纪念这位伟大的诗人，还建立了"太白楼"。李白长得什么样？形象如何？没有流传下来他生前的画像，对李白的模样没有明确的记载，读者只是从他本人诗文中和他朋友的记述中有个大概的印象。

　　太白楼上有尊李白的塑像，仰首远望，器宇轩昂，表现了李白豪放、洒脱、睥睨权贵的气度，这是今人从李白诗文中揣摩塑造的形象。

　　李白同时代人对李白相貌和气度有点滴的记述。

　　李白同时代有个青年叫魏颢，他特别崇拜李白。为找李白，他从王屋山出发，经嵩山到梁园（开封、商丘），没有找到，又奔向东鲁（任城、兖州），亦没有见到李白，旋即奔赴江浙，辗转吴地、越中，再到南京、扬州，历时一年，行程三千里，总算在扬州找到了李白。李白很感动，也很信任魏颢，就把身边的诗文稿全交给了他。魏颢把李白诗文整理成集，"集子"前面写了个小序，即《李翰林集序》，《序》中对李白的相貌有几点描述：李白的眼睛"眸子炯然，哆如饿虎"，是说李白的眼睛明亮，炯炯有神，大得像饿虎眼睛似的。

李白另一好友崔宗之在赠《李十二白》诗中写道，"双目光照人，词赋凌子虚"，也是说李白两眼光彩照人。魏、崔二人见过李白，他们的描述应该是较为真实的。

李白的身材

李白在《与韩荆州书》一文中，自述："身不满七尺，而心雄万夫。"唐时的"七尺"，换算成今天的尺寸，即一米七左右。李白的身材不算高，但他心气豪迈，藐视群雄。

李白的服饰

李白喜欢穿紫袍子，在金陵（南京）时，脱下紫袍去换酒喝，"解我紫衣裘，且换金陵酒"（《金陵江上遇蓬池隐者》），又曾"草裹乌沙巾，倒披紫衣裘。两岸拍手笑，疑是王子猷"。即是说他草草地披上黑头巾，倒披紫衣裘，去拜望朋友，两岸人拍手笑他，好似晋代那位雪夜访友，高兴而去，尽兴而归的王子猷呢！

李白时常带着剑，北大教授王瑶先生在《李白》一书中这样写道："他生平常常把剑带在身边。遇着酒酣或有感慨时，就抚剑扬眉，起舞吟啸，来寄托他的抱负。崔宗之说他'袖有匕首剑'，他自己也说'高冠佩雄剑''锦带黄龙泉'，又说'醒来脱宝剑，旅憩高堂眠'，可知剑是常佩在他身边的。"看来李白佩剑不仅是饰品和武器，也是他豪情壮志的象征，悲愤情绪的寄托，他一生与剑有缘，对剑十分有感情。

李白的气度

李白见到著名道教大师司马贞时，司马贞说李白"有仙风道骨，可与神游八极之表"，即说他仙风道骨，器宇不凡，可以一同遨游云天宇宙。李白第一次入长安，著名诗人贺知章一见到李白，惊叹他是"谪仙人"，不同凡俗之人。这些都说明李白的气质飘逸、孤高、超俗。

李白善言辞，其友人崔宗之在《赠李十二白》中说："清论既抵掌，玄谈又绝倒。分明楚汉事，历历王霸道。"是说李白一边滔滔不绝，高谈阔论，一边拍手大笑，做手势，很熟悉楚汉的历史故事，历述王道霸道之事。

李白本家弟弟李令问喝醉酒问他："兄心肝五脏皆锦绣耶？不然，何开口成文挥翰雾散。因抚掌大笑，扬眉当之。"（《冬日于龙门送从弟京兆参军令问之淮南觐省序》）其意是：哥哥的心肝五脏都是锦绣吗？不然的话，为什么出口成章，文采飞扬，一挥笔，便立马千言，状如飞云呢！李白听后大笑，眉飞色舞，承认此说法。

以上所述，概括出对李白的总体印象：他身材不算太高，大眼睛，目光炯炯有神，喜欢穿紫色，常佩带剑，爱好谈论，飘逸非凡，仿佛是"仙人"，个性高傲张扬。台湾诗人余光中在《寻李白》诗里写道："酒入愁肠，七分化作月光，余下三分呼为剑气，绣口一吐便是半个盛唐。"诗非常形象生动地描写出李白诗的特点，写出李白豪逸的气度。

身在江湖　心在魏阙

　　提及李白的思想，学界众说纷纭，莫衷一是。有的说他是儒家思想，有的说他是道家思想，还有的说他是佛、纵横家思想，也有的说李白的思想是儒、释、道三家的"混合物"。

　　的确，"他集儒、释、道、纵横等各家于一身，又好击剑任侠，又想弃文就武，又曾宣扬人生如梦，主张及时行乐，而且被人视为'甘酒好色'。他多次以孔子自喻，却又多次嘲笑孔子，更看不起'白发死章句'的小儒。他热衷于学道求仙，而且受过道箓，炼过丹，但他对神仙之事又表示怀疑，说'仙人殊恍惚，未若醉中真'，甚至说'蟹螯即金液，糟丘是蓬莱'，而且多次批判唐玄宗迷信神仙。'他遍干诸侯'，'历抵卿相'，满世界寻求政治出路，却又多次说要隐居，要出世，要去寻找桃花源。李白的思想真像一个大杂烩，甚至是一团乱麻"。（见安旗《李白全集编年笺注》）

李白的思想虽然复杂，但在其形形色色的思想中，有一种主导的思想影响或左右其他的思想。李白思想中的主要方面，即贯穿李白思想始终的主线，就是盛唐精神激发起来的雄心壮志，要实现伟大的抱负，要建立不朽的功业。

李白自己说："大丈夫必有四方之志，乃仗剑去国，辞亲远游。"（《上安州裴长史》）"（白）虽长不满七尺，安敢不尽于君侯哉？"（《与韩荆州书》）可见他的志向宏大，胸怀"四方之志"，理想很高远，即当"心雄万夫"。他在《代寿山答孟少府移文书》中，把这一理想志向说得更加具体："达则兼济天下，穷则独善一身。……申管晏之谈，谋帝王之术。奋其智能，愿为辅弼，使寰区大定，海县清一。事君之道成，荣亲之义毕，然后与陶朱、留侯，浮五湖，戏沧洲，不足为难矣。"这就是说，他要像管仲、晏婴一样做帝王的辅弼大臣，为国建功立业，一旦大功告成，理想的目标实现，便效法范蠡、张良功成身退、隐居山林五湖。李白把"事君之道"放在首位，是他心中主要的理想目标。这一理想目标，如一团火，始终在他胸中燃烧，也是一面闪光的旗帜，一直指引着他前进的方向。恰如长江、黄河之水，总是矢志不移地奔向大海，李白亦如江河之水，为实现"四方之志"，终生在努力着、奋斗着、歌唱着……

思想是行动的先导，一个人的行为也反映他的思想。纵观李白的一生，其思想是复杂多变的。他遍游名山大川，侍笔银台，待诏翰林，那是他得意之时；坐系浔阳，流放夜郎，又是他苦痛之日。他三次入长安都失败而归，特别是二入长安，所谓的赐金放还，实际上是被皇帝体面地解雇，用李白的话说就是"骑虎不敢下，攀龙忽坠天"，从天上掉到地下，陷入悲愤痛苦的境地。他从颠沛流离到客死当涂，曲折、困顿、失意的时间超过得意、顺境的时间，尽管他尝尽生活的甘苦，饱经世态的炎凉，但他济苍生安社稷，要为国建功立业的理想始终没有变，总是千方百计地寻求入世的道路。儒家提倡"达则兼济天下，穷则独善其身"，李白却是穷亦兼善天下，他明确宣布"苟无济代心，独善亦何益"（《赠韦秘书子春》）；道家强调，"遗世独立"，全身远害，李白则时时心系人民的痛苦，心念国家前途，他慷慨悲吟"终夜四五叹，常为大国忧"（《江夏赠韦太守良宰》）；佛家要求清静无为，与世无争，李白就像大鹏，时时想着"一飞冲天，一鸣惊人"，他急不可耐地说过，"溟海不震荡，何由纵鲲鹏"（《寄宣城赵太守悦》）。李白曾对"事了拂衣去，深藏身与名"（《侠客行》）的侠者进行过歌颂，但也对秦武阳式的人物进行过批判，"羞道易水寒，从令日贯虹。燕丹事不立，虚没秦帝宫。武阳死灰人，安可与成功"（《结客少年场行》），并不欣赏侠客那种急于求成和愚蠢冒险的行为。李白在坚持理想入世的道路上，遇到过无数的挫折和失败，但他都不改初衷，从没有泯灭关心国家、关心民瘼的赤诚与热情，从没有转移对黑暗社会现实的揭露和批判，更没有停止为实现理想而高歌咏叹。

　　在李白生活的时代，读书人除了仕进一途之外，想实现理想是不可能的。所以他为了寻找识拔人才的伯乐，为了寻找政治出路，离开他依恋的故乡，辞亲远游。他在《寄远十二首》（大部分是赠内诗或自代内赠）写给许氏夫人的诗是何等的缠绵悱恻，表现爱情的甜蜜，感情的深笃，但他一外出就是两三年不归；他对子女充满了父爱，时常想念子女，"我家寄在沙丘旁，三年不归空断肠"（《送萧三十一之鲁中兼问稚子伯禽》），"念此失次第，肝肠日忧煎"（《寄东鲁二稚子》），但却长年抛下他们；他与后娶的宗氏夫人志同道合，但新婚后就去幽州，跑到龙潭虎穴去冒险。就是在家时写的闲适诗中，让读者感到他对妻子和子女的浓厚的亲情。其原因就是在理想事业和家庭之间，他偏重于前者，深恐辜负明时，虚度此生。他为实现伟大的政治抱负，以用

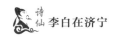

世的热情，在六十年的人生道路上，不停地奔波、寻觅、追求、奋斗。

李白的思想在他的诗歌中都有反映，随着时政和国运的变化，李诗内容也都随之而变。这一点安旗先生有一段精彩的论述，现引述如下：

按着年代先后考察李白的诗歌，可以发现一个耐人寻味的事实：开元前期，唐王朝阳光灿烂，李白诗歌中也呈现出一派天朗气清、风和日丽的景象，《峨眉山月歌》《初下荆门》《金陵酒肆留别》《越女词》诸作最为典型。在这些作品中很少感慨，更无牢骚，即便抒写离情别绪也使人心旷神怡。开元中期以后，唐王朝本来潜伏着的阴影逐渐出现，李白的诗歌中也呈现出明暗交错、悲欢杂糅的色调。《行路难》（其一）、《梁园吟》、《梁甫吟》、《将进酒》诸作最为典型。在这些作品中，感慨和牢骚就多了起来，但旋发牢骚又自慰自解，往往在最后还有一个光明的尾巴。天宝中，唐王朝乌云满天，黄风匝地，李白的诗歌中也出现了阵阵闪电和雷鸣。《答王十二寒夜独酌有怀》和《战城南》等诗最为典型。到了天宝中叶，大乱前夕，唐王朝已是危若累卵，祸在眉睫，李白诗歌中也出现了前所未有的忧愤深广的特点，有些诗简直是血肉交织。《元别离》《横江词六首》《故朗月行》《宣州谢朓楼饯别校书叔云》等诗最为典型。李白的诗歌同唐朝的时政和国运，真是如月在水，如影随形。（见安旗《李白全集编年笺注》第一册11页，中华书局，2015年版。）

以上的这段论述，说明李白的诗歌的内容和色调是与唐朝国运的盛衰紧紧相连的，更能说明李白的思想，特别是出世的主导思想，能敏感地体察时政的清浊，觉察形势的变化。如在开元前期，李白一去长安，亲眼目睹、亲自感受到盛况下的阴影，首先是对朝廷广开才路的怀疑。他在《行路难》（其二）中悲愤地急呼："大道如青天，我独不得出！"他在《蜀道难》中惊呼呐喊："蜀道之难，难于上青天！"
这既是对个人怀才不遇的感慨，也是揭露唐王朝所谓广开才路的弊端，
批判堵塞才路的弊政。开元后期，唐玄宗渐重边功，屡事征伐，在
《业中赠王大勤人高凤石门山中幽居》《赠从弟冽》《答王十二寒夜独
酌有怀》诗中揭露统治者过度地征伐给人民带来的灾难，诗人认为穷
兵黩武不是安边的上策，只能是祸国殃民。天宝末期，李白幽州之行，
看到安禄山野心的苗头，就怀着赤诚之心三入长安，准备献策皇上，
但是报国无门，大失所望。他在心中充满了社稷倾危、国难来临之感，
写下了一大批忧时伤事之作，透露出亡国的征兆，甚至说出"明年祖
龙死"这样的话，预言玄宗的亡国大难将要到来。果然两年后，安史
之乱爆发，对盛唐时局的转折所产生的不安感、不祥感、危机感及内
心的忧煎、愤怒和痛心，李白在诗中表现得最深沉、最强烈，具有爱
国爱民的情怀。

　　在李白的思想中，除了主导的儒家入世思想之外，还受纵横家、
游侠和道家思想的影响。以道家而论，对李白的影响也不是静止的，
而是随着个人的遭遇和政治形势变化而消长着。总的来说，开元时期
李白道家的出世思想较淡，天宝时期较浓，天宝后期最浓。每一次的
从政活动开始，他精神昂扬，意气风发，出世思想几乎消失得无有踪
影，随着情况的逆转，出世思想来到他心中，当行动失败，受到沉重
打击的时候，出世的思想似乎侵占了他整个心灵。如被皇帝赐金放还
后，他感到理想破灭，前途渺茫，于是积极地受道箓，正式成为一名
道士。

　　对这种现象，前人已有评论，李白是因为郁郁不得志，借助求仙
以抒愤懑。多数专家认为李白受道箓、当道士的原因，一是二入长安
后，为求得精神上的自我解脱，二是为了"避祸"，三是为了表示对统
治阶级的一种消极反抗。这就是李白内心志在兼善天下，但有时表现

出来则是醉中游仙。入世之火在他心里没有熄灭，仍在燃烧，所以他
没有像其他道士一样，躲在道观里修身养性，与世隔绝，而是上下求
索，四方周游。他常常说着隐居出世之类的话，而又不甘于隐居出世。
一入长安受挫后，他登游嵩山三十六峰，很有出世的想法，但返回安
陆途经南阳时，好友崔宗之约他去嵩山隐居，他表示拒绝。开元后期
李白漫游江淮时，邺中王大劝劝他入高凤石门隐居，他也拒绝，而要
"建功及春荣"。天宝二载离朝后，李白的出世思想空前浓厚，如前所
述竟受了道箓，但就在第二年他又给友人、代理监察御史崔成甫接连
赠诗，"扶摇应借力，桃李愿成阴"，在《金乡送韦八之西京》中写道，
"客自长安来，还归长安去。狂风吹我心，西挂咸阳树。"所以注家萧
士赟、王琦多次说李白"身在江湖，心在魏阙（魏阙：朝廷的代称）"，
即身在江湖，心里还想着朝廷。在离开朝廷十年后，他说是"十年罢
西笑"，对当今皇帝不抱任何希望，收起那份用世之心，但恰在这十年
中他写出了大批的借古讽今的诗歌和《答王十二寒夜独酌有怀》这样
自抒胸臆、抨击朝政的作品。天宝十一载，他正准备举家与元丹丘一
起去隐居，紧接着又拂剑而起，去了幽州。三入长安献策失败后，他
曾决心不再过问政治，然《古朗月行》等一大批忧时忧民的诗歌正是
这时期写的。安史之乱后，他入永王璘幕府，在皇权争斗中，他受害、
入狱、流放，曾打算获释后出世学道，了却余生。但他在巫山遇赦后，
没有回阔别多年的老家看看，也没有回到昼思夜想他的宗夫人身边，
而是直奔当时的南方政治中心江夏（现在武汉），图谋东山再起，参与
复兴大业。在李白的一生中，这样的例子不胜枚举，他几乎是一边说
着出世的话，一边又在做着入世的打算，使人感到他所谓的出世的话，
往往是作为暂时的自我缓解，说说而已。从这个观点出发，对李白的
出世思想和及时行乐的思想，应认为是他的"济苍生""扶社稷"的理
想不能实现，政治热情无处寄托，特别在失败和遭受打击之后，一种

无可奈何的发泄。细心的读者在他的寻欢作乐、放浪形骸的诗文背后，就会发现他隐含的心灵的痛苦和情绪的愤懑。

李白的思想不论怎样的复杂多变，入世的儒家思想都在起支配作用。李白的性格有再多的侧面、情绪有再多的反复，总是被入世的思想左右。

李白是一个抱有"使寰区大定，海县清一"伟大理想的人，是一个对国家和人民的命运极为关心的人。为实现其理想，在追求的路上，他呐喊、奋斗，屡战屡败，又屡败屡战，虽九死不悔，直到生命的最后一息。在政治寻志的路上他没有成为伟大的政治家，却成了伟大的诗人，在古代诗坛上成为最耀眼的明星。

正如安旗先生所讲的，"只有掌握李白思想中这根巨大的贯串始终的红线，我们才能认识真正的李白，而不至于抓住他嘲笑儒家的片言，就说他是'法家'，抓住他入道和奉佛的侧面，就说他是'迷信道教''甘心自缚于枯禅'，抓住他某些表面现象或生活小节，就说他是'颓废文人'"。（引自《李白全集编年笺注》）

大鹏一日同风起　扶摇直上九万里

李白的政治理想，在他的《代寿山答孟少府移文书》中阐述得较具体全面，书中写道：

吾与尔，达则兼济天下，穷则独善一身……申管晏之谈，谋帝王之术，奋起智能，愿为辅弼，使寰区大定，海县清一。事君之道成，荣亲之义毕，然后与陶朱、留侯，浮五湖，戏沧洲，不足为难矣。即仆林下之所隐容，岂不大哉！

在上述一段文字里，李白说明"达则兼济天下，穷则独善一身"的观点，便清楚阐明他分两步走的理想计划：第一步，申管晏之谈，愿为辅弼，就是发扬管子、晏子的主张，愿为辅佐皇上，实现"寰区大定，海县清一"的政治理想。第二步，功成身退，浮五湖，戏沧洲。这里很显然，把"申管晏之谈""愿为辅弼"作为首要的重要条件，而把浮五湖、戏沧洲作为自己一生最终目的和归宿。这种对人生的理想、意义和目的说明，是比较完整和明确的。

李白选择管仲、晏婴为"愿为辅弼"的榜样，选取范蠡、张良为"功成身退"的榜样，为什么选取这几个人，不选其他呢？让我们分析一下。

管仲是春秋时齐桓公的贤相，桓公使管仲治国，管仲说你必须答应我三点要求，即解决三个问题。桓公问哪三个问题，管仲说：第一，要解决"贱不能临贵"的问题（其意就是解决地位低的人不能驾驭地位高的人）。桓公马上解决，任命管仲为上卿。第二，要解决"贫不能使富"的问题（其意是贫穷的人不能差遣富有的人）。桓公亦马上解决，赐给他一年的货物税。第三，要解决"疏不能制亲"的问题（其意是跟君主疏远的人不能控制跟君主关系好的人）。桓公又是马上解决，称管仲为"仲父"，地位抬得很高。管仲解决了这三个问题，实际掌握了三种权力，明确了君臣的相互信任和同心同德的关系，于是尽力治国，使齐国很快强盛起来。

晏婴事齐灵公、齐庄公、齐景公三朝，但他与君主的关系则是另一种情况。由于齐灵公、齐庄公时"国无道"，所以晏婴采取一种"衡命"的态度，"衡命"即违背命令，不顺从人主之命。齐景公时，"国有道"，便采取一种"顺命"的态度。其结果把齐国治理得很好。

司马迁在《史记·太史公自序》中说："桓公以霸，景公以治"，这都是管仲、晏婴的功劳。在李白看来，"寰区大定，海县清一"，只能是管仲、晏婴治理才有的结果，因此他愿为管仲、晏婴那样的辅佐大臣，希望通过自己的"奋起智能""谋帝王之术"，从而达到"扶社稷""济苍生""寰区大定，海县清一"的目的。

李白还将管仲与诸葛亮并提，"自言管葛竞谁许"（《驾去温泉后赠杨山人》），自己希望像管仲、诸葛亮那样。三国时刘备三顾茅庐后，

刘备得意地说:"孤之有孔明,犹如鱼得水也。"这就说明,在能力和与人主的关系上,管、诸葛属同一类型的人。从此可以看出,李白的"申管晏之谈""愿为辅弼",实际上表明了三个方面的要求:一要有管仲、晏婴、诸葛亮那样的治国能力;二要有如管、晏、诸葛那样的"谋帝王之术",建立与人主相互信任、同心同德的关系;三要治理结果能使"寰区大定,海县清一",达到济世安民的目的。这是政治理想的第一步。

第二步则是像范蠡、张良那样功成身退。范蠡是春秋时越王勾践的大臣。在越国渡国难、兴越灭吴的斗争中,他和另一个大臣文种付出了巨大的努力,是有功之臣。吴亡后,范蠡退隐于齐,给文种写信说:"飞鸟尽,良弓藏,狡兔死,走狗烹。越王……可与共患难,不可与共乐,子何不去?"文种留恋富贵荣华的生活,结果被赐死。范蠡从齐转到定陶经商,人称陶朱公。张良和韩信都是刘邦手下的开国功臣,二人在打败项羽的战斗中起了巨大作用。汉朝建立后,张良封为留侯,却提出辞官退隐,得终天年。韩信贪恋功名富贵,终死于人手。范蠡、张良与文种、韩信的命运结局不同,因为他俩是"功成"后急流勇退,摆脱世俗的功名利禄的羁绊,不受人主的控制,把握住了自己的命运,所以能得到好的结果。

"兼济天下""愿为辅弼",达到"寰区大定,海县清一"目的,然后"功成身退",这是李白的政治理想。为这一理想目标,李白"遍干诸侯""历抵卿相",入长安,闯边塞,受挫折,受迫害,被谗逐,甚至坐系浔阳,流放夜郎,尝尽人生甘苦,饱受世态炎凉,直至客死当涂,这一生始终为他的理想目标而奋斗、拼搏、呐喊。但他这一生从未有"功成",自然也谈不上身退,政治上一次次失败,终没有成为政治家,但他却成为一名伟大的诗人,成为光焰万丈的文坛巨星。

狂傲不羁的性格

李白的精神人格是什么？有两个意象之物在诗中有突出的表现，即大鹏和天马，他以这两物自况，倾情地赞美，热情地讴歌。

大鹏，李诗全集中写到的有二十多次，而专门描写大鹏的就有四篇。

年轻的李白出蜀来到江陵，遇见了道家名流司马承祯。司马承祯一见李白就赞其有"仙风道骨""可与神游八极之表"，李白当然高兴，为之作《大鹏赋》，而赋中的大鹏就是李白自己的写照。大鹏有"一鼓一舞，烟朦沙昏，五岳为之震荡，百川为之奔崩"的气势，"足萦虹霓，目耀日月"的神态，"喷气则六合生云，洒毛则千里飞雪"的豪迈，完全是李白气质和人格的化身。

李白漫游至渝州（今重庆市）时，拜谒时任渝州刺史的书法、文章兼美的李邕，写了《上李邕》一诗：

大鹏一日同风起，扶摇直上九万里。假令风歇时下

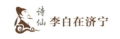

来，犹能簸却沧溟水。时人见我恒殊调，闻余大言皆冷笑。宣父犹能畏后生，丈夫未可轻年少。

诗中描写了大鹏豪气冲天、威力无比的形象，可以说是《大鹏赋》的形象注脚，还描写了诗人以大鹏自况的狂傲之态，表现了李白壮志凌云、气吞万里的精神。

第三首《古风》其三十三：

北溟有巨鱼，身长数千里。仰喷三山雪，横吞百川水。凭凌随海运，炟赫因风起。吾观摩天飞，九万方未已。

诗以大鹏作喻，表达它凌云的志趣和高蹈于世的情怀。

第四首《临终歌》，失去了往日的激昂奋飞之态，字里行间表现出慷慨悲壮之情。

大鹏飞兮振八裔，中天摧兮力不济。余风激兮万世，游扶桑兮挂石袂。后人得之传此，仲尼亡兮谁为出涕。

这四首诗文中，李白自比大鹏，我们可以窥视出李白一生奋斗的经历，他高唱"大鹏一日同风起……"踏上为理想奋斗的征程；中经坎坷，他写《大鹏赋》以自广，激励斗志，抒雄风豪情；直至临逝时，写《临终歌》慨叹自己"大鹏飞兮振八裔，余风激兮万世"，相信他的雄风能传万世。"大鹏"正是李白思想中一个伟大的艺术形象。

还有一个意象"天马"，李白在这首诗中描写了天马："嘶青云，振绿发""腾昆仑，历西极"，神行电迈，几与大鹏相似，"天马呼，飞龙趋""天马奔，恋君轩"。但天马的命运也跟大鹏一样，最终没派上用场，只好拉盐车，上陡坡，中道遗弃，老不为用，只落得伏枥含冤，严霜凋残的境地。可见大鹏和天马都是悲剧的下场。大鹏、天马的自由逍遥、独立不迁、狂放纯真的性格与李白所追求的飘然不群、开放达观、不屈不挠的精神十分一致，因而作为一种寄托，李白在诗中塑造了这两个形象，来表现自己的精神人格。

李白的这种精神人格，决定了他的性格特征：

李白的豪放

提到李白的气质、性格，首先想到一个"豪"字。对李白的豪放，古人多有论述。晚唐诗人皮日休说：李白的诗"言出天地外，思出鬼神表。读之则神驰八极，测之则心怀四溟，磊磊落落，直非世间语者。"（《刘枣强碑文》）计有功说："太白辞，天与俱高，青且无际，鲲触巨海，澜涛怒翻。"（《唐诗记事》）苏辙说："李白诗类其为人，骏发豪放。"（《苏栾城集》）还有李白"性倜傥，好纵横术。善赋诗，才调逸迈……不求小官，以当世之务自负"（刘全白《唐故翰林学士李君碣记》）；李白"拔俗无类，少以侠自任……常欲一鸣惊人，一飞冲天……慷慨自负，不拘常调，器度弘大，声闻于天"（范传正《唐左拾遗翰林学士李公新墓碑并序》），李白"嗜酒，日与饮徒醉于酒肆，玄宗度曲，欲造新词，亟召白，白已卧于酒肆矣。召入，以水洒面，即令秉笔，顷之成十余章，帝颇嘉之"（刘昫《旧唐书·文苑列传》）。以上这些古文中的话，从不同的角度，说的都是李白的豪放。

李白的豪放还表现于他的诗文中。他写情是以情抒豪。诗人的情是激情，愤是幽愤，这幽愤一旦化为激情，就如海涛奔腾不羁，汹涌澎湃；如雷霆震怒，撼天动地。如："黄河之水天上来，奔流到海不复回"（《将进酒》）；"噫吁嚱！危乎高哉，蜀道之难，难于上青天"（《蜀道难》）；"我且为君撞碎黄鹤楼，君亦为我倒且鹦鹉洲"（《江夏赠韦南陵冰》）；"回山转海不作难，倾情倒意无所惜"（《忆旧游寄谯郡元参军》）等等，在李白诗中真是举不胜举，都表现李白诗的豪情。

李白写景是以景兴豪，李白热爱大自然，有的专家说他"拥抱大自然"，他在诗中说："此行不为鲈鱼鲙，自爱名山入剡中"（《秋下荆门》）；"五岳寻仙不辞远，一生好入名山游"（《庐山谣寄卢侍御虚

舟》）；"若待功成拂衣去，武陵桃花笑杀人"（《当涂赵少府粉图山水歌》）。李白写景借景抒情、以景兴豪。"作诗调我惊逸兴，白云绕笔窗前飞"（《醉后答丁十八》），"兴酣落笔摇五岳，诗成笑傲凌沧洲"（《江上吟》），李白所说的"兴"，是作诗的亢奋和不易控制的精神状态，是自然之景激发的情趣、兴趣和乐趣，是思想的激荡和灵感，所以李白笔下的江河日月、崇山峻岭、深潭绝壁、绿树瀑布……都饱含着诗人的深情激情，都飘飞着诗人的豪放之气。

李白写饮酒是以酒助豪。李白是有名的诗家，也是有名的酒仙、醉圣。酒鼓舞了他的精神，也激发了他的诗情，他写诗酒兴带来灵感，幻想纷呈，借着酒力，他胆识过人。诗人自己说："清谈浩歌，雄笔丽藻，笑饮醽酒，醉挥素琴，余实不愧于古人也"（《暮春江夏送张祖监丞至东都序》）；诗友赞他饮酒："斗酒诗百篇""嗜酒见天真""痛饮狂歌"（杜甫），"酌酒弦素琴"（崔宗之）。他饮酒醉了，是"一醉累月轻王侯"，甚而"天子呼来不上船"，可见以酒助豪所达到的傲岸豪放的程度。

李白写的游仙诗，是以仙赋豪。他的七言古诗和七言排律是以长句写豪。李白诗集，多数篇目的色调都是一个豪字，写喜是喜中见豪，写悲是悲中见豪，都表现豪放的风格。

李白的自信

自信，表现为一个人对自我的充分肯定。李白对于自己的才能非常自负。他说自己，"十五好剑术，遍干诸侯，三十成文章，历抵卿相。虽身不满七尺，而心雄万夫"（《与韩荆州书》）。又谈他"五岁诵六甲，十岁观百家。轩辕以来，颇得闻矣"（《上安州裴长史书》），"日试万言倚马可待"（《与韩荆州书》）。他还以继承诗以来的"兴寄"为己任，并自信地说："将复古道，非我而谁！"（孟棨《本事诗》）这既表现他豪迈的气概，更表现他对自我的肯定，表现他高度的自信心。

在李白一生奋斗历程中，他从来没有"达"过，有的只是挫折和不畅，但他又从来没有灰心过，而是为着自己的理想矢志不移地去追求，百折不挠地去奋斗，哪怕它"天长路远魂飞苦，梦魂不到关山难"（《长相思》）。他高唱着"宣父犹能畏后生，丈夫未可轻年少"（《上李邕》）勇往直前。在《梁甫吟》中他以姜尚和郦食其自喻，希望有一天"攀龙见明主"，以求被擢以重用，能实现理想，指点江山，风云历史。即使经历失败，他仍确信"长风破浪会有时，直挂云帆济沧海"（《行路难》），他坚信"天生我才必有用，千金散尽还复来"（《将进酒》），他深信"东山高卧时起来，欲济苍生未应晚"（《梁园吟》）。

李白的狂傲

李白不仅"豪"，他还有"傲"，面对权贵从没有媚颜之态，杜甫在《饮中八仙歌》中写道："李白斗酒诗百篇，长安街上酒家眠。天子呼来不上船，自称臣是酒中仙。"李白酒醉，天子派人叫他，他还醉醺醺地不想上船，口中还念念有词地说：臣是"酒中仙"，可见他的傲气之大，连皇帝都不在乎。唐玄宗对自己的兄弟名为尊崇，实际上是防范严谨，严格地防止朝中大臣与他们来往。可李白却公然与岐王、宁王等打得火热，频繁往来。这种不守皇室有关规定，为所欲为的做法，实际上是不把皇帝放在眼里。杨贵妃是玄宗的宠妃，高力士玄宗皇帝称他为"大父"，二人在宫中是炙手可热的人物，传说李白曾经令杨贵妃捧砚，令高力士为自己脱靴，这种超乎寻常的行为只有傲岸的李白才能做到。又据《侯鲭录》记载："李白开元中谒宰相，封一板，上题云海上钓鳌客李白，相问曰：先生临沧海，钓巨鳌，以何物为钓线？白曰：以风浪逸其情，乾坤纵其志，以虹霓为丝，明月为钩。相曰：何物为饵？曰：以天下无义丈夫为饵。时相悚然。"这个故事本身就

表现着诗人的傲气、霸气，难怪那位宰相听了毛骨悚然异常恐惧。以"天下无义丈夫"为鱼饵，这也是李白对无义的权贵们的轻视、蔑视、鄙视。但李白对有些人却收敛了傲气而恭敬有加，如对诗人谢朓的低首崇拜，对崔颢黄鹤楼诗的甘拜下风，对纪叟的深切思念，对汪伦的一片深情，对东邻鲁女的倾心爱慕等，不但没有丝毫的傲气，反而以诗人的纯真留下了千古流传的佳话。

李白"傲"里带有点狂。这个狂从气质上完全融进了儒家"狂者进取"的精神，并把这种精神转化为对"扶社稷""济苍生"理想的追求，尽管遭到一次次的失败，他却能以惊人的狂劲在呐喊、在奋斗！狂傲造就、升华了李白，使其人其诗彪炳历史，光照千秋。

李白对功名富贵的鄙视

李白在仕途寻志的路上，一辈子都没有成功。因此他不能像范蠡、张良那样，对世俗的功名富贵表现出一种"功成身退"的姿态，而是在一连串的挫败中初心不改、理想未变，并深深地感叹："青门种瓜人，旧日东陵侯。富贵故如此，营营何所求。"（《古风五十九首》其九）他早年东游维扬"不逾一年，散金三十余万。有落魄公子，悉皆济之"（《上安州裴长史书》），表现出视钱财如粪土的倾向。"赐金放还"后，过着困顿的生活，晚年不得不投奔其族叔李阳冰处维持生计，直至病死仍初心不变。李白在困顿中对于功名富贵的睥睨，较之范蠡、张良功成身退的行为更加难能可贵。

李白思想的解放，表现在平交王侯的思想，他在一序中说："吾不凝滞于物，与时推移，出则以平交王侯，遁则以俯视巢许。"（《冬夜于随州紫阳先生餐霞楼送烟子元演隐仙城山序》）又在《少年行》一诗中写道："府县尽为门下客，五侯皆是平交人。"李白深受东方朔"戏万乘若僚友，视俦列如草芥"的影响，从平交王侯的思想发展到"轻王侯、戏万乘""黄金白璧买歌笑,一醉累月轻王侯"。"李白斗酒诗百篇……天子呼来不上船"。(杜甫《饮中八仙歌》)他以英雄自许,"心雄万夫",视尧舜为同辈:"尧舜之事不足惊,自余嚣嚣直可轻。"(《怀仙歌》)李白不慕权贵,不肯屈尊:"严陵高揖汉天子,何必长剑拄颐事玉阶。"(《答王十二寒夜独酌有怀》)"安能摧眉折腰事权贵,使我不得开心颜。"(《梦游天姥吟留别》)李白粪土王侯,睥睨权贵:"屈平词赋悬日月,楚王台榭空山丘""功名富贵若长在,汉水亦应西北流(《江上吟》),"世间行乐亦如此,古来万事东流水"(《梦游天姥吟留别》)。

从以上可看到李白的精神人格、理想人格在寻志路上受阻时,没有动摇,没有降格,经过困苦的磨炼,仍是坚定不移,更加熠熠生辉。

李白与东鲁（济宁）

　　李白为理想寻志漫游外地时，安陆许夫人的侄子们闹着与李白分家产，据当地传说，百顷良田俱归许家子侄，许夫人名下只有数十亩薄田和一处破旧房舍。许夫人一人拉扯女儿平阳，身体不甚好，特别是生下儿子伯禽后，更是多病缠身，加之分家不公，气愤难平，使病情恶化，不久便与世长辞。李白悲痛万分，终日以泪洗面，思念许夫人彻夜难眠。幸好有书童丹砂夫妇照料平阳和年幼的伯禽，生活勉强过得下去。正在这时，接到寻阳的长兄来信，谈及六叔进士及第，通过吏部制科，出任东鲁任城令，李白在安陆生活无着，可去东鲁投亲。入赘之家，夫人不在，确实难以再待下去，李白经过反复思考，决意迁居东鲁。

　　临行前，李白携儿带女凭吊岳父和夫人，长跪墓前，号哭不止。李白将悼念夫人诗作于墓前焚化，以此作为思念。

　　李白雇了一辆大车，经襄阳，过宋州，历时两个多月到达东鲁。

李白寄家东鲁，以此地为中心，考察东鲁（济宁）的人文地理，畅游齐鲁的名山大川，待诏翰林于西安，寻访伯乐于南北。在政治仕途上，李白步履艰难，屡屡失败；但在诗歌创作上，他却步步提升，名扬天下。

李白在任城

李白抵达东鲁后，首先拜访了县令六叔，其六叔关心照顾和妥善安排家居外，还向李白介绍了任城的历史沿革，任城的历史名人，县城的特色等。在六叔任满回京时，李白写了《对雪奉饯任城六父秩满归京》，诗中赞颂了六叔的才智过人和高洁的情操；描写了饯别宴会的盛况，表示别后能早日再见于竹林的希望。李白"赐金放还"后，任城卢主簿潜设宴为他接风，李白饱含着沉痛心情写了答谢诗：

> 海鸟知天风，窜身鲁门东。
> 临觞不能饮，矫翼思凌空。
> 钟鼓不为乐，烟霜谁与同。
> 归飞未忍去，流泪谢鸳鸿。

诗写得含蓄豪逸、奔放苍凉。抒发了他困苦郁闷的心情，表现了他未泯的"思凌空"壮志，并流泪对任城诸位宾朋表达感谢。

贺知章从弟贺知止在县城任县令时，李白应邀为其写了篇《任城县厅壁记》，这篇"记"写了任城的历史沿革，描写了任城的人文地理、城镇风貌、自然风光，特别是对"香阁倚日，凌丹霄而欲飞；石桥横波，惊彩虹而不去"的生动描写，给后人留下美好的印象。诗人赞颂贺知止的"肃而教之""惠而安之""富而乐之"三年的教化方案，更赞其教化后出现的社会安定和谐、人民安居乐业的社会画图：男耕

女织和乐如春、权豪黠吏改恶从善、百姓互助扶老携幼……如此祥和的社会景象是对贺公的颂扬，也是一篇研究李白"寰区大定，海县清一"思想的重要历史资料。

李白在任城还有构建酒楼的故事，浣笔泉的故事，给皇室乐队笛子演奏家李谟外孙起名的故事等，都说明李白与任城的关系。

李白在兖州

"我家寄在沙丘旁，三年不归空断肠。"(《送萧三十一之鲁中兼问稚子伯禽》)沙丘在兖州，说明李白的家与兖州的关系。

兖州泗河岸边的尧祠、石门是美丽的风景区，那里尧祠巍巍，雄伟壮观；路旁"长杨扫地"，游人如织；石门喷浪，河水涌波；碧流环转，白鸥翻飞；尧祠前石人双跪，美女歌舞，车轮滚滚，骏马嘶鸣，欢声笑语，热闹非凡。这是李白诗《鲁郡尧祠送窦明府薄华还西京》中描写的情景，确是美丽绝境，送客的最佳地方。李白诗名冠以尧祠石门的诗还有许多：《鲁郡尧祠送张十四游河北》《鲁郡东石门送杜二甫》《秋日鲁郡尧祠亭上宴别杜补阙范侍御》《沙丘城下寄杜甫》等，都说明尧祠、石门是李白经常送客人和参加社会活动的地方。

特别是写给杜甫的两首诗，一首写于沙丘家中，深切地思念杜甫，"思君若汶水，浩浩寄南征"，另一首写于石门，"何时石门路，重有金樽开"，字里行间充溢着深情厚谊，亲如兄弟。李、杜，这两颗文坛最亮的明星、古代诗歌的两个高峰，两个伟大的诗人一起畅游、和诗，誉为文坛的佳话，是最值得大书特书、大颂特颂之事。一是孟诸泽游猎，李白、杜甫、高适三人杰，在宽阔约百里的大泽，跨名驹，持雕弓，意气风发，骏马如飞，开弓上射苍鹰，下击狐兔，前呼后应，一扫四野，猎物颇丰。直到夜晚，他们吃野味，饮美酒，谈抱负，赋诗篇，酒酣兴高，实为快哉！对此事余秋雨先生在《中国文脉·唐诗几男子》一文中深情地写道："想着那些马蹄箭鸣，那些呼啸惊叫，中国古代大文豪留下生命踪迹的地方……诗人用马蹄写诗的旷野，实在可以看作被我们遗落已久的宏大课本。诗人用马蹄写诗的地方不少，但这儿，是李白杜甫一起在写，这如何了得！"

李白、杜甫、高适三人第二年夏天到了济南，与北海太守李邕聚会于历下亭，观赏赋诗，相互唱和，亦是文坛的佳话趣谈。是年秋，李杜回到兖州，他俩"醉眠秋共被，携手日同行"，这两位伟大的诗人，白日手拉手游览观赏，夜晚酒后两人同盖一条被子睡觉，其情之笃，其意之深，令人击节赞叹！两人同访城北隐逸的范居士，为纪此游，李白写了《寻鲁城北范居士失道落苍耳中见范置酒摘苍耳作》一诗，这是一篇生动的城郊访友的故事，记述了诗人访友的过程：跨马访友，城壕迷路；误入荒坡，身沾苍耳，狼狈之相，相见大笑；梨枣寒瓜，丰盛素席；戏谑放浪，酣畅淋漓；尽兴快意，大醉而归。全诗充满了乡村的气息，充满诗人的豪逸之情。

访城北范居士后，杜甫写了《与李十二白同寻范十隐居》：

> 李侯有佳句，往往似阴铿。
>
> 余亦东蒙客，怜君如弟兄。
>
> 醉眠秋共被，携手日同行。
>
> 更想幽期处，还寻北郭生。
>
> 入门高兴发，侍立小童清。
>
> 落景闻寒杵，屯云对古城。
>
> 向来吟橘颂，谁欲讨莼羹。
>
> 不愿论簪笏，悠悠沧海情。

诗开头赞美了李白似阴铿的诗句，接着叙写与李白亲密无间、亲

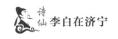

如兄弟的友谊,"醉眠秋共被,携手日同行",最生动、最形象、最深刻地表现他们友情的深笃真诚。再写寻访范居士接待的场景和屯云对古城瑟瑟的秋意。最后用"橘颂""莼羹"两个历史典故写范居士淡泊名利,归隐田园的高雅情操,表达自己不愿奔走于仕途,离开官场,归隐田园、寄情山海的想法。

李白在中都(汶上县)

唐时中都,今汶上县。其时李白族兄在中都任县令。寄家东鲁后,李白曾多次到中都,现存留下来有三首诗,一首是《别中都明府兄》:

> 吾兄诗酒继陶君,试宰中都天下闻。
> 东楼喜奉连枝会,南陌愁为落叶分。
> 城隅绿水明秋日,海上青山隔暮云。
> 取醉不辞留夜月,雁行中断惜离群。

这首诗的内容,写李白与明府兄的友谊感情。诗的一、二联,赞美兄长有陶渊明似的诗酒才华,在中都政声远播,天下所闻。三、四联,写东楼聚会,兄弟尽觞,突出一个"喜"字;酒别分手,瑟瑟秋风,落叶纷纷,突出一个"愁"字。五、六联写优美的环境,绿水情谊深,日光耀秋波,情满海山,云隔不断。七、八联,酒别情笃,欲留夜月,离开雁行,惜别离情。全诗着重一个"情"字,尽写兄弟深情。

另一首诗《酬中都小吏携斗酒双鱼于逆旅见赠》写英俊豪爽的山东小吏拿着鲁酒和汶水的锦鳞鱼,到旅馆求见李白,李白热情接待他。小吏爽快地宰杀活蹦乱跳的鲜鱼,张罗一桌有特色的鱼酒华宴。诗人酒酣饭饱,跨上骏马踏上归程。这个故事反映了山东小吏和群众对李白及其诗的热爱、崇敬,也反映李白这位傲权贵、轻王侯的大诗人,对低级小吏却热情接待，并写诗相赠，说明李白对小人物的尊重难能可贵。这个诗故事也反映东鲁群众热情好客的民风。

还有一首小诗：

> 昨日东楼醉，还应倒接䍦。
>
> 阿谁扶上马，不省下楼时。

李白是诗豪，又是酒仙、醉圣，他一生与酒结下不解之缘。李白的饮酒是"痛饮""豪饮"，酒鼓舞了他的精神，也激发他的创作灵感和澎湃的诗情。此篇诗没有写饮酒的过程，而是着笔于醉态的描写，仅仅通过"上马""下楼""倒接䍦"三个动作，二十个字，以口语般的句式，把李白的醉态写得栩栩如生，活灵活现，读完诗，仿佛一个醉态的可爱的李白就在眼前。

李白在金乡

李白来东鲁后，回想十几年奔波、干谒、交友，仍仕途无门、功业未就，心中有些苦闷，想通过交友、干谒活动，求友相助，跨进理想的大门。在这种情况下，诗人到了金乡县，拜谒了县令，并写赠诗二首。主要内容可概括为两点：一是对范金乡的歌颂，用"桃李不言，下自成蹊"的典故，喻县令有吸引力、凝聚力、民心向心力；以"不买名""弦歌""自化"等典故，称许县令弦歌治县，不图虚名，礼乐教化，玉壶冰清，作风清廉，高洁品行；以"鸡犬静""机杼鸣"显示社会安定，百姓安居乐业等，从不同层面歌颂了范宰的嘉政。二是写诗人自己无人赏识，怀才不遇；一颗诚心不被人理解，"徒有献芹心"；以张仪留舌示山妻的故事，喻诗人不怕挫折，有信心取胜，希望能听到相招携的佳音，希望得到县令的臂助。

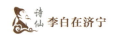

在这两首诗中，诗人把历史典故活用、巧用、反复用，如范金乡通过"桃李不言""不买名""弘歌""自化"几个典故，塑造了范县令佳政灼灼、官德水清的形象。诗人自己通过几个典故，一个怀才不遇，又不惧挫折、信心十足的士人形象也跃然纸上。

李白在金乡写的另一首诗《金乡送韦八之西京》：

客自长安来，还归长安去。
狂风吹我心，西挂咸阳树。
此情不可道，此别何时遇。
望望不见君，连山起烟雾。

写这首诗的时间应是"赐金放还"后，李白回到东鲁家中。这时期，他的思想是复杂矛盾的，一方面感到政治理想的破灭，前途的渺茫，心情郁闷痛苦，又感到蒙冤受屈，对朝廷黑白颠倒，贤愚不分的黑暗政治十分不满，另一方面他理想的火苗时而在胸中燃起，仍幻想有一天皇帝再起用他，他能再为国家建功立业，一展雄伟抱负。这首诗中就用"狂风吹我心，西挂咸阳树"，形象具体地表现诗人对长安的思念，可谓身在江湖，心存魏阙（魏阙，朝廷的代称）。这是一首送别诗，还表现了对友人的深厚友谊和惜别的心情。

在金乡李白还写了《金乡薛少府厅画鹤赞》。"赞"是古代文体的一种，主要用于颂扬的内容，本篇主要对金乡薛少府办公大厅壁上画的鹤进行赞美：一是赞画中的鹤似东海仙山的奇禽，极为珍贵；二是赞鹤的轩昂神态和美的形象；三是赞动听的鹤鸣，随风飘荡；四是赞鹤的美丽传说和动人的故事；五是赞鹤如"感至情"而发生的神奇变化，可"异影"起舞，"浮烟"凌空。这篇文中，诗人对画中鹤现实的描写，配以神话传说和历史故事，三者相融，所描写画中鹤不仅有现实的美感，还有厚重的历史感和神秘色彩，给读者留下深刻的印象。

李白在曲阜和邹城

李白居东鲁期间，还先后到过曲阜和邹城，可能写过好多诗，由于李白的诗十丧其九，现留存的曲阜、邹城各一首。在曲阜写的怀古感时之作《大庭库》：

> 朝登大庭库，云物何苍然。
> 莫辨陈郑火，空霾邹鲁烟。
> 我来寻梓慎，观化入寥天。
> 古木翔气多，松风如五弦。
> 帝图终冥没，叹息满山川。

这首诗写了四个方面内容：一是写发生于大庭库的故事，即梓慎登台观气，预知几国发生火灾的事；二是写梓慎其人，善观时变；三是写无为而治，"寥天"合一，安定清明的社会风气；四是写大庭库帝业的消亡，叹息时代的沧桑之变。

李白在邹城峄山写了《琴赞》：

> 峄阳孤桐，石笋天骨。
> 根老冰泉，叶苦霜月，
> 斫为绿绮，徽声粲发。
> 秋风入松，万古奇绝。

此文主要是对琴的赞美。诗人以独特的视角，先赞美制造琴的原料桐树及其生长的环境。它生长在峄山之阳，那里怪石百态，巨石傲

空，山泉潺潺，桐木蓊郁。桐树的根深深扎在"冰泉"，汲取峄山水土的宝贵营养；桐的枝叶，沐浴风雨霜月，吸取天地之精华，树的根、干、枝叶都灌注了峄山的灵秀。用峄阳之桐制造的琴是"绿绮"般的名贵之琴，用它弹奏的曲子美妙动听，真是奇特罕见，万古未有。诗人对琴的赞美，还反映诗人尚德的思想。嵇康《琴赋》中说："众器之中，琴德最优"，诗人以琴为赞，特别是以"孤桐"之琴为赞，自然应有寓意，就是反映诗人高雅和崇高德操的思想感情。

李白寓家东鲁（济宁）二十余年，在这片文化底蕴深厚的热土上，他以"斗酒诗百篇"的才智，以"酒酣落笔摇五岳"的气魄，以"诗成泣鬼神"的万钧笔力，创作出光耀千古的诗篇。如写于东鲁一带的《将进酒》，这首诗以酒为线索，以感情为经纬，悲、喜、愤、纵、愁等开合转换，起伏纵横，再加之明快的节奏、参差的诗句、跳跃的韵律，把诗人的情感酣畅淋漓地表现出来，塑造了一个不慕荣华，鄙弃世俗，蔑视权贵，傲岸不羁的诗人形象，诗中字里行间充溢着万丈豪情，是典型的浪漫主义诗篇，诗中的励志名句"天生我才必有用"千古流传。

诗人被"赐金放还"后，"攀龙忽坠天"，从天上跌到低谷，感到理想的破灭，前途渺茫，心情愤懑，在南游吴越离开东鲁前，以《梦游天姥吟留别》一诗告别东鲁诸公。这诗表面上似以梦游山水向友人告别，实为托梦寄意，写入长安翰林之梦与失败的感慨。诗以天姥山比喻朝廷，入山前把它想象得雄冠五岳，无限美好，但在天姥梦游中，发现山中危机四伏，险象丛生，处处包藏着迷乱、惊险、危机、恐怖，所以惊醒后，断然与天姥之梦告别，让自己徜徉于山水，拥抱大自然，"且放白鹿青崖间，须行即骑访名山"，最后大声呐喊："安能摧眉折腰事权贵，使我不得开心颜！"一吐诗人郁闷之气。这是向权贵们投去睥睨的一瞥，也是争取自我尊严的宣告！同时表达了封建社会怀才不遇者的心声，反映了诗人蔑视权贵、挞伐邪恶、向往自由、渴望光明的真情。

经过一入长安的失败、"赐金放还"的打击、三入长安的碰壁，李白对现实的认识逐步加深，对现实的揭露逐步大胆尖锐，对现实的批判力度逐渐加大。李白52岁写于鲁郡的《答王十二寒夜独酌有怀》一诗，就是直言直斥朝廷，猛烈抨击时政，痛揭统治者昏庸腐败和罪行：一是批判统治者黑白颠倒，贤愚不分。统治者远君子，近小人，宠幸那些玩弄"狸膏金距"之术的斗鸡之徒，致使贤能失志，小人得志，"骅骝拳跼不能食，蹇驴得志鸣春风。"二是抨击哥舒翰之流，不顾人民的死活，用无数人的鲜血换取官位的升级。三是揭露统治者残害忠良的残暴行径。诚如安旗先生所说："此诗的抨击时政，直言直指，亦可谓惊风雨泣鬼神之作。"在揭露批判黑暗现实的同时，还表达了诗人对功名富贵的蔑视，塑造出一个不阿贵、不媚俗、高傲正直的诗人形象。

在东鲁（济宁），李白以他的理想人格张扬了中华民族的正气、豪气和骨气，创作了传颂千古的诗篇。在济宁的青山绿水间有他的足迹，在城镇村野里流传着他的故事。

李白寓家东鲁二十余年中，发生了很多有重大影响的事件，如"隐居徂徕"，世称"竹溪六逸"；持诏进京和"赐金还山"；李杜交游，诗坛佳话；李白直指皇帝，怒批时政；李白皈依道教；李白家庭婚姻变化等，下面对这些事件予以简单介绍。

隐居徂徕

唐代招揽人才有两条渠道，一是通过科举考试进入仕途，二是通过名人举荐等办法被皇帝诏用。李白"不求小官，以当世之务自负"（刘全白《唐故翰林学士李君碣记》），他"常欲一鸣惊人，一飞冲天"。所以他选择了隐逸以待明主征召，以布衣一举而为卿相的路子。在一进长安时，诗人曾隐居终南山，结识了玄宗宠婿卫尉卿张垍，请求援引，但张垍态度冷漠，没有伸援助之手。之后，应道友元丹丘邀请，

居嵩山，蓄养声望，但仍没有理想的结果。移家东鲁后，他与孔巢父、韩准、裴政、张叔明、陶沔为友，同隐居于徂徕山，时人称他们为"竹溪六逸"。徂徕山位于曲阜与泰山之间，一些达官贵人去泰山或曲阜，很容易听到隐士们的消息，所以，此处是隐居养望的好地方。据资料记载，李白曾三次去徂徕隐居。因照顾年幼的儿女，诗人曾回东鲁家中，孔、韩、裴等人来李白住处约他还山，李白未能同往，便写《送韩准裴政孔巢父还山》一诗相赠，诗中称颂了"韩生"的"英彦"、"裴子"的"清真"、"孔侯"的"秀出"，回忆他们昔日"同衾""斧冰""赏月"，啸傲山林的闲逸生活。最后对友人表达深深的眷恋之情。在以后的生活中，特别是"赐金还山"后，前途渺茫，心情苦闷时，《秋夜独坐怀故山》诗中便想到徂徕山隐居，回忆那竹溪上空的明月和绿色的藤萝。

持诏进京和"赐金还山"

天宝元年（742），由于好友元丹丘通过玉真公主的推荐，唐玄宗下达征召李白进京的诏书。此时，诗人正在泰山游览，听说皇帝下诏召他进京，他喜出望外，高兴万分地回到家中，离家前李白写的《南陵别儿童入京》一诗，字里行间充溢着欢欣与喜悦。

> 白酒新熟山中归，黄鸡啄黍秋正肥。
> 呼童烹鸡酌白酒，儿女嬉笑牵人衣。
> 高歌取醉欲自慰，起舞落日争光辉。

为庆祝这桩喜事，又杀鸡，又置酒，儿女们嬉笑牵着爸爸的衣服，他们高歌起舞，酣酒自慰。此时此刻，李白想到已故的许夫人，想到那个不能贫贱相守的刘氏似朱买臣的愚妇一样可恶。而今他高唱"仰天大笑出门去，我辈岂是蓬蒿人"，跨马扬鞭奔赴长安。

李白进京后，受到玄宗皇帝的特殊礼遇："降辇步迎，如见绮皓。以七宝床赐食，御手调羹以饭之。……置于金銮殿，出入翰林中，问以国政，潜草诏诰，人无知者。"（李阳冰《草堂集序》）李白也觉得很光荣，决心报知遇之恩。遗憾的是，玄宗皇帝只把他当作侍从文人，写些歌舞升平的诗文。这时的李白，一方面似乎满足了当近臣的愿望和某种虚荣心，也经常津津乐道这段生活，但另一方面，心情又是痛苦的，"不堪这种'倡优'一般的宫廷文人的地位，并渐渐对待诏翰林生活感到厌倦和不满。"（安旗《李白诗集》30页）李白性格疏狂，又缺少从政的经验，加之佞臣的谗毁，致使被玄宗皇帝疏远，赐金放还。李白辞朝后，心情愤懑，恻怆难平。政治上的失败无径可寻，但却使他踏上宽广的诗歌创作之路。

李杜交游，诗坛佳话

天宝三载（744）夏，李白在洛阳遇到了比他小11岁的杜甫。关于李杜相遇，闻一多先生说："在我国四千年的历史里，除了孔子见老子，没有比这两个人的会面更重大，更可纪念的。"（《唐诗杂论·杜甫》）当时的杜甫刚有点名气，而李白已是名满天下的大诗人。他们的交谊成为中国文学史上的佳话。他们洛阳分手后，约定秋天同游梁宋，诗人高适也参加了这次游历。他们三人登酒楼、上琴台、漫步古吹台，或荡舟莲池、流连汴水、寻访夷门、凭吊信陵、览胜怀古、吟咏高歌，甚是欢快。在纵猎孟渚泽时，诗人贾至、李白族弟单父主簿李凝也参加了这次游猎活动。李杜一行，跨骏马、持弓箭，呼鹰逐兔，纵情驰骋，所获颇丰。当晚在单父东楼野味宴席上，李白倾杯痛饮，当场写下《秋猎孟诸夜归置酒单父东楼观妓》诗篇，诗中有"骏发跨名驹，雕弓控鸣弦。鹰豪鲁草白，狐兔多肥鲜。邀遮相驰逐，遂出城

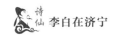

东田。一扫四野空，喧呼马鞍前。归来献所获，炮炙宜霜天。"生动形象地描写了游猎场面和欢快的心情。诗的末尾，写他们"留欢不知疲，清晓方来旋"，说明他们把酒吟啸，高谈阔论，深夜还沉浸于欢乐气氛里。对这次游猎活动，杜甫在《昔游》中写道："昔者与高李，晚登单父台。寒芜际碣石，万里风云来……清霜大泽冻，禽兽有余哀。"高适也有《同群公秋登琴台》和《秋登宓子贱琴台》诗三首，杜甫多年后仍写诗怀念那段美好的时光，铭记那时与李白兄弟般的情谊。

次年春，杜甫赴兖州省父（其父在兖州任司马），李白回鲁郡家与儿女团聚，再与杜甫相会，同在泗水边赏春，同到东蒙元丹丘处做客。

这年夏天，李、杜一起到齐州（今山东济南），与李邕、高适、卢象等人相会。齐州相会也是诗坛两曜（李白、杜甫）和众星相聚的盛事，诗人们宴于历下亭，杜甫即席赋诗《陪李北海宴历下亭》，其中"海右此亭古，济南名士多"两句成为歌咏济南的名联。李白写了《东海有勇妇》，诗中有"北海李使君，飞章奏天庭。舍罪警风俗，流芳播沧瀛。"安旗先生说："颂德之意甚明，故可断其为本年夏于济南会李邕时作。"在济南李白还写了《陪从祖济南太守泛鹊山湖三首》，描写了湖的风光；《古风其二十》，赞誉华不注山的峻秀。

这一年的秋天，李杜同回到鲁郡的兖州，二人同访城北的范居士，又是文坛的佳话。这次访范，李白写诗《寻鲁城北范居士失道落苍耳中见范置酒摘苍耳作》，杜甫写诗《与李十二白同寻范十隐居》。这两首诗感情充沛，敦和优美，似乡村的阵阵儒风，携带着浓浓的乡土气息，飘荡在鲁郡的秋野。两位伟大的诗人"携手日同行"，散步于乡间小路；他们酣酒高论，"醉眠秋共被"，梦中依然涌动着家国情怀。这兄弟般的深情，伟大的友谊，如高空的七彩长虹，永放异彩！

这年秋天，杜甫离开鲁地，李白在尧祠前，泗水的石门送他，含着深深的惜别之情，写下动人的送别诗《鲁郡东石门送杜二甫》："醉别复几日，登临遍池台。何时石门路，重有金樽开？秋波落泗水，海色明徂徕。飞蓬各自远，且尽手中杯！"李杜自此一别，再也没有见面。不久，李白思念杜甫，又写《沙丘城下寄杜甫》："鲁酒不可醉，齐歌空复情，思君若汶水，浩荡寄南征。"同样，杜甫与李白分别后，常常思念李白，写过多篇忆念、梦见李白的诗，两人就这样互相思念，可见友谊的深厚、友谊的真挚、友谊的可贵。

揭露盛唐时代的弊政和挥斥幽愤

早在开元年间李白初入长安时就写有《古风（其二十四）》，揭露宦官、斗鸡徒骄横跋扈的嚣张气焰，《行路难》等抒发了有志之士怀才不遇的苦闷;《梁甫吟》描绘了君王被雷公、玉女、阍者等小人所包围，有才能的人见不到明主的情景。天宝年间，李林甫、杨国忠相继为宰相，利用他们手中的权力，排斥异己，滥杀无辜，派人杖杀了北海太守李邕和淄川太守裴敦福。（《答王十二寒夜独酌有怀》）与此同时，逼迫"酒中八仙"之一的左相李适之仰药自杀，还有的被贬斥、隐退等，这些血淋淋的事实，使李白把更深的幽愤扩展到对社会现实的批判，对"珠玉买歌笑，糟糠养贤才"（《古风（其十五）》）、"骅骝拳跼不能食，蹇驴得志鸣春风"（《王十二寒夜独酌有怀》）的这种社会不公的现象进行揭露和挞伐。

诗人从对同代辅国之臣受到的迫害联想到历史上志士仁人的不幸遭遇，如《拟恨赋》《行路难（其三）》中所列举的事例：离去虐纣的微子、宁死直谏的比干、佯狂受辱的箕子、伏剑身亡的伍员、自沉汨罗江的屈原、腰斩咸阳的李斯、终生未封的李广、屈贬长沙的贾谊，等等，他们或为民请命，或以身殉职，或为国捐躯，或忍辱负重，表现了志士仁人的崇高品质和精神风格。他们的悲惨遭遇无疑是对那个时代陷害忠良的最高统治者的揭露，也是对唐王朝统治者辛辣的讽喻，

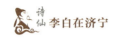
正是从历史和现实这个结合点上，诗人怀着沉痛悲愤的心情对往昔志士仁人的不幸遭遇表示极度的不平。

"赐金还山"后，李白自己说"攀龙忽坠天"，从天上跌到地下，备感世态炎凉，人情冷暖。诗人此时心情苦闷，在多首诗里痛斥那些谗言诋毁者，在《梁甫吟》《雪谗诗赠友人》中，借历史上的"二桃杀三士""拾尘""掇蜂"典故，说明谗害李白的，就是在朝的那帮权贵，诗人把他们喻为苍蝇、禽兽一样的丑类，揭露其卑劣、险恶、无耻的行径。

天宝五载，李白南行吴越前告别东鲁诸公时写了《梦游天姥吟留别》，诗中所写的事情实是供奉翰林时的经历，梦中的熊在咆哮，龙在呻吟，乌云重重，电闪雷鸣，山摇地动，险象丛生，是指朝廷的险恶环境。诗人告别了梦境，对皇帝也不再存有什么幻想，所以大声喊出："安能摧眉折腰事权贵，使我不得开心颜！"诗人要回归自我，拥抱自然，寻觅一条"开心颜"的自由之路。

李白受道箓

一入长安，李白遇到了挫折，失败而回，但他没有失去信心，相信自己会成功，确信"长风破浪会有时，直挂云帆济沧海。"（《行路难》）坚信"天生我才必有用，千金散尽还复来。"（《将进酒》）二入长安，"赐金还山"后，政治上受到沉重打击，感到前途渺茫，心情郁闷，为求得精神的解脱，寻求精神上有一个新的支点，于是诗人选择接受道箓，成为道士。

天宝三载秋，李白离开长安连家也没回，在河南陈留采访大使李彦允的陪同下，到了北海请盖寰道士为之造了真箓，对此，李白写《访道安陵遇盖寰为余造真箓临别留赠》。接着李白又到了济南，由高如贵天师在老子庙举行了受箓仪式，李白成了一名道士。为此李白写了《奉钱高尊师如贵道士传道箓毕归北海》和《草创大还赠柳官迪》，反映这时期加入道教的生活。

李白为什么入道教，主要是借游仙以抒愤懑，对此，安旗先生说得很具体，"一是二入长安后，为了求得精神上的自我解脱，需要'麻醉'和'止痛'；二是为了避祸；三是为了表示'对统治阶级的一种消极反抗'。这就是李白内心志在兼善天下，但表现出来有时则醉中游仙。"即外在表现似道家，但内在思想倾向是儒家，就是内儒而外道。正由于这个原因，李白成为道士后，并没有躲进道观里修身养性、与世隔绝，而是周游四方，为理想而拼搏奋争。

李白热爱家庭

许夫人病逝后，李白携一双儿女从安陆到东鲁，寄家此地二十余年。李白一生与四个女人生活过，与许夫人和宗夫人正式结婚，还有与刘氏和鲁一妇人只是合住，不算正式婚配。因刘氏不能贫贱相守，加之品行不端，不久便"诀"离（《李翰林集序》），李白骂她"会稽愚妇"（《南陵别儿童入京》）。

在鲁地，李白曾有一个倾慕的邻家女子，专门写《咏邻女东窗海石榴》一诗加以赞美，因见不到这位邻女，便"愿为东南枝，低举拂罗衣，无由一攀折，引领望金扉"，可见爱慕之深。据此有人推测那位"邻女"可能是"鲁一夫人"，但只是推测，并没有确实证据。

李白对妻子儿女是热爱的，有着浓浓的亲情。但有人说李白不关心家庭，如日本的笕久美子刊登于《中国李白研究》的《李白结婚考》一文中说："李白身为一家之主，或作为一个丈夫是指望不上、靠不住的，他是一个对家庭不负责任，与家庭不相称的人。"这个说法是不妥的，是没有读懂李白，不真正理解李白的心思的。李白为寻找政治出路，不得不离开家漫游四方。他和许氏夫人伉俪情笃，《寄远十二首》（大部分是赠内室或自代内赠）写得何等缠绵悱恻。他对子女充满

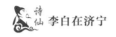

父爱，《寄东鲁二稚子》等诗可谓舐犊情深。他和续娶的宗氏夫人志同道合。本书所收入的《寄远其十》《寄东鲁二稚子》《南陵别儿童入京》《送杨燕之东鲁》《送萧三十一之鲁中兼问稚子伯禽》《赠武十七谔并序》等诗，足以反映李白对妻子儿女的特殊深厚的感情，那"千里若在眼，万里若在心"的赤诚，"呼童烹鸡酌白酒，儿女嬉笑牵人衣"的温馨和那"双行桃树下，抚背谁复怜"的牵挂，"我家寄在沙丘旁，三年不归空断肠"的思念等，无不展示诗人内心火热亲情的世界。

描绘东鲁和齐鲁的大好河山及美丽风光

在李白的笔下，有"北眺崿嶂奇""千峰争攒聚""天门一长啸，万里清风来"的泰山，"兹山何峻秀，绿翠如芙蓉"的华不注山；有"黄河之水天上来""窈窕入远山"的黄河，秋波滚滚的泗水；还有崂山的奇幻，峄山的孤桐，鹊山的翠峰，汶水的浩荡，鹊山湖的月色，兖州的鲁缟，兰陵的美酒，曲阜的山枣山梨，汶水的紫锦鳞，任城的蒲草、桃花、单县的孟诸泽，兖州的尧祠、石门，单父的琴台等，都留有壮美的诗篇。

李白的山水风景诗，表现了他对大自然的热爱，对祖国河山的热爱，但真正的目的，是"壮心魄""清心魂"，是取得灵感和形象，以抒写他的壮志豪情，以挥斥他的忧苦愤懑。

我家寄东鲁　谁种龟阴田

李白携儿女移家东鲁，对此古今无有异议。但移家东鲁具体什么地方，家居哪个县，则说法不一。目前主要有三种说法：一是寓家任城说，二是寓家兖州说，三是先寓家任城后移家兖州说。各家对所持观点都下气力进行研究考证，似都有理有据。因任城、兖州都隶属济宁市，在济宁市范围内，还未有一个有历史事实依据、专家基本认可、权威部门同意的较统一的说法。

姜葆夫教授及作家赵萍的李白寓家任城说

姜葆夫教授写过一篇文章，题目是《任城地好富水木——关于李白寄家任城及其他》。他对于李白在济宁这一问题关注的缘起：

人生苦短。瞬间，来济宁读高中整整 50 个年头了。1952 年 8 月 28 日，酷暑刚过，秋气作萌。我们一行 20

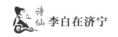

个江苏沛县中学初中毕业生，响应上级号召，步行45公里，乘船50余公里，来济宁一中读书。济宁城虽不大，但清流纵横，船只往来，寺庙众多，文物丰富。土山上，熙熙攘攘，听书品茶，戏法杂耍，煞是热闹。人民、东风剧场，豫剧对唱，听众济济。特别是当我们登上刚建的太白楼，纵目四望，北有铁塔耸立，绿木滴翠；南有运河流淌，帆影点点，鱼鹰关关，商贾云集，小铺栉比，杂货琳琅，小吃喷香。当时我们并不知道运河开掘于元代，只肤浅认为，诗仙李白选择任城寓居，是选对了地方。透过千余年历史的面纱，想见谪仙人倚楼纵饮赋诗的神态，确有恨不能与之同时之感。"前不见古人，后不见来者"，有什么办法呢？李白死后，不少文人骚客来济宁凭吊，有众多诗文可证。而且绝大多数学者认为济宁是李白的第二故乡，郑修平先生在前人研究论证启示下，提出李白寓家任城23年。

姜教授的论据来自两篇文章资料：一篇是明代大哲学家王阳明的《太白楼赋》，一篇是清代大文人赵执信的《太白酒楼歌》。论学问，现在的学者赶上他们的不多，论时间，他们与李白更近些。他们均明白无误地说李白寓家任城，他们登的是任城太白楼。王阳明开篇不久就说任城是李白的"故乡"，而且说："太白公奚以居此乎？"李白为什么选择任城住呢？赵执信更说，"任城地好富水木"，风景宜人，倚楼豪饮解闷，其乐可知，其愤可鉴。此二文，起码对李白寓家任城是个小小的佐证。

赵萍是位作家，一直对于李白寓家任城情有独钟，她的论说自成一家之言。她首先肯定李白"36岁自湖北安陆迁居济宁（唐称任城），直到59岁才将一双儿女召回到楚地。他一生虽四海为家，漫游不止，但是他把家一直安在任城长达23年，任城的一方水土养育了李白的家人，这里成为李白的第二故乡"。她进一步论证说："太白楼上、浣笔泉边留下了他生活的印记，这里有他的户籍、有他的田产，娇女平阳在这里成长，爱子伯禽在这里出生。山东大地有他大量的诗文，《旧唐书》《南部新书》等竞称李白为山东人，所以说济宁（任城）是诗人的第二故乡是不无道理的。"

李白为什么移家任城呢？赵萍女士认为：他在安陆期间，曾满怀报国之志西去长安，想靠自己的才华谋求一个能展示他治国平天下才能的职位，实现自己"济苍生、安社稷"的鸿鹄之志。没想到李白在长安却屡遭冷遇，投靠无门，诗人发出了"大道如青天，我独不得出"的千古慨叹后，愤而回到安陆。在妻子家，李白还需面对亲戚的嘲讽和白眼，无奈中，李白决定迁家山东。

任城县在唐时属兖州（鲁郡），即今济宁地区。有人据此认定李白当时就是住在今兖州市境内。因为没有确切资料证实李白当年就是住在兖州，所以本人认为争论既不可能有结果，而且结果也不具确定性。但李白住家今济宁地面是没有争议的。有李白的诗词为证："'我家寄东鲁，谁种龟阴田？'（《寄东鲁二稚子》）'爱子隔东鲁，空悲断肠猿。'（《赠武十七谔并序》）"

李白为什么单单选在任城安家呢？因为当时李白的六叔李阳冰任任城县令，兄长在中都（今汶上）当县令，族弟李凝在单父（今单县）当主簿，从祖在济南当太守，另外还有几个族兄弟也在鲁地做事。李白前来投亲靠友，一方面有益于他的政治进取，另一方面可以仰仗亲戚关照家室。李白时值年富力强的36岁，丰富的社会阅历，自幼博览群书，使他的文学创作已达到了炉火纯青的地步。但他还是向往遍游祖国的大好河山、向往有朝一日荣登朝堂。妻儿在此有亲戚照顾，他也可走得放心。

李白诗中还有"顾余不及仕，学剑来山东"。唐代有"剑术之绝"美称的剑客裴旻当时也正隐居东鲁。裴旻的剑舞得是左旋右转、寒风瑟瑟、走马如飞、银光闪闪，惊风雨、泣鬼神。而李白也是"十五好

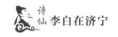

剑术，遍干诸侯"。诗、酒、剑是李白一生的最爱。李白曾写信给他说："愿出将军门下。"识得裴旻，了却诗人一大心事，这也是李白来山东的目的之一。

对于在任城的生活，赵女士认为："李白来任城后，靠和别人合伙做点生意，作为维持家用的经济来源。而诗人志不在商贾，赚不来多少养家之资，恐怕也免不了靠亲友的接济过活。李白迁居任城后，虽然在此期间，他依然漫游四方、广交朋友，但他的家，他的大本营一直安在此地，所以说济宁是诗人的第二故乡也不为过。"

李白为了深入生活，了解山东风情，曾以济宁为中心走遍山东的名山大川、故祠胜迹。他游泰山时写下："登高望蓬瀛，想象金银台。天门一长啸，万里清风来。"雄伟壮丽的泰山正好供他幻想驰骋，激情澎湃，创作出的旋律令人荡气回肠。长期的生活磨炼使他熟悉山东老百姓的生活，热爱山东的自然风光，喜欢山东人的豪爽侠义，更爱喝山东的美酒："兰陵美酒郁金香，玉碗盛来琥珀光。但使主人能醉客，不知何处是他乡？"

李白好仙游还好隐逸。他曾同孔巢父、韩准、裴政等志同道合的隐逸之士一起隐居在徂徕山中，时号"竹溪六逸"。他仙游隐居的目的肯定有文人的高雅脱俗的追求，但也有多方接触上层人物，扩大自身影响，以求得功名，实现为国出力的理想和抱负。

天宝元年（742），时年42岁的李白，正在江南会稽郡的剡溪山中和好友登山泛舟，赋诗饮酒时，忽然传来消息，唐玄宗召李白进京。这对他来说可谓是平步青云，一飞冲天！李白对他的高兴毫不掩饰，"仰天大笑出门去，我辈岂是蓬蒿人！"

在长安，唐玄宗给李白的职位是"翰林待诏"，就是帮助皇上起草文书诏告、回答皇帝咨询的角色。可仅仅不到三年，李白就因自己的不肯媚俗、不会也不屑趋炎附势而遭到奸相佞臣的谗毁，而李白对朝廷的腐败深感失望和愤懑："安能摧眉折腰事权贵，使我不得开心颜！"他主动请辞，而唐玄宗也顺势"赐金放还"，将他从宫中排挤出来。李白没有回家，而是直接去了河南，又去了德州，结识了安陵道士盖寰，请著名道家、北海天师高如贵在济南老子庙为他举行了入道仪式，正式成为一名道教徒。

理想的幻灭、前途的渺茫，促成了他的出世入道思想，这也是诗人对社会政治腐败的一种反抗。这期间，他的家仍在任城。直到公元759年，李白才把平阳、伯禽一双儿女由任城召回到自己身边。那一年，李白59岁。此后，父子三人曾漫游于金陵等地，最后在李白六叔李阳冰任职的安徽当涂县落脚。李白从36岁到任城，59岁时离开，前后共寄家任城23年！而他只活了62岁，就是说他离开济宁只度过了一千多个日夜就离开了人间。

李白寓家任城二十三年

对李白寓家任城研究成果最丰的是济宁李白研究专家郑修平。他写了一系列文章，从诸多侧面对这一问题进行了全面深入的探讨。

郑修平先生早在二十多年前就写了《李白在山东》一文，并于文中第一次提出了李白寓家任城二十三年的观点："开元二十四年（736），携同夫人及女儿平阳，绕道太原，移家山东任城……时间长达23年之久（736—759）。山东任城是他寄家时间最久、活动时间最长、遗留诗文较多的地方。"

其后，郑先生于1990年在《李白研究》第一期上，发表了《李白寄家任城渊源探微》一文。文章最后，对于李白寓家任城之说，提出了三件证据：一、当时他的叔父在任城当县令，这有其诗《对雪奉饯任城六父秩满归京》之作为证。一个背井离乡的游子，岂有不投靠在外的宗族近亲之理？他寄家任城，投靠官居县令的叔父，对他的政治进取及关照家室、外出漫游，都有很大好处。二、从实际地理实体考察，汶水正经唐代任城的东门，这与李白诗中寄家"鲁东门"的"汶阳川"正合。至今青莲阁、青莲胡同旧址，都在唐代任城东门的汶水之阳。三、东鲁各县遗留李白遗址很多，规模最大的就是任城，诸如太白楼、浣笔泉、青莲阁、青莲胡同、南池等。

对于《旧唐书》李白"父为任城尉，因家焉"的论断，郑修平先生在《李白移家任城原因初探》一文中认为，"这种说法，总的看是错误的。其一，李白是蜀人，不是山东人……其二，李白的父亲，从未当过任城尉。这不仅李白本人没有透露过任何迹象，而且从唐人为李白所作的传记看，其父根本就不可能为官。"既然如此，李白"因家焉"于任城是什么原因呢？郑先生认为李白移家任城的原因，一是"投靠宗室近族"，如任城县令六叔、中都明府兄、单父主簿族弟李凝、从祖济南太守、族祖鲁郡都督等。二是"学剑来山东"，而且这句话就来自李白诗《五月东鲁行答汶上翁》。

郑修平先生还有一篇重要的文章《李白寄家任城二十三年考》，后来又对这一论断有了深入的探讨，最主要的观点是："李白寄家任城二十三年，是以《旧唐书》'李白传'中李白寄家任城的记载为基础的。"现在我们发现了任城的李白酒楼是李白的故居，看来《旧唐书》关于李白寄家任城的记载是推翻不了的了。

李白寄家任城的起止时间是如何确定的呢？一、起始时间，即开元二十四年（736）。是1987年以前的历代所有太白论家根据李白的诗文系年及游踪等各种因素反复论证的共同结论。笔者至今认为，这一结论是靠得住的，是不可轻易推翻的，也没有人从正面对它提出疑问。二、终止时间，即乾元二年（759）。是根据这年李白在江夏一带所写的《门有车马客行》一诗中"呼儿扫中堂"一句确立的。郭沫若先生说："在至德二年（757）伯禽姐弟还在东鲁。但在长流夜郎遇赦放还

后，伯禽显然在江夏一带随侍着他的父亲了。《门有车马客行》中'呼儿扫中堂，坐客论悲辛'，这个'儿'毫无疑问，就是伯禽了。伯禽以后，似乎一直在他父亲身边。"（《郭沫若全集》四卷，第243页）笔者认为，郭老的这个论断是正确的。这个终止的时间，不能提前。因为这年以前，即757—758年，李白正在因狱及流放期间，李白在狱中所写的《万愤词》中仍说"穆陵关北愁爱子"。清代大注家王琦，据此句判定："盖是时伯禽尚在东鲁未归耳。"（王琦《李太白全集》第1123页注13）郭老上文"在至德二年，伯禽姐弟还在东鲁"的判断，也是根据这句诗说的。从唐玄宗开元二十四年即736年李白移家任城起，至唐肃宗乾元二年，即759年伯禽离开任城止，其间正是23年。从上述的论证完全可以看出，李白寄家任城23年的提出，并不是笔者的发明创造，而只是对先贤研究成果综合总结后，把比较复杂的起止年代，改成了另一种数字形式，即23年的说法而已。之所以改成"23年"这个说法，又是客观环境所决定的。当时因为笔者正参与济宁李白纪念馆的发起、筹建、布展、开放、接待等各项工作。这其中的各个环节，不但都需要做宣传工作，而且还都遇到有关人士的询问。客观要求迫使从事李白纪念馆各项工作的同志，必须对李白与济宁有关的问题，如移家济宁的渊源、移家济宁的原因，在济宁写了多少首诗、游历了几个县、交了多少个朋友，共有多少处纪念李白的遗址、遗迹等考证探讨清楚，以便提高宣传和咨询的质量。在时间比较紧迫的情况下，对上述这诸多问题，多数是用条文和数字的形式宣传的，既简明扼要，给听者的印象又集中深刻。由此，"23年"这个结论在社会上发生了比较广泛的影响。笔者现在依然认为，李白寄家任城23年这个结论，是比较符合客观事实的。它的提出，不但对济宁李白纪念馆的发展有积极的促进作用，而且对进一步明确济宁太白楼的历史意义和文物价值也有重要意义。

对于李白为什么可以称为"山东任城（今济宁）人"这一问题，

郑先生从当时的税收制度入手，有着独到的见解：

"究竟什么是自称任城人"的客观判断和本质呢？这就是当时的法定性质了。为了弄清这个问题，还需要从李白移家任城的时间、当时的社会背景和国家的税收制度说起。

李白移家任城的时间是开元二十四年。其时，正处在全国"括户"之举的后期。所谓"括户"，就是在全国范围内重新清查登记户口。为什么要重新清查登记户口呢？这与当时人口流亡，国家财政收入直接相关。唐玄宗时期的国家税收制度一直是实行唐初以来的租庸调法。所谓租庸调法，就是在均田制的基础上，按户籍人丁交纳一定数量的地税，此称为"租"；出一定时间的官差，即人丁税，此称为"庸"；交纳一定数量的绫、绢、丝和布、棉花等，此称为"调"。可见租庸调税赋制度，是以国家控制的户籍人丁多少为基础的。也就是说户籍人丁增多，国家财政收入就多；户籍人丁减少，国家财政收入就少。据历史记载，在唐高宗时，由于农民不堪于繁重的赋税和徭役（庸），离乡背井，逃亡到山泽丘陵地区，或耕种，或渔猎；有的还啸聚山林，成了盗匪。这种脱籍现象到了开元年间，更加严重了。从《旧唐书·宇文融传》中透露，脱籍现象高达全国总户数的百分之十。而一些官僚、地主又趁机将这些逃户归入自家的佃农、雇工等。朝廷虽然屡屡下旨"劝课农桑"，促其逃户归籍，但由于"豪人成其泉薮，奸吏为之囊橐"，对其隐瞒、包庇、干扰等原因，不但不见成效，反而"逋亡岁积，流蠹日滋"。此种脱籍现象，不但严重影响了国家税收，也影响了社会的安定，成了玄宗皇帝的一块心病。开元八年，监察御史宇文融深知皇上为逃户问题所困惑，于是上疏玄宗："天下户口逃移，巧伪甚多，请加检括。"玄宗皇帝对宇文融的奏疏甚为重视，并为括户问题制定了一系列政策、法规。如开元九年二月制曰："诸州流亡人员，

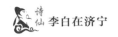

限制到百日之内，各容自首，准令式合所在编户，情愿住者，即附入薄籍。差科赋敛于附入令式与本贯计会停征。过期不首者，递边远，附为百姓，家口随逃者同送。"当时朝廷即任命宇文融为括户大使，并从基层抽调20余名官吏为勾检使，由宇文融统一指挥，分赴全国各地，按朝廷"勿欺隐"及"勿两处差科"的要求，敦促州、县，重新清查登记户口。既然朝廷的这些政策都附入"令、式"，自然就成了日后户籍管理的法规。由此可见，户籍的作用是控制人口流动，保证国家税收的一种重要措施。就是说，入哪个地方的籍，就在哪里交税，也就是哪里人，这就是户籍的根本意义所在。我们平常所说的"籍贯"一词，应该是由按户籍纳税这一意义演变而来。所谓纳税，也可以说是纳钱。而"贯"字，不管解作穿钱的绳子，还是解作计钱的量词，都与钱密不可分。把"籍"字与"贯"字结合在一起，不正是按户籍征税或纳钱的意思吗？所以"籍"与"籍贯"应该视为意义完全相同的两个词。

开元二十四年，李白拖家带口来到了任城。不管什么原因，他既然在任城构房（酒楼）定居，就必须依法在任城登记入籍。既然入了任城的户籍，不管他经不经商，种不种田，但丁各一份的人丁（庸）税是免不掉的。他一经入籍任城，且又在任城纳税，根据当时不准"两地差科"的规定，他已脱离了原籍，也不在原籍交税了，自然也就不是原籍的人了，他的原籍（籍贯）也就自行清除了。很明显，李白原籍的自行清除，不是李白愿意不愿意的问题，而是当时法律的规定。换句话说，不管李白在任城住多长时间，只要他的户籍不迁出任城，他就只能是山东任城人。这也不是李白愿意不愿意的问题，同样也是当时法律的规定。假如天宝元年李白奉诏由任城入京之时，不如实向朝廷报告他是山东任城人，而偏要报告他是蜀（四川）人，那恐怕就要犯欺君之罪了。这就是李白入籍山东任城之后，自称山东任城人的法律性质。

东鲁寻李白 ①

寻根问祖，携家任城

关于李白为什么到山东来，诸说不一。有的说他是来投亲靠友，有的说他是来学剑的……

说他来投亲的，根据是《旧唐书》卷一百九十载："父为任城尉，因家焉。"诸家考证极为不可靠。李白的父亲从未到过山东。或说"父"为"六父"之误。李白有诗《对雪奉饯任城六父秩满归京》，李白的六叔确实在任城做官。此外他还有一个兄长、几个从弟在济宁一带为官。这些便是投亲说的根据。

说他访友，根据是旧传贺知章为任城令，与李白友善。济宁直隶州志也有记载。济宁旧有三贤祠，祀李白、杜甫、贺知章。明始修、清续修的《仲里志·给赐》记载：唐玄宗开元七年任城令贺知章，申请拨给祭田三顷，以供仲氏春秋祭祀仲由之用。济宁南仲家浅，有仲由庙，

---

① 本文选自《李白杜甫在济宁》，作者宫衍兴。

碑载庙创唐开元年间。庙内原有恩公祠，受祀者之一就是贺知章。看来贺知章在开元七年前后确实做过任城令。但李白开元十三年出蜀，直到开元二十四年秋才携家到任城，即使贺知章做过任城令，李白到任城时，贺早已升任京官，绝不会是来访贺知章的。至于李白在任城作《任城县厅壁记》一文，大多认为贺公指贺知章。李白来任城后，听舆论称颂贺知章政绩，作《任城县厅壁记》追颂其功绩，并不奇怪。

另一说，据李白诗"顾余不及仕，学剑来山东"。李白的理想不是当一个诗人，他所向往的是像他的祖先李广那样血战沙场，以武功韬略取胜，荫子封侯。他"十五好剑术"，曾给剑术卓绝的裴旻去信说"如白愿出将军门下"。郭沫若推断，开元二十四年前后裴旻或许隐居东鲁，故李白移家就教，但缺乏力证。李白的确也有一身高超的武功，他在幽州打猎，就曾"一射两虎穿……转背落双莺"。虽是夸张，但绝非凭空杜撰。

李白来山东，除上述原因外，我认为还有第三个原因，即李白来山东寻根问祖。唐代士大夫阶级一般都讲门阀，以氏族的久远高贵而自豪。郭沫若讲杜甫门阀观念很强，很"固执"。杜甫自夸杜姓为陶唐氏尧的后人，并在诗文中多次流露。由于李白的身世和遭遇，他的门阀观念较杜甫更强。杜甫祖述唐尧，李白则认宗皋陶。李白说："白本家金陵，世为右姓，遭沮渠蒙逊难，奔流咸秦，因官寓家。"王琦认为"金陵"当为"金城"之误，金城在张掖和酒泉之间。郭沫若认为"咸秦"当为碎叶，"原字蠹蚀破坏，而后人以意补成之"。李阳冰的序则说："李白，字太白，陇西成纪人，凉武昭王属九世孙。"而凉武昭王属又是汉名将李广的十六世孙。所以李白也说是李广的二十五世孙。李白在《赠张相镐二首》中说："本家陇西人，生为汉边将。功略盖天地，名飞青云上。苦战竟不侯，当年颇惆怅。"这是说其先祖汉武帝时的"飞将军"李广的事迹。李广为"陇西成纪人"，平吴楚之乱，显功昌邑城下，因受梁王将军印，为朝廷所忌，没有封侯。他曾与匈奴浴血奋战七十余役，箭如神发。

李广嫡长孙李陵降于匈奴，流落塞外，后李陵婚于奴。内地李广的后裔族杀已尽。李陵后人李贤显名于北周，贤之弟李穆，支持隋文帝统一了中国。后炀帝恨李氏"门族强盛"，李氏又一次被逐杀。此次李氏被灭33口，其余不论男女老幼，并徙葱岭以西。李白的先人可能就是这一次流放中，被窜于碎叶的。"隋末多难，一房被窜于碎叶。"（见范传正《唐左拾遗翰林学士李公新墓碑文》）李白仅承认为原武昭王九世孙，可能为避祸保身之故。李白诗中一再歌颂李广，而对李陵却讳莫如深。

正因为李白祖上一家"被窜于碎叶"，流落岭外，所以对其先祖、故土依恋之情十分强烈，查清世系，以明其身，比谁都重要。他不惜一切寻访先祖旧迹，追溯李氏之族渊源。因其先祖李广居成纪，李白便寻访到成纪，并自称"陇西成纪布衣"；因李广居过兰田，他寻访到兰田，有诗自称"兰田太白"；李广曾显功昌邑城下，他便寻访到了东鲁。根据唐人当时社会风气，李白进一步追溯李氏始祖，李氏的始祖则为皋陶。皋陶，嬴姓，东夷人，家本曲阜，为大禹的副手。《唐书·宰相世系表》说："李姓，出自嬴姓，出自皋陶之后，世考以官命姓为理氏。李、理古字通。"李白有诗："举觞酹尧尧可闻，何不令皋陶拥篲横八级，直上青天扫浮云。"

李白自认为东夷人后裔。李白在《任城县厅壁记》中说过，他曾对太昊风姓之国、伯禽的鲁国以及汉以后任城沿革等都作了考证，称任城为"青帝太昊之遗墟，白衣尚书之故里"。文中亦透露了李白来东鲁的原因为"白探奇东蒙"。探什么奇？古代东夷族发达的文化以及众多的传说，对李白来说具有巨大的吸引力。例如，黄帝生于寿丘，寿丘在鲁东门之北；炎帝神农氏始都陈，后居曲阜；任为太昊青帝之墟，曲阜为昊之墟；舜东夷人，皋陶生于曲阜；等等。李白所探东蒙之奇，当然也

包括其祖皋陶的传说和遗迹。李白来东鲁寻根问祖，当是其目的之一。

婚变任城，迫迁南陵

开元二十四年李白携家来任城，寓贺兰氏酒楼，位置在今济宁市青莲胡同内。至于今存的太白楼，实为明洪武二十四年狄崇用修城剩余的砖石物料所建。1952年因破败不堪，被拆除又重建了今楼。

天宝元年，42岁的李白居任城家中。这年秋出现了两件影响李白一生的事，一是婚变，二是应诏西去长安。

约在开元二十八年，李白原配夫人许氏卒于任城，留下一双儿女。李白中室乏人，孩子无人照料，仓促间合于刘氏。婚后两人关系并不融洽，李白感情他移，终于酿成任城婚变。这次婚变，以前无人注意到，从李白诗中可以发现，李白和刘氏婚后不久即与其邻居"鲁一妇人"有了感情上的纠葛。诗《咏邻女东窗海石榴》当作于此时："鲁女东窗下，海榴世所稀。珊瑚映绿水，未足比光辉。清香随风发，落日好鸟归。愿为东南枝，低举拂罗衣。无由一攀折，引领望金扉。"从诗中看，鲁女像是结婚不久的有夫之妇，与李白同院相住。鲁女住东房，即东偏房，当非望族达官之妇。李白对其十分爱慕，"愿为东南枝，低举拂罗衣"，人家回屋里去了，他还伸着脖子张望，"引领望金扉"。李白与鲁女的感情纠葛，当然引起刘氏闹泼和任城士大夫阶层的非议，使李白不得不离开任城。《赠任城卢主簿》一诗当作于迫迁之后。"海鸟知天风，窜身鲁门东。""天风"是演用春秋臧文仲鲁东祭海鸟的故事。此"窜"字和窜于碎叶的"窜"字同样，有被迫逃窜之意。鲁门指鲁郡，即今兖州城东门。洪迈、刘克庄谓此诗暗指杨贵妃、高力士排挤之事，也有人认为此诗作于"赐金放还"后，这都是不对的。从诗中可以看出，任城主簿卢某曾对此事多方斡旋，使他和鲁女终于结合。这就是他为什么对卢主簿那么感激，致"流泪谢鸳鸿"。"鸳"指鸳鸯鸟；鸿为大雁，信鸟，旧时多指媒人为媒鸿。李白之所以流泪感谢卢主簿，是因为他成全了自己和鲁女的婚事。如果是指"赐金放还"一事，他为什么感激任城一个小小的主簿？

李白和刘氏本来感情不好，刘氏也早对李白不满。在李白婚变事件中，她醋劲大发，到处说李白的坏话。李白《雪谗诗见赠友人》中说："白壁何辜，青蝇屡前""泥沙聚矣，珠玉不鲜""彼妇人猖狂，不如鹊之彊彊；彼妇人之淫昏，不如鹑之奔奔"。并大骂"会稽愚妇轻买臣"。感情彻底破裂，李白不得不与刘氏分手。此诗赵翼曰："青莲胸怀坦荡，不屑于恩怨，何诽谤如此，恐非其真笃也。"《李白集校注》按："杨妃盛时不能，杨妃败更直不可作，似指友朋中媢之嫌，非刺淫乱败国也。"不少人认为此诗与杨贵妃无关，但没说明此诗实为李白在婚变中的剖白。

李白在任城卢主簿帮助下，与刘氏决裂而合于鲁女，可从李白同时代的魏颢所写的《李翰林集序》中得到佐证。序中说："李合于刘氏，刘决，次合鲁一妇人。"为了摆脱在任城的尴尬局面，特别是刘氏的纠缠，天宝元年秋，李白便带着儿女和新婚的鲁一妇人避居南陵去了。

南陵在哪里？一般都认为在宣州，郭沫若亦认为是宣州南陵。其实，南陵在鲁地。李白有《酬张卿夜宿南陵见赠》，全诗如下：

月出鲁城东，明如天上雪。鲁女惊莎鸡，鸣机应秋节。
当君相思夜，火落金风高。河汉挂户牖，欲济无轻舠。
我昔辞林丘，云龙忽相见。客星动太微，朝去洛阳殿。
尔来得茂颜，七叶仕汉余。身为下邳客，家有圯桥书。
傅说未梦时，终当起岩野。万古骑辰星，光辉照天下。
与君各未遇，长策委蒿莱。宝刀隐玉匣，锈涩空莓苔。
遂令世上愚，轻我土与灰。一朝攀龙去，蛙黾安在哉。
故山定有酒，与尔倾金罍。

　　从诗中推断，这个张卿当为张叔明，竹溪六逸之一，家在曲阜城北石门山中。"与君各未遇，长策委蒿莱。"说明诗作于应诏去长安之前，具体时间应为婚变后迁往南陵不久。"月出鲁城东，明如天上雪。"此道出了写诗的地方，即鲁城南偏西。这个地方可能在曲阜市陵城一带。婚变后迁来南陵，朋友来探望他，他对任城的事仍耿耿于怀。"遂令世上愚，轻我土与灰。""一朝攀龙去，蛙黾安在哉。"曲阜陵城古称南陵，民国曲阜县志有类似记载，说曾在此处发现明碑一块，书曰"古兰陵"。曲阜人口音兰和南同音，李白刚移居于此，可能据当地口音将兰陵书为南陵。曲阜陵城位于鲁城西南，所以"月出鲁城东"；曲阜陵城又位于唐鲁郡兖州东，所以"窜身鲁门东"。清初戏剧家孔尚任在其《阙里志古迹》中也指出："李白故居在城（曲阜）西二十五里……其门前临沂水。"安旗先生曾两次来实地考察，亦持此说。

　　天宝元年秋，李白生活中出现了第二件大事，即因道士吴筠等的推荐，唐玄宗下诏要李白入京，《南陵别儿童入京》作于此时。诗中描写的是北方景物不是宣州南陵。"白酒新熟山中归，黄鸡啄黍秋正肥。""会稽愚妇轻买臣，余亦辞家西入秦。"诗中仍流露出对刘氏的不满。值得注意的是"辞家西入秦"，那么家一定在长安的东方，不会是宣城南陵。天宝元年李白有游泰山诗，古本题下注云：天宝元年四月，从故御道上泰山。这说明他其时在鲁，而不在会稽。

　　李白关于南陵的诗大约有 10 首，其中 8 首确指宣州南陵，另两首《南陵别儿童入京》和《酬张卿夜宿南陵见赠》中的南陵，应为鲁地南陵。关于《酬张卿夜宿南陵见赠》，明于慎行所编万历《兖州府志》说是居鲁诗作。今人詹锳亦云："当是秋季鲁城作。"

寻芳泗滨，卜居沙丘

李白在济宁住了7个年头，在南陵住了两年多，"赐金放还"后，即将家迁往沙丘去了。诸家注李白，多认为沙丘在鲁中某地。但沙丘在鲁中哪里？我认为就在兖州城东，泗水边上。这里唐宋时期风景优美，朱熹赞曰："盛日寻芳泗水滨，无边光景一时新。"李白诗中多次提到家在沙丘。"我来竟何时，高卧沙丘城。""我家寄在沙丘旁，三年不归空断肠。"

泗水排沙，见于史籍。泗水在兖州城东拐了几拐，水势变缓，从上游携带来的泥沙，淤积成丘。兖州治地，周为负瑕邑，汉为瑕丘县，南北朝刘宋时始迁治兖州于瑕丘境内。兖州沙丘城之名由此得来。由于兖州之名，遂将原沙丘之名湮没。不过在隋唐，人们还都比较清楚。直到清代，当地一些文人、学者仍知其实。《滋阳县志·古迹志》有载"沙丘城"。李白诗《沙丘城下寄杜甫》云："我来竟何事，高卧沙丘城。城边有古树，日夕连秋声。鲁酒不可醉，齐歌空复情。思君若汶水，浩荡寄南征。"李白又一首诗《送萧三十一之鲁中》有"我家寄在沙丘旁"之句。唐鲁郡治瑕丘，白久寄鲁，据诗沙丘城应在境内。明万历八年《兖州府志》："沙丘，在宗鲁门外。"宗鲁是兖州城哪个门？万历二十四年于慎行所编《兖州府志》："兖州府城城楼有四：北曰镇岱，南曰延薰，西曰望京，东曰宗鲁。"那么沙丘就在兖州东门外了。颜伯珣有诗《沙丘》："柳色青青坝水头，千家歌吹绕沙丘。"指明沙丘在金口坝头上。颜光敏《悲沙丘》又说："沙丘池馆水西滩，旧国繁华欲难见。"直接指明沙丘在兖州城东泗河西滩。

近日偶翻《山东通志》，读唐骆宾王《上兖州崔长史启》时发现，文章一开头便直呼兖州为沙丘。有唐人之据，沙丘兖州论便可确立了。李白举家卜迁兖州鲁东门沙丘，这里至今仍留有后人为纪念李白卜居沙丘的青莲阁一座。

李白《沙丘城下寄杜甫》中的"思君若汶水，浩荡寄南征"的汶水指哪个水？汶出弗其，西流合济，这是载于史籍的，为什么又出来个浩荡寄南征的汶水？实际上这个汶水指的是泗水。古时江河互授通称，汶泗合流，可以互授通称。泗水由兖州西南流，两汇汶水，一是洸水在宁阳汇汶水在邹县西入于泗，二是泗水在济宁南汇南济水，而南济水在这之前，在济宁附近汇流了汶水。这在《水经注》中都有记载。汶水两小股南流并不浩荡，只是汇合了泗水后才变得浩荡起来。

从李白诗中可以看到，唐鲁郡东门外沙丘一带，有石门之景。此石门为隋刑部尚书薛胄所修。薛曾为兖州刺史。当时兖州城东沂泗二水合汇南流，使大片良田变为陂泽。薛曾在泗河筑一石堰，让泗水西流，防陂泽复为良田，而又能通航运、利灌溉，百姓得利，均称其为"薛公丰兖渠"。后来多次加以修筑，并设水门，节制水源，以致有石门之称。水大为水门，水小为石床，天旱为路又称"石路"。今兖州城东泗河上仍存旧迹，名为金口坝。李白《鲁郡东石门送杜二甫》即指此石门。诗曰："醉别复几日，登临遍池台。何时石门路，重有金樽开。秋波落泗水，海色明徂徕。飞蓬各自远，且尽手中杯。"《鲁郡尧祠送窦明府薄华还西京》一诗亦说到鲁郡东石门："强扶愁疾向何处？角巾微服尧祠南。长杨扫地不见日，石门喷作金沙潭。"鲁郡尧祠是鲁东门沙丘的又一景，在李白诗中也多次出现。于慎行万历《兖州府词庙志》载："尧祠在兖州城东七里。"今已无存。

置产汶阳，占籍山东

李白卜居沙丘，是打算长期定居的。他特在"汶阳""龟阴"购置了田产。

李白有诗句"我家寄东鲁，谁种龟阴田。""裂素寄远意，因之汶阳川。"（《寄东鲁二稚子》）"时事且未达，归耕汶阳滨。"（《嘲鲁儒》）

从前四句可看出，汶阳和龟阴实指一地。李白的田产在汶阳川、龟阴、汶阳滨。三个地名，我认为只是一处田庄的不同称谓而已。李白置办了田产，并不一定亲自去经理，也可雇人经理，坐收其租。李白把一家安置在东鲁后，长期在外周游，就是靠田庄的收入支持家用的。那么，李白的田庄在什么地方呢？

《左传·桓公十二年》"公会杞侯，莒子盟于曲池"。杜预注："曲池，鲁地。""鲁国汶阳县北有曲水亭。"《通典》认为此汶阳在泗水。《太平寰宇记》认为在泗水县西。《续山东考古录》认为在泗水，并说"后魏（北魏）移汶阳县来治，省卞县，齐周因之"。《泗水县志》载："后魏汶阳县在泗水县北四里故县村……"清末有人于故县村北半里许得古碑，有"汶阳县"字。由以上可以看出，南北朝汶阳城就是今泗水县北的故县村，春秋称"曲池"，今讹为"曲泗"。故县村东有东曲泗村、西曲泗村可证。

隋开皇四年改曲阜为汶阳县，十六年又改为曲阜，将原属汶阳县管辖和泗水毗邻的原汶阳县东北部割属泗水。从此这一带再也没有汶阳县的建置了。但汶阳县东部割属泗水的部分仍称汶阳乡，直到清末。李白诗中的"汶阳川""汶阳滨"均应指汶阳乡，即今泗水县中册乡一带。今中册乡有大小李白村，两村东西相距仅一里许。去两村调查，李学彬老人说，大李白村原叫西园、下园李、下学李，还叫过何家园、里北村等；小李白村曾有先祖庙，先祖叫李郎，墓在小李白村南。

从李白东鲁诗中可以看到，他曾亲自在汶阳乡经理过他的田产。李白有诗《答从弟幼成过西园见赠》，今人詹锳说："西园，鲁中地。"诗曰："拙薄谢明时，群闲归故园。"当为赐金放还后所作。时李白在西园经理田庄，从弟幼成来看他，作此诗以赠。诗题中"西园"二字，与李学彬老人提供的大李白村曾名为西园不谋而合。

弄明白了"汶阳川"和"汶阳滨"的位置，那么"龟阴"怎讲？

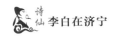

"龟"指泗水县西北五十多里的龟山。龟山与蒙山相连,是春秋齐鲁之界。汶阳乡在龟山西北,称"龟阴田",没有什么不可。

李白有田产有妻室在汶阳乡,说李白占籍山东无可非议。难怪与李白同时而又要好的杜甫以及稍后的元稹和在《旧唐书》中均称李白为"山东人"或直呼"山东李白"。唐时山东和今日山东所指虽不完全相同,但今日山东仍为唐时山东所包,因此,即使称李白为现在意义上的"山东人"亦没错。据此,李白的籍贯可作如此描述:李白,字太白,原籍四川江油,后占籍山东,称"山东李白"。

养亲子抚从子,鲁女称贤

李白一生结过四次婚。原配许氏,是唐故宰相许圉师的孙女。李白入赘许家,一住十年,他说:"酒隐安陆,蹉跎十年。"开元二十四年移居任城。郭老考证,开元二十五年许氏生伯禽于任城,这之前,在安陆生女平阳。开元二十八年许氏卒,次合刘氏,因感情不和,与刘诀。再合鲁一妇人。天宝三年赐金放还到汴州,又与唐高宗时的宰相宗楚客之孙女宗氏正式结合。魏颢《李翰林集序》中说:"白始娶于许,生一女,一男,名明月奴。女即嫁而卒。又合于刘氏,刘诀。又合于鲁一妇人,生子颇黎,终娶宋。"除宋字当为宗字之误外,所记应全为事实。因魏颢访李白曾亲到东鲁李白家中,当亲眼见过鲁一妇人和颇黎。他与李白关系超出一般,李白亦应将自己家事告诉过他。

魏颢《序》中,对许氏、宗氏都用了"娶"字,而对刘氏、鲁一妇人则用了"合"字。所谓娶,即按封建礼制明媒正娶;所谓合,可释作"野合",指非明媒正娶,应为封建社会中的纳妾。如此李白则有两妻两妾了。

伯禽约生于开元二十五年。天宝七年春,李白作《寄东鲁二稚子》:"娇女字平阳,折花倚桃边。折花不见我,泪下如流泉。"这时平阳二十多岁，伯禽十二三岁。但天宝八年夏《送萧三十一之鲁兼问稚子伯禽》诗中只提到伯禽，看来此时可能是魏颢说的"女即嫁而卒"，平阳已不在人世了。平阳死后，伯禽仍在东鲁跟鲁女一起生活，由鲁女抚养，直到长大成人，结婚生子。有记载伯禽生有一子二女。李白客死当涂，伯禽携家由山东赶来，后留守陵墓，直到老死当涂。伯禽两个女儿说："父在无官，父死为民。"看来伯禽一生无大作为。

李白和鲁女生有一子，魏颢说得很清楚："生子颇黎。"郭沫若认为颇黎为伯禽之误，认为颇黎和伯禽实为一人。这样说，实在欠妥。李华《故翰林学士李君墓志》称："有子曰伯禽、天然；长能持，幼能辨。数梯公之德，必将大其名。"李华的墓志简而明，说李白有两个儿子，大的叫伯禽，小的叫天然；老大忠厚老实，小的聪明嘴巧。

天然是李白幼子的名。根据魏颢和李华两人所说互相参照，颇黎和天然实为一人，为鲁女所生，小名颇黎，大名天然，正像长子小名明月奴，大名伯禽一样。《送杨燕之东鲁》一诗约作于天宝十三年，"二子鲁东门，别来已经年。因君此中去，不觉泪如泉。"此处二子应指伯禽和天然，因为此时平阳早卒数年。李白曾在天宝十年春回东鲁探家，如果此次鲁女受孕的话，天然当生于天宝十一年，到作《送杨燕之东鲁》，天然已一岁多了。

天宝十四年冬，安禄山以讨杨国忠为名，起兵15万，反于范阳，铁蹄很快踏遍中原，盛唐假象顷刻瓦解。安史之乱爆发前夕，李白南游回到梁园。天宝十五年洛阳陷落，安禄山屠城。李白匆忙携宗氏改胡服南窜，后应永王璘的邀请，做了幕僚。永王璘败后，他被下到浔阳狱中，在狱中作《百忧草》："星离一门，草掷二孩。"二孩显然指伯禽和天然了。

李白在东鲁的家室，在战乱中向东逃去。李白在浔阳狱中写的《万愤词》说，"……穆陵关北愁爱子，豫章天南隔老妻。一门骨肉散百草，

遇难不复相提携。"诗作于至德二年，李白57岁。诗中老妻指宗氏，此时宗氏在豫章，即南昌，而东鲁的家室则逃到了穆陵关北。穆陵关，史载有二。一在山东临朐县大碗山上，为春秋齐鲁界关；一在湖北河南交界处。临朐县穆陵关北，属济南郡，郡守李随忠于唐室坚决抗敌，致使附近郡县百姓纷纷逃去躲兵。李白诗中的穆陵关只能是临朐的穆陵关，绝不可能是陷入敌兵中的穆陵关。临朐穆陵关距鲁东门370里左右，距汶阳乡约300里，鲁女带领全家长途跋涉，其艰难可想而知。

李白从天宝元年西入长安，到上元三年病死当涂，二十余年飘忽不定。在东鲁儿女全靠鲁女照料，此外她还要经营田庄，维持一家生计。李白病重时，估计鲁女曾带二子到当涂。李白死后伯禽留守父墓，鲁女带幼子又回到东鲁。

据载，伯禽曾生有一子，下落不明。伯禽的两个女儿说过"有兄一人，出游十二年，不知所在"。伯禽一家日子在当涂过得十分艰难，伯禽可能打发儿子回到了东鲁，那里有继祖母、有小叔天然，还有田产。伯禽的儿子属长支，李家田产名正言顺应分得一份，因其来东鲁时，两个妹妹都还年幼，以致不知其兄下落。李白死后，当涂县令范传正认为李白为绝嗣之家，那是他仅知道当涂李氏无子，并不知道东鲁还有李白的后人。

老归石门有遗愿，病死当涂奈何天

李白晚年曾打算回到沙丘石门旧居安度晚年，《下途归石门旧居》一诗流露出他的最后愿望："吴山高，越水清，握手无言伤别情。将欲辞君挂帆去，离魂不散烟郊树。"此诗据考是写给道士吴筠的，吴道士此时正隐居横望山。有人说此诗石门即横望山之石门，但我们从诗中看到李白是来告别的，要到很远的地方去，"将欲辞君挂帆去"。如果他也隐居到横望山石门，那就用不着挂帆去，更用不着特来向吴道士郑重告别，因为同在一山中，早晚都能见面。此诗流露出李白的政治抱负破灭后，对道士仙术一套也已厌弃。"余曾学道穷冥筌，梦中往往游仙山。何当脱屣谢时去，壶中别有日月天。"他唯一的愿望是回到石门旧居，诗酒为乐安度晚年。这个石门在哪？应仍指兖州城东旧居石门。"石门流水温桃花，我亦曾到秦人家。不知何处得鸡豕，就中仍见繁桑麻。""秦人家"系双关语，既套用了陶渊明桃花源的典故，又暗指他曾由这里去长安朝见天子。兖州沙丘石门的桃花，给李白留下深刻记忆，使其终生难忘。与《鲁东门泛舟》对照看，"日落沙明天倒开，波摇石动水萦回。轻舟泛月寻溪转，疑是山阴雪后来。水作青龙卧石堤，桃花夹岸鲁门西。若叫月下乘舟去，何啻风流到剡溪。""石门水遍桃花"与"桃花夹岸"惊人的一样，可见《下途归石门旧居》中的石门指的是兖州鲁郡东石门。这里有李白的亲人，有李白的家，还有许多值得他回忆的东西。李白一生做官不成，修道不成，晚年心灰意冷，想重归石门旧居，带领一家老小过平民生活，这是可以理解的。

可惜李白这一愿望未能实现，正当他遍告亲友准备起程时，却被李阳冰留下，不久身染重病，客死当涂。他的老归石门，也就成了遗愿。

兖州廿载是仙家[①]

　　李白是中国历史上伟大的诗人。他一生中留下了
一千多首诗歌和六十多篇文章，在中国文学史乃至世界
文学史上占据了显赫的地位。其作品亦如文学天体中的
恒星，永远放射着夺目的光辉。

　　人民需要李白的诗歌，人民喜欢李白的诗歌，对李
白的诗作真可谓是"世世代代家诵户习，妇孺皆歌"。对
于李白的研究经久不衰，一千三百多年以来，出现了大
量的研究论文。近十几年，李白研究更加深入，研究的
内容逐步拓展，他的游踪、遗迹、居家等问题成为研究
的热点。

　　李白24岁出蜀，27岁在湖北的安陆招赘于故相
许圉师之家，"蹉跎十年"，36岁移家东鲁，这在学术
界已成定论。但对东鲁居家的地点却争论不休，"任城

─────────────
① 本文选自《李白杜甫在济宁》，原标题为《李白居家兖州研究综
述》，作者武秀。

论""兖州论"等各执一词。那么李白到底东鲁居家何处呢？李白诗云："我来竟何事？高卧沙丘城"（《沙丘城下寄杜甫》）；"我家寄在沙丘旁，三年不归空断肠"（《送萧三十一之鲁中兼问稚子伯禽》）；"二子鲁门东，别来已经年"（《送杨燕之东鲁》）；"何时石门路，重有金樽开？"（《鲁郡东石门送杜二甫》）。尧祠送客诗有十几首。沙丘、沙丘城、石门、尧祠到底在哪里？这些问题成为研究李白居家地点的关键。

兖州文化界的同志对此极为关注，进行了大量的考证，提出了李白居家兖州新说。1981年12月林东海先生来兖州考察李白居家东鲁问题时，兖州文物工作的负责同志提供了李白居家兖州的有关情况。之后，安旗先生、宫衍兴先生等也来兖州考察，安旗先生于1987年提出了李白居家"瑕丘说"，发表《李白东鲁寓家地考》，考明李白诗中的"东鲁""鲁门""沙丘"都是指唐兖州治所瑕丘（今兖州）。尧祠、石门亦在兖州东门外。宫衍兴先生、丁冲先生提出了李白居家兖州13年。济宁市学者王伯奇先生从1984年开始致力于李白在兖州的研究。他瀚海淘金般地征求资料，结合兖州的地理环境及出土文物，提出了"李白是山东兖州人""李白居家兖州二十余年"的论点，考证了李白寓家的具体位置，在今兖州火车站广场一带。此地即为沙丘（今南沙岗）之北，唐鲁门之东（今建设路东首与共青团路交叉处），正合李白所言。

王伯奇同志的李白研究得到了市领导及文化部门的重视和支持。市政协的领导专门听取了王伯奇关于李白研究的汇报。文化局组织有关学者对这一问题进行集体攻关。1993年4月，兖州市文化局同兖州日报社联合发起了"李白与兖州"征文活动。《兖州日报》发表了王伯奇同志的《李白是山东兖州人》的文章。征文活动的开展和王伯奇同志文章的发表在全市引起很大反响和广泛的关注。1993年12月28日，市文化局组织召开了首届"李白与兖州"学术讨论会。曲师大、市委

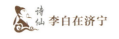

宣传部、市委党校等一批学者和领导莅临会议，对济宁市李白研究提出了重要的指导意见。

正当兖州的学者们埋头研究文字资料的同时，泗河干涸，一批文物从河中出土。其中包括残碑、残石刻等。在上述文物当中，有三件与"李白在兖州"有直接关系。一是"北魏守桥石人"。石人背题"起石门于泗津之下"，证明北魏时称金口坝为石门，李白、杜甫诗中的"石门"即现在的金口坝。北魏郦道元《水经注》中记载：洙水……又南迳瑕丘城东南入石门。古人结石为门，跨于水上也。这样既有文字记载，又有实证，推翻了李白、杜甫石门分别相送在曲阜东北石门山的说法。二是汉代跪石人。研究李白在兖州，尧祠是个重要的地方，李白在尧祠的送客诗就有18首。尧祠，是祭祀唐尧的神庙。关于尧祠，《元和郡县志》《太平寰宇记》《滋阳县志》中均有记载。李白在《鲁郡尧祠送窦明府薄华还西京》中写到尧祠："红泥亭子赤栏干""门前长跪双石人""有女如花日歌舞"。汉代跪石人，正是李白诗中所写的跪石人之一，是尧祠门前的饰物。三是北齐沙丘城造像残碑。碑中"以大齐河清二年岁次实沉于沙丘东城之内……"说明唐兖州治所丘城在北齐时称沙丘城，解决了长期争论不休的"沙丘城"何在的问题。

兖州的学者根据文献记载，结合出土的文物，使研究工作出现了突破性的进展。原中国李白研究会会长、著名学者詹锳先生，对于李白居家东鲁问题一直萦绕于心，曾几次提议在山东召开讨论会，搞清楚李白居家东鲁的具体地点，并委派李子龙先生前来兖州联系召开"李白在山东"国际学术讨论会问题。我们感到，兖州学者的论文几经推敲锤炼，又有出土文物的实证，承接"李白在山东"的国际学术讨论会的时机已经成熟，因而向市政府提交了承办此次会议的报告。很快，报告得以同意，兖州成立了以朱维宁副市长为组委会主任的筹备组织。在经过近半年的准备工作之后，1994年8月15日"李白在山东"国际学术讨论会在兖州兴隆宾馆顺利举行。来自日本、韩国等国家及全国各地的李白研究专家六十多人参加了会议,《人民日报》、《中国文化报》、《诗刊》社、《大众日报》、山东省电视台等文学、新闻单位派出了记者专门报道该会,济宁市委、市政府、市政协等领导出席开幕式,胡桂龙市长致欢迎词,朱维宁副市长致开幕词。

大会发言第一天,济宁市三位学者登上学术讲坛宣读论文。为配合大会的召开,在少陵公园杜甫纪念馆举办了"李白在兖州"的展览,以文字、图片、实物资料展示济宁市的学术观点。专家学者们又考察了青莲阁、金口坝。晚间,日本、韩国学者松源朗、李宇正和我国著名学者葛景春先生等人又在王伯奇、徐叶翎先生的陪同下,夜访沙丘(火车站下的南岗子街),寻找李白当年的住地。王、徐二位先生陪同中外学者在此徘徊,此时皓月当空,秋风习习。王伯奇同志详细地介绍唐代时兖州的地理情况,让客人领略了"月出鲁门东,明如天上雪"的意境。"李白在山东"国际学术讨论会取得了圆满成功。詹锳先生代表学术委员会作了发言,他说:"这次会议通过实地考察和'李白在兖州'的展览更加证实了我们的判断,沙丘、尧祠、石门均在兖州。听了兖州同志的发言就更加信服这一点。我们回去后要对《李白全集校注汇释集评》作补充更正。"裴斐先生说:"我谈两点,一点是对刚才朱市长的发言做个呼应,刚才朱市长说'兖州为李白的第二故乡',我认为有道理。李白在四川生活了25年,离川后又在安陆住了10年,再后就到山东兖州安家一直到'安史之乱'。甚至到他临终之前才将在兖州的孩子接到当涂,出蜀以后的家住兖州的时间最长。经过当地研究者的考察,'沙丘''石门''尧祠'都在兖州。根据这一情况,我们可以确认兖州为李白的第二故乡。二是兖州的同志不仅为大会提供了高质量的服务,也提供了高质量的论文,兖州应该成为我们李白研究的一个基地。遗憾的是我们仅仅看到了一个'少陵公园'。杜甫与兖州

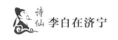

的关系远不如李白与兖州的关系。李白在兖州住了那么多年，留下了大量的诗文，因此我们认为应该建立李白纪念馆，兖州也是最有资格建立李白纪念馆的地方之一。"

郁贤皓先生说："这次会议，围绕'李白在山东'这个主题进行了研讨。通过实地考察，对李白诗中提到的'沙丘''石门''尧祠'等具体地点，有了清楚的了解。应该指出：原来学术界对李白诗中提到的这些地点是模糊的。这次会议，兖州提供的文章，对上述问题做了翔实的调查和取证，很有说服力。特别可贵的是兖州出土了沙丘城碑，碑上有关沙丘的记载和其他文物，为我们提供了可靠的实证。"

根据这次会议的成果，《李白全集校注汇释集评》这部李白研究史上里程碑式的巨著，在注释部分作了补充更正。人民文学出版社出版的"世界文学名著文库"《李白选集》按这次会议的观点进行了注释。人民文学出版社出版的《李白·谢朓研究》收录了王伯奇、徐叶翎先生两篇文章。《中国李白研究》收录了济宁市学者的五篇文章。中央民族大学教授、原中国李白研究会副会长裴斐先生为兖州题诗《赠兖州李白故家》："谪仙浪迹遍天涯，斗酒百篇多怨嗟，安陆梁园曾作客，兖州廿载是仙家。"肯定了兖州学者"李白居家兖州 20 年""兖州是李白的第二故乡"的观点。四川学者刘竹先生写诗盛赞李白在兖州的研究成果，诗曰："太白仙居久探求，不知何处是沙丘。已征文献穷坟典，终见碑铭脱隐幽。我佛慈悲留证据，吾人惊喜识源流。'山东李白'何曾误，第二故乡为兖州。"李白研究在兖州蓬勃兴起，中国李白研究会在兖州发展会员 11 人。每两年一次的李白研究会，兖州都有学者参加，武秀同志当选中国李白研究会理事。目前，兖州学者已在全国省级以上刊物发表李白研究论文达 10 余篇。

2000 年元旦，中国李白研究会在安徽大学召开年会，中国李白研究会副会长薛天伟教授在总结一百年来李白研究成果时高度评价了

"李白居家东鲁"研究，认为"李白在山东"国际学术讨论会，澄清了李白居家东鲁地点的千古之谜，是 20 世纪李白研究的重大突破、重要收获。

为了反映兖州李白研究的成果，1995 年 12 月山东友谊出版社出版由武秀主编的《李白在兖州》一书。该书内容分为四部分：一是兖州与李白有关的文物图片及"李白在山东"国际学术讨论会的掠影；二是兖州几位李白研究者的论文小辑；三是李白在兖州的诗文注释；四是"李白在山东"国际学术讨论会的有关情况。

李白在兖州的研究引起了兖州籍在外地工作的学者专家的兴趣。全国华先生（北京教育学院教授）在参加北京兖州同乡会时激动地说："近几十年来，兖州人有三件事值得骄傲。一是出了中国科学院学部委员（院士）马世俊；二是兖州学者研究出了李白居家兖州二十多年；三是出了村支部书记的好榜样刘运库。"

李白居家兖州的研究，是一项历史性的文化建设，是文化资源的积累，其意义绝不仅在当代，绝不仅在文化。许多有识之士从当前日益活跃的文化产业、文博旅游经济中看出了其发展潜力，提出了"依托孔孟，依据李杜，打兖州文化牌"的构想，远见卓识，意义深远。但愿我们的李白研究能同李白旅游文化同步前进，相信两者会相得益彰。

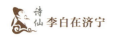

李白来山东　家居在兖州①

李白"酒隐安陆，蹉跎十年"之后，于开元二十四年（736），自安陆移家山东，始在东鲁定居。在此，一直住到天宝十五载（756），即安史之乱的第二年春天。为避战乱，李白在江南溧水一带，求托门人义士武谔"冒胡兵以致之"东鲁，将他的两个孩子接往南方，从而结束了李白在东鲁的家居。李白家居东鲁达二十年之久。对此，古今学者和专家的看法基本相同。清代的王琦在《李太白全集·年谱》中说："（李白）未至京师之前（指奉诏入京）寓家东鲁……洎去朝之后（指赐金还山），至天宝之末，犹寓家东鲁。"詹锳先生在《谈李白〈南陵别儿童入京〉》一文中亦认为："天宝年间他的子女一直没有离开过东鲁。"还有胥树人先生在《李白和他的诗歌》

---

① 本文选自《李白杜甫在济宁》，作者王伯奇。（本文曾在1994年"李白在山东"国际学术研讨会上作为重点发言，后收入《谢朓与李白研究》一书，获"山东省社会科学成果论文"二等奖。）

一书中也说："他于 725 年离蜀，727 年定居安陆，十年后迁居鲁中，在鲁中住了二十来年。"

　　关于李白来山东的家庭住址，按《旧唐书·李白传》所载，是"父为任城尉，因家焉。"其实，这一说法是完全错误的。因为李白的父亲"潜还广汉""高卧云林，不求禄仕"，证明李父从未做过官。郭沫若在《李白的家室索隐》中认为，"'父为任城尉，因家焉'，那是莫须有的事，前人已辨其妄。"另外，当代著名李白研究专家詹锳、王运熙、李宝均等诸贤对此亦皆不认可。尤其是李白本人，不仅从未提及"父为任城尉"之事，也从来没有说过他家住在任城。在李白的诗文中，也根本看不出他家住任城的任何迹象。近时，郁贤皓、竺岳兵相继撰文，对"任城说"作了再次彻底否定。郁贤皓先生在《旧唐书·李白传订误》一文中说，"《旧唐书·李白传》云'父为任城尉，因家焉'，这更是毫无根据的杜撰。"

　　李白寓家"任城说"既然不成立，那么其移家山东的家庭住址便成了问题。要弄清这一问题，我认为最好的方法是在李白的诗文中寻找相关的线索和依据，以李白在山东或东鲁的活动事迹来证明。细检李白诗文，有关李白移家山东的家庭住址，李白如此告诉我们：

　　《沙丘城下寄杜甫》云："我来竟何事？高卧沙丘城。"

　　《寄东鲁二稚子》云："我家寄东鲁，谁种龟阴田？"

　　《送杨燕之东鲁》云："二子鲁门东，别来已经年。因君此中去，不觉泪如泉。"

　　《送萧三十一之鲁中兼问稚子伯禽》云："高堂倚门望伯鱼，鲁中正是趋庭处。我家寄在沙丘旁，三年不归空断肠。"

　　《赠武十七谔并序》云："余爱子伯禽在鲁。"诗云："爱子隔东鲁，空悲断肠猿。林回弃白璧，千里阻同奔。"

　　按以上李白自言，他来山东的家庭住址在"鲁""东鲁""鲁

中""沙丘（城）旁""沙丘城下""鲁门东"。以上这些地名在唐代具体所指是哪里呢？笔者考证如下。

一、"鲁"和"东鲁"皆指（兖州）鲁郡或治城瑕丘

《旧唐书·地理一》载：兖州，上都督府，隋鲁郡。唐武德五年，置兖州。贞观十四年，置都督府。天宝元年，改兖州为鲁郡。乾元元年，复为兖州。瑕丘（今兖州城区），郭下。宋置兖州于鲁瑕邑故治，隋因置瑕丘县。《新唐书·地理二》载："兖州鲁郡，上都督府。"《山东通志》载："（南朝）宋元嘉三十年（453）始更置兖州治瑕丘。自汉以来，兖州徙置治不一，其治瑕丘自此始矣。"据以上志书所载，兖州从南北朝至唐代，时称兖州，时称鲁郡，兖州即鲁郡。李白所谓的"鲁"，是其对鲁郡的简称。将鲁郡简称为"鲁"，在李白以及与李白同时代人的诗文中，有很多例证。例如：

李白《任城县厅壁记》云："鲁境七百里，郡有十一县，任城其冲要。"王琦在《李太白全集》中注曰："按《元和郡县志》，鲁郡州境，东西三百三十一里，南北三百五十三里，管县十一。"很显然，李白在此所谓的"鲁境七百里"，当是唐代天宝年间鲁郡所辖十一县的州境，而绝非春秋战国时期的鲁国之国境。其又在《（鲁郡）崇明寺佛顶尊胜陀罗尼幢颂并序》中云："我太官广武伯，陇西李公，先名琬，奉诏书改为辅……五镇方牧，声闻于天，帝乃加剖竹于鲁，鲁道粲然可观。"王琦注曰："所谓五镇方牧者，辅历官郓、海、淄、唐、陈五州刺史也。所谓剖竹于鲁，又为鲁郡都督也。"崇明寺在鲁郡治城瑕丘，由此可见，这里李白所谓的"鲁"，亦指当时的鲁郡。同时还可知，王琦也认为这里的"鲁"即鲁郡。

与李白同时代的人苏源明，唐开元时曾在兖州隐学多年。其在《小洞庭泗源亭宴四郡太守并序》中云："天宝十二载七月辛丑，东平太守扶风苏源明，觞濮阳太守清河崔公季重、鲁郡太守陇西李公兰、济南太守太原田公琦、济阳太守陇西李公俊于河源亭。既尊封壤，乃密惠好。前此济阳以河堤之虞，夫役之弊，请略我宿及鲁之中都（今汶上县）。……不可，则分我寿西入濮阳，东入济阳，鲁之中都北人于我。"苏氏所谓的"鲁之中都"，意即鲁郡之东都，即当时鲁郡所辖十一县之一的中都县。由此可知，苏源明亦将鲁郡简称为"鲁"。

至于李白所谓的"东鲁"，由于鲁郡地处天下之东方，也可以说是因为鲁郡地在唐王朝疆域的东方，故在"鲁郡"之前加一方位词"东"字，而称鲁郡为"东鲁"，"东鲁"即东方之鲁郡也。李白《崇明寺佛顶尊胜陀罗尼幢颂并序》中有云："我太官广武伯，陇西李公……帝乃加剖竹于鲁，鲁道粲然可观。"又颂："明明李君牧东鲁，再新颓规扶众苦。"要知，李辅所官，乃鲁郡之都督，显然，他当时所牧守即所统辖的正是鲁郡十一县，而不是春秋战国时的鲁国旧域。李白又在《赠武十七谔并序》中序曰："门人武谔深于义者也……闻中原作难，西来访余。余爱子伯禽在鲁，许将冒胡兵以致之。"接着又在诗中说："爱子隔东鲁，空悲断肠猿。"李白于以上两处，对"鲁"和"东鲁"的关系作了非常明白的等线式的说明，"鲁"即"东鲁"，二者皆是指当时的鲁郡（兖州）。《魏书·地形志》"兖州"注云："刘义隆治瑕丘，魏因之。……而南末、北魏兖州刺史治瑕丘，但所领支郡各属县，举不列瑕丘之名，此《皇舆表》所以有县省名存之说也。"由于瑕丘城乃兖州（鲁郡）治所，所以"鲁"和"东鲁"（鲁郡兖州）有时则又指的是瑕丘城。

鲁郡兖州，李白称之为"东鲁"；杜甫在《登兖州城楼》诗中则称之为"东郡"；宋代的王禹偁在兖州《龙兴寺修三门记》中称之为"东兖"；洪迈在《容斋四笔》中称之为"东州"。他们虽然对兖州称谓不一，但均在所称之前冠一"东"字，其四人所称相合，正是东方之"鲁郡兖州"。

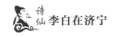

"东鲁"即鲁郡兖州，近代的许多学者也大都这样认为。如复旦大学古典文学教研组编《李白诗选》释李白《五月东鲁行答汶上翁》，即谓："东鲁，唐鲁郡即兖州，州治在今山东兖州。"安旗在《李白全集编年注释》中也认为："东鲁，此指鲁郡，即兖州。"

二、"鲁中"是确指鲁郡治所瑕丘城

历代注释李白诗文者，对于"鲁中"一直未作明确解释。何谓"鲁中"？从"鲁中"字义上，我认为可释为三：一可指鲁郡兖州境域之内；二可指鲁郡兖州境域的中心地区；三可指唐代鲁郡兖州之治所或鲁国之都城——瑕丘。而就李白所谓的"鲁中"，当以第三所指为是。

《辞海》（修订本）："鲁郡：郡，国名。"鲁郡即鲁国。在唐代人们称鲁郡，有时也称鲁国。如李白《鲁东门观刈蒲》开篇便云："鲁国寒事早，初霜刈渚蒲。"又《送鲁郡刘长史迁弘农长史》起句亦云："鲁国一杯水，难容横海鳞。"与李白同时代的人殷璠，在天宝十三载（754）所编的《河岳英灵集》中，称兖州人储光羲即"鲁国储光羲"。稍后的顾况，在《监察御史储公集》中也说是"鲁国储公进士及第"（见《文苑英华》）。兖州新驿董楼村附近唐开元十一年（723）的普济桥石碑记载："兖州者，鲁国礼义之邦也。"傅璇琮先生在《唐代诗人丛考·王昌龄事迹考》一文中，也谓"鲁国即兖州"。就兖州称鲁国原因，明于慎行《兖州府志》卷之九《国纪志》"唐诸王"中有载："鲁王（李）灵夔，高祖第十九子也。……贞观十四年（640），改封鲁王，授兖州都督，加实封满千户。……子二：长铣，封清河王；次蔼，封范阳王。神龙初（705）……封蔼子道坚为嗣鲁王。……开元二十九年（741），（道坚）子宇嗣封鲁王。……宝应元年（762）皇太子（即德宗李适）封为鲁王。"由此可知，唐代兖州治城瑕丘不仅为州郡之治所，同时还为鲁国之都城。

　　故李白诗文中多次称兖州为鲁国，称兖州治城瑕丘为"此都"。浦起龙《读杜心解》于杜甫《登兖州城楼》诗注解中引邵宝注："兖州，鲁所都。"有些学者认为，由于兖州地在春秋鲁国区域之内，唐时称鲁郡兖州为"鲁国"，是沿袭古称。实际上，这种认为或说法是不正确的。对此，李白《崇明寺佛顶尊胜陀罗尼幢颂并序》中有一极好的证据，序云："鲁郡崇明寺南门佛顶尊胜陀罗尼石幢者，盖此都之壮观。……所以山东开士举国而崇之。"这里所谓的"此都"，显然是指当时的鲁郡治所瑕丘城；所谓的"国"，自然为当时的鲁郡以及华山以东的各郡（州）。如果说李白诗中的"鲁国"是沿袭古称的话，那么"其都"当为曲阜，李白在此称瑕丘城为"此都"又该如何解释呢？

　　李白不仅称鲁郡兖州为"鲁国"，称鲁郡兖州治城瑕丘为"此都"，同时他还称广陵郡扬州治所江都城为"扬都"，有其诗"我来扬都市"可证；称临淄（济南）郡齐州治所历城为"齐都"，有其诗"昔我游齐都，登华不注峰"可证；称魏郡魏州治所元城为"魏都"，有其诗"魏都接燕赵"证之。李白所称的这些"都"，皆为当时的州郡之治城，无一是春秋战国时的诸侯国之都。

　　《辞海》（修订本）中引《毛传》："中国，京师也。"《集解》刘熙曰："帝王所都为中，故曰中国。"据此可知，古人所说的"中国"和近代所称的"中国"并非一个概念，其是指国家的统治中心——京都，"都"为国之"中"也。杜甫《秋兴八首》之六："回首可怜歌舞地，秦中自古帝王州。"白居易《秦中吟十首并序》曰："子在长安，闻见之间，有足悲者，因直歌其事，命为《秦中吟》。"杜甫和白居易在此所说的"秦中"，即是唐代的京都长安。

　　都者，国也。郡之治城可称之为"都"，因而亦可称之为"中"，鲁都即"鲁中"。李白诗中所谓的"鲁中"，当是确指唐代鲁郡治所或鲁国之都瑕丘，他是用"鲁中"代指瑕丘。比李白稍晚的韩翃，亦

将鲁郡兖州治城瑕丘称作"鲁中"。其《鲁中送鲁使君归郑州》诗云："城中金络骑，出钱沈东阳。"又《鲁中送从事归荥阳》诗云："万人都督鸣驺送，百里邦君枉骑过。"韩翃这里诗中说的"城中"，即是"鲁中"瑕丘城中。再将诗中提到的"鲁使君"（鲁郡太守或兖州刺史）、"万人都督"（兖州大都督）与"城中""鲁中"联系起来，稍作思考，即可意识到，韩翃所谓的"鲁中"是确指鲁郡兖州治城瑕丘无疑。

郡之治城称"中"，并非单是瑕丘。高适《送郑侍御谪闽中》云："谪去君无恨，闽中我旧过。大都秋雁少，只是夜猿多。"在此，高适不仅将唐代的长乐郡福州治所闽县城称作"闽中"，同时他还称闽县城为"大都"，此"闽中""大都"至今仍是福建省的省会福州市。高适称国县城为"闽中""大都"，与李白称瑕丘城为"鲁中""此中""此都"二者完全类同。另外，唐人还将吴郡苏州的治所吴城称为"吴中"、会稽郡越州的治所会稽城称作"越中"、睢阳郡宋州的治所宋城称为"宋中"、邺郡相州的治所安阳城称为"邺中"、襄阳郡襄州的治所襄阳城称作"襄中"、蜀郡益州治所蜀城称作"蜀中"。此类例证在唐代人的诗文中很多，恕不赘举。

三、"沙丘城"即鲁郡兖州城或瑕丘城

在李白诗文集中，"沙丘"和"沙丘城"曾三处出现，即《沙丘城下寄杜甫》《送薛九被谗去鲁》和《送萧三十一之鲁中兼问稚子伯禽》三诗。关于"沙丘"和"沙丘城"之所在，明时的杨慎认为"此沙丘当在鲁"。清代的王琦认为此"沙丘在鲁地"。郭沫若说："此沙丘为李白在鲁中的寄居处。"郁贤皓先生则认为："沙丘城，李白天宝三、四载在鲁郡的住址。"这些说法多是据李白诗而断言，其虽然都不那么明确，但却为我们考证"沙丘"和"沙丘城"划了个范围——鲁郡兖州区域或治城附近。而也有些学者认为"沙丘"和"沙丘城"在今山东的临清县、

汶上县或宁阳县等地，还说什么"沙丘城"即"蛇丘城"。这些说法均无有力证据，纯属牵强附会之言，不仅很难令人信服，更不值一辩。

"沙丘"和"沙丘城"究竟在何处呢？李白的《送萧三十一之鲁中兼问稚子伯禽》一诗，给我们提供了非常重要的线索。诗云："高堂倚门望伯鱼，鲁中正是趋庭处。我家寄在沙丘旁，三年不归空断肠。君行既识伯禽子，应驾小车骑白羊。"由诗可知：1.萧三十一的母亲居住在"鲁中"，"鲁中"乃是萧的家乡；2.萧在吴地赴"鲁中"之前，早已认识李白的儿子，他与李白当为同乡；3.萧往"鲁中"探望母亲，李白为他送行，趁此机会让他"兼问"一下自己的孩子，此可证明李白的儿子时必在"鲁中"，否则的话，李白怎么会让萧三十一于鲁中"兼问稚子伯禽"呢？他更不会在诗中说"鲁中正是趋庭处"。据以上三点可断：李白诗中所谓的"我家寄在沙丘旁"之"沙丘"定在萧三十一所"趋庭"的"鲁中"，即鲁郡兖州治所瑕丘。

关于"沙丘"，兖州方志中有明确记载。明万历八年《兖州府志》记载："沙丘，在宗鲁门外。""宗鲁门"何在？万历二十四年于慎行《兖州府志》有载："兖州府城（瑕丘）城楼有四：北曰镇岱，南曰延薰，西曰望京，东曰宗鲁。"据"西曰望京"可断：此兖州四城楼的命名当在宋或唐；依"东曰宗鲁"可知："宗鲁"城楼即兖州城之东城门楼。按明代志书所载，"沙丘"位置当在兖州城东门之外。清代乾隆《兖州府志》卷十九所载更明："沙丘在东门外二里。"安旗先生在《李白全集编年注释》一书中引此为据，谓："沙丘，在兖州（鲁郡）治城沙丘东门外二里。"按明、清方志所载，"沙丘"乃在兖州治城沙丘东门外二里，由此可知，它显然不是"沙丘城"，实是因地形而得名的一个小地方。其具体位置为今兖州城东酒仙桥北的高岗。此"沙丘"也称"南陵"，李白《酬张卿夜宿南陵见赠》和《南陵别儿童入京》两首诗中的"南陵"即是这个地方。据《兖州县军事志资料》中《日伪

和国民党统治时期兖州城的概况图》标示，在今兖州城东"北岗子街"北段一带有一"北沙岗"。此岗在唐代地处兖州治所瑕丘城东门外的北边，而今酒仙桥北的高岗则在唐代瑕丘城东门外的南面，两岗对峙，别而称之，北边的谓"北沙岗"，南面的称"南沙岗"；直到现在，仍有以这两个岗子而得名的"北岗子街"和"南岗子街"在。就此"南陵"，詹锳先生曾推测认为："南陵必与鲁城相去不远。"另有葛景春先生所撰《"南陵"到底在哪里》一文，对此"南陵"作了专题考述（详见《中国李白研究·1994 年集》）。

兖州城东酒仙桥北的"沙丘"是"南陵"，而不是"沙丘城"，"沙丘城"实为因此"沙丘"而得名的南北朝兖州治所和隋唐时期的鲁郡兖州治所瑕丘城。1993 年，在兖州城南的泗河中，由于河水干涸，出土一块北齐时的佛寺造像记石碑，上面有载：

若夫邑义人等，品第膏腴，琼华玉润，亭亭素月，明明景日。以大齐河清三年（564）岁次实沉于沙丘东城之内，优婆夷、比丘尼之寺，率彼四众，奉为太上皇帝陛下……又乃敬造阿弥陀连座三佛。……

此碑足以证明，在南北朝时，兖州治城即称为"沙丘城"，沙丘城即是瑕丘城或兖州城。这一新出土的文物可谓是铁证。

1993 年于新泰市羊流镇（店）北里许出土的羊烈夫妇墓志同样可以证明"沙丘城"即兖州治所瑕丘城。《义州羊（烈）使君墓志之铭》载：

公讳（烈），字儒卿，太山梁父人也。……领袖于山东，著大姓于海右。……父灵珍，兖州别驾。……（烈）年十七，辟当州主簿……俄而魏运数穷，有齐受禅拜龙骧将军，兖州大中正。……周宣政元年（578），更除乡郡守。……自朝阻野咸归淮的……疏公解出，韦叟知还，入老室以练神，安庄领以全朴。……岁次辰巳，日昃之离……开皇六年二月壬午朔十六日丁酉，薨于沙丘里舍，春秋七十有四。九年八月壬戌朔十一日壬申，迁厝于宫山之阳。……故勒石泉门，传诸不灭。

据此《铭》可知：羊烈于开皇二年（582）薨于"沙丘里舍"，当即暂厝于沙丘，事过三年半之后，才于开皇九年八月从沙丘"迁厝于宫山之阳"的泰山羊氏祖茔，即现在的新泰市羊流镇。《齐义州羊（烈）使君长孙夫人墓志铭》："短辰奄及，春秋六十有五。以大隋开皇十一年，岁在辛亥（591），闰十二月戊寅，廿二日己亥薨于兖州太阳里。十二年十月癸酉朔朗卅日壬寅，葬于宫山之阳。"此羊烈孙夫人墓志中的"兖州太阳里"即羊烈在兖州治城沙丘的"沙丘里舍"，当为烈父子在兖州治城瑕丘的因官寓居之家，有"迁厝"（厝：停柩待葬之意）一事可证。

唐骆宾王在《上兖州崔长史启》一文中也提到"沙丘"："侧闻丰城戢耀，骇电之辉俄剖。沙丘跰迹，蹑云之辔载驰。……是以佐龟阴而演化，务肃百城；翼麟壤以宣风，傍邻汶上。""剖"，即"剖符"；"龟阴"，意指龟蒙山之西（古人以东为阳，西为阴，南为阳，北为阴）。此两句是说崔某为兖州长史事。骆宾王的文章可第三次证明，"沙丘（城）"即为当时的兖州治所瑕丘城。另外还有汉《礼器碑》中所载"粮食亡于沙丘"和兖州东金口坝出土的残石上的"开元十六年……俗姓常氏山阳沙丘"之"沙丘"，应当也是说的这个地方，即瑕丘城。

四、"鲁门"即唐鲁郡（鲁国）兖州治城瑕丘城门

李白《赠瑕丘王少府》诗云："毫挥鲁邑讼，目送瀛洲云"，是谓王少府审批瑕丘县的讼状。李白称瑕丘城为"鲁邑"根本原因，唐时瑕丘城不仅为鲁国之都城，同时还为鲁郡兖州治城，"鲁邑"实为鲁都和鲁郡城；"邑"即城，所以李白在他的诗中还称瑕丘城为"鲁城"。

如其《鲁城北郭曲腰桑下送张子还嵩阳》《寻鲁城北范居士失道落苍耳中见范置酒摘苍耳作》以及《酬张卿夜宿南陵见赠》中的"月出鲁城东"等。

近代的学者，也多认为唐时鲁国之都或鲁郡兖州治城为"鲁城"。如闻一多先生《少陵先生年谱会笺》："（杜甫）在兖州时，白常携公同访城北范十隐居，……兖州天宝元年改鲁郡，白寻范诗题曰鲁城，知为其时之作。"郁贤皓《李白选集》中谓："鲁城，即兖州城。"安旗《李白全集编年注释》中亦谓："鲁城，谓沙丘。""鲁城"既为鲁郡兖州治所瑕丘城，不言而喻，"鲁门"当然即是鲁郡兖州治城瑕丘的城门。

至于李白所谓的"鲁东门"和"东鲁门"，《大明一统志》卷二三载："鲁东门在兖州府城东。"明代的兖州府城亦为瑕丘城，即今兖州市区。明于慎行《兖州府志》卷之二十三《古迹志》载，滋阳县，"石堤：李白东鲁门诗'水作青龙盘石堤，桃花夹岸鲁门西。'即今金口堰也，非祀爰居所也。"清光绪十四年（1888）《滋阳县志》记载："（青莲）阁在黑风口龙王庙内，其地即李白诗所云'鲁东门'者。"复旦大学古典文学教研组《李白诗选》："东鲁门，是兖州城的东门。"安旗在《李白全集编年注释》中亦认为："鲁东门，瑕丘东门。"据以上诸说可知：李白所谓的"鲁东门"和"东鲁门"乃是唐鲁郡兖州治城或唐代鲁国都城瑕丘的城东门；李白诗中的"二子鲁门东，别来已经年"和"海鸟知天风，窜身鲁门东"之"鲁门东"，是为瑕丘城的东城门外。

综上所考，李白诗中所谓有关其在山东的家庭居住地址，"鲁"和"东鲁"，是确指唐代的鲁国、鲁郡兖州；"鲁中"和"沙丘城"是确指唐代的鲁国之都、鲁郡兖州治所瑕丘城；"鲁门东"即瑕丘城的城东门外。据此可以断定，李白在山东的家庭具体住址当在唐代鲁国之都或鲁郡兖州治所瑕丘城的东门之外。

五、从李白在兖州山东诗文及活动事迹证李白居家兖州（瑕丘）

李白《任城县厅壁记》："鲁境七百里，郡有十一县。"十一县，即瑕丘（今兖州）、任城（今济宁）、曲阜、龚丘（今宁阳）、邹（今邹县）、泗水、莱芜、乾封（今泰安）、中都（今汶上）、鱼台、金乡。据粗略考证，李白在山东鲁郡兖州所辖各县的诗文数量总计有55首（篇），其中作于鲁郡兖州治城瑕丘的就有43首（篇）；其余的12首，分别作于任城2首（篇），曲阜1首，邹县1首，金乡3首，乾封2首（篇），中都3首；在其之外的泗水、莱芜、龚丘、鱼台各县，却一首未作或未见。李白在瑕丘诗文数量与当时鲁郡所辖其他各县相比，呈现绝对的数量优势。在瑕丘的43首诗文中，按内容划分，寄外诗3首，道别诗3首，而送客诗则多达19首；其余的18首，则为赏游、酬赠、抒怀之作。

李白的55首（篇）诗文集中作于鲁郡兖州地区，其中的43首（篇）诗文又集中作于瑕丘，3首寄外诗又集中出现在瑕丘。这些可充分证明，山东鲁郡兖州地区和鲁郡治城瑕丘，是李白在山东的主要活动基地。

从李白在瑕丘所作的诗中亦不难看出，瑕丘城附近，尤其是瑕丘城东，有很多他的活动事迹。李白曾有《鲁城北郭曲腰桑下送张子还嵩阳》，还于某秋有《寻鲁城北范居士》。李白《送杨燕之东鲁》诗云："二子鲁门东，别来已经年。"这可说明李白的家庭和孩子在"鲁门东"。"海鸟知天风，窜身鲁门东。"这可证明李白去朝的归处是"鲁门东"。他春有诗《鲁东门泛舟》，"水作青龙盘石堤，桃花夹岸鲁门西"；秋有诗《鲁东门观刈蒲》，"鲁国寒事早，初霜刈渚蒲"；冬于"鲁东门"有诗《送韩准裴政孔巢父还山》，"出山揖牧伯（按：牧伯当指兖州刺史或鲁郡太守）……昨宵梦里还，云弄竹溪月。今晨鲁东门，帐饮与君别。"晚在鲁城东赏月，有诗《酬张卿夜宿南陵见赠》，"月出鲁

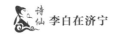

城东，明如天上雪。"天宝元年秋，李白由鲁郡奉诏入京，离家之时，与两个孩子相别，也在瑕丘城东的"南陵（沙丘）"，作有《南陵别儿童入京》，"白酒新熟山中归，黄鸡啄黍秋正肥。……游说万乘苦不早，著鞭跨马涉远道。会稽愚妇轻买臣，余亦辞家西入秦。仰天大笑出门去，我辈岂是蓬蒿人！"

更为值得注意的是，李白在鲁郡兖州瑕丘的送客，大多集中出现在瑕丘城东的尧祠和石门。关于"尧祠"和"石门"在瑕丘的位置，按唐《元和郡县志》记载："尧祠，在兖州瑕丘县东南七里，洙水之右。"又《太平寰宇记》："瑕丘县尧祠，在县东南七里，洙水之西。"洙水之右或西，即泗河之西。1940年《滋阳县志》："尧祠在县东南七里，建于东汉熹平四年（175）。宋治平元年（1064）重修。唐代时为宴游胜地。"

石门，1993年在今金口坝处，出土两尊跪石人，其背上刻有铭文，中有："大魏延昌三年（514）……深长渠于洙水之南，起石门于泗津之下，时载三朔，而绩立千秋。"郦道元《水经注》"洙水"："又径瑕丘城东，而南入石门。古人结石为门，跨于水上也。"杜甫诗《刘九法曹郑瑕丘石门宴集》所谓的"石门"即是这个地方。石门在唐代也称"石堤"，李白诗《鲁东门泛舟》"水作青龙盘石堤"是也。于慎行《兖州府志》卷之二十二《古迹志》"石堤"："李白东鲁门诗：'水作青龙盘石堤，桃花夹岸鲁门西。'即今金口堰也。非祀爰居所也。"这里，于慎行不仅说明了李白诗中的"石堤"即金口堰（坝），同时还辨明了李白诗中的"鲁东门"乃为府城滋阳（唐之瑕丘）东门，而"非祀爰居所"的春秋鲁国之都曲阜城的东门。"石门"还称"石床"，吴融《题兖州泗中石床》之"石床"是也。就兖州瑕丘"石门"的具体所在，明于慎行在《兖州府志》卷十九《河渠志》中有载："洙水……又南，径瑕丘城东，而南入石门。"于慎行于此按曰："瑕丘石门即府城东金口坝也。"据以上所考，李白诗中的"石门"，或称"石堤""石床"，或称"金口堰"和"金口坝"，都与尧祠同在一地，即今兖州城东大约五里处。李白于瑕丘送客，光在尧祠、石门就有六次之多，此皆有诗为证：《鲁郡尧祠送张十四游河北》《鲁郡尧祠送吴五之琅琊》《秋日鲁郡尧祠亭上宴别杜补阙兼示范侍御》《鲁郡尧祠送窦明府薄华还西京》《鲁郡东石门送杜二甫》。于某地一处五次送客，这在李白生平中唯一的就是兖州瑕丘。

以上大量事实证明，兖州瑕丘城东是李白在瑕丘生活事迹最多且最集中的一个地方，很显然，这里是李白在瑕丘的生活中心和活动中心。据李白在鲁郡兖州所辖各县所作诗文的数量分布，尤其是在治所瑕丘城的诗文数量和内容，以及在瑕丘的43首（篇）诗文所记述或反映出的李白生平的具体事迹，从宏观和微观两个方面，再次有力地证实了李白移家山东（东鲁）的家庭住址就在唐代鲁郡兖州治所瑕丘城的东门之外。这与李白本人在其诗文中告诉我们的有关其移家山东的家庭地址——"鲁""东鲁""鲁中""沙丘""沙丘城"和"鲁东门"，完全相符；与李白所谓的"高卧沙丘城""我家寄东鲁""我家寄在沙丘旁"或"我家寄在沙丘（城）旁""二子鲁门东"以及"窜身鲁门东"等这些情况，亦极为吻合。

综上所考，李白于开元二十四年自安陆移家山东鲁郡瑕丘，至天宝十五载的二十多年间，在李白的诗文中从未发现他的家庭有迁移迹象。他移家山东后，一直居住在鲁郡兖州治所瑕丘城的东门之外，即今兖州火车站广场一带。兖州瑕丘，是李白一生中家庭居住时间最长的一个地方，这里不仅有他的家庭和田产，而且还是他的户籍所在地。据此，兖州可谓是李白的第二故乡。

双曜相聚瑕丘城　李白杜甫在兖州①

　　李白和杜甫是中国最伟大的诗人。纵观中国几千年的历史，能和李杜相提并论的作家不多。他们能同时出现，只能说是盛唐时代经济文化高度繁荣的结果；而他们能有缘相识并且结下深厚的友谊，则是天造地设的文坛佳话。这佳话的很大部分内容与兖州有关。

　　杜甫的父亲杜闲曾任兖州司马。开元二十年（732）的春天，杜甫从故乡到兖州探亲。裘马清狂、逸兴遄飞的青年诗人登上了兖州城的南城门楼。他极目远眺，早春的大平原浮云缥缈，一片苍莽。兖州这个古老的地方，背依泰岱，有当年秦始皇东巡时立的纪功碑；东边不远的曲阜，著名的鲁灵光殿遗址记录着多少历史的沧桑……他不禁感慨万千，文思涌动，援笔写下了他现存最早的一首诗：

---

① 本文选自《李白杜甫在济宁》，作者王伯奇。（本文曾在1994年"李白在山东"国际学术研讨会上作为重点发言，后收入《谢朓与李白研究》一书，获"山东省社会科学成果论文"二等奖。）

东郡趋庭日，南楼纵目初。

浮云连海岱，平野入青徐。

孤嶂秦碑在，荒城鲁殿馀。

从来多古意，临眺独踌躇。

诗的中间两联寥寥的 20 个字却涵盖了眼前千里风光和上下千年岁月，意境开阔，气象豪迈。那时杜甫才只 20 岁，却已经显示出未来诗圣的不同凡响了。

杜甫登临赋诗的兖州南楼从此成为兖州名胜，明初时兖城扩建，城墙南移，人们有意保留下这段城墙遗址，称为少陵台，现在是济宁市文物保护单位。杜甫登楼赋诗两年后，李白也到了兖州。

李白自开元十二年（724）24 岁时离开故乡四川，"仗剑去国，辞亲远游"，便一直萍踪浪迹，四海为家。他先在湖北入赘于故相许圉师家，"酒隐安陆，蹉跎十年"；又北游齐赵，于开元二十二年（734）到了兖州瑕丘。此时杜甫仍居留于此，于是，在一个春夏之交的日子里，李白和杜甫这两颗未来文坛最明亮的星星相聚了。

闻一多先生对李杜的相会是这样描写的：

我们该当品三通画角，发三通擂鼓，然后饱蘸了金墨大书而特书。因为我们四千年的历史里，除了孔子见老子（假如他们是见过面的），没有比这两个人的会面更重大、更神圣、更可纪念的。我们再逼紧我们的想象，譬如说，青天里太阳和月亮走碰了头，那么，尘世里不知要焚起多少香案，不知有多少人要望天遥拜，说是皇天的祥瑞。如今，李白和杜甫 诗中的两曜，劈面走来了。我们看去，不比那天空的异瑞一样的神奇，一样的意义重大吗？

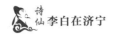
兖州能成为李杜双曜相会的地方，真是兖州人应该引以为荣的事情！

据王伯奇先生的考证，两曜相会后大约两年，开元二十四年（736），李白就举家迁到了瑕丘。而杜甫此次在兖州也"历时八九年之久""兖州是杜甫的寓家之地，同时也是他漫游齐赵及梁宋的中心"。李白比杜甫大11岁，他绝世的才华和仙人般的风度使杜甫倾倒，在此后的交往中，两人结下了诚挚深厚的友谊。

杜甫有一首《与李十二白同访范十隐居》：

> 李侯有佳句，往往似阴铿。
>
> 余亦东蒙客，怜君如弟兄。
>
> 醉眠秋共被，携手日同行。
>
> 更想幽期处，还寻北郭生。
>
> 入门高兴发，侍立小童清。
>
> 落景闻寒杵，屯云对古城。
>
> 向来吟橘颂，谁欲讨莼羹。
>
> 不愿论簪笏，悠悠沧海情。

诗中"醉眠"一联，写尽了两人亲如弟兄的情景，千余年后读来仍使人感动不已。李白也有记访范十的诗，题为《寻鲁城北范居士失道落苍耳中见范置酒摘苍耳作》。诗中描写在一个雁阵声声的秋日，作者乘兴之所至，骑马到瑕丘城北访问被称为范野人的老朋友，但不知怎的竟迷失了道路，跌落进杂草丛生的城壕里，弄得他华美的衣服上沾满了多刺的苍耳子。后来他终于到了范野人家，老朋友看着他狼狈不堪的样子，不禁哈哈大笑，一面为他仔细地摘掉身上的苍耳，一面安排酒菜，用园中自种的蔬菜瓜果招待他。他们开怀畅饮，无拘无束地互相开着玩笑，一直喝到酩酊大醉。"酣来上马去，却笑高阳池"，觉得这场痛饮比起有名的晋代名士山简的高阳池大醉也毫不逊色。我们不知道范十、范野人的名字，也说不清楚李白和杜甫的诗所记是否是同一件事，但瑕丘城北这位姓范的隐士是他们共同的好朋友应是无疑的。这样的朋友在兖州还有不少，像孔巢父、韩准、裴政、陶沔、张叔明；还有著名的边塞诗人高适，也到过兖州。他们经常在一起，或泛舟于泗河，或访隐于东蒙，或游猎于孟诸……还共同到齐州拜访了著名学者北海太守李邕。那段时间是唐代社会最为安定富庶的黄金时期，读书人之间交友结社、诗酒聚会，是一时的风尚。所以当时瑕丘除了李杜双曜的辉煌灿烂外，更是一个群贤聚集、众星璀璨的地方。

李白有一首题为《戏赠杜甫》的诗：

饭颗山头逢杜甫，头戴笠子日卓午。

借问别来太瘦生，只缘从前作诗苦。

这首诗从前曾被认为是伪作，郭沫若、郁贤皓诸家已经力辩其非伪。王辉斌先生更进而指出，从李杜的交游来考察，此诗似写于鲁中，"李白偕杜甫、高适游猎孟诸分手之后，再次相见之初。饭颗山或为兖州之小地名，故鲜为注家所知。"此言甚是。那么，饭颗山在哪里呢？笔者以为，也许就是今兖州城北石马村后的土岗甑山。

兖州的地势是一马平川的大平原，除了城西小小的岳山外，并没有山。但是清末周元英编的《滋阳县土志》卷三《山水》记有："甑山，在城北五里余石马村后。无石，地势所聚，高若大阜，方圆六七里，有柏树数十株，树木荫沉，森然毓秀。"另外，《滋阳县志》所记的兖州八景中有一景是"龙山环照"。所谓龙山，其实是城南泗河以北的一段蜿蜒曲折的土岗。因此可以说，兖州人习惯于把高大的土岗称

为山，恰如习惯于把低洼的地区叫作"湖"或"海"（有村名南湖、前海为证）。石马村后土岗被叫作甑山，还有其他证据。例如那里出土过一件清康熙时名士汤中允的墓志，上边就有"葬兖城北甑山之阴"的话。甑是古代蒸饭用的陶质器具，这种器具后来被锅代替。《说文》中没有"锅"字，可见出现较晚；而甑山之名出现一定很早，"锅"出现后，"甑"退出实用领域，渐渐不为人知，以致近年出版的《兖州县地名志》上把这个土堆称为"靖"。"靖"是"甑"的转音，至今兖州人还称酒坊里蒸酒的锅叫作"净"。石马村北的土堆之所以叫甑山，是因其形似甑。清人牛运震作《春日兖州览古赋》，其中历数兖州名胜古迹，有"甑山象其形"之语。"甑"与"饭颗"的联系是不言而喻的。甑山恰位于瑕丘城北的官道一侧，假如李白和杜甫一同去城北访问范居士，甑山便是可一歇足的必经之地。

杜甫集中有《赠李白》诗：

秋来相顾尚飘蓬，未就丹砂愧葛洪。

痛饮狂歌空度日，飞扬跋扈为谁雄。

说李白"飞扬跋扈""痛饮狂歌"，恰如李白说杜甫"太瘦生""作诗苦"，真是一唱一和，针锋相对。两诗对照着读，使人感到如见当时二人"斗嘴"的情景。李白的诗歌为"戏赠"，内容中有嘲谑的成分。他是一个见惯名山大川的人，他见瑕丘人称一个土岗为山，一定会感到滑稽；他又是一个性格率直旷达的人，看到认真的杜甫固执地规劝自己，也一定会忍俊不禁；所以他在回赠杜甫的诗中就采取了夸张游戏的笔墨，仿佛为杜甫画了一张"头戴笠子日卓午"的漫画像。在这种情况下，连类而及，把这个土堆称为比"甑"更小的"饭颗"，正是顺理成章。

瑕丘城东泗河上的石门是著名的游览胜地。一条石坝横锁在泗河之上，岸边绿杨扫地，红亭映水；水面白鸥历乱，碧流涟漪。石门里的流水喷珠溅玉，坝下河里清澈得可以看见水底的游鱼和金色的沙砾。坝西端有建于汉代的尧祠，古柏参天，红墙灰瓦，不仅景色绝佳，而且设有歌楼酒肆，"有女如花日歌舞""银鞍绣毂往复回"，是宴客聚宾、游冶流连的好去处。李白和杜甫都有在这里宴客赠别的诗篇。天宝四年（745），杜甫准备离开瑕丘西上长安，李白也打算重游江东，两人就是在这里举酒话别的。李白即席赋《鲁郡东石门送杜二甫》：

> 醉别复几日，登临遍池台。
> 何时石门路，重有金樽开。
> 秋波落泗水，海色明徂徕。
> 飞蓬各自远，且尽手中杯。

遗憾的是，石门路上的金樽再也未能重开。这次分别，是永久的分别，此后两人再也没有得到会面的机会。

李杜分手话别的这个鲁郡东石门，就是现兖州城东泗河上的金口坝，但是长期以来被很多人认为是曲阜城北的石门山。近年来，石门山开辟为旅游区，当地加大了宣传力度，建造了以李、杜分别赋诗为题的景观，使事情更加复杂。为防以讹传讹，这里有必要进行辩正。按查此说的"始作俑者"，似为清代大诗人王士禛，在他的《带经堂诗话》卷十四有以下记载：

孔博士东塘言，曲阜县东北有石门山，即杜子美诗《题张氏隐居》。所谓"青山无伴独相求"、《刘九法曹郑瑕丘石门宴集》所谓"秋水清无底"者也。李白有《石门送杜二甫》诗，"何时石门路，重有金樽开"，亦其地。

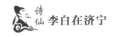

　　上文所说的孔东塘，就是大戏剧家孔尚任。他曾在石门山隐居过一段时间，但是检他的《石门山集》中的几篇文章，虽屡次提及这里有张权明隐居处和李白、杜甫题咏，但并未言李白、杜甫在这里分手赋"何时石门路"的事。看来孔尚任对此是严肃审慎的。他知道"伐木丁丁山更幽"的石门山和"秋波落泗水，海色明徂徕"的鲁郡东石门根本是风马牛不相及，是王士祯转述时加入了想当然的成分。鲁郡东石门就是兖州城东的泗河上的石门，从那里出土的元匡造守桥石人铭文中，已有"起石门于泗津之下"的说法。鲁郡东石门就是金口坝，这是毫无疑问的。

　　李白、杜甫在兖州石门分手后，从此天各一方，只能在诗中相互倾诉思念之情。李白在兖州写了《沙丘城下寄杜甫》：

　　　　　　我来竟何事，高卧沙丘城。
　　　　　　城边有古树，日夕连秋声。
　　　　　　鲁酒不可醉，齐歌空复情。
　　　　　　思君若汶水，浩荡寄南征。

　　杜甫怀念李白的诗更多。例如《春日忆李白》：

　　　　　　白也诗无敌，飘然思不群。
　　　　　　清新庾开府，俊逸鲍参军。
　　　　　　渭北春天树，江东日暮云。
　　　　　　何时一樽酒，重与细论文。

　　我们不难体会他们之间是怎样相互回味着在瑕丘相处的那段日子。杜甫到长安后作《饮中八仙歌》，写他人或三句或两句，独写李白写了四句："李白斗酒诗百篇，长安市上酒家眠。天子呼来不上船，自称臣是酒中仙。"写李白诗酒神仙的醉态，可谓生动如画。后来，杜甫在送孔巢父游江东时曾殷切地嘱托："南巡禹穴见李白，道甫问讯今何如。"尤其在安史之乱爆发后，杜甫于颠沛流离中听到李白因从永王李璘而获罪的消息，心头十分焦躁愤懑，连续几天梦见李白，醒来作《梦李白》二首，第一首："君今在罗网，何以有羽翼？落月满屋梁，犹疑照颜色。水深波浪阔，无使蛟龙得！"诗中充满了深切的关怀。第二首更是悲愤地慨叹："冠盖满京华，斯人独憔悴；孰云网恢恢，将老身反累。千秋万岁名，寂寞身后事！"后来还又作《天末怀李白》，其中有句："文章憎命达，魑魅喜人过。应共冤魂语，投诗赠汨罗。"其中有对李白坎坷遭遇寄予的深切同情，对不公平的社会现实提出的强烈质问，反映出他和李白之间极深切的感情。李白和杜甫之间的感情，是两个时代巨人相互理解、心心相印的体现；他们的友谊，是中国文坛历久弥新的千古美谈。

关于李白家居东鲁的具体地点，曾有多种说法。其中最有影响的是任城说。按此说的文献依据，是《旧唐书·李白传》中的一句"父为任城尉，因家焉"。但是，史载李白的父亲"高卧云林，不求禄仕"，怎么会有为任城尉之事？关于这一点，郁贤皓先生早已指出："这是毫无根据的杜撰。"固然，李白文集中有与任城有关的诗文，他与任城关系密切，但说他的家就在任城，证据却并不充分。在没有确切的文献资料可为证据的情况下，要解决这一问题，还是应从李白自己的诗文中去找答案。

李白诗中屡次说过他住在沙丘："我家寄在沙丘旁，三年不归空断肠。"（《送萧三十一之鲁中兼问稚子伯禽》）"沙丘无漂母，谁肯饭王孙？"（《送薛九被谗去鲁》）还有前边引过的《沙丘城下寄杜甫》："我来竟何事，高卧沙丘城。"沙丘，应该就是李白东鲁的家之所在。其实，沙丘就是瑕丘。初唐骆宾王的《上兖州崔长史启》中就有"沙丘踠迹"的话。近年在泗河出土的残石上，更两次出现"沙丘"字样：一是

北齐时候的一件石碑，有"以大齐河清三年岁次实沉于沙丘东城之内"
语；另一件残破过甚，但尚存"唐开元十六年……俗姓常氏山阳沙丘"
字样。这说明，至少从北朝到唐代，瑕丘就有沙丘这样一个别称。李白
东鲁家居之地在瑕丘，这一点，在1994年召开的"李白在山东"国际
学术讨论会上得到了专家普遍的认可，裴斐先生并赋诗曰：

> 谪仙浪迹遍天涯，斗酒百篇多怨嗟。
> 安陆梁园曾作客，兖州廿载是仙家。

如果再进一步地追问，李白的家在瑕丘什么位置？这从李白作品
中也可找到一些蛛丝马迹。例如，"今晨鲁东门，帐饮与君别。"（《送
韩准裴政孔巢父还山》）"二子鲁门东，别来已经年。"（《送杨燕之东
鲁》）"月出鲁城东，明如天上雪。"（《酬张卿夜宿南陵见赠》）这里的
鲁东门、鲁门东、鲁城东者，应就是他家的所在地。鲁东门者，唐鲁
郡治所瑕丘城之东门也；鲁门东、鲁城东者，瑕丘城东门之外也。具
体到今天，大约应在火车站一带。那里过去多沼泽低洼之地，所以李
白有《观刈蒲》之作；那里距泗河、丰兖渠不远，所以李白可以月下
泛舟；那里距尧祠石门也不远，所以李白送窦薄华于尧祠，虽是久病
初起，也能"强扶愁疾向何处，角巾微服尧祠南"。

根据现存的李白诗作，我们可以大致地勾勒出李白在兖州的家庭
情况。他来此定居时，安陆的许氏夫人大约已故去，一对儿女随他同
来。女儿平阳大约五六岁，儿子伯禽只有两三岁。到瑕丘后，李白又
结了婚，但婚姻生活似乎并不美满："先合于刘，刘诀；次合于鲁一妇
人。"（魏颢《李翰林集序》）这个鲁一妇人大概后来也不安于贫贱，离
他而去了。李白在这里薄有田产，家中还有酒楼，楼下栽有桃树。李
白虽然在瑕丘安了家，但仍然萍踪浪迹，经常出门在外。他的诗集中

现存有几首怀念东鲁家中儿女的作品，其中《寄东鲁二稚子》是天宝九年（750）作于金陵。诗中倾诉出慈父拳拳之情：

> 吴地桑叶绿，吴蚕已三眠。
> 我家寄东鲁，谁种龟阴田？
> 春事已不及，江行复茫然。
> 南风吹归心，飞堕酒楼前。
> 楼东一株桃，枝叶拂青烟。
> 此树我所种，别来向三年。
> 桃今与楼齐，我行尚未旋。
> 娇女字平阳，折花倚桃边。
> 折花不见我，泪下如流泉。
> 小儿名伯禽，与姊亦齐肩。
> 双行桃树下，抚背复谁怜？
> 念此失次第，肝肠日忧煎。
> 裂素写远意，因之汶阳川。

李白在兖州的二十年，是他一生十分重要的阶段。他生平很多重大事件都发生在这里；他诗集中很多代表作品也完成于这里。

李白素有"济苍生安社稷"的宏大抱负，但事实却是"欲渡黄河冰塞川，将登太行雪满山"，现实社会并不给他以施展才能的机会。他在慨叹"行路难"的同时，只有沉沦于诗酒和浪游在天涯。便是在他42岁的时候，机会来了。由于玉真公主的举荐，玄宗皇帝征召他入京。天宝元年（742）夏，李白曾有泰山之行，大约从泰山回瑕丘不久，便接到了朝廷的诏书。李白自然狂喜不禁，这充分反映在《南陵别儿童入京》一诗中："游说万乘苦不早，著鞭跨马涉远道。会稽愚妇

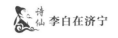

轻买臣，余亦辞家西入秦。仰天大笑出门去，我辈岂是蓬蒿人！"诗中的会稽愚妇，明显指前面提到过的"鲁一妇人"。而南陵，据王伯奇先生考证，就是今东关九仙桥北的南沙岗。南沙岗以南不远就是丰兖渠（今府河），渠南是驿道，渠上有九仙桥。李白的儿女们送他西去长安，正好经过南沙岗。看来"九"仙桥应就是"酒"仙桥之讹，是因为桥北不远为李白居所而得名。

李白进京后，玄宗皇帝授以翰林供奉。御手调羹，金床相迎，也着实风光了一段时间。但是他很快就发现，自己在皇帝心目中不过是一个高级俳优，所谓安邦定国经世济民的大志是根本没有可能实现的。当时的朝政把持在李林甫、杨国忠等人的手中，正直耿介之士无不遭到压制和排挤。不久，李白就受到了张垍的谗害，渐渐被皇帝疏远。天宝三年（744），李白终于上疏乞还，玄宗诏许赐金还山，于是便结束了这次仅一年的从政生涯。这年的岁暮，他又回到了瑕丘家中。

这次从政失败的经历，对李白无疑是一个沉重的打击。但换一个角度来看，又未始不是一个好事：反映在诗歌创作中是他对社会现实的认识更加清醒、深刻，他的很多震烁千古的名篇是作于赐金还山之后。如《梦游天姥吟留别》，大约作于天宝五年（746）瑕丘家中。此诗一题作《别东鲁诸公》，是他准备离开瑕丘南游吴越时的作品。此诗以恢宏的气势、瑰奇的想象，充分显示了李白浪漫主义诗人的气质，抒写了他对光明美好的向往和对黑暗丑恶的蔑弃。诗的最后呐喊出"安能摧眉折腰事权贵，使我不得开心颜"，道出了他郁积心中的沉重愤懑。

此后，李白又开始了他漂泊漫游的生涯。他有诗说"一朝去京国，十载客梁园"。梁园就是河南开封，是他逗留时间较多的地方。他以梁园为中心，南下吴越，西访秦晋，东游齐鲁，北达幽燕，十年中几乎跑遍了大半个中国；中间也几度到瑕丘看望儿女，因为他的家此时仍在这里。

天宝十四年（755）爆发的安史之乱，是唐王朝从繁荣昌盛的顶峰转向衰落的转折点，对诗人李白的人生际遇也产生了深刻重大的影响。战乱爆发时李白正在安徽的宣城。他无比忧虑地关注着事态的发展，更使他牵肠挂肚的是仍滞留在胡兵铁蹄践踏下的瑕丘的儿女。"爱子隔东鲁，空悲断肠猿！"这是令人泣下的悲叹。亏得门人义士武谔的慨然相助，武谔冒着生命危险深入沦陷区，终于把伯禽接到了李白的身边。（李白《赠武十七谔》诗前小序只提伯禽而未及平阳，大概是平阳此时已出嫁。）至此，李白在兖州二十年的居家也告结束。

诗仙、诗圣在兖州留下了相关古迹。除前边已提到的少陵台、石门、九（酒）仙桥外，还有位于城东泗河西岸的青莲阁。阁之始建无可考，清人宣鼎《夜雨秋灯录》中说那里"传为太白故居"。嘉庆时滋阳县令冯云鹓曾重修青莲阁，诗人张性梓有诗记其事。其中有句云"儿女一龛香篆霭，夕阳流水护诗神"，说明阁中当时曾有李白和平阳、伯禽的塑像。青莲阁现在为济宁市重点文物保护单位。最近，兖州市文化局又进行了维修。

晚唐诗人吴融有一首诗《题兖州泗河中石床》：

> 一片苔床水漱痕，何人清赏动乾坤。
> 谪仙醉后云为态，野客吟诗月作魂。
> 光景不回波自远，风流难问石无言。
> 迩来多少登临客，千载谁将胜事论。

这是现存最早把李白、杜甫和兖州连在一起的诗。吴融已经发现那个布满青苔水痕的普通石床（即石门、金口坝），是因为有了诗仙诗圣的"清赏"，才从此声动乾坤、名传千古的！岁月悠悠，"光景不回"，当年的"胜事"已成历史，但是双曜在兖州的种种活动及友谊，将永远成为令兖州人珍视的精神财富和文化矿藏，值得我们深入研究发掘。

千里若在眼　万里若在心

魏颢《李翰林集序》中记载："白始娶于许，生一女一男，曰明月奴，女既嫁而卒。又合于刘，刘诀。次合于鲁一夫人，生子曰颇黎。终娶于宋（宗）"。意思很明确，李白娶许夫人和宗夫人，为正式结婚，与"刘"和"鲁一夫人"只是合住，一起生活，不算正式结婚，也就是说，李白一生中与四个女人生活过。

同许氏结婚

李白出川两年时间里，漫游了长江中下游大部分地区。在扬州他"不逾一年，散金三十万"，身上带的钱基本花光，又生了一场大病，深感精神落魄，感叹光阴易逝，功业难成，使之陷入窘境。李白读楚辞、汉赋经常提到"云梦泽"，颇富神奇色彩，因此他很想去此地一游。有朋友介绍先到安陆郡（今安陆县），再去游赏云梦泽。是年，李白 26 岁，风华正茂，诗名天下，但是只身一人，而安陆恰巧有已故宰相许圉师的孙女，周围郡县说媒者甚多，但因许氏小姐择婿条件太苛刻，至今未成婚配，热心朋友牵线搭桥，促使李白与许氏小姐成婚。李白自己说："而许相公家见招，妻以孙女。"（《上安州裴长史书》）许相公即许圉师，"见招"，即入赘许府，谓倒插门。唐时，一般知识分子不会这么做，认为不大体面，但李白为什么同意入赘呢？原因有三条，一是，许圉师虽然去世五十多年，后来家中也没有再做大官的，但许氏家族还是权贵之家，相门之后，在社会上有一定影响，对李白拓展社会关系实现政治理想有一定的帮助。二是西域突厥族有"丈夫婚毕，便就女家"（《隋书》卷八四《北狄传》）的习俗，李白出生于碎叶，可能受其影响，对"入赘"不十分介意。三是当时经济拮据，原带的钱花光，家中又不再寄钱，入赘后能得到许府的资助，便于开展宦游活动，基于这三条原因，李白答应了这门婚事。

许府确是宦世之家，许夫人的祖父许圉师，他的曾祖父许弘，祖父许法光都担任过隋朝的楚州刺史。许圉师的父亲许绍，同唐高祖李渊是少年时代的好友，还是一同拜师求教，学习军事理论的同学。隋末唐初，诸军阀争霸天下的时候，在江北、湖北等地有相当实力的许绍，最后加入李渊的阵营，帮助了李唐王朝的早日兴起。许绍死后，唐高祖、唐太宗、唐高宗对其几个儿子委以重任。

许圉师是许绍最小的儿子，非常有才干，学识广博，高中进士后，高宗显庆二年（657），累迁黄门侍郎，同中书门下三品。龙朔二年（662）五月提升为左相（门下省长官—宰相）。但是第二年十月，许圉师的大儿子（许小姐的生父）因狩猎践踏庄稼与田主发生争执，竟以箭射杀田主。事情报到京师，许圉师隐瞒不奏，结果以"纵子为恶、徇私不法"的罪名被免去宰相职务，大儿子病死狱中，其妻忧虑成病，不久亦亡。许小姐由祖母抚养。许圉师被贬为远离京都的虔州（江西省赣

县）刺史，后又迁任相州（河南安阳）刺史，于上元年间（674—675）被重新起用担任户部尚书。仪凤四年（679）许圉师去世。从以上事件可以看到，许氏家族在动荡的生涯中，虽不特别显赫，但也是几代人任过要职的达官贵族。

李白同意入赘许府后，又经过许小姐祖母和叔叔的面试，对提的问题李白对答如流，对出题作诗，李白亦是挥笔而就。许小姐躲在屏风后细听观察，李白真是少有的才子，心中高兴万分。其祖母和叔叔亦十分满意，于是择吉日成亲。

李白与许小姐婚后，生活是平静甜蜜的。由于许家世代簪缨，藏书颇多，李白在家博览群书，攻读之余，他与许夫人弹琴唱诗，谈古论今，形影不离，青春做伴，过着幸福愉快的生活。

李白听说安州城西北三十里有一座风景如画的白兆山，山中有许家的田产和一座房舍，李白与许夫人商议，举家迁往白兆山，其住宅名曰桃花岩，是充满诗意的地方。

在许府和桃花岩度过十年，经历了百花争艳，阳光灿灿的春天，也经历了凄风苦雨，屡受挫折的寒冬。

在这十年里，许夫人生育了女儿平阳、儿子伯禽，给家庭增添了欢乐。

在这十年里，李白一次次干谒未果，而入长安也是失败而归。由此缘由，李白总结这十年是"酒隐安陆，蹉跎十年"。

然而第九个年头，许夫人身患重病，在对李白及子女恋恋不舍的眼泪中撒手人寰。

许夫人的去世，李白如苦雨浇心，万分沉痛，入赘之家失去了夫人，不能再待在许府，万般无奈情况下，举家迁往东鲁。

同刘氏合住

魏颢《李翰林集序》写李白的家庭婚姻时，这样写道："白始娶于许，生一女一男，曰明月奴，女既嫁而卒。又合于刘。刘诀，次合于鲁一夫人，生子曰颇黎，终娶于宋（宗）"。关于与刘氏婚姻只有六个字，这六个字中的关键字是两个，一个是"合"，再一个是"诀"，前一个字"合"，就是与刘氏合住，一起生活，另一个字"诀"，即离别、分离。在李白一千多首诗里，只有一首《南陵别儿童入京》中的"会稽愚妇轻买臣"一句似与这个刘氏有关。汉代的朱买臣、吴人，家中贫寒，但酷爱读书。其妻嫌其家贫，无能，愤然诀别。朱买臣因品优识广，被任命为会稽太守，其愚妇愧悔，自缢而死。在这个故事里，李白以入仕之后的朱买臣自比，愚妇则指那个"又合于刘，刘诀"的刘氏。诗人对其蔑视和嘲讽。在其他至今所看到的有关资料中，都未找到有关于那个刘氏的信息，在文字材料中只能知道这一点点。

但在民间流传故事不少，据说这个刘氏生父姓刁，叫刁猴，是汶洸泗远道码头上小混混，经常要些无赖，向运输船上讹诈点东西。

一次刁猴过度饮酒，深夜误入河中淹死，其妻改嫁，那时女儿七八岁，幼小无法生活，被当地一名老秀才收为义女，改姓为刘。她十九岁时嫁到王姓，因她与婆婆关系不好，整天闹得鸡飞狗跳，男方拿她也无法，一封休书，送回娘家。当李白移家东鲁时，她已二十八岁，急着找婆家。老秀才读过李白的诗，对李白十分崇拜，又了解到李白的许夫人病故，尚未续弦，就千方百计地找东鲁有头有脸的人物撮合这门亲事。李白不了解刘氏的真实情况，加之急需有个女人照料两个孩子，就答应先到家合住，暂不举行婚庆礼仪。老秀才十分高兴，千叮咛万嘱咐，到了李家一定用心侍奉李白，一定要善待两个孩子。刘氏开始认为李白娶过宰相的孙女，名声很大，一定有很多钱财，到李家享受荣华富贵。但刘氏进到李家看到真实的情况，房子是空荡荡的，还是租的，也没什么钱财，况且李白几乎天天饮酒，既要照顾李白还要照看两个孩子，这样的生活使刘氏大失所望。特别是对李白经

常外出，她开始埋怨，开始发牢骚，破口大骂李白是穷鬼、酒鬼、懒鬼，除了会写几句臭诗，什么也不会，到处诽谤李白。对两个孩子，开始还算客气，没过多长时间，便对两个孩子态度冷漠，不管孩子的冷暖，有时不给孩子做饭，只啃凉饼充饥。两个孩子想念父亲，想念已故的妈妈，常常以泪洗面。一天李白漫游从外地回到家，女儿见到父亲，号啕大哭，向李白倾诉所受苦况。李白听后只气得怒发冲冠，把刘氏撵出家门。

与鲁一妇人合住

魏颢《李翰林集序》说李白与刘氏合住，决裂后，"次合于鲁一妇人，生子曰颇黎"，这"鲁一妇人"和儿子"颇黎"，在李白诗中从来未出现过，对鲁一妇人情况和颇黎下落，在其他有关书籍中也没有发现这方面信息。

有人推测，"鲁一妇人"也可能是《咏邻女东窗海石榴》中的"鲁女"，诗是这样写的：

> 鲁女东窗下，海榴世所稀。
> 珊瑚映绿水，未足比光辉。
> 清香随风发，落日好鸟归。
> 愿为东南枝，低举拂罗衣。
> 无由一攀折，引领望金扉。

诗中极度地赞赏石榴之美，实际在赞鲁女之美。为表示爱慕之情，竟然愿做石榴树的东南枝，轻轻地拂动她的罗衣，倾诉对她的心意，然而无缘由接近她，只好伸长脖子望着她的房门，企盼看到她窈窕的身姿。这位"鲁女"确实是李白爱慕的女子，但说"鲁女"就是"鲁一妇人"当然是我们的愿望，或者说是善意的推测，但没有任何的证据，因此还不能说"鲁女"就是那位"鲁一妇人"。

但在民间有关于"鲁一妇人"的传说。传说她有沉鱼落雁之容，而且品行端庄，但她很不幸，三十几岁殁了丈夫，一人寡居。一天，妇人在市场卖自家养的鸡下的蛋，被一个当地恶少调戏纠缠，恰巧李白走到那里，左手按剑，右手挥拳，把那恶少吓跑。妇人感谢解围之恩，又是李白的邻居，她就主动到李白家照顾两个孩子，帮着做饭、洗衣服，把家拾掇得井井有条。一来二去，就和李白合住到一起。那鲁一妇人很爱李白，精心持家，李白也动情于她的美貌，赞扬她的勤快。生活一年后，有了男孩名叫颇黎。过了两年，那女子听到李白与宗氏的风声，自感出身卑微，没有文化，怕影响李白的仕途，就主动提出分开。李白虽多次劝她留在家中，女子执意不肯，于是李白用"赐金放还"的钱，给她买了几十亩地，带着孩子住在新居。妇人带着颇黎住在东鲁何处？说法不一，有的说是泗水的李白村，还有说是某县的李庄。但这些都是传说，没有文字依据。

同宗氏结婚

李白"赐金放还"后，郁闷苦恼了一阵子，又继续在各地漫游。公元749年李白已49岁，从江南游览后到了梁园（今开封一带），与前朝宰相宗楚客的孙女结了婚。宗楚客是武则天堂姐的儿子。曾于武周神功元年（697）、长安四年（704）、中宗景龙元年（707）三次为宰相，但是他品格不端，贪赃枉法。前两次当宰相，可能有家庭背景的原因，中宗时为相，则与追随韦后与武三思参与争夺皇位的斗争有关。李隆基起兵诛杀韦氏集团，宗楚客亦同时被杀，玄宗立朝后，揭露宗楚客更多的罪恶行径，所以从他在位时起，名声一直很坏。但李白不计较这些，因为他看重的是宗氏是相门之女。

　　李白与宗氏成婚后，其子女仍寄养东鲁。按照我国的伦理常规讲，既然与李白结婚，宗氏就应当养育前妻的子女，负起当继母的责任，李白应把子女接到梁园与父母同住。李白为什么把一双儿女放在东鲁？这与婚姻的性质有关。李白实际是入赘宗氏，是倒插门，宗氏自然不愿负担母亲的责任，李白也不好意思把儿女接到宗府居住。

　　李白入赘宗府，从李白的《自代内赠》一诗中也透露出这方面的信息。这首诗是模拟宗夫人的口吻，写夫人对李白的相思之情，其中有两句"曲度入紫云，啼无眼中人。女弟争笑弄，悲羞泪盈巾。"其大意是，宗夫人听到熟悉的琴声乐曲，乐声优雅入云，但眼前看不到心爱的夫君，不禁落下相思之泪。女弟看到宗夫人思夫的样子，都争着前来戏耍取笑，宗夫人又窘迫又害羞，热泪落在香帕上。女弟，指宗氏的妹妹。按照当时的风俗，姐姐出嫁后，除短时间探亲外，其妹是不能住在姐夫家中的，而此诗描写的是姐妹俩日常戏耍的生活场景，据此推测，李白是与宗氏家人住在一起。从此看出，李白在择偶方面，在乎的是门第。

　　宗氏信奉道教，李白也信奉道教，两人志趣相投。

　　宰相李林甫的女儿李腾空信奉道教，与宗氏交好，两人一起访道求仙，对此李白还写了《送内寻庐山女道士李腾空二首》，其二曰"多君相门女，学道爱神仙。素手掬青霭，罗衣曳紫烟。一往屏风叠，乘鸾着玉鞭。"这里相门女，应是指宗氏与李腾空。李腾空虽出身奸相之门，也博得了李白的尊敬，这与他对宗氏相门的态度是一致的。

　　李白与宗氏婚后生活很和谐，感情很好。李白常年在外漫游，寻找入仕之门，宗氏在家对他非常思念，李白也经常给宗氏写诗，表达思念爱慕之情，两人情深意笃。

　　"安史之乱"爆发后，李白携宗夫人南下，隐居庐山。经过永王幕下谋士韦子春等三次上山聘请，终于答应下山做永王幕僚。然宗夫人似感此事有风险，坚决反对李白下山，但李白认为是建功立业千载难逢的机会，决意参加。结果是永王被肃宗军队击败，李白以附逆罪投入浔阳监狱。浔阳即现在的九江市。此时，宗夫人正在江西的豫章，就是现在的南昌市。宗夫人得知李白入狱的消息，便四处奔走，千方百计想把丈夫救出来，表现了患难夫妻的深情。李白得知这一情况后，心存感动，在狱中写了《在浔阳非所寄内》诗一首：

> 闻难知恸哭，行啼入府中。
> 多君同蔡琰，流泪请曹公。
> 知登吴章岭，昔与死无分。
> 崎岖行石道，外折入青云。
> 相见若悲叹，哀声那可闻。

在诗中赞美妻子像当年的蔡文姬一样，为救她的丈夫到曹操面前求情。吴章岭与庐山相接，乱石耸立，极为险峻。诗中说宗夫人为营救李白攀越吴章岭，千辛万苦，不顾个人安危。李白出狱后流放夜郎，宗氏的弟弟宗璟陪同姐姐送李白直到浔阳江畔。从以上事实看出，宗夫人有一定的政治敏锐性，为营救李白做了最大的努力，他们之间的感情是深厚的真诚的。李白最后一次婚姻也是令人满意的。

呼童烹鸡酌白酒　儿女嬉笑牵人衣

　　根据现有的资料考证，李白共有三个子女，第一个妻子许夫人生一女一男，女儿叫平阳，男孩叫伯禽，明月奴可能是他的小名。鲁一妇人生一男孩，名叫颇黎。

　　"伯禽"这个名字，大家都知道，是周公旦的长子东征胜利后，把他分封到鲁地，为鲁国的始祖。有人说李白太狂了，把自己比周公，把其子喻鲁国的始祖，太不像话了。其实有些误解，李白的性格虽然狂放，但也不可能自比周公，依李白的性格，也不会捡拾别人名字给自己的儿子命名。之所以叫伯禽，是用隐语的手法，有着一定的寓意在里边。据专家们考证，伯禽的名字叫鲤，其谐音"理"或"李"，在古代"理""李"通用。至此可明白，是寓托着姓氏所出的意思，即在名字中暗含着姓李之意。

　　伯禽的小名可能是明月奴，明月奴的奴字，是"奴隶""奴才"的"奴"，不是吉祥之字，也有蔑视之意，李白怎么起这样的名字呢？很多人不理解。其实也是一种误解，从魏晋南北朝以来，人们在孩子起名特别起小名时，爱用"奴"字。如东晋皇帝晋明帝，他母亲是少数民族，他本人长得像异族人，胡须是黄的，所以有人叫他黄须鲜卑奴，这不是蔑视他的称呼，因为他是皇帝，谁敢蔑称他？还有南朝刘宋王朝的开国皇帝刘裕，他小时寄养在南方，人们就称呼他小名寄奴。因此，这个"奴"字在当时是一种爱称、昵称，有点类似于"小家伙"的意思。

"明月奴"的明月，据专家考证，李白用于起名字也有寓意。古代人常将日月对举而言，日出于东，而月生于西。《文心雕龙·变通》篇中说"日出东沼，月生西陂"，古人还认为日出东方的扶桑，月出西方的月窟。"明月"在这里寓有对西域出生地的怀恋。还有一种说法，明月是一个美丽深情的意象，李白又非常喜欢明月，看到伯禽小时候长得又白又胖，脸似圆月，非常可爱，就起了"明月奴"的小名，这也是个美丽又合理的推测吧。

"鲁一妇人"生的儿子叫颇黎。"颇黎"两字的谐音为玻璃。在古代，玻璃是产于波斯的水晶石，如韩愈《游青龙寺赠崔大补阙》诗中的"灵液屡进颇黎碗"，李贺《秦王饮酒》诗中的"羲和敲日玻璃声"，温庭筠《菩萨蛮》词的"水晶帘里颇黎枕"都提到颇黎这样一种水晶石。颇黎为西方之宝，西方的特产，与明月结合起来寄寓着他对出生之地的思念。还有种说法，颇黎和明月都是明亮、光明的形象，所以给另一个儿子取名颇黎。

李白的女儿叫平阳，与寻常人不大一样。因为汉武帝的姐姐是平阳公主。一次武帝去他姐姐家中，遇见舞姬卫子夫，她舞姿优美，歌声甜润，被武帝爱宠，做到皇后。后世都以平阳指称能歌善舞的女子。古代士大夫看不起以色艺侍人的女子，因此以"平阳"给女儿命名，在正统思想的士人中是少见的。

李白由于在西域生活过一段时间，从小爱好歌舞，受胡文化影响

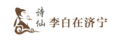

较深，在为女儿命名时，也就采取了"平阳"这一罕见的名字，寄希望女儿也能歌善舞。也有的学者认为，平阳是唐高祖女儿的名字，在隋末唐初征战中曾立过不朽的功勋，是一位赫赫有名的巾帼英雄，李白取这个名字希望自己的女儿也能成为一位巾帼英雄。

李白生前没有关于儿女名字的任何说明性的诗文，其他史籍也没有过硬的有说服力的文字材料，所以对平阳的名字的缘由只能是推测。

李白子女的生活情况

根据李白诗中提供的材料，李白入狱及流放夜郎的时候，他的一双儿女还在东鲁。李白关进浔阳监狱时，写的《百忧草》一诗说："星离一门，草掷二孩"，就是说流放上路时，伯禽、平阳还在东鲁，后来遇赦回到江夏，李白写《门有车马客》诗"呼儿扫中堂，坐客论悲辛"，让儿子打扫院落、中堂，迎接客人，与友说话。这个儿子也许就是伯禽。

李白去世前一年，即唐肃宗上元二年（761），他在《游谢氏山亭》诗中提到："醉罢弄归月，遥欣稚子迎"，意思是，在一个月夜里，他喝醉酒回家，远远看到儿子在门口迎接他，心里感到非常欣慰。说明李白去世前，儿子伯禽陪伴在他身边。

平阳的情况，魏颢在《李翰林集序》里说："女既嫁而卒"，也就是说平阳出嫁后就去世了。平阳在哪里出嫁？何原因去世？"序"中没有说，其他书里也无记载，只能知道这么简单的信息。至于颇黎，没有任何的消息。

唐时李华在李白的墓志文中谈到伯禽的情况，说他"天然，长能持，幼能辩，数梯公之德，必将大其名也已矣。"意思是说，他性格很随和，很孝敬，能周到地侍奉老人，对自己的晚辈也很好。李白是在当涂去世的，伯禽这个时期可能一直在李白身边，照顾身体多病的老父，李白去世后他就定居于当涂。唐德宗贞元八年（792），在李白去世三十年后，伯禽也在当涂去世。

　　李白为了建功立业，为了实现"济苍生""安社稷"的理想，孜孜不倦地奔波求索，确实陪伴子女不多，但对子女却是充满了父爱，在写给子女的几首诗中可谓舐犊情深，如："二子鲁门东，别来已经年。因君此中去，不觉泪如泉。"（《送杨燕之东鲁》）"我家寄在沙丘傍，三年不归空断肠。君行既识伯禽子，应驾小车骑白羊。"（《送萧三十一之鲁中兼问稚子伯禽》）还有"娇女字平阳，折花倚桃边。折花不见我，泪下如流泉。小儿名伯禽，与姊亦齐肩。双行桃树下，抚背谁复怜？念此失次第，肝肠日忧煎。"（《寄东鲁二稚子》）这些饱含深情的诗句，表现了诗人对儿女的思念和温馨的慈爱。

　　伯禽的后代，即李白的孙子辈情况如何呢？李白逝世五十年后，范传正任宣、歙、池州观察使，他的父亲与李白是故友，他也非常崇敬李白，并千方百计地寻访李白后裔。

　　范传正为寻李白后裔的踪迹，到了当涂，由当地人带路找到了李白的坟墓，一片荒草，十分凄凉。回衙门后范传正下了一道令，禁止在李白的坟墓边采木掘地，给予适当的保护。这之后，四处寻访李白的后人，耗时三年终于找到了李白的两个孙女，范传正见到她们时，都已出嫁，一个嫁给刘劝，一个嫁给陈云，都是当地老实巴交的农民。

　　范传正问及生活情况，她们说："父伯禽以贞元八年不禄而卒，有兄一人，出游一十二年，不知所在，父在无官，父殁为民，有兄不相保，为天下穷人。"也就是说，李白有一个孙子，两个孙女。由于伯禽只是一个普通的老百姓，不可能为子女提供更好的环境与机会，孙子出游一十二年，不知流落何处，杳无音信。两个孙女只能嫁给当地的农夫，没有田种，没有桑养蚕，生活极为困窘。

　　虽然李白有很高的声誉，但是以两个孙女的身份、地位、境况，实在羞于向当地官员求告："久不敢闻于县官，惧辱祖考"，怕辱没了祖上的名望，没有向县官求救。

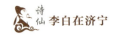

　　范传正听她姐妹俩诉说，心里很难过。他想给李白重修墓碑，重撰墓志，希望她姐妹提供些家史的材料。她们回家找遍橱柜，只找出父亲伯禽留下的数十行残破的家族记录，这成为范传正重新撰写墓志的依据。范传正面对诗人仅剩的两个后人，看她们如此艰难的农村生活，实在看不下去，于是便劝她们离婚，然后帮助她们改嫁到有名望的家族。但她们很有礼貌地言谢："夫妻之道，命也，亦分也，在孤穷，既失身于下俚，仗威力，乃求援于他门。生纵偷安，死何面目见大父于地下，欲败其类，所不忍闻。"范传正感其诚信，无言以对，想了一会儿，决定免去她们家的赋税和徭役，并问还有什么要求，她们说：我们没有钱，无权无势，只是希望能够满足祖父生前的愿望，把他的坟迁到青山，因为那里是祖父崇敬的谢朓读书幽居之处。范传正当即答应，元和十二年（817）正月二十三日把李白重新葬于青山。

　　唐宪宗元和十二年（817）正月，范传正为李白新立墓碑距李白去世（762）五十五年。新墓碑树立二十六年后，即唐宪宗会昌三年（843），文人裴敬专程到当涂拜谒李白的墓，裴敬的曾叔祖裴旻是唐代著名的剑术家，唐文宗曾下诏称李白的诗歌、张旭的草书、裴旻的剑术为唐代三绝。李白虽与裴旻没有见过面，但他爱好剑术，曾经给裴旻写信，表示想跟他学习剑术，"愿出将军门下"。正因为有这段因缘，裴敬专门来当涂拜谒李白的墓碑。当地人告诉他：李白的孙女至少五六年没来扫墓了，可能已不在人世。这时距李白去世已经八十年了。

　　李白有儿子，也有孙子、孙女，从以上情况看，他这一支没传下来，也就是过去所谓的"绝嗣之家"。但在李白墓前却总有一代代络绎不绝的扫墓者、拜谒者，他们不仅拜谒这位伟大的诗人，也在拜谒、回想伟大的盛唐时代。李白的诗歌、文章、品格、人格魅力将永远传下去，将永远是中华民族最宝贵的精神财富。李白是永生的。李白诗歌的光焰将永远照耀中华大地！

诗酒英豪

　　当我们走进济宁李白纪念馆展厅，"诗酒英豪"四个大字赫然映入眼帘。这四个字对李白形容得很恰切，即是说，李白的诗和李白的酒都是"英豪"。"英者"，杰出、最优之意，可以说李白的诗与酒都是杰出的超群的"豪"。

　　郭沫若在《李白与杜甫》那本书里，曾经作过一个统计，李白诗文总共是 1500 多首（篇），其中说到饮酒之事的共 170 多首，占了 16% 强。后来，葛景春在他的《李白与唐代文化》中作了更精确的统计，说李白诗中出现的"酒"字 115 处，"醉"字 110 处，"酣"字 18 处，"酌"字 22 处，还有一些其他相关的字词，加起来总共 322 处，占他全诗文的 21% 强（摘自《诗映大唐春》369 页）。晚唐诗人郑谷在他的《读李白集》中写道："何事文星与酒星，一时钟在李先生。高吟大醉三千首，留若人间伴月明。"说李白的诗似乎每一首都有"酒"，显然有些夸张，但李白称为诗酒英豪，称为"诗仙""酒

仙""醉圣"等也确是事实。

李白的饮酒，不同于世俗的饮酒，不同于达官贵人的饮酒，也不同于一般文人、仕人的饮酒，李白的饮酒已跳出饮乐、享受的层次，达到"发展"的层次。他的饮酒是蓬勃向上的盛唐时代精神和盛衰转换的政治背景与其豪放飘逸独特个性相结合的产物；他的饮酒也是与国运变化、人民的苦难和自身的遭遇紧密相连的。因此李白的饮酒在酒文化历史中是独树一帜，有独到的特点。

这个独到的特点，就是李白的饮酒融入了盛唐文人追求的目标：一是为国建功立业，希图政治上有所作为，二是追求人生的快意和有乐趣的生活。前者体现了他们的进取精神，即对人生发展的需求，后者体现了他们对人生"快意""乐趣"的需求。这两者兼而有之，是盛唐文人的最高理想。而纵酒饮乐，既满足了他们享受的欲望，又鼓舞了他们的进取精神，还为他们提供了在人生的各种情况下宣泄感情的最佳形式，因而饮乐里边包含着他们的两种理想愿望。盛唐文人中做得最到位的实数伟大的天才李白，他一方面高唱"大鹏一日同风起，扶摇直上九万里"（《上李邕》），要实现其"寰区大定，海县清一"的政治理想和伟大抱负；另一方面，他又高唱着"人生得意须尽欢，莫使金樽空对月"（《将进酒》），要实现人生的"快意""乐趣"，李白不仅淋漓尽致地写纵酒之乐，更难能可贵的是把功业理想和创造的激情灌注到酒乐之中，使李白的饮乐饱含着强烈的进取精神；同时，当他借助酒力进行"落笔摇五岳"的诗歌创作时，能在诗中豪迈地抒发情感、发泄情绪，并对一切丑恶事物进行揭露和批判。

李白早期的饮酒诗，主要写饮酒的欢乐场景：

琴奏龙门之绿桐，玉壶美酒清若空。

催弦拂柱与君饮，看朱成碧颜始红。

胡姬貌如花，当垆笑春风，

笑春风，舞罗衣，君今不醉将安归？（《前有一樽酒行》其二）

五陵年少金市东，银鞍白马度春风。

落花踏尽游何处，笑入胡姬酒肆中。（《少年行》其二）

何处可为别，长安青绮门，

胡姬招素手，延客醉金樽。（《送裴十八图南归嵩山》其一）

这几组诗写了当时长安市井饮乐的几个场景。具体写于胡姬酒店，人们兴高采烈地在酒店饮酒，这里有貌美如花的外族姑娘，有"清若空"的美酒，有美甜的笑声歌声，饮酒的人边饮酒边听歌观舞，这种人美、酒美、舞美的饮乐场面，再现盛唐胡姬酒店的场景，如同一组饮酒图，展现在读者面前。

李白还写了些陪客和送别的诗：

兰陵美酒郁金香，玉碗盛来琥珀光。

但使主人能醉客，不知何处是他乡。（《客中作》）

风吹柳花满店香，吴姬压酒唤客尝。

金陵子弟来相送，欲行不行各尽觞。

请君试问东流水，别意与之谁短长？（《金陵酒肆留别》）

李白这两首诗虽然写的是游子之饮和送别诗，但没有离情别绪的惆怅，看到的是饮酒的酣乐和欢快，其基调是明快的、畅朗的。

上边的两组诗，似描写普通的饮酒之乐，但高妙之处在于把日常

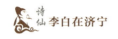

的饮酒之乐加以诗化、艺术化，从中提炼出丰富的诗意，将其升华为高雅的审美境界，给人以美感，陶冶人们的情操。

李白爱酒，对酒也礼赞有加：

> 天若不爱酒，酒星不在天。
> 地若不爱酒，地应无酒泉。
> 天地既爱酒，爱酒不愧天。
> 已闻清比圣，复道浊如贤。
> 贤圣既已饮，何必求神仙。
> 三杯通大道，一斗合自然。
> 但得酒中趣，勿为醒者传。

（《月下独酌》其二）

在世上，是天地最大，李白搬出天地来都爱酒，人为何不爱酒呢？这是对饮酒找到的最大的理论依据。实际上对酒的礼赞，也是对李白自己精神的礼赞！

李白赞酒，也赞爱酒的人，那就是他念念不忘的贺知章。贺知章身居高位，曾任礼部侍郎、秘书监等职。他生性好酒，见到李白时，知其嗜酒，便拉上李白进了酒楼，两人喝得酣畅淋漓，结束时发现身上没带钱，便扯下衣服上的金龟以当酒资。金龟何物？是唐朝官员等级的标示码，四五品官员用银龟，三品以上才能用金龟，为皇帝所赠。贺知章竟然拿来换酒喝，成为酒文化一段佳话，"金龟换酒"也由此得来。

人的性情，因酗酒会放大十倍百倍。李白是伟大的天才，饮酒后才思更加敏捷。酒鼓舞了他的精神，也激发了他的诗情，使他写诗如有神助。凭着酒兴，他幻想纷呈，借着酒力，他胆识过人。魏颢《李翰林集序》说他，一次皇上巡游召李白来，时为"贵门邀饮，比至半醑，令制《出师诏》，不草而成。"孟棨《本事诗》说他在宫中扶醉填词"取笔抒思，略不停辍，十篇立就，文不加点"；王仁裕《开元天宝遗事》说他"嗜酒不拘小节，然沉醉中所撰文章，未尝错误，而与不醉之人相对议论，皆不出太白所见，时人号为'醉圣'。"李白真是"酒胆海洋大，诗才天比高"。他用酒创造了美好的诗歌世界，也创造了美好的精神世界。

李白酒后才思泉涌，"一斗诗百篇"，后人为之倾倒，望尘莫及。酒缘何有此神奇功效呢？范传正《李公新墓碑》中似乎给了答案，"晦以曲糵，畅于文篇，万象奔走乎笔端，万虑泯灭乎樽前。"意思是，李白饮酒，特别在酒酣之后，那些忧愁烦心的事，统统忘掉，在酒樽前泯灭了；此时，一拿起笔，那些奇妙的想象、大胆的夸张、美语丽句都翩翩而至，"万象奔走乎笔端"。"酒中为诗，故往往造成奇妙的诗景，这种诗景又总是呈现着壮浪纵姿的豪迈气象，这是酒对世俗万虑的抑制作用和对创作的兴奋作用双重效应与诗人性格相互鼓动、相互促进的结果。奇妙的想象与豪迈的格调，构成李白饮酒诗中大醉之作基本特色。"（安旗《李白诗集》第82页）

如《襄阳歌》："……遥看汉水鸭头绿，恰似葡萄初酸醅。此江若变作春酒，垒曲便筑糟丘台。"

《陪侍郎叔游洞庭醉后三首》其三："划却君山好，平铺湘水流。巴陵无限酒，醉杀洞庭秋。"

《宣城谢朓楼饯别校书叔云》："俱怀逸兴壮思飞，欲上青天揽明月。"

这些惊世俗、震乾坤的诗句，实为气豪胆豪，妙想奇开，不可思议，又不可模仿，这样的诗，诗人酒醒后恐怕难以写出。诗仙兼酒仙的李白，恰是用酒酣中的大胆夸张之语，奇特想象之语，瑰丽的比喻，把他的艺术才能发挥到一种绝妙的境地。

李白借助酒力写出了优美、壮美、奇美的诗篇，从人生"发展"意

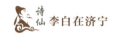

义上讲，应是李白饮酒和饮酒诗的第一层意义。而李白以酒的兴奋来鼓舞在寻志求仕路上的奋争进取精神，应是李白饮酒和饮酒诗的第二层意义。这一次层意义，主要表现三个突出特点：

一、失败，仍抱有希望

在李白从政的路上，一次次的失败，一次次的挫折，一次次的遭受打击，为此他痛苦过，消极悲观过。酒，点燃了诗人胸中的火焰；酒，强化了诗人心中的进取精神，诗人很快从悲观痛苦中解脱出来，重整旗鼓，又踏上建功立业的征程。如《将进酒》一诗写于从政失败后，内心郁闷忧愁，但仍存有希望，借酒抒情，借酒言志，表达了豪迈气概。全诗有"与尔同销万古愁"的忧愁，又有"天生我才必有用"的自信，忧愁凭酒而发，自信借酒力张扬。诗人的愁忧和自信，情不自禁，发于内心，自然而然，不掩饰，不伪装，形诸笔墨，更是真的诗，也是最美的诗。再如《梁园吟》，在诗中，写了他的豪饮"人生达命岂暇愁，且饮美酒登高楼"，写了思古之幽情"昔人豪贵信陵君，今人耕种信陵坟"，还抒发他政治上失意的忧愤，"沉吟此事泪满衣，黄金买醉未能归"，最后仍有信心"东山高卧时起来，欲济苍生未应晚！"当李白近六十岁，从流放夜郎遇赦还江夏后，写了一首"……圣主还听《子虚赋》，相如却与论文章。愿扫鹦鹉洲，与君醉百场。啸起白云飞七泽，歌吟渌水动三湘。莫惜连船沽美酒，千金一掷买春芳。"从诗中看出，诗人刚经历一次人生大难，从政的幻想，创作的激情，及对酒的渴望都勃发起来，酒又激发起诗人的活力，似乎忘记了年龄。

二、睥睨权贵，傲视王侯

在唐代，官场有一套它的游戏规则，有它所要遵循的秩序。而李白平交王侯的思想，爱好自由、崇尚本真的性格和桀骜不驯、蔑视一切的豪气，在官场的游戏规则与秩序面前受到严重挑战，为叩开仕途的大门却碰得头破血流，为理想的求索却屡遭挫折，即使二入长安待诏翰林时，被谗被嫉，含冤受屈，很快被"赐金放还"，面对失败的困境，李白也没有低头、没有弯腰，被酒燃起的志气、骨气、豪气，更加昂扬，向那些权贵们投出睥睨一瞥，"李白斗酒诗百篇，长安市上酒家眠。天子呼来不上船，自称臣是酒中仙。"（杜甫《饮中八仙歌》）其傲气直逼皇帝，似乎连皇帝也没放在眼里。传说李白沉醉金殿，伸足令高力士脱靴，竟敢得罪这个炙手可热的大人物。这种传说完全符合他的性格。李白与权贵的抗衡、作斗争的方式，无一例外的都是饮酒和酣醉。看下列李白的诗：

> 黄金白璧买歌笑，一醉累月轻王侯。
>
> （《忆旧游寄谯郡元参军》）

> 常时饮酒逐风景，壮心遂与功名疏。
>
> （《赠从弟南平太守之遥》）

> 屈平辞赋悬日月，楚王台榭空山丘。
> 功名富贵若常在，汉水亦应西北流。　　（《江上吟》）

这些由酒酝酿出来的诗句，既粪土王侯，睥睨权贵，又表现横溢的豪气，郭沫若说："史诗与酒的联合战线，打败了神仙和功名富贵的凯歌。"（《关于李白·李白的道教迷信和觉醒》）说的确是如此。

三、以酒遣愁，怒批时政

李白在精神上睥睨权贵、傲视王侯，好似打败了功名富贵，但在现实斗争中，除了诗歌创作取得辉煌的成就外，政治上却败得一塌糊涂，因而忧愁和痛苦塞满了他的胸膛，这时最好的方法就是以酒浇愁，

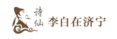

以酒遣愁，即李白所说的"穷愁千万端，美酒三百杯。愁多酒虽少，酒倾愁不来。所以知酒圣，酒酣心自开"（《月下独酌》其四），当忧愁驱散不开，再以酒更强化、更激发时，愁便更膨胀、更扩大，便出现"抽刀断水水更流，举杯消愁愁更愁"的情况，当感情的闸门被怨愤、忧愁的怒涛冲开时，诗人似乎要打碎旧的世界，"我且为君槌碎黄鹤楼，君亦为吾倒却鹦鹉洲。赤壁争雄如梦里，且须歌舞宽离忧"。这种充满狂劲的以酒泄愁的讴歌，表现诗人的磅礴大气和纵横的豪情。

诗人由郁愁、怨愤，再到怒不可遏，拍案而起，把矛头直指皇帝，怒批朝廷的黑暗政治。在《答王十二寒夜独酌有怀》诗中，李白寒夜独酌，当饮至酒酣精神飞扬时，写下怒批时政的檄文，在诗中，一是批判统治者黑白颠倒，贤愚不分，统治者远君子，近小人，宠幸那些玩弄"狸膏金距"之术的斗鸡之徒，使他们气焰熏天无所不为，使社会上鱼目混珠，真假不辨，贤能失志，小人得志，"骅骝拳跼不能食，蹇驴得志鸣春风"。二是抨击哥舒翰之流，不顾人民死活，用无数人鲜血换取紫袍，换取官位的升级。三是揭露统治者残害忠良的罪行。李北海、裴尚书是有名的忠臣良将，英风豪气，功业赫赫，被玄宗皇帝宠臣李林甫无辜杀害，这是天宝年间政治黑暗和吏治腐败最典型的体现。对此，诗人写道："君不见，李北海、英风豪气今何在。君不见，裴尚书、土坟三尺蒿棘居"，这是诗人悲愤的泣诉，血泪的控告。说明诗人的激愤既来自对正义的张扬，也是对统治者无情的批判。诗人还痛斥朝廷中的谗言诋毁者、诽谤者，"一谈一笑失颜色，苍蝇贝锦喧谤声""君王虽爱蛾眉好，无奈宫中妒杀人"（《玉壶吟》），在这些诗中，对唐朝统治者是一针见血的揭露和入木三分地批判。

李白的三个粉丝

盛唐时，李白诗名天下，国内的文人、仕人、普通的民众都最爱读李白的诗，一些日本、朝鲜等国际友人对李白的诗也爱不释手。其中特别崇拜、特别热爱李白的人，用现在的话说，就是李白的铁杆"粉丝"也是众多。现只向读者介绍三位。

魏万

魏万，名颢，王屋山人。唐上元初登进士第，爱文好古，浪迹不仕。他高个大眼，英俊潇洒。对李白的诗近乎痴迷。白天读李白的诗，夜里做梦见到了李白就拜李白为师。他经过深思，走出王屋山找李白。他打听到李白在嵩山，就兴冲冲地直奔那里。到嵩山后，知李白已去梁园家中。到了梁园，李白又去东鲁看望儿女。魏万在驿站雇了一匹良马，快马加鞭经单县、越金乡，到了李白东鲁家中，见到了平阳、伯禽姐弟俩，平阳娇滴

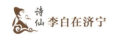

滴地说，父亲去了吴越，你去越州、天台山、赤城山找他吧。魏万仰天长叹，看到两个孩子生活困难，就给他们三十万钱，嘱咐两个孩子好好生活，等父亲归来。魏万决心继续寻找李白。在汶洸泗水运码头上船，扬帆南下，到瓜州古渡口换船去了越州，寻访几个名山，仍未见到，说是前天刚离开去了扬州。这时魏万脸色有些疲惫，感到有些失望，然仍是意气飞扬，转身奔向扬州。在扬州经多方打听，才知道李白的住处，他兴高采烈，喜形于色。

见到李白，魏万扑通一声跪倒在地，口称："接受学生三拜。"说着就行起大礼。李白把他扶起，说："不必多礼，不必多礼！"两人一见如故。

魏万说："我叫魏万，是开国宰相魏徵后人。因先祖附逆太平公主遭杀身之祸，我隐姓埋名，随父隐于江陵渔村。十年前朝廷发了大赦令，才得以返回原籍山西朝圣山。"

李白接着他的话说："我知道朝圣山很奇特，据说有三重，形状如屋，四面陡峭如削，势与天通，真是天下第一洞天。"魏万又说："我在山中天天惦念老师，常读老师之诗，惊叹诗的豪放飘逸之气，瑰丽壮观之景。又想到老师年高，恐无照应，故而一路寻来。事有不巧，我到梁园找您，老师却去了东鲁，我快马加鞭赶往东鲁，老师又乘舟南下。"魏万不禁叹息一下。"我遂南寻吴越，一路之上，目穷极远，开阔胸襟，计行程约三千里，今日见到老师，真是感慨万千！"

李白闻之，亦自唏嘘，便拉着魏万，到了扬州一家名餐馆，珍馐数盘，畅饮欢言。名士胸怀，侠士豪情，诗文互答，古风雅意。

两人倾杯而饮，酒酣心醉。酒后，两人同舟到了金陵。

在金陵旅馆，魏万把构思一年写的诗献给李白："……去岁忽乘兴，命驾来东土。谪仙游梁园，爱子在东鲁。二处一不见，拂衣向江东。……"

李白也以诗赠答。谈到诗时，魏万感慨道："我朝诗歌大兴，世人皆以诗歌词赋为谋仕之路，唯有老师视诗文为闲事。"

李白说:"今天下纷乱,国运堪忧,哪有闲情逸致写诗作赋。"

"古语说,国不幸则诗家兴!以诗为志,正当其时。"魏万说:"我朝名士善诗赋者,皆用其心,整理成册,虽良莠不齐,然可传于后世。老师才比天高,诗惊天地,泣鬼神,真乃空前绝后,怎不把诗文整理成集传于后人?"

李白闻言沉思半天,动情地握住魏万的双手,不胜感慨地说:"我数年奔波,浪迹天涯,报国无门,壮志未酬,故而平日所写的词赋,只是即兴而作,信手拈来,抒发情怀,聊以自慰。现在看没有多少得意之作,何况往日之诗,随写随丢,故诗文十去八九,而今所留之诗,只是十之存一,何况今日之天下,即将风云突起,社会动荡,哪有闲暇心情作诗?"

魏万道:"老师的诗,光焰万丈,力顶大唐文坛不衰,我虽不才,愿为老师尽心代劳,整理成集,未知尊意如何?"

李白闻其言之有理,心中高兴,笑道:"魏君爱文好古,此等美意,我当然同意。现将身边旧作,全交与你。"

魏万心中高兴万分。这之后,便认真编纂李白诗文,历经十年方才成册,题为《李翰林集》,并亲手作序,为《李翰林集序》,其中所记载之事,全是他与李白交游时所记李白旧事。时至今日,这《序》已成为珍贵的史料。

二人分别时,李白对魏万心存感激,又感来日不多,便以《送王屋山人魏万还王屋并序》一诗相赠魏万,此诗是李白写分别诗最长的一首,诗中言其二人交友之厚,又言其一生经万。诗中有让魏万特别感动的句子:

......

东浮汴河水,访我三千里。

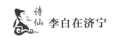
> 逸兴满吴云，飘飘浙江氾。
>
> 挥手杭越间，樟亭望潮还。……
>
> 目极心更远，悲歌但长吁。……
>
> 黄河若不断，白首长相思。

魏万听李白吟诗，感动得热泪盈眶。

汪伦

汪伦，泾县桃花村人，开元年间任泾县县令。他祖父曾是泾县的主簿，为政清廉，为民请命，口碑颇佳。其父亲饱读诗书，是当地有名的茶商，也是一名儒商。他和长安的茶商联手经营，生意做得红红火火，所赚之钱，拿出十分之三济弱扶贫，余下留为己用。建有汪家大院，白墙灰瓦，一派徽地建筑风格。汪伦自幼读书，长大后无欲仕途。他喜欢读陶渊明、谢朓的诗，特别喜欢李白的诗，似达到痴迷的程度。他昼思夜想能见到李白。通过读李白的诗"天若不爱酒，酒星不在天。地若不爱酒，地应无酒泉。天地既爱酒，爱酒不愧天……"（《月下独酌》其二），"桃花流水窅然去，别有天地非人间"（《山中答俗人》），"两人对酌山花开，一杯一杯复一杯。"（《山中与幽人对酌》），从诗中了解到李白既爱饮酒，又爱桃花。为了将来有机会请李白到家，就在溪边路旁、房前屋后广植桃树。

泾县的一位朋友告诉汪伦，李白已在宣州，这是千载难逢的良机，定要设法把他请来家中。汪伦得知此信，欢欣鼓舞，高兴异常。如何才能把李白请来，他认真分析，动脑思考，给李白写了封信：

> 先生好游乎，此地有千亩桃花。
>
> 先生好饮乎，此地有万家酒店。

李白看到汪伦的信，虽与汪伦未曾谋面，但被信中的"千亩桃花"和"万家酒店"所吸引，决定去见汪伦。

李白在泾县驿站住了一宿，第二天早饭后赶往桃花村。

青山秀水，春意盎然，一路风光宜人。还没到桃花村，就看到路边溪旁出现成片的桃花，已经盛开，像绚丽的红霞，又似美丽的彩锦。走近一瞧，那桃花，有深红，有浅红，还有粉红，一簇簇，满村的灿灿烂烂，还有花间蜂飞蝶舞，花香袭人。李白正看得如痴如醉，"您是李白先生吗？"李白一看，有一中等身材，温文尔雅的中年人，正向他打躬施礼，还没等开口，又说："我是汪伦，可把您盼来了！"李白也以礼相待，并赞美其桃花之美。李白醉在鲜艳的桃花中，醉在汪伦的热情里。

李白一到汪家大门，有三十几位男女老幼笑迎李白。李白进了客厅，墙壁上挂满李白的诗词，并特意安排领略桃花的妙用，李白感到非常惬意。过了三天，李白就问汪伦：你信中说的千亩桃花，我已经大饱眼福，但说的"万家酒店"怎么没看到呢？汪伦听完便哈哈大笑说：实话告诉你吧，这里没有一万家酒店，而是村中一个姓"万"的人开的一个小酒店。李白听后，觉得很有趣，也哈哈笑了。

转瞬月余，汪伦一直陪伴李白，李白心花怒放，对这闲适安乐的生活留恋不舍。但宗夫人来信，有要事回梁园。临离汪宅时，汪伦赠送李白一支桃木剑，五十万钱，五匹锦缎，全家男女老少在大门口相送。

李白到达桃花潭的渡口，刚要解缆上船，岸上响起咚咚的鼓声，原来是汪伦带着子女们踏歌送行。这时，惜别的情怀和感激的诗情似火在李白胸中燃烧起来，他含着热泪，高声吟出《赠汪伦》一诗：

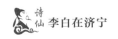
李白乘舟将欲行，忽闻岸上踏歌声。

桃花潭水深千尺，不及汪伦送我情。

李白的船慢慢地开动，依依不舍地离开了渡口，但《赠汪伦》那首诗却永远回旋在桃花潭的上空，成为中华民族的友谊赞歌！

中都小吏

唐时的中都，即现在的汶上县，唐时的小吏指九品以外的吏职人员，时人称之为"流外"的低级职员。中都小吏，既不是文人，也不是武士，而是名不见经传的小人物。但这位小吏非常崇拜李白，凡能找到的李白的诗，他都能熟读，如《五月东鲁行答汶上翁》《东鲁门泛舟》《咏邻女东窗海石榴》等几十首诗，都背诵得滚瓜烂熟。一天，小吏高高兴兴地回家，给他媳妇说："我听县主簿说，我最崇拜的诗人李白来中都啦，住在中都迎宾东楼，我想见见他。"媳妇说："你别痴心妄想了，人家是有名的大诗人，又是进过朝廷的人，能见你这小吏吗？""不去拜访他，怎么知道不见呢？"小吏坚定说："我明天定要去东楼拜访！"

第二天，天蒙蒙亮，小吏跑到汶河边渔船上，挑了两条最大的紫锦鳞鱼，每条四斤多重。鱼鳞紫金色，活蹦乱跳，高兴得小吏合不拢嘴，心想：拿这两条大鱼，再拿两瓶中都琥珀色的老陈酿，去拜访李白。

小吏携斗酒双鱼，雄赳赳气昂昂地奔向东楼。但他内心有点打怵，李白是否见他，心里拿不准。在东楼见到气宇轩昂的李白，先行叩拜礼，然后诚恳地说："李先生，你是我最崇拜的人，你的诗是我最爱读的诗。能见到你，真是三生有幸！带来鱼和酒是当地土特产，也是我对你的情意，请笑纳。"李白一看青年淳朴、诚实、豪爽，就有几分喜欢。"好！青年，我收下你送来的礼物。"小吏听到此话，身心放松，便侃侃而谈起来："李先生，当我读到你的'一醉累月轻王侯''天生我材必有用''长风破浪会有时'，感到浑身有劲，眼前一片光明。"李白觉察到小吏身上的豪气、志气，感到两人志向一致，于是无拘无束地谈起来。

为准备午餐，小吏把鳍张鳃动、摇尾乱蹦的大鱼宰杀，鱼鳞似花落，似雪飞。经过厨师的加工，很快一桌丰盛的以锦鳞鱼为主的华宴做成，鱼香扑鼻，小吏心花怒放，频频向李白敬酒，李白倾杯而尽，兴奋异常。待酒足饭饱，诗人将要跨上备金鞍的骏马踏上归途时，心情激动，动情地说，中都小吏啊，我们意气相投，你赠给我鱼和酒，我赠给你一首诗吧，说完挥笔而就，并高声吟诵：

> 鲁酒若琥珀，汶鱼紫锦鳞。
> 山东豪吏有俊气，手携此物赠远人。
> 意气相倾两相顾，斗酒双鱼表情愫。
> 双鳃呀呷鳍鬣张，跋剌银盘欲飞去。
> 呼儿拂几霜刃挥，红肥花落白雪霏。
> 为君下筯一餐饱，醉著金鞍上马归。

中都小吏双手捧着李白写给他的诗，感激涕零，边流泪边目送李白归去的身影，直到李白与马的影子消失不见。

五花马 千金裘 呼儿将出换美酒

　　李白二十四岁"仗剑去国，辞亲远游"，出川后漫游四方，足迹遍及大江南北，黄河上下，历经坎坷磨难，终死于安徽当涂。这样长时间的漫游生活，需要一定的经济基础支持才可，但李白除了在长安短暂的待诏翰林生活外，没有做过官，没有俸禄；不曾经商，不能赚钱，除家中几亩龟阴田外没有大的庄园，无法给他提供活动经费，而他又是一个出手慷慨之人，在他看来，"黄金逐手快意尽""千金散尽还复来"。那么他的消费资金从哪些渠道来，靠什么支撑他的漫游生活？现综合有关史料和李白诗中提供的线索，其钱财有以下几方面的来源。

家庭的提供

　　李白 24 岁出川时，父母肯定给他一笔钱财，其数目可能不小。长江中下游近二年的漫游，他先后游览过湖北的江陵、洞庭，江西的庐山，江苏的南京、扬州、苏州，浙江的杭州、会稽、新昌等地，随后由东南海滨返回吴楚。这漫游中的舟车交通费、旅馆住宿费、吃饭、饮酒、生活费，还有交友、宴请、慷慨解囊等，需要一大笔的开销，特别是在扬州一年花掉三十万钱。可见，李白从家里带的是一大笔钱。但最后在扬州时，家中带的钱已经花光，使他陷入困窘的境地。

唐朝人使用的货币叫作"开元通宝"，是唐高祖武德年间铸造的。"开元"是唐取代隋，新的朝代开始之意。唐朝规定，十枚"开元通宝"重一两，一枚就是一钱。后来朝代铸造的钱币大都依据"开元通宝"的标准。这个重量单位一直沿用至今。"开元通宝"的成分中，80%是铜，20%是铅和锡。由于成分比例比较科学合理，币值相对稳定，铸造工艺精良，虽然唐灭后不再发行，但一直与后来朝代所铸的新币混合使用，直到明代后期才禁止使用。

李白在扬州一年花掉三十万钱，在当时这笔钱有多大购买力呢？据《康震品李白》一书中说："据有关史料记载，唐玄宗开元、天宝年间，一斗粮食的平均价格大体是二十到三十钱；一匹绢帛的平均价格大体是四百到五百钱；一斤猪肉的平均价格大体是六百钱左右，一斗盐的平均价格大体是十钱左右，一斗上好的美酒价格大体是三十到四十钱，那些特产类罕见的佳酿也许价钱更高。但在普通市场上，即便是一斗名贵的酒也不可能卖到上万钱，比如李白诗中所说的'金樽清酒斗十千'，或者王维说的'新丰美酒斗十千'，这其中也许都有文学夸张的成分。此外，一名奴婢的平均价格大体在四万文左右，一匹马的平均价格大体在数千至数万钱之间。由此可见，在当时拥有三十万钱起码应该算是中上生活水平了，更何况这三十万钱不过是李白施舍给别人的。那么他自己也许拥有更多的钱财。这样说来，年轻的李白当时拥有万贯家财，算是个富家子弟，若论行侠仗义，也算是个豪侠、巨侠了！"

在理财方面，李白既不会开源，也不会节流，所以从家里带的一

大笔钱财几年间花光。李白所说的"天生我材必有用，千金散尽还复来"，只是主观的豪迈的话，在现实中，真到"千金散尽"那一天，并没有"复来"，所以在扬州身上无钱，加上染上疾病，是真正体会到了无钱的难处和困苦的心境。

在他生活处于困境时，到了安陆，入赘许府，与前宰相许圉师孙女结婚，组成新的家庭。那时漫游生活的花销费用由许夫人资助。后来，许夫人病故后，又与前宰相宗楚客的孙女在梁园成婚，这时期的漫游生活，这个新家庭肯定给予大力的支持。至于几亩"龟阴田"，能收获些粮食，供儿女所食用，也算是家庭的一点收入吧，但不能支持李白的漫游和从政的活动。

皇帝等的馈赠

玄宗天宝元年（741），李白持皇帝的诏令进京，为翰林供奉。虽不是有品级的正式官职，但已成为皇帝的近臣，侍笔银台，侍从御宴，政治声誉很高。后因被谗谤，"乃赐金归之"（李阳冰《唐李翰林草堂集序》），皇帝的"赐金"这笔钱，一定相当可观。李白回到东鲁后，可能用这笔钱购买了龟阴田："我家寄东鲁，谁种龟阴田"（《寄东鲁二稚子》），还据《太平广记》记载，李白又于任城县构酒楼，日与同志荒宴，客至少有醒时。邑人皆以白为重，望其里而加敬焉"。李白利用皇帝的赐金还扩大了宅院，田园生活过得愉快，"拙薄谢明时，栖闲归故园。二季过旧垒，四邻驰华轩。衣剑照松宇，宾徒光石门。"（《答从弟幼成过西园见赠》）

皇帝"赐金"对李白来说是一笔有形资产，还有一笔无形的资产，那就是李白当待诏翰林，给皇帝写过诏书，陪皇帝吃过饭，写过诗等，这个光环很阳光，如到州县里去，都是"所适二千石郊迎"（魏颢《李翰林集序》）。（"二千石"，汉代官员的俸禄等级，后称郡守和知府为

"二千石")就是说李白去的地方，郡守或知府到郊外去迎接他。吃、住、游，当然也会周到地给以安排。这个无形的资产对李白的漫游帮助也很大。

唐肃宗至德元年（756），永王李璘派使者韦子春，到庐山请李白出山，参加李璘的幕府，赠给他一笔聘礼："徒赐五百金，弃之若浮烟。辞官不受赏，翻谪夜郎天"。（《经乱离后天恩流夜郎忆旧游书怀赠江夏韦太守良宰》）从当时情况分析，以李璘拉拢李白入伙的政治用心，这五百金不可能是价值不高的铜币，应该是五百银币或者金币，如果真的如此，那这个数目就相当可观。尽管李白"弃之若浮烟"，但对他的家庭来说，特别在动乱的年代，使他的家庭有一定的经济保障。

朋友的资助

李白一生交了好多朋友，有些是经济条件优厚、较富裕的友人，都慷慨解囊，或提供漫游条件，优待有加。如元参军，他的父亲在并州（今太原）为将。元参军曾邀请李白同游太原，是一次较长时间的欢快旅行。

> 行来北凉岁月深，感君贵义轻黄金。
>
> 琼杯绮食青玉案，使我醉饱无归心。
>
> 时时出向城西曲，晋祠流水如碧玉。
>
> ……
>
> 此时行乐难再遇，西游因献长杨赋。
>
> （《忆旧游寄谯郡元参军》）

诗中写了元参军的仗义轻财，每天以"琼杯绮食"的佳肴美酒招待诗人，每天安排到景点参观，并以美女相随，歌舞为伴，难怪诗人发出乐不思归、"行乐难再遇"的感慨。

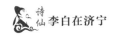

再如道士元丹丘，他在河南南阳的石门山、嵩山、颍阳附近都有山居、庄园。元丹丘曾多次邀请李白来山居、庄园赏游和修仙，李白也把这些地方作为隐居、漫游的活动场所。李白诗中写道：

元丹丘，爱神仙。朝饮颍川之清流，暮还嵩岑之紫烟。三十六峰长周旋。(《元丹丘歌》)

仙游渡颍水，访隐同元君。(《题元丹丘颍阳山居》)

留欢达永夜，清晓方言还。(《寻高凤石门山中元丹丘》)

闻君卧石门，宿昔契弥敦。
方从桂树隐，不羡桃花源。
(《闻丹丘子于城北营石门幽居中有高凤
遗迹仆离群远怀亦有栖遁之志因叙旧以寄之》)

从诗中看出，李白在元丹丘山居庄园的悟道修炼，因是朋友之地，当然不考虑衣食住行的花费，诗人还曾经考虑让妻子儿女搬到山居学道，"拙妻好乘鸾，娇女爱飞鹤。提携访神仙，从此炼金药。"(《题嵩山逸人元丹丘山居》)这当然只是说说而已，借此表明全家人都有学道的诚心，同时也说明来此山居生活不成问题，元丹丘都能给安排妥当。

唐玄宗时宰相崔日用儿子崔宗之，是李白好友，他曾专门写信邀请李白来自己的嵩山别业居住：

我家有别业，寄在嵩之阳。
明月出高岑，清溪澄素光。

云散窗户静，风吹松桂香。

子若同斯游，千载不相忘。

愿意帮助李白漫游和提供生活服务的不仅有较高社会地位的大人物，还有些仰慕李白的小人物，也渴望一睹李白的风采。他们虽然没有能力为李白提供大的经济资助，但以自己独特的方式表达崇拜之情。如魏颢循李白之踪跑几千里路见到李白；任华和一个姓郑的博平太守极为仰慕李白，他们四处追寻李白的行踪，克服困难，远道寻访；就连中都的一个小吏，也携斗酒双鱼执意要见李白。

润笔费及稿酬的收入

在唐代，官方没有制定稿酬制度，而文人撰写诗文、碑铭、颂赞、墓志等，其主人都给一定的报酬，这是当时社会的一种风气。

《新唐书·皇甫湜传》记载：皇甫湜，字持正，睦州新安人。……留守裴度辟为判官。度（裴度）修福先寺，将立碑，求文于白居易（请白居易写碑文）。湜（皇甫湜）怒曰："近舍湜而远取居易，请从此辞。"（怨裴度舍近求远，不请自己而请白居易，要辞去官职）度谢之。湜即请斗酒，饮酣（皇甫湜喝得酒酣），援笔立就（提笔顷刻写成）。度赠以车马缯彩甚厚，湜大怒曰："自吾为《顾况集序》，未常许人。（自从给顾况的文集作序之后，再没有允诺为人写文章）今碑字三千，字三缣，何遇我薄邪？"度笑曰："不羁之才也。"从而酬之（按照要求付给了报酬）。

这个故事的本意是表现皇甫湜的狂傲和裴度的宽容，但从润笔费的角度分析，说明三个问题。一是当时请文人撰写相关诗文，按照常规，需要付一定的报酬。二是皇甫湜过分要求提升稿酬，属狂傲，但也说明付酬劳的高低是灵活掌握，可高可低。三是裴度对皇甫湜的抱

怨表示道歉，既表现裴度的宽容，也显示出知名文人写的文章在市面上的影响力。

再举个例子。唐代著名诗人白居易与诗人元稹是好朋友，白居易比元稹大七岁。元稹任武昌军节度使，病危时委托好友白居易给他写墓志铭。白居易欣然答应，墓志文撰写完后，元稹家人按世俗形成的规矩，送给白居易车马、银鞍、玉带、绢帛等价值六七十万的财物作酬劳。白居易说："我与元稹为多年的好友，写墓志铭是义不容辞的事，若再收酬劳，对不住在天之灵的元稹老弟，此礼实在不能收。"然元稹家人执意要送，白居易实推不掉，无奈之下，把这笔六七十万的酬劳之物捐赠给洛阳的香山寺，用以修葺庙宇。从这件事可以看出，写墓志铭之类的文章都要付润笔费，而且知名度越高、名望越大的人，其身价越高，润笔费也越多。

盛唐时，李白是名满天下的大诗人，请他写碑铭、颂赞、厅壁记的很多，写应景奉和之诗也不少。李白在世的时候，他的诗文散佚甚多。李白的崇敬者魏颢说："经离乱，白章句荡尽。上元末，颢于绛偶然得知，沈吟累年，一字不下。"（《李翰林集序》）李白的族叔李阳冰说："自中原有事，公避地八年，当时著述，十丧其九，今所存者，皆得之他人焉。"（《唐李翰林草堂集序》）这两位是曾受李白委托编辑他的诗文，是李白生前最信赖的人，因此他们两位的判断是可信的。李白现存的诗文一千余首（篇），以此推算，他平生所创作的诗文要超过一万首（篇）。其中，即使有六七十首（篇）属于润笔之作，按照白居易、皇甫湜的报酬来算，也应当是一笔相当可观的收入。

李白通过写作诗文，除了得到润笔费的酬谢，有时还得到一些实物的馈赠，如《酬张司马赠墨》诗所说赠的良墨；《赠黄山胡公求白鹇》诗中所说赠的名贵的白鹇；《酬殷明佐见赠五云裘歌》中所说赠的裘皮大氅；《求崔山人百丈崖瀑布图》中所赠的山水字画；《酬宇文少府见赠桃竹书筒》所说赠的桃竹书筒等。这些名贵的实物也算李白家庭财政的一笔收入吧。

我们探讨分析李白生活的来源渠道，可以窥探其背后社会层面的意义，那就是盛唐时代社会安定，经济繁荣，政治清明，思想开放。整个社会尊重诗人，尊重诗歌，尊重文化。是盛唐的精神鼓舞着李白，是盛唐的沃土和雨露培养了李白，是各阶层热爱李白的人助推他的发展提升，再兼有他那英杰的天才、奇才，因而创作出惊天地泣鬼神、光焰万丈的诗篇，在中国文化的天空中成为最亮眼最闪耀的巨星。

诗酒英豪　醉歌济宁

　　李白读万卷书，行万里路，雄心勃发，仗剑远游，每到一处，都会写下脍炙人口的诗篇。

　　从唐玄宗开元二十四年（736）到唐肃宗至德元年（756），约二十多年时间，李白以鲁地为中心，漫游山东和全国各地，仅仅在齐鲁，李白就到过四十多个县。山东的名山大川、佛寺道观、名胜古迹，如泰山、崂山、峄山、鹊山、华不注山、灵岩寺、徂徕山、汶水、泗水、黄河、大海、鹊山湖，以及兰陵美酒，汶水紫锦鳞，鲁郡的酸枣霜梨，任城的蒲草、桃花，单县的孟诸、琴台，兖州的尧祠、石门等，都留下李白的身影和壮美的诗篇。

　　在这二十多个春秋里，在李白身上发生了几件有重要意义的事情，如：李白与孔巢父等人隐居徂徕山，世称"竹溪六逸"；南陵仰天大笑出门去，持"诏"进京任待诏翰林；更可贵的是，李白、杜甫结伴同游齐鲁，诗仙诗圣诗坛双曜，与高适等诗人游览琴台，纵猎于孟诸泽；与李邕、高适等聚会于济南大明湖历下亭；在兖州李杜同访城北范居士，"醉眠秋共被，携手日同行"兄弟般的情谊等，成为中国文坛著名的佳话。

李白是我国伟大的浪漫主义诗人，他以独特的成就把中国的诗歌艺术推向巅峰。那"长风破浪会有时，直挂云帆济沧海"的自信，那"登高望远天地间，大江茫茫去不还"的豪情，那"平交王侯"、不尊权贵的理想人格，那气吞万里的豪语，清雄奔放的快语，变幻莫测的仙语，傲凌千古的醉语，是中华民族精神文明的瑰宝。

解读李白这二十多年在齐鲁的诗歌创作，对了解李白的政治理想、仕途浮沉、李杜交游、家庭婚姻等有很高的认识价值。李白在此期间写出许多流传千古的名篇，诗歌思想艺术有新的提升。读诗仙笔下齐鲁的大好河山和美丽风光，使我们更加热爱祖国的山河之美。

本书收录诗79首，文5篇，共84首（篇）。这些诗文分三种情况，一是李白写于东鲁，即今济宁市范围内；二是李白在金陵（今南京）等地写给子女的《寄东鲁二稚子》和托人看望子女及接他们离鲁的《送萧三十一之鲁中问稚子伯禽》《赠武十七谔并序》三首，虽是写于金陵，但因直接关系在鲁地的家庭子女，所以也收入本书中；三是写作地点有争议的，如《将进酒》，郁贤皓先生认为李白、岑勋、丹丘三人饮酒的地点在嵩山（见郁贤皓《李白集》第93页），詹锳主编《李白全集校注汇释集评》中引王运熙话："此诗当是天宝初作于梁、宋、东鲁一带"，既然有专家认为是"东鲁一带"，又是比较重要的诗，所以也收入本书。

五月东鲁行答汶上翁 ①

唐开元年间，李白初到东鲁时作。

五月梅始黄，蚕凋桑柘空。②

鲁人重织作，机杼鸣帘栊。③

顾余不及仕，学剑来山东。④

举鞭访前途，获笑汶上翁。⑤

下愚忽壮士，未足论穷通。⑥

我以一箭书，能取聊城功。⑦

终然不受赏，羞与时人同。

西归去直道，落日昏阴虹。⑧

此去尔勿言，甘心如转蓬。⑨

【注释】

①东鲁：唐时鲁郡，州治在今山东兖州。李白在《任城县厅壁记》（此篇收入本书）中写道："鲁境七百里，郡有十一县。"即瑕丘、金乡、鱼台、邹县、龚丘、乾封、莱芜、曲阜、泗水、任城、中都十一县。今都属山东省。汶上，即汶水，大汶河，在山东境内。汶水有一支流至沂南县南入沂河，流至兖州，洙水、沂水汇流入泗；汶水还有一支流洸河，南流至鲁桥入泗水，所以唐代诗人将泗水亦称汶水，如李白的《沙丘城下寄杜甫》，沙丘城在泗水之滨，可李白写"思君若汶水"，说明泗水也可称汶

水。再，徐叶翎先生在《沙丘南陵汶水》一文中说，古时有"泰山郡水皆名汶"之说，如唐代兖州墓志上有"泰山巍巍，汶水汤汤"句也是汶水即可称泗水的证据。此诗篇中的"汶上"，不是现在的汶上县，唐代时汶上县为"中都"。汶上即是"泗上"，汶上翁，即可称泗上翁。

②蚕凋：指蚕老作茧。桑柘：指桑树和柘树，两树的叶子都可以养蚕。

③机杼：杼：织布梭子。机杼借指织布机。牖：窗户，这句话是说织布声是从窗户里传出来的。

④顾：回头，回头看。余：我。山东：唐时指华山以东的地方。

⑤访前途：问路。获笑：受到嘲笑。

⑥下愚："唯上智与下愚不移。"见《论语·阳货》（贾庆超：《论语新读》，中国社会出版社 2004 年版，第 386 页）：儒家学说将人分为三等，把其认为天生属于下等、愚蠢不改变的人称为下愚。此诗下愚用以指汶上翁。忽：轻视。壮士：指李白自己。穷通：穷困与显达。这句是说汶上翁不懂道理，没有必要与他争论。

⑦我以一箭书两句：用鲁仲连事。据《史记·鲁仲连列传》（中华书局 1982 年版，第 2459 页）记载：燕将攻下齐聊城，因被谗不敢回燕。后，齐田单进攻聊城一年多不下，士卒多死。鲁仲连写一信缚在箭头上射进城里，晓以利害，死守没有出路。燕将见其信连哭三日，自杀身亡。随即田单攻下聊城。齐王准备给鲁仲连封官，鲁仲连拒受，以为与其富贵而屈于人，不如贫贱而逍遥自在。此处，李白以鲁仲连自比。

⑧西归：去长安，入朝。直道：正路。《论语·卫灵公》（肖卫译注：《论语》，中国文联出版社 2016 年版，第 265 页）："三代之所以直道而行也。"此句据詹锳等《李白诗选译》（凤凰出版社 2017 年版，第 56 页）注释："落日昏于阴虹。隐喻当时政治黑暗，以致他的才能无法施展。阴虹即霓。古人认为虹分雌雄，色鲜明的为雄，色暗的为雌，也即霓。霓为阴

气，日为阳气。阴虹使落日昏暗，是阴气极盛而侵害了阳。"根据古代的"天人感应"学说，政治昏暗就会造成阴气极盛而侵害了阳的现象。

⑨尔：指汶上翁。转蓬：蓬草，随风飘转。

【句解】

五月梅始黄，蚕凋桑柘空。

五月梅子由青变黄，养的蚕已做完了茧，桑树、柘树的叶子变得稀疏。这两句写诗人在东鲁五月看到蚕事毕后的桑柘林景况。

鲁人重织作，机杼鸣帘栊。

注重纺织的东鲁人，蚕事后开始了织锦的劳动，从家家户户窗户里传出有节奏的织机声。

顾余不及仕，学剑来山东。

回头看看这些年，求仕不得，功名不就，而想走以武求仕的路子，学习裴旻将军的剑术，来到了东鲁。这两句写来到东鲁的原因。

举鞭访前途，获笑汶上翁。

下马举鞭，问问前去的道路，却遭到汶上翁的嘲弄。

下愚忽壮士，未足论穷通。

汶上翁愚昧无知，对事理人情一窍不通，没有必要与这样的人争论。

我以一箭书，能取聊城功。终然不受赏，羞与时人同。

是说鲁仲连修书退敌，燕军不攻自败的故事，诗人以鲁仲连自喻，要为国立功，功成身退，不求利禄之赏，羞于与那些低俗的人为伍。

西归去直道，落日昏阴虹。

我将要踏上西去入朝的正道，不惧政治黑暗，落日被阴虹遮得昏蒙。

此去尔勿言，甘心如转蓬。

我此去西归，你不要向我多说，我心甘情愿做随风飘转的飞蓬。这两句表现诗人为实现自己理想而寻志求仕的决心。

144

【赏析】

这首诗主要内容有四点：

一、描绘东鲁农村盛春的景象。诗人目之所及，桑柘树林，蚕茧丰收，织作繁忙；耳之所闻，村里家家户户，从窗户里传出机杼声声。这是一幅一千三百年前东鲁春天农村景象的画图，反映东鲁人民勤劳淳朴的民风。

二、来山东的原委："顾余不及仕，学剑来山东"，意思是说，看看自己这些年，干谒无果，求仕无门，恰好皇帝下了招揽各方面技艺人才的诏令，于是便产生了向山东裴旻将军学习剑术的念头，为此李白还写了一封拜师信。后来，裴旻的曾侄孙，前守秘书省校书郎裴敬在《翰林学士李公墓碑》的碑铭中做过关于这一情节的记叙：

裴将军，予曾叔祖也，（白）尝投书曰："如白愿出将军门下。"其文高，其气雄，世稀其本，惧失其传，故序传之。太和初，文宗皇帝命翰林学士为三绝赞，公（白）之诗歌，与（裴）将军剑舞，泊张旭长史草书，为三绝。

这段话说明李白有拜师学剑的心愿，也可说是他来山东的原因之一。但李白寄家东鲁后，没有发现任何李白学剑的信息和证据，只能说"学剑"是李白曾有过的想法而已。有的李白诗研究者认为，学剑不是来山东的原因，"剑"对李白来说，只是一种文化现象。正如王瑶先生在《李白》中说的："他生平常常把剑带在身边，遇着酒酣或感慨时，就抚剑扬眉，起舞吟啸，来寄托他的抱负……"崔宗之说他："起舞拂长剑，四座皆扬眉"，他自己也说"抚剑夜长啸，雄心日千里""长剑一杯酒，男儿方寸心"，剑是他的武器，也是他壮志的象征，悲愤情绪的寄托。剑象征着李白的豪放，展示着在李白身上喷发的盛唐文化现象。

三、获笑汶上翁。李白长时间受川文化、楚文化和道教、任侠思想的

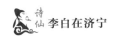

影响，加之他傲岸不羁，疏放洒脱的性格，初到东鲁时，某些人，特别是一些迂腐保守的儒者会看不惯他的作风。所以他举鞭问路时，碰到的那个汶上翁，由于双方在谈吐、装束上的差异，两种意识形态便产生了碰撞，发生了点小摩擦，受到了汶上翁的嘲笑。对这种不通事理的"愚人"汶上翁，李白不屑一顾，没有必要与他争论。

四、诗人义正词严地回斥了汶上翁的嘲笑的问题，表明了自己的态度。诗人以"我以一箭书，能取聊城功"的鲁仲连自比，胸怀大志，为国建功立业，不苟求富贵，不猎取功名，而是为实现"扶社稷""济苍生"的理想。而对于汶上翁那样目光短浅、思想褊狭的俗人，诗人是羞与为伍的。诗人最后以坚定的语言告知汶上翁：他决心走"正道"！不惧"昏阴虹"的雾霾，克服如"转蓬"的艰辛困惑，充满信心，奋其智能，为其理想，勇往直前！诗人的这种精神正是开阔豪放、意气昂扬的盛唐时代精神的体现。

赠瑕丘王少府 ①

初游东鲁时，写于兖州。

皎皎鸾凤姿，飘飘神仙气。②

梅生亦何事，来作南昌尉。③

清风佐鸣琴，寂寞道为贵。④

一见过所闻，操持难与群。⑤

毫挥鲁邑讼，目送瀛洲云。⑥

我隐屠钓下，尔当玉石分。⑦

无由接高论，空此仰清芬。⑧

【注释】

①瑕丘：唐代兖州郡的郡治所在，为瑕丘县。今山东兖州城区。少府：即县尉，县令的佐官。

②皎皎：明亮，洁白。鸾凤姿：鸾凤的姿容、姿态。神仙气：神仙般的气势、气概。

③梅生：《汉书·梅福传》（《二十四史》，中华书局 2000 年版，《汉书》卷 67，传 37，《梅福》第 2197 页）梅生即梅福，九江寿春人，官至南昌尉。后离职回到故乡寿春。王莽篡位后，梅福离家出走，传说他以后成为神仙。何事：什么事，为什么。此处以梅福比喻王少府。

④清风：清廉正风。佐：辅助。鸣琴：《史记·仲尼弟子列传》（《二十四

史》，中华书局 2000 年版，《史记》传 67，《仲尼弟子传》，第 1735 页）孔子的学生宓子贱为单父（今单县）宰时，鸣琴而治。"身不下堂，而单父治"。借此称颂王少府的治世之道。寂寞：清静恬淡，道家追求的一种生活境界。道：此处指道家。为贵：为尊崇，尊贵。

⑤所闻：所听到的。操持：执掌，掌管。

⑥毫：毛笔。挥毫：即挥笔。鲁邑：指瑕丘（今兖州）。讼：诉讼，打官司。瀛洲：神话中的三神山之一，神仙所居之地。

⑦屠钓：这里指吕尚遇文王前在渭阳之滨钓鱼和做屠宰牛的事情。诗人以此事喻己，如吕尚微贱之时，不为人知。尔：你。玉石分：即要分清玉和石，不要玉石不分。此处指当听到对诗人的非议时，要明辨是非。

⑧无由：无从，无法。接：连接，接续。空：只，仅。仰清芬：仰慕（王少府）高洁德行。仰：仰视敬慕。清芬：喻德行高洁。

【句解】

皎皎鸾凤姿，飘飘神仙气。

以"鸾凤姿"作比喻，称颂少府皎美奇美的风姿和飘逸如仙的气韵。

梅生亦何事，来作南昌尉。清风佐鸣琴，寂寞道为贵。

以"梅生"和"佐鸣琴"两个历史典故，喻王少府的为人高洁，政声清明。其意是说，梅生做南昌尉后成为神仙，暗喻王少府将来也要成为神仙。以宓子贱的鸣琴而治，即无为而治，赞扬他治理有方，使社会呈现出清静安定的境况。

一见过所闻，操持难与群。

对瑕丘之地，耳之所闻，社风优好，今日目之所及，比听到的情况更好，精心掌管治理，为民除难，为众造福。

毫挥鲁邑讼，目送瀛洲云。

说少府挥笔决断诉讼，除暴安民，同时心中萦绕着瀛洲仙山的祥云，即为修仙时刻准备着。

我隐屠钓下，尔当玉石分。

诗人只是一介书生，当下如吕尚隐居屠钓时的情况，少府若听到对我的诋毁，你要分清美玉和顽石，公正明断。

无由接高论，空此仰清芬。

我（诗人）要离开鲁地，无法继续与你交谈，听你的高论，内心只是仰慕您（王少府）的高洁德行。

【赏析】

在盛唐时代，求仙学道是全社会大为提倡的事，它吸引着众多的诗人、士人、世人，李白的大半生也把此作为生活理想的一部分。这首赠赞王少府的诗，其特点就是围绕"仙"字做的文章。从形似"仙"、政声若"仙"、心思"仙"三个层面来赞扬少府。所谓形似"仙"，把少府的外貌，形容为皎皎然"鸾凤姿"，飘飘然"神仙气"，给人以神仙的气度。政声若"仙"，即梅生从南昌尉到成神仙的故事，以此比喻少府，寓意他将来也可能成为神仙。所谓心中"思仙"，即一边处理刑事案件，一边想着瀛洲神仙之事。最后诗人仰慕其高洁德操，也是赞美之词。

这首诗有些"溢美""恭维"之嫌，可能李白初到东鲁，又遭到鲁叟一类腐儒的嘲讽，望少府将秉公而视，也可能有些事求少府帮助，所以"溢美"之意是可理解的。

此诗还有个特点，即用典，以"梅生""鸣琴"赞美王少府，以"隐屠钓下"喻诗人自己，都用得自然、贴切，达意丰富，省却好多笔墨。

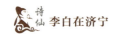

寄远其十 ①

鲁缟如玉霜，笔题月支书。②

寄书白鹦鹉，西海慰离居。③

行数虽不多，字字有委曲。④

天末如见之，开缄泪相续。⑤

千里若在眼，万里若在心。⑥

相思千万里，一书值千金。⑦

【注释】

①《寄远十二首》非一时一地所作，多系寄内或自代内赠。《寄远其十》一首，安旗《李白全集编年笺注》和郁贤皓主编的《李白大辞典》中都认为"此诗当作于鲁地"。从诗的内容分析，应是写于鲁地。其时，妻为许氏，居安陆。

②鲁缟：鲁地所织的极轻薄的白色丝织品。题月支书：据周勋初《李白评传》（南京大学出版社 2005 年版，第 35 页）一书考证，唐代有月支都督府。它的得名，当以古时大月氏移居于此之故。月支，一作月氏，其地在今阿富汗国境内。《史记·大宛列传》曰："始月氏居敦煌、祁连间。"张守节《正义》："初，月氏居敦煌以东，祁连山之西。"可知月氏本居李暠故地。李暠一支系出陇西，唐时属秦州天水郡，《元和郡县志》卷三九陇右道内记此，云是秦昭王始置陇西郡。其地有小陇山，一名陇坻，上多鹦鹉。李白用"月支"文修书，以白鹦鹉传讯，慰西海之离居，显然有其寓意。这里含有对他祖辈流传各地的多层怀念。

③寄书白鹦鹉：即以白鹦鹉传讯寄书。西海慰离居：意思是慰问西海离居的李氏家人，此处指慰问许氏夫人。

④委曲：委婉、细微。此处指字字含着细微的真情。

⑤天末：末，末端。天末，意天边。开缄：启开缄封的信。

⑥若在眼：好像在眼前。若在心：好似在心中。

⑦一书值千金：一封家书，贵若千金。

【句解】

鲁缟如玉霜，笔题月支书。寄书白鹦鹉，西海慰离居。

鲁地产的精细的丝织品白如玉霜，人们称为鲁缟。诗人在鲁缟上用月支文写了封家书，用白鹦鹉传讯安陆，慰藉久别的许氏夫人。

行数虽不多，字字有委曲。

虽然信不长，行数不多，但每个字都含着真情。

天末如见之，开缄泪相续。

你（许氏夫人）远在天边，当启开这封信时，定会情绪激动，热泪涟涟。

千里若在眼，万里若在心。相思千万里，一书值千金。

你我虽相距千里，却如在眼前一样。即使距万里之遥，你依然在我心中。日夜的思念之情，千里万里，一封家书，重如千金啊！

【赏析】

这是李白写给许氏夫人的一封家书，也是一首爱情的赞歌。

这封家书，即此诗应分为四层意思：一是诗人对西海离居各地祖辈们的怀念，主要是对安陆许夫人的问候；二是说信中的每个字都含着深情厚谊；三是以诗人的想象，夫人看到信后备受感动，热泪涟涟；四是表现诗人对许夫人爱之深，思之切。虽相距千里，就像是在眼前。即使相距万里，你依然在我心中。家书带着我深深的思念送到家中，所以这封信贵如千金啊！

细读此诗，我们感到李白既是一个傲岸不羁、豪情奔放的诗人，又是爱家庭，对妻子情意绵绵的诗人。

东鲁门泛舟二首 ①

开元二十六年，写于兖州。

其一

日落沙明天倒开，波摇石动水萦回。②

轻舟泛月寻溪转，疑是山阴雪后来。③

【注释】

①东鲁，即鲁郡，治所瑕丘县，今山东兖州。唐时，东鲁有泗、汶、洸等众多河流，是泛舟游乐的胜地。

②沙明天倒开：落日时水边沙滩和水的明亮度胜过天空，让人有天倒开的感觉。萦回：曲折回绕，此指水流回旋的样子。

③疑是：好像是，相似。山阴雪后来：指王徽之雪夜访戴逵的故事。山阴：今浙江绍兴。王徽之：东晋琅琊临沂人，字子猷，王羲之儿子。初为桓温参军，官至黄门侍郎。据南朝宋刘义庆撰《世说新语·任诞》（中华书局 2018 年版，974 页）载："王子猷居山阴，夜大雪……忽忆戴安道，时戴在剡（剡溪），即便夜乘小船就之（造访）。经宿（一夜）方至，造（到）门不前而返（返回），人问其故，王曰：'吾本乘兴而行，兴尽而返，何必见戴。'"这个故事说明王子猷得意即归的洒脱风度。

【句解】

日落沙明天倒开，波摇石动水萦回。轻舟泛月寻溪转，疑是山阴雪后来。

写天将落日，晚霞满天，水、沙明亮，景色旖旎。水波轻轻拍石，岸边水流回旋，给人波摇石动的幻觉。这是一幅明丽的落日、河滨画图。诗的第三句，写明亮的月光，皎洁如雪，潺潺溪水，轻舟泛行，是一幅轻舟泛月的美丽画图。诗的尾联，诗人浓浓的兴致，沉浸于美丽夜色，陶醉于优雅的美景，思绪飞扬，驰骋于历史的天空，想到王子猷雪夜访友的故事，使之豪逸的情怀得以释放，把眼前之景与历史之景，诗人的情思与古人的情思，悠然地融合一体。

其二

水作青龙盘石堤，桃花夹岸鲁门西。①
若教月下乘舟去，何啻风流到剡溪。②

【注释】

①青龙：喻水流态势。

②教：令、让、使，现通常写作"叫"。啻：止，只。剡溪：在今浙江嵊州市南。为曹娥江的上游。后两句仍用王子猷的典故。

【赏析】

东鲁门泛舟两首，应是同时期所写。两首诗写的同一个地方，选择的同一主题，用简明笔调写了环境的"美"和心灵的"乐"，这种美和乐的融合，达到物我两忘的境界。"美"，诗人通过精美的画面体现出来。一是"沙明夕照，水流萦回"图；二是"桃花流水，溪若游龙"图，三是"月白如雪，轻舟泛月"图，"怀古助乐，春风满怀"图等，通过几张画图，表现了环境的优美，当然也表现了诗人的乐。但"乐"的表现，是通过两次用王子猷雪夜访戴的故事来表现的。对于晋代名士王子猷等人，李白是爱慕他们诗和风格的，不然，在这两首小诗里连着引用，在其他诗里也常

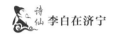

常引用,"秋月照白璧, 皓如山阴雪。"(《自金陵溯流过白壁山玩月达天门寄句容王主簿》)"历阳何异山阴时, 白雪飞花乱人目。"(《对雪醉后赠王历阳》)"昨夜吴中雪, 子猷佳兴发。"(《答王十二寒夜独酌有怀》)等, 来表现诗人徜徉山水的放达情怀、高迈脱俗的人格及诗人追求个性的解放,诗人从赏景之乐升华到心灵的豪逸旷达之乐。

这两首小诗, 赏心乐事, 没有忧愁, 没有幽愤, 其风格自然明快,绮丽潇洒, 引用王子猷雪夜访友故事更使诗深远旷达, 内涵深厚, 耐人寻味。

嘲鲁儒 ①

开元年间，写于初到东鲁时。

鲁叟谈五经，白发死章句。②

问以经济策，茫如坠烟雾。③

足著远游履，首戴方山巾。④

缓步从直道，未行先起尘。

秦家丞相府，不重褒衣人。⑤

君非叔孙通，与我本殊伦。⑥

时事且未达，归耕汶水滨。⑦

【注释】

①鲁儒：鲁地的儒者。

②叟：老年男子。五经：儒家的五部经典著作。即《易》《书》《诗》《礼》《春秋》。章句：古代儒生以分章析句来解释经义的一种方法。这两句是说迂腐的儒生谈论"五经"，一辈子只能局限于断章析句。

③经济策：治理国家的策略。经济：经世济民。这两句是说问到治国方略，鲁儒一无所知，茫然如坠烟雾之中。

④著：此处指穿。远游履：古代鞋名。曹植《洛神赋》"践远游之文履"。履的形制不详。方山巾：当即"方山冠"，原为汉代祭祀宗庙时唱歌跳舞者所戴，后成为儒生所戴之冠。

155

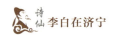

⑤秦家丞相：指李斯。据司马迁《史记·李斯列传》（中华书局 1982年版，第2539页）载，李斯反对儒生"不师今而学古"，曾向秦始皇建议，除去医药卜筮种树之外，《诗》《书》百家语者，都要烧掉。秦始皇接受了他的建议，便实施焚书坑儒举动，使天下无以古非今。褒衣人：指儒生穿的一种宽大的衣服。这句是说秦朝李斯不看重宽袍阔带的儒生。

⑥君：指鲁儒。叔孙通：汉初薛县（今山东省枣庄薛城）人，曾为秦博士。秦末农民起义，始为项羽部属，后归刘邦，任博士。汉朝建立，曾带领儒生研究改造前代礼制，为汉刘邦制定新的朝仪。在叔孙通召集的三十余名儒生中，有两名儒生不愿参加，认为他的做法不合古，孙叔通笑曰："若真鄙儒也，不知时变。"（见《史记·刘敬叔孙通列传》，中华书局1982年版，第2715页）殊伦：不是一类人物。诗人在此自比孙叔通，以"不知时变"的鄙儒喻鲁叟，所以说是不同类的人物。

⑦时事：适合当时之事。汶水：即汶河，发源于山东省莱芜境内，西流经东平、东阿、平阴入济水（现为黄河）。

【句解】

鲁叟谈五经，白发死章句。

鲁地的一位老年儒生，头发花白，谈起《易》《书》《诗》《礼》《春秋》五经，他只会死记硬背些章句。此二句写鲁叟迂腐的儒生形象。

问以经济策，茫如坠烟雾。

问起治国方略时，这位儒生什么也不知道，犹如坠入烟雾，茫然无知。

足著远游履，首戴方山巾。缓步从直道，未行先起尘。

这位儒生脚穿仿制汉代的远游履，头戴仿制汉代的方山冠，行动迂缓，只顺着直道慢慢踱步走路，刚开始走几步，那宽大的衣袖就扇动尘土飞扬。这几句把迂腐的鲁叟描写得形象逼真，惟妙惟肖，如立眼前。

秦家丞相府，不重褒衣人。

秦朝丞相李斯，认为儒生以古非今，他不用宽袍阔带的那些儒生。

君非叔孙通，与我本殊伦。

你（鲁叟）不是顺应时变的孙叔通，你是个鄙儒，我们不是同类人。

时事且未达，归耕汶水滨。

（鲁叟）你不通晓时代形势，不知道适合时代的事情，只会背几句古文，根本不会干经世济民之事，你只能回到汶水滨种田去吧！

【赏析】

李白初到鲁地漫游时，在《五月东鲁行答汶上翁》中，曾"获笑汶上翁"，诗人对愚翁迂儒进行了斥责，说他们是"下愚""未足论穷通"。似意犹未尽，诗人又专门写《嘲鲁儒》一诗，对其加以嘲讽。

诗人以幽默辛辣的笔调，嘲讽了皓首穷经、死守章句的腐儒的呆气、不懂经世济民的愚儒的无知；嘲笑了那些穿"远游履"，戴"方山冠"，举止可笑的仪态。诗人从"嘲"进而轻视、蔑视这些鲁儒，并从历史上列举秦朝李斯对"以古非今"，宽袍博带的儒者看轻不用、汉代叔孙通对"不知时变"的儒者称为鄙儒等，说明对儒生轻视和不堪重用。在当下，那些不知时事的鄙儒，与国无用，与民无用，只能到汶水边种田去吧。

诗人对鲁儒从思想到形象，从历史到现实，多角度、多层面地进行嘲讥，把一个腐儒、鄙儒、庸儒形象描写得淋漓尽致。

诗中讽刺的鲁儒，即愚儒，只是儒生中的一部分，不能代表全部，更不能说李白否定儒家思想。恰恰相反，儒家的入世思想一直像火一样在李白胸中燃烧，至死没有熄灭。但也要认识到，李白由于生活的环境、所受的教育、文化熏陶不同，加之他洒脱不羁、傲视权贵的性格，刚到东鲁时，文化上有些碰撞也是自然的，但总体上李白的思想中占主导地位的是儒家的思想。

早秋赠裴十七仲堪

开元二十四年秋，写于东鲁。

远海动风色，吹愁落天涯。①
南星变大火，热气余丹霞。②
光景不可回，六龙转天车。③
荆人泣美玉，④鲁叟悲匏瓜。⑤
功业若梦里，抚琴发长嗟。⑥
裴生信英迈，⑦屈起多才华。⑧
历抵海岱豪，⑨结交鲁朱家。⑩
复携两少妾，艳色惊荷葩。⑪
双歌入青云，但惜白日斜。⑫
穷溟出宝贝，大泽饶龙蛇。⑬
明主傥见收，烟霄路非赊。⑭
时命若不会，归应炼丹砂。

【注释】

①涯：水边，边际。天涯，即天边。

②南星：南方之星。大火：古代星名，又名"心星"。这颗星，夏天初昏时出现在南方，入秋后开始偏西下行。此诗写于早秋，所以谓"南星变大火"。丹：朱红色。

③光景：光阴、时光、日光。六龙句：古代神话故事，羲和御车，驾以六龙，载日神运行。羲和：神话中驾驶日车的神。这二句意思是：光阴如六龙驾的日车，去不可回。

④荆人句：这句诗用和氏璧的故事。据《韩非子·和氏》（《百子全书》，岳麓书社1993年版，第1665页）中载：楚人卞和从山中得一玉璞，奉献于楚厉王，厉王找雕玉工匠察看，说是块石头，厉王认为卞和行骗，而刖其左足。后厉王死，武王继位，卞和又奉献其璞，武王找工匠再看玉璞，仍说是块石头，武王又下令刖其右足。后武王死，文王继位。卞和抱其玉璞哭了三天，眼睛流出血来。文王问其故，找工匠雕琢一番，原是一块宝玉，并命为"和氏璧"。以此故事喻诗人一片赤诚之心得不到赏识。

⑤鲁叟句：叟：老年男子。匏瓜：《论语·阳货篇》（贾庆超：《论语新读》，中国社会出版社2004年版，第387页）孔子曰："吾岂匏瓜也哉，焉能系而不食？"其意：我难道像匏瓜（葫芦）一样，挂在那里不被人吃吗？借此诗自喻得不到重用。

⑥嗟：叹息，感叹。

⑦信：的确，确实。英迈：才智出众。

⑧屈起：屈，通"崛"，崛起，兴起。

⑨历抵：遍访。海岱：指今山东泰山至渤海之间的地区。

⑩朱家：据司马迁《史记·游侠列传》（中华书局1982年版，第3184页）载：鲁国人，与汉高祖刘邦生活在同一时代，仗义任侠，名闻天下。朱家不尚奢华，乐善好施，急人之难，藏匿、援救几百名豪杰之士，尤其是救助季布之事，后人传为美谈。

⑪荷葩：荷花。

⑫惜：恐、怕。

⑬溟：海。龙蛇：《左传·襄公二十一年》（孔令河：《五经注译》，山东友谊出版社2001年版，第2555页）："深山大泽，实生龙蛇。"这两句诗比喻裴仲堪，也兼有自喻。

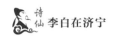

⑭烟霄：高空青云。

【句解】

远海动风色，吹愁落天涯。

远海刮起了风，风把我的愁绪吹到天涯。

南星变大火，热气余丹霞。

南星变成了心星，从天空正南移向西方，说明季节从夏天转变到初秋，从炎热渐变为秋凉，夏日的余热转成为丹霞。

光景不可回，六龙转天车。

时光如六龙驾的日车，去不可回。

以上四句意思：诗人从星辰、季节的自然变化，感叹时光的易逝，且永不再回。

荆人泣美玉，鲁叟悲匏瓜。

诗人以楚卞和为美玉不被人识而涕泣的事喻自己的才华不被人赏识；以孔子悲叹命运不如匏瓜的事，喻自己虽有才能不被重用。

功业若梦里，抚琴发长嗟。

功业未就，建功立业仍是在梦中，心中忧愁，只好抚琴长叹。

裴生信英迈，屈起多才华。

裴生确是英杰之士，超众崛起，多有才华。

历抵海岱豪，结交鲁朱家。

遍访海岱地区的豪杰，结交鲁朱家一样的侠士。

复携两少妾，艳色惊荷葩。双歌入青云，但惜白日斜。

裴生随身带着两个少女，美艳如映丽的荷花。她们的歌声清越动人，响彻云霄。在这种情景下，听歌的人只怕时间过得太快。

穷溟出宝贝，大泽饶龙蛇。

深海中才有宝贝，大泽中多有龙蛇，以宝贝和龙蛇（英雄）喻裴仲堪，也是诗人自喻。

明主倘见收，烟霄路非赊。时命若不会，归应炼丹砂。

明主一旦招揽人才，腾达之路并不遥远。如时命不济，就隐逸炼丹，再待时机。这是诗人对友人的祝愿和嘱言。

【赏析】

全诗重笔写了诗人之"愁"，对友之"赞"，愁是不遇之愁，赞是对侠士之赞。

诗的内容主要有三点：一是诗人之愁。诗开始写道"远海动风色，吹愁落天涯"，显愁之大。什么愁呢？诗从三个方面回答了这一问题。诗人多年来干谒无果，求仕无门，但面对斗转星移，时令更替，"光景不可回"的自然规律，深感韶华易逝，抱负空空，这是一愁；以"荆人泣美玉""鲁叟（孔子）悲匏瓜"的古代典故，诗人喻自己一颗赤诚忠心不被人赏识，有才华智能不被重用，这是怀才不遇的第二愁；建功立业的愿望如在梦里，忧心如焚，只能抚琴长叹，这是功业未就的第三愁。

诗人写完己愁，笔锋一转，转到第二点，是对友人裴仲堪的赞美。赞美其英杰豪迈，傲然崛起，才华出众；赞美其遍访海岱的豪杰，结交鲁朱家这样的侠士；赞美其纵酒携妓，"艳色惊荷葩""双歌入青云"，一展侠乐之风。关于尚武任侠之风，应是从战国开始，经汉式微，到唐又振兴起来。从皇帝贵室到文武官员，从仕宦大夫到农家子弟，大都以任侠为壮举，他们除保留往昔重然诺、轻生死、仗义推恩、赴人急难的固有特征外，又增加了纵酒携妓、结纳豪俊等新的成分，所以诗人写歌妓的表演欢唱，意在颂扬友人的侠义之风，诗还喻裴是"宝贝"，是英雄（龙蛇），从更高层上加以赞美。

诗内容第三点，是诗人对友人肺腑的嘱言。如果明主用你，可以大路朝天，实现青云之志，如时命不济，就隐逸炼丹，再待时机。

诗的写作特点，一是用典故和历史人物，自然贴切，恰能充分表达诗人的思想感情。二是诗的结构，从写自己"愁"始，转赞美友人，再写对友人的嘱言、关怀，层次清晰，其情款款，其意切切。三是"吹愁落天涯"的夸张形象，"艳色惊荷葩""双歌入青云"的明丽清秀，都给读者留下深刻的印象。

鲁东门观刈蒲 ①

开元年间，写于东鲁。

鲁国寒事早，初霜刈渚蒲。②

挥镰若转月，拂水生连珠。③

此草最可珍，何必贵龙须。④

织作玉床席，欣承清夜娱。⑤

罗衣能再拂，不畏素尘芜。⑥

【注释】

①蒲：香蒲。水生植物名，叶长而尖，可编织席、扇、蓑衣等，其嫩芽可食，根茎可以酿酒。

②鲁国：周初分封的诸侯国，都于鲁城（曲阜），其域界东至龟蒙，西至黄河，北至泰山，南至微山、滕州，史称"东鲁之邦"。寒事：初冬天寒所进行的农事活动。渚：水边，水中的小块陆地，此指蒲草生长之处。

③转月：割蒲草时，挥动着镰刀，好似旋转的一弯新月。生连珠：镰刀击水溅起的水花，似连串的珍珠。

④珍：珍贵。龙须：即龙须草。多年生草本，茎叶可编草鞋、席子等，亦可造纸。相传黄帝乘龙升天，群臣攀龙须坠地所生，故叫龙须。见《本草纲目·草部》。

⑤玉床：精致美观的床。承：接受，承受。清夜：清静的夜晚。娱：

舒适。

⑥罗衣：诗中应指蒲草编织的席子。拂：擦拭。素尘：灰尘，积灰。芜：乱，芜杂。这两句是说罗衣（蒲席）可以多次擦拭，不要怕沾上灰尘。

【句解】

鲁国寒事早，初霜刈渚蒲。

鲁国的寒事来得较早，在初霜季节，鲁东门水边的地方，百姓在割蒲子。

挥镰若转月，拂水生连珠。

描写用镰割蒲草的情景。挥动的镰刀如旋转的新月，溅起的水花似串串珍珠。比喻贴切、新颖。

此草最可珍，何必贵龙须。

蒲草既然最可珍贵，为什么只看重龙须草？言外之意，蒲草普通但作用大，用处广，物美价廉。

织作玉床席，欣承清夜娱。罗衣能再拂，不畏素尘芜。

主要写蒲草作用和特色，编织的蒲席，能使人舒适地睡眠，又不怕沾上灰尘，可以随时擦掉。这是诗人对蒲草的礼赞，呼吁人们要对蒲草引起重视。

【赏析】

这是赞美劳动的诗篇，是李白近距离接触劳动者描写劳动场景的诗篇。由于李白的家庭环境和特有的生活道路，由于他天才超逸，诗名早著，他从未陷入过生活的底层，大部分时间过着衣食无忧的生活。因此他的观察时政，观看民间生活，总像是站在云端观看下界一样。诗中的主题，重在抒写自己不屈的意志，高扬的精神，独立的人格，自尊、自

信、自负其才；重在超越尘世，追求奇士与高士的完美结合。而写劳动群众和民间疾苦的诗篇不多，仅有《丁都护歌》《宿王松山下荀媪家》《秋浦歌》其十四和揭露战乱造成人民痛苦的几首诗，而唯独《鲁东门观刈蒲》这篇，诗人不是站在云端，而是站在鲁东门的水边，近距离观看刈蒲的场景，舞镰如转月，溅水似串珠。这魅力四射的画面，确实激荡人的心弦，也表现了诗人兴奋惬意心情。诗中以月喻镰，以珍珠喻水珠，形象、贴切、新颖，给人以美感、劳动的快感、水乡风光的特感。

诗人没有继续写劳动者，而是笔锋一转，去赞咏蒲草、蒲席如何助于安眠，如何不沾灰尘、易打扫擦拭等，诗的后半篇变成咏物诗。"诗言志"，历来的咏物诗大都托物言志。李白咏蒲反映他什么思想？詹锳先生认为"只是写蒲，别无寓意"，元朝萧士赟认为"此诗借蒲起兴以自比有望君再用之意"。仔细品读诗意，感到"以蒲自比"有点道理。诗人在供奉翰林前，一直感到怀才不遇，正像蒲草一样，满腹经纶不被人赏识。他渴望伯乐出现，发现自己，早日登上仕途。

送韩准裴政孔巢父还山 ①

李白来东鲁后，曾隐居徂徕山。此次是韩准等友约他还山，白不能同往，特写诗相赠。

猎客张兔罝，不能挂龙虎。 ②

所以青云人，高歌在岩户。 ③

韩生信英彦，裴子含清真。 ④

孔侯复秀出，俱与云霞亲。 ⑤

峻节凌远松，同衾卧盘石。 ⑥

斧冰嗽寒泉，三子同二屐。 ⑦

时时或乘兴，往往云无心。 ⑧

出山揖牧伯，长啸轻衣簪。 ⑨

昨宵梦里还，云弄竹溪月。 ⑩

今晨鲁东门，帐饮与君别。 ⑪

雪崖滑去马，萝径迷归人。 ⑫

相思若烟草，历乱无冬春。 ⑬

【注释】

①李白来东鲁后，曾三次去徂徕山隐居，与韩准、裴政、孔巢父、张书明、陶沔为友，同隐山间竹溪旁，世人称之为"竹溪六逸"。还山：即

送韩准、裴政等人回山隐居。

②兔罝：捕猎兔的网,(《诗经·周南·兔罝》,孔令河:《五经注译》,山东友谊出版社2001年版,第535页)"肃肃兔罝,施于中林。"龙虎:喻高洁、豪杰之士,此处指徂徕山竹溪的隐士,即韩准、裴政、孔巢父等人。这二句是说,兔是低层次的,龙虎是高层次的,用捕兔的网低层次的做法,是不能获得高层次的龙虎的,旨意说明,韩、裴、孔隐士是志向、节操超群的高人。

③青云人:比喻隐逸,清高。岩户:山洞。此指隐逸人住的地方。

④韩生:即韩准。信:真,确实。英彦:才德出众的人。裴子:指裴政。清真:清纯质朴。

⑤孔侯:指孔巢父。秀出:优秀,特出,此形容孔巢父才智优异超众。

⑥峻节:高尚的节操。衾:大被子。盘石:盘同"磐",巨大的石,这二句写凌松的节操,同衾卧磐的友情。

⑦斧冰:用斧斫冰、砍冰,语出曹操《苦寒行》(李克和主编:《历代名诗一万首》,岳麓书社1995年版,第154页):"担囊行取薪,斧冰持作糜。"漱:冲刷,冲荡。漱寒泉:冲荡着寒冷的泉水。他们凿冰用水,形容韩准等人的隐居生活。化用西晋左思《招隐二首》(李克和:《历代名诗一万首》,岳麓书社1995年版,第260页):其一"石泉漱琼瑶,纤鳞或浮沉"。其二"前有寒泉井,聊可莹心神"的句意。二屐:即谢公屐。谢灵运登山时,上山则去其屐的前齿,下山则去其屐的后齿。见《宋书·谢灵运传》。三子:指韩准、裴政、孔巢父。他们三人都着屐登山,以尽游乐之情。

⑧云无心:指云无心事,自由飘荡。东晋·陶渊明《归去来兮辞》(李克和主编:《历代名诗一万首》,岳麓书社1995年版,第290页):"云无心以出岫,鸟倦飞而知还。"

⑨揖:拱手行礼。只揖不拜,显示与主人分庭抗礼。这里见了地方长

官揖而不拜，显示平交王侯的高傲。牧伯：古时州牧与方伯的合称，州郡的最高长官。啸：撮口发出长而清越的声音。此指隐士们长啸放歌。轻：轻视。衣簪：代指官服，喻高官。这两句写韩、裴、孔诸人轻权贵的傲性和干谒不计成败的心态。

⑩还：指梦中回徂徕山。弄：摆弄，戏弄，玩弄。此指天空云的飞动，使月亮时明时暗的一种状态。

⑪鲁东门：鲁郡治所瑕丘（今兖州）的东门。帐饮：古人送客，于郊外搭起帐幕饮酒相送。

⑫雪崖滑去马，萝径迷归人：写韩、裴、孔三人回山路上，要过"雪崖"、绕"萝径"的情景，表示诗人对他们的关心。

⑬烟草：冬日的野草，由绿变黄，远远望去，似弥漫着一层轻烟，故称烟草。历乱：纷乱杂乱。鲍照《拟行路难》诗（李克和主编：《历代名诗一万首》，岳麓书社1995年版，第370页）"剉蘗染黄丝。黄丝历乱不可治"。这两句诗表明诗人的思友、思隐、思仕等思想交织一起，如同乱草萦绕胸中。

【句解】

猎客张兔罝，不能挂龙虎。所以青云人，高歌在岩户。

以比兴开始，说猎人以捕兔的器具是不能获得龙虎的。兔是低层次的，龙虎是高层次的。韩准等三人比拟老虎，他们有高洁品德，宏图大志，隐居山林，待时而出。

韩生信英彦，裴子含清真。孔侯复秀出，俱与云霞亲。

赞扬韩准德才确实超群，裴政含蓄清真纯洁，孔巢父才华特秀，他们三人都乐以隐居，沐山中云霞，情投意合。

峻节凌远松，同衾卧盘石。斧冰嗽寒泉，三子同二屐。时时或乘兴，往往云无心。

这六句写韩、裴、孔三人凌松的高节和清新淡远的隐居生活。他们三人用同样的被子，睡同样的磐石，穿同样的登山鞋，喝同样的泉水等，亲密无间，兴致而来，好像飘浮的白云，或登山，或吟啸，自由快活，一展逸风。

出山揖牧伯，长啸轻衣簪。

韩准三人干谒鲁郡最高长官，揖而不拜，以显心中傲气。干谒无果，他们长啸抒怀，睥睨官员。

昨宵梦里还，云弄竹溪月。

昨夜梦回徂徕，看到潺潺的溪水，茂密的竹林，欣赏云彩绕月的变化图影。

今晨鲁东门，帐饮与君别。

在东鲁门设帐饮酒，送别韩、裴、孔等人还山。

雪崖滑去马，萝径迷归人。相思若烟草，历乱无冬春。

送走韩、裴、孔三人，李白想着他们踏"雪崖"险路，绕"萝径"迷途，表示关心。诗人望着迷蒙的草野，思绪纷乱，无论冬春都萦绕心际。

【赏析】

唐时，隐居是士人的一种时尚。其目的是为造誉，寻求入仕之路。李白隐居徂徕，与韩准、裴政、孔巢父、张书明、陶沔为友，同隐山间竹溪旁，世人称之为"竹溪六逸"，是移家东鲁后的重要事件。此诗是重要依据，因此备受研究者重视。

这首诗应写于李白移家东鲁初期，供奉翰林之前的唐开元年间。

这首诗主要是赞颂韩准等三位隐士的情操，回叙隐居时清静寂寥的生活，褒誉他们干谒时的豪逸，送别时浓浓的思友之情。

这首诗创作有三个突出的特点：

第一个特点，诗人设计了一虚二实的三个画面，通过画面表现诗人的思想感情。一个虚的画面是帐内饮酒的场景。既然是帐饮送别，必然乘兴喝酒，这个场面诗人没有写，放在了幕后，让读者去想象。二是在饮酒时李白说事达情的画面。这是个主要画面，其内容；李白赞三位隐士的不同特点和高节远志；叙说隐居山林竹溪的生活和高歌啸咏的风姿；颂其干谒郡守时不卑不亢，揖而不拜的豪逸和不以成败系心的宽阔胸怀。第三个画面，送三位隐者远去，诗人别情思绪涌动，又念其归途的艰辛，是诗人独思的画面。

第二个特点，诗人在叙事达情方面，除开始用了比兴手法外，没有用更多典故，而是用画龙点睛之笔，简练、精准的文字生动表现出来，如用"英彦""清真""秀出"六字，把三人相同的德操和不同特点活灵活现地表现出来。用"斧冰""同二屦""乘兴"三个词，把隐居生活的清雅、之间关系的亲密、乘兴如云的乐游具体显现出来。

第三个特点，以"烟草"喻相思，创造性的思维，使人更有实象的感受。一般情况是用"水"喻思念之情。李白曾用过"思君若汶水，无日不悠悠"，"思君若汶水，浩荡寄南征"，而这次用"烟草"喻"相思"可谓奇特。如果联系李白的思想背景，他酒隐安陆，蹉跎十年，一入长安，大失所望，夫人的去世，仕途的迷茫，对"六逸"的思念，"竹溪"不见，等等，这些情感杂糅在一起，萦绕脑际，奔涌于胸间，真似历乱的野草。此用"草"比用"水"更贴切，更有创意。

咏邻女东窗海石榴 ①

　　李白寄家东鲁后，许夫人已病故。邻女貌美德馨，诗人生慕爱之情，写此诗以表心扉。

鲁女东窗下，海榴世所稀。②

珊瑚映绿水，未足比光辉。③

清香随风发，落日好鸟归。

愿为东南枝，低举拂罗衣。④

无由一攀折，引领望金扉。⑤

【注释】

　　①咏：用诗词、歌谣来抒写表达。海石榴：即石榴。落叶灌木或小乔木，夏季开花，花红色，白色或黄色。果实也叫石榴，内有种子可食。果皮，根皮可供药用。石榴前加"海"，犹现在称"洋"如"洋葱""洋柿子"。石榴原产地伊朗，故称"海石榴"。

　　②世所稀：世上稀有的珍贵之物。

　　③珊瑚映绿水：二者相映，光泽艳美。诗中借用此句来形容石榴的绿润光洁。未足：不能够。

　　④低举：轻轻地摇动。拂：轻轻地擦扫。罗衣：丝织物做的衣服，此处指鲁女穿的衣服。

　　⑤由：缘由，办法，途径。无由：无有缘由，无有机会。攀折：落下

树枝折断。此指接触，结交鲁女。引领：伸长脖子。曹丕《寡妇》(《历代名诗一万首》，岳麓书社 1995 年版，第 174 页)诗，"徒引领兮入房，窗自怜兮孤栖。"金扉：门户的美称。王延寿《鲁灵光殿赋》(孔庆东：《楚辞·双赋》，吉林文史出版社 2018 年版，第 253 页)："排金扉而北入。"扉：门扇。此指鲁女的房门。

【句解】

鲁女东窗下，海榴世所稀。珊瑚映绿水，未足比光辉。

鲁女的东窗下边，一棵枝繁叶茂的石榴树，树上结满了圆圆的石榴，是世上稀有的水果。晶莹的珊瑚映着绿水已是很美，但也比不上石榴那绿润美玉般的光泽。

清香随风发，落日好鸟归。

石榴淡淡的清香随风飘荡，晚霞日暮，好看的小鸟飞回鲁女的家中。

愿为东南枝，低举拂罗衣。

愿做石榴树东南的枝条，轻拂着鲁女的衣服。寓意诗人对鲁女有爱慕之情。

无由一攀折，引领望金扉。

诗人对鲁女虽有爱慕之情，但无缘由接触她，只好伸长脖颈望着鲁女的房门。

【赏析】

这是一首赞美石榴和鲁女的诗篇，也是表达对鲁女爱慕的诗篇。

诗的第一句点出了鲁女、石榴及他们之间的空间关系，清楚交代了全诗所要描写的人和物。同时提出了"世所稀"的珍物，然"稀"在何处？第二联给了回答。珊瑚很美，珊瑚映绿水更美，但也比不上石榴绿润洁莹的光泽之美。石榴之美喻鲁女之美。这两联信手拈来，毫无矫饰，自然明

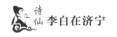

快，晓畅绮丽。诗人本应接着写石榴和鲁女，但是转笔去写景色，使诗的思绪跌宕起伏。其景色是：鲁女亭亭玉立，石榴清香随风飘荡，晚霞中快乐的小鸟飞归鲁女家中的鸟巢。这是一幅绚丽的夕照鲁女图，情使景美，景使情浓，情景交融。诗人惬意，诗情激荡。诗人愿做石榴树的东南树枝，轻轻地擦动她的罗衣，倾诉对她的心意，然而无有缘由接近她，只好伸长脖子望着她的房门，企盼看到她窈窕的身姿。

诗以拟人手法表达对鲁女的倾慕之情，以比喻和环境描写，高度赞美了鲁女的淑姿，一个美丽动人的鲁女形象跃然纸上，深深印在读者心中。

大庭库 ①

开元二十六年，李白登上曲阜大庭库，怀古感时，写下此诗。

朝登大庭库，云物何苍然。②
莫辨陈郑火，空霾邹鲁烟。③
我来寻梓慎，观化入寥天。④
古木翔气多，松风如五弦。⑤
帝图终冥没，叹息满山川。⑥

【解析】

①大庭库：《左传》昭公十八年（孔令河：《五经注译》，山东友谊出版社 2001 年版，第 2827 页）："大庭氏，古国名，在鲁城内，鲁于其处作库，高显，故登以望气。"鲁国在大庭氏古国旧地处建立库，后称大庭库。现已不存。

②云物：日旁云气的颜色。古人以此观测吉凶水旱。何：副词，多么。苍：青色、深蓝、暗绿色，灰白色。然：此处表示状态。

③莫辨：不能辨别。陈郑火：陈、郑为春秋时的国名。火：此指火灾。陈郑火：即两国有火灾发生。空霾邹鲁烟：霾：空气中飘浮着烟、灰等混合物的浓雾、雾霾、烟霾等。邹鲁：邹城、曲阜一带地方。这句是说在邹鲁上空笼罩着浓浓的烟霾。

④梓慎：春秋时鲁国大夫，善观时变。《左传》昭公十八年：梓慎登上

173

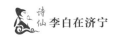

大庭库观气，说宋、卫、陈、郑四国都有火灾。数日后，四国都报告有火灾发生。观化：观察教化，观察变化。入寥天：寥，空虚无形，空旷。《老子·二十五章》（傅佩荣：《解读老子》，上海三联书店出版社2007年版，第45页）："寂兮寥兮，独立而不改。"此意是进入道家的寂寥与天地合一，融入大自然和谐一体。

⑤五弦：唐时一种弹拨乐器。此处指松风之声如五弦弹拨之声，言声之美。

⑥帝图：这里指大庭库的帝业。冥没：消亡。叹息：叹气，嗟叹。

【句解】

朝登大庭库，云物何苍然。

早晨登上大庭库，纵目而望，看到的是云气和云中景物，片片云彩苍然飘荡。这是诗人眼前看到之景。

莫辨陈郑火，空霾邹鲁烟。我来寻梓慎，观化入寥天。

诗人怀古抒意，着笔写梓慎善观时变，登高望气，便知有火灾。通过想象写邹鲁上空笼罩烟霾的情况。继而写寥（社会的清静）与天地合一，实写人和自然的和谐及与社会的和谐。

古木翔气多，松风如五弦。

诗人的思绪又回到眼前，古木参天，散发着祥和之气，风入松林，声如五弦之声，美妙悦耳。

帝图终冥没，叹息满山川。

大庭国已消亡，眼前只有高高的大庭库，历史的沧桑之变，使诗人叹息不止，那叹息声飘向山川。

【赏析】

这是一篇怀古感时之作。主要写了四个方面：一是写发生于大庭库的故事，即梓慎登台观气，预知几国发生火灾的事；二是写梓慎其人，善观时变；三是写无为而治"寥天"合一，安定清明的社会风气；四是写大庭库帝业的消亡，叹息时代的沧桑之变。

在诗的构思上，今古交替的去写，一联写今，二、三联写古，四联又写今，五联今昔同写，层次上起伏跌宕，古今错落，产生较好的艺术效果。

赠范金乡二首 ①

唐开元年间，李白移家东鲁后，漫游至金乡县，为寻求仕途，便写诗相赠。

其一

君子枉清盼，不知东走迷。②

离家未几月，络纬鸣中闺。③

桃李君不言，攀花愿成蹊。④

那能吐芳信？惠好相招携。⑤

我有结绿珍，久藏浊水泥。⑥

时人弃此物，乃与燕石齐。⑦

摭拭欲赠之，申眉路无梯。⑧

辽东惭白豕，楚客羞山鸡。⑨

徒有献芹心，终流泣玉啼。⑩

只应自索漠⑪，留舌示山妻。⑫

【注释】

①金乡：县名，唐时属河南道兖州，今山东省金乡县。范金乡，金乡县令，名字不详。

②君子：指范金乡县令。清盼：此言对诗人的关照。盼：顾盼。枉：谦词。东走迷：《淮南子·说山训》言："狂者东走，逐者亦东走。"《庄

176

子·徐无鬼》(《百子全书》，岳麓书社1993年版，第4588页)："七圣皆迷，无所问途。""东走迷"是说诗人东鲁之行如狂者东走而迷失道路，其用意是请范县令指明路径。

③中闺：内室。曹植《杂诗》之七(《历代名诗一万首》，岳麓书社1995年版，第193页)："揽衣出中闺，逍遥步两楹。"

④"桃李君不言，攀花愿成蹊"句：桃树李树不会说话，但因它的花艳果美，来看的人往来不绝，树下自然踩出一条路，比喻实至名归。《史记·李将军列传》"桃李不言，下自成蹊"。诗中引用此典，是称颂范金乡心怀诚信，政治清明，得到民众的拥护。

⑤那：怎么，如何。李白《长干行》之二："自怜十五余，颜色桃花红。那作商人妇，愁水复愁风。"吐芳信：听到相招携的佳音。惠好：仁爱，恩惠，做好事。招携：招徕，提携。

⑥结绿：美玉名。据传周有"砥厄"，宋有"结绿"，梁有"悬黎"，楚有"和璞"，这四种宝玉都是土之所生，不是人工造出来的。见《史记·范雎列传》(《二十四史》，中华书局2000年版，传79，《范雎列传》第1879页)。这个典故喻诗人久已怀才不遇。

⑦燕石：燕山产的石头，似玉。据《后汉书·应劭传》(《二十四史》，中华书局2000年版，《后汉书》卷48，《应劭列传》第1084页)注：以前有一愚人得一块燕石，好像玉，以为得一块宝石，回家珍藏起来。后一懂玉石的人见到这块石头，笑说，这是普通的燕石，与一般的石头没什么特殊的地方。此典故说明诗人怀珍宝"结绿"，却被时人当作"燕石"，渴求碰到"慧眼"，遇到"伯乐"。

⑧撽：拾取，拿来，拭：揩，擦。申眉：舒展眉毛。

⑨辽东惭白豕：《后汉书·朱浮传》(《二十四史》，中华书局2000年版，《后汉书》卷33，《朱浮传》第763页)"往时辽东有豕(猪)，生子白头，异(奇异)而献之，行至河东，见群豕皆白，怀惭而还。""楚客羞山

鸡"：典故《笑林》：楚人担着山鸡走在路上，路人问："担的什么鸟？"担山鸡者欺骗说："是凤凰。"路人又问："我早听说凤凰，但未见过，今日真见，你卖吗？"答曰"卖"，买者酬千金，担者故意不卖，路者加倍给钱，结果卖给了路者。路者买后，献与楚王，楚王将超过买价十倍的钱赏赐路者。诗中两个典故以示自谦，说明诗人所赠微薄，不够贵重。

⑩献芹：《列子·杨朱》（《百子全书》，岳麓书社1993年版，第4663页）中寓言故事：一农民谎称水芹为美味，夸耀于富豪，甚而想献与皇帝。原意是讽刺所献之物过于轻微。后人常用礼轻心诚之意。诗人借此空叹"扶社稷""济苍生"的理想无人理解，不被重用。泣玉啼：此指和氏向楚王献玉的故事，借以感叹自己不受人赏识。详见《早秋赠裴十七仲堪》④荆人句注。

⑪索漠：据安旗《李白全集编年笺注》第二册《文心雕龙·风骨》："思不环周，索莫乏气。"索莫，亦作索寞或索漠，沮丧之状。

⑫"留舌示山妻"：用张仪留舌示妻的故事：张仪，战国时纵横家。张仪在楚，恰楚相璧丢失，怀疑是张仪所偷，就执杖打数百，伤势很重，回家后问其妻："视吾舌尚在否？"妻笑曰："舌在也。"仪曰："足矣。"（《二十四史》，中华书局2000年版，《史记·张仪传》第1797页）诗人以此事诉说寻仕受挫的遭遇。

【句解】

君子枉清盼，不知东走迷。离家未几月，络纬鸣中闺。

诗人东鲁行后，受到范金乡的关照，但下一步如何走的事，萦绕心际，有些迷惘，言外之意，请范县令指点。

桃李君不言，攀花愿成蹊。

以"桃李不言，下自成蹊"这个典故，喻范金乡有吸引力，人气旺。

那能吐芳信？惠好相招携。

范金乡施惠，能招徕提携，希望听到这方面的佳音。

我有结绿珍，久藏浊水泥。时人弃此物，乃与燕石齐。

有珍宝"结绿"，藏于浊水泥中，当时人们抛弃此物，认为和燕山的石头一样。以此诗人自喻，一身的才华，没人赏识，怀才不遇。

摭拭欲赠之，申眉路无梯。

我把这块珍玉，擦拭干净献给贵人，但没有人搭梯牵线，无法奉献。寓意是，我怀着"扶社稷""济苍生"的理想，为国出力的赤诚，但是没人用我，找不到引荐之人。

辽东惭白豕，楚客羞山鸡。徒有献芹心，终流泣玉啼。

诗人以"惭白豕""羞山鸡"的典故，表示自谦，所赠之物微薄，但其心是真诚的。然而这颗"献芹"的真诚心谁能理解啊！终了还是与和氏泣玉同况。其目的是寻找慧眼识玉的君主。

只应自索漠，留舌示山妻。

是说张仪不惧怕失败的沮丧，只要"舌"在，就有希望，李白以张仪自喻，不惧挫折，奋其所能，将成就大业。

其二

范宰不买名，弦歌对前楹。①

为邦默自化，日觉冰壶清。②

百里鸡犬静，千庐机杼鸣。③

浮人少荡析，爱客多逢迎。④

游子睹嘉政，因之听颂声。⑤

【注释】

①不买名：意思是：范金乡施弦而治，不是为沽名钓誉，而是为国泰民安。弦歌：指礼乐教化。《论语·阳货》(贾庆超：《论语新读》，中国社会出版

社 2004 年版，第 386 页）载："子之武城，闻弦歌之声……"孔子弟子子游任武城宰，孔子至武城，就听到琴瑟歌咏之声。子游告诉孔子，他以弦歌为教化之具，施之礼乐教化。此赞范以礼乐治县。楹：厅堂的前柱。

②为邦：治理国家。自化：《老子·五十七章》（傅佩荣：《解读老子》，上海三联书店 2007 年版，第 90 页）"我无为，而民自化"。无为，以无为的方式行事，即以顺应自然的方式处理事务。不做扰民、损民、害民的事情，而百姓就自我教化。诗以此称颂范金乡的治世之道。冰壶：赞美县令的清正廉洁。

③鸡犬静：喻社会安定，平安。庐：此指百姓的住房。机杼：织布机器件，详见《五月东鲁行答汶上翁》注。

④浮人：流浪之人。荡析：流离失所。逢迎：接待。

⑤游子：指诗人。嘉政：美政。

【句解】

范宰不买名，弦歌对前楹。

赞颂范宰不慕虚名，不追逐名誉，而是以弦歌治县。

为邦默自化，日觉冰壶清。

治世之道，无为而治，即不做那些扰民之事，而是顺应自然，百姓自我教化，以礼乐教民，以德化民，形成社会的文明和谐，而官府则是如"玉壶冰"那样品端纯正，清正廉洁。以此歌颂范宰的治世之方。

百里鸡犬静，千庐机杼鸣。

写社会安定，百姓富庶，安居乐业。

浮人少荡析，爱客多逢迎。

由于社会稳定，经济繁荣，社会上离家流浪的人少了，好客接待，热情待客的人多了，形成好的民风。

游子睹嘉政，因之听颂声。

诗人目睹范宰的嘉政，感受到社会的和谐，也处处听到对他的称颂之声。

【赏析】

这二首为赠诗。李白来东鲁后，回想十几年奔波、干谒、交友，但仍是仕途无门，功业未就，心中有些苦闷，想通过交友，干谒活动，一吐胸中块垒，并求友相助，跨进理想的大门。在这种情景下，诗人到了金乡县，拜谒了县令，写了此诗。

其一、其二两首诗的内容概括为两点：一是对范金乡的歌颂：用"桃李君不言，攀花自成蹊"的典故，喻县令有吸引力、凝聚力、民心向心力；以"不买名""弦歌""自化"等典故，称许县令弦歌治县，不图虚名，礼乐教化，玉壶冰清，作风清廉，高洁品行；以"鸡犬静""机杼鸣"，显示社会安定，百姓安居乐业等。从不同层面歌颂了范宰的嘉政。二是写诗人自己的意向感情：无人赏识，怀才不遇；一颗诚心，不被人理解，"徒有献芹心"；以张仪留舌示山妻的故事，喻自己不怕挫折，有信心取胜，希望能听到相招携的佳音，即希望得到县令的臂助。

诗中塑造的范宰和诗人两个形象，最大特点是用历史典故完成的。诗人把典故活用、巧用、反复用，如范金乡通过"桃李不言""不买名""弦歌""自化"几个典故，这位嘉政灼灼、官德冰清的形象站到读者面前。诗人自己通过七个典故，一个怀才不遇，又不惧顿挫、信心十足的士人形象跃然纸上。

诗人感情起伏跌宕的复杂性，向县令表达的适度性，也是用几个典故来表现的。以"结绿""燕石"示内心之苦，以"惭白玉""羞山鸡"示自谦，以"献芹心"示已一颗诚心，后以张仪"留舌示山妻"的故事，表示不惧挫折等，至此运用典故多角度、多侧面地反映了诗人的思想感情，塑造出一个昂首奋进的诗人形象。

早秋单父南楼酬窦公衡 ①

开元二十四年（736）秋，写于单县。

白露见日灭，红颜随霜凋。②

别君若俯仰，③春芳辞秋条。

泰山嵯峨夏云在，④疑是白波涨东海。⑤

散为飞雨川上来，遥帷却卷清浮埃。⑥

知君独坐青轩下，⑦此时结念同所怀。⑧

我闭南楼看道书，⑨幽帷清寂在仙居。

曾无好事来相访，⑩赖尔高文一起予。⑪

【注释】

①单父：唐时为河南道宋州属县，今山东省单县。窦公衡：曾任浙江剡县县尉，天宝时官至户部员外郎。（见安旗《李白全集编年笺注》一册，第 378 页）

②红颜：此处指青年时代，年轻人红润的脸色。霜：年的代称，岁月。

③俯仰：此处比喻时间短暂。

④嵯峨：此处形容云盛多汹涌的样子。韦应物《送苏评事》诗："嵯峨夏云起，迢递山川永。"（见《古代汉语词典》，商务印书馆 2017 年版，第 236 页）

⑤疑：相似，好像。

⑥帷：帷幕。埃：尘埃。

⑦轩：有栏杆的长廊或殿堂前屋檐下的平台。

⑧结念：结交思念。

⑨道书：道家的书。

⑩好事：好为世俗之事的人。《汉书·扬雄传》（中华书局1996年版，第3513页）：言好事者时常携带着酒访问扬雄，请教学问。诗中"无好事者"来访，说明诗人闭门闲居，无人造访。曾：这里作为副词用，表示"竟"，"却"。

⑪赖：幸赖，幸亏。尔：你，你们。起予:《论语·八佾》（贾庆超：《论语新读》，中国社会出版社2004年版，245页）：子曰：起予者，商也，始可以与言诗已矣。意思是：能够启发我的人，是卜商啊，现在可以与你讨论《诗经》啦。起：同启。予：我。起予，即启发我。

【句解】

白露见日灭，红颜随霜凋。

白露见到阳光，便很快蒸发消失。红颜随着岁月也会慢慢凋衰。

别君若俯仰，春芳辞秋条。

与君分别的时间很短，按季节算"春芳辞秋条"，仅约一年的时间。

以上四句说明时光易逝，岁月如飞。

泰山嵯峨夏云在，疑是白波涨东海。

太山盛多嵯峨夏云，好似东海的白色波涛，汹涌奔腾。

散为飞雨川上来，遥帷却卷清浮埃。

云"散为飞雨"，卷走空中飘浮的尘埃。

这两句以云化雨卷走尘埃为喻，赞美友人窦公衡任县尉时能扫除社会上的尘埃，使社会风清气正，民风淳朴。

知君独坐青轩下，此时结念同所怀。

知你（窦公衡）一人坐在青轩下读书，此时，在我思念你的时候，你也正思念着我。

我闭南楼看道书，幽帘清寂在仙居。

在单父南楼，我关门专心地读道家之书。窗帘幽暗，清静寂寥，好似仙居一样。

曾无好事来相访，赖尔高文一起予。

在南楼读书，竟无有"好事者"来访，幸亏依靠你（窦公衡）的高文指点，启发我加深理解书的道理。

【赏析】

这首诗从不同的视角，表现对友人的赞美，抒写两人的情谊。

诗开始以白露易灭、红颜易衰、季节易变的比兴手法，抒写年华易逝、功业未就的感叹。表现他们间的友谊，一、以嵯峨浓云化为飞雨，卷走尘埃的自然景象为喻，赞友人执政时扫除社会尘埃，改变民风民俗的政绩。二、抒写诗人在南楼思念友人，而友人在青轩下思念诗人，两人心心相印，相互思念，表现深厚的情谊。三、诗人在南楼读道书，幸有窦公衡友人指点，启发了诗人，加深对书的理解。

诗中运用比兴、比喻艺术手法，较好地反映诗人的思想感情和对朋友的赞美。诗中以"嵯峨"状云，"遥帷却卷轻浮埃"等用语和诗句，气象开阔，气势雄伟，一显李白诗的豪逸风格。

鲁城北郭曲腰桑下送张子还嵩阳 ①

开元年间，李白居瑕丘（今兖州）时，送友人张子于城北郭桑下，写下此诗。

送别枯桑下，凋叶落半空。②

我行懵道远，尔独知天风。③

谁念张仲蔚，还依蒿与蓬。④

何时一杯酒，更与李膺同。⑤

【注释】

①鲁城：唐时鲁郡郡治瑕丘，今兖州。张子：李白的友人，因仕途失意而隐居嵩山。嵩阳：即嵩山之阳。嵩山在河南省登封市境内，五岳中称之为中岳。

②枯桑：干枯的桑树。枯桑在旷野，能感知天刮的风。

③懵：昏惑不明。独：独自。

④张仲蔚：平陵人，东汉高士，不慕富贵荣禄，隐身不仕，好写诗赋，住的地方蓬蒿没人。（安旗：《李白全集编年笺注》，中华书局2017年版，第403页）此借指李白的友人张子。依：依傍，依靠。蒿：野草名，艾类，有青蒿、白蒿等。蓬：草名，多年生草本植物，花白色，叶似柳叶，籽实有毛，遇风飞旋，故又称"风蓬"。此诗中蓬蒿喻指住在荒野偏僻的地方。

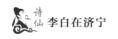

⑤何时：什么时候。李膺：东汉名士，颍川襄城（今河南省）人，桓帝时，为司隶校尉，反对宦官专权，在政治斗争中失利，狱中致死。李膺任河南尹时，郭林宗拜谒他，相见如故，遂相友善。此事传开，名震京城。后归乡里，李与郭同舟共济，众宾客看他们的气韵，称许"神仙"。见《后汉书·郭太传》。诗人以此故事比喻他与张子的真挚情谊，并思盼何时再见，举杯畅饮，畅叙友情。

【句解】

送别枯桑下，凋叶落半空。

点明送别张子的时间、地点、环境。时间是深秋，地点在城边的枯桑树下，环境是秋风吹桑叶，半空飘转，一派秋色。

我行惛道远，尔独知天风。

我送行友人，但不知道路况，张子长途跋涉，风寒自知，要多保重。

谁念张仲蔚，还依蒿与蓬。

是以张仲蔚喻友人张子，赞颂朋友的高洁品操，并告知，真正思念他的是住在"蓬蒿"的弟兄，是志同道合的朋友。

何时一杯酒，更与李膺同。

以李膺的故事，表明他们之间的深情厚谊，表现诗人对友人深深的思念，并期盼下次会面，酒更烈，情更浓。

【赏析】

全诗有两个特点，一是以景寓情，情景交融，表达诗人与友人的情谊。二是通过典故、故事表达与友人的情感。

诗的题目是"送张子还嵩阳"，怎么送？没有骑驴，没有骑马，更没有坐车，而是步行相送。诗人与张子是边走边谈，直送至郊外的枯桑树下，出现一幅动人的画面：空旷的原野，古老的枯桑，潇洒的秋风，凋落的桑叶，诗人与友人站在桑树下边，执手话别……这种画面本身表现了朋友间难舍难分的深厚情谊。景是凉的，诗人的心是热的，特别是"独知天风"的叮嘱，更是暖人心房。天风不是小风、暖风，而是较大的风，较凉的风。张子你独自一人，长途跋涉，迎朝阳送落霞，感天风战疲劳，一路辛苦，要多自珍重。这种暖人的诗句强烈地表现出诗人的款款深情。而对这萧飒的秋景，诗人没有悲秋，没有惆怅，没有伤别，而是表现出豪逸之情和暖暖的真诚。

诗的另一个特点，即以典故、故事表达友情。以张仲蔚喻张子，称颂张仲蔚的美德，实是赞颂张子，特别指出，思念他的不是别人，是身处"蓬蒿"而志向一致的朋友，也说明诗人是永远想念他的。诗称许赞美李膺与郭林宗的友谊和飘逸神姿，实是赞美诗人与张子的友谊，在李白的送别诗中，写朋友间的友情往往用典故来表现，这是因为诗歌不是散文，诗句的文字受到限制，说很多友情类的话语不可能，而用典故、故事，使思维空间开阔，内涵丰富，想象驰骋，更能充分表达思想感情。

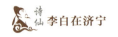

送梁四归东平 ①

李白居鲁郡时，设宴送梁四归东平，以作此诗。

玉壶挈美酒，送别强为欢。②

大火南星月，长郊北路难。③

殷王期负鼎，汶水起垂竿。④

莫学东山卧，参差老谢安。⑤

【注释】

①梁四：事迹不详。东平：汉时为东平国，唐开元时为郓州，唐天宝六年改郓州为东平郡，即今山东省东平县。

②挈：提。强：特意。

③大火：即心星，又叫南星，夏日初昏时见于南方。长郊：远的荒野路。

④殷王：即商汤。负鼎：谓负鼎之臣，指伊尹。据《史记·殷本纪》（漓江出版社 2018 年版，第 30 页）载：伊尹想拜谒商汤而没有理由，后扮作随嫁的奴仆，背着切肉用的砧板，以善烹饪为由见到商汤，趁机建言献策，被委以国政，诗以此为喻，说明朝廷期待贤能辅政。汶水起垂竿：据《元和郡县志》记载，"伊尹耕于莘野，汤闻其贤，聘以为相"，莘野在济阴县东南，而汶水至东平境内入济水，因而莘野可称得上汶水之地。伊尹起于莘野，所以诗称"汶水起垂竿"。"垂竿"还可以想到姜太公渭滨钓鱼遇文王起政的故事，更能加深对此句诗的理解。

⑤东山、谢安：东晋谢安，字安石，早年隐居于会稽上虞县西南的东

山，四十岁出隐入仕，官至宰相，曾以征讨大都督领军抗阻符坚南下（见《晋书》，中华书局1982年版，第2072页）。后人用"东山"比喻隐居，这里用谢安事劝友人不要仿效其做法。**参差**：此诗中表示近似的意思。

【句解】

玉壶挈美酒，送别强为欢。

写诗人提玉壶美酒，特意安排送别欢宴，显示诗人热情好客。

大火南星月，长郊北路难。

"大火南星月"，正是炎热的夏天，此去东平，荒野路长，一路辛苦。表示诗人对梁四的关心。

殷王期负鼎，汶水起垂竿。

以"负鼎""垂竿"的典故，启迪梁四，认识到朝廷需要贤能之人，不要迷惘，不要悲观，要树立信心，积极创造条件，等待时机。

莫学东山卧，参差老谢安。

用谢安的故事，指出你（梁四）虽然和谢安早年情况相似，但时代环境不同啦，现在是盛唐时代，你不能东山隐居，走什么"终南捷径"，回去后要奋发努力，定能找到发挥才能的地方。

【赏析】

这是一首送别诗。主要描写了诗人"玉壶挈美酒"设宴送别的热诚，表现了对梁四旅途的关心，在政治上，以循循善诱的方式，劝慰友人不要失去信心，而要认清形势，"莫学东山卧"，鼓励他奋发努力，积极入世，以求进用。

在艺术技巧上，最突出的一个特点就是用古代典故。仅八句诗中用了"负鼎""垂竿""谢安、东山"三个历史故事，来劝说朋友，指明路径，树立信心，实现入仕之愿。诗人规劝朋友，没有用豪言壮语，也没有用时髦的套话，而是用历史故事启发思考，如春风化雨、润开心扉，效果颇佳。这三个典故用得自然贴切，顺手拈来，顺势而用，只有天才的诗人才能做到。

对雪奉饯任城六父秩满归京 ①

天宝年间，李白的六叔任任城县令，三年届满，归京。是年冬雪天，李白等人为六叔饯行，写作此诗。

龙虎谢鞭策，鹓鸾不司晨。 ②
君看海上鹤，何似笼中鹑。 ③
独用天地心，浮云乃吾身。 ④
虽将簪组狎，若与烟霞亲。 ⑤
季父有英风，白眉超常伦。 ⑥
一官即梦寐，脱屣归西秦。 ⑦
窦公敞华筵，墨客尽来臻。 ⑧
燕歌落胡雁，郢曲回阳春。 ⑨
征马百度嘶，游车动行尘。 ⑩
踟蹰未忍去，恋此四座人。 ⑪
饯离驻高驾，惜别空殷勤。 ⑫
何时竹林下，更与步兵邻。 ⑬

【注释】

①奉饯：设酒宴为人送行，饯别宴会。奉：敬辞。六父：李白的六叔，名字、生平不详，官居任城县令。任城：县名，唐时属河南道鲁郡，

190

今是山东省济宁市任城区。秩满：官吏任职期届满，唐时县令任期三年。京：指长安。

②鞭策：鞭：马鞭。策：古代赶马用的竹棍。鞭策，即用鞭策赶马。此处喻督促、督使。鹓鸾：鹓和鸾都是古代传说中凤凰一类的鸟。《艺文类聚》卷九十引《决疑注》：凡象凤者有五：多赤色者凤，多青色者鸾，多黄色者鹓雏。鹓即鹓雏，《庄子·秋水》（《百子全书》，岳麓书社1993年版，第4566页）说它"非梧桐不止，非楝食不食，非礼泉不饮。"司晨：雄鸡打鸣报晓。东晋葛洪《抱朴子·博喻篇》（《百子全书》，岳麓书社1993年版，第4858页）"幽人嘉遁，而为有国之宝，何必司晨而衔马，羁绁于忧责哉？""鞭策"与"司晨"此诗中喻为羁绊、管束、行为不够自由。

③鹤：鸟名。形似鹭，叫声高脆，常在水边捕食鱼虫。鹑：鸟名，鹌鹑的简称。何似：哪里像？

④浮云：天空飘浮的云彩，自由无拘，此处以诗人自喻。

⑤将：此处为介词，与。簪组：冠簪和缨带，借指为官的人，多指高官显贵。狎：此意亲近。若：助词，用在句首，无有实际意义。烟霞：烟雾、云霞，此借指山林。

⑥季父：父亲的幼弟。季：兄弟排行中最小的。季父即叔父。英风：杰出，超众的风度。白眉：《三国志·蜀书·马良传》载：马良，襄阳宜城人，兄弟五人中他最有才智，因他眉中有白毛，后人称兄弟中的佼佼者为"白眉"。此处指李白六叔兄弟中最为优秀的。伦：人伦。

⑦脱屣：脱掉鞋子，喻轻易弃官。《淮南子·主术训》"（尧）举天下而传之舜，犹却行而脱屣也"。屣，无跟之鞋，或曰草鞋。西秦：长安。

⑧窦公：指窦薄华。华筵：盛美的筵席。墨客：文人。臻：至，到。

⑨燕歌：北方燕地的歌曲。落胡雁：胡：我国古代泛称北方边地和西域的民族为胡，后泛称一切外国为胡。落胡雁：言歌声极为精妙悦耳，致使大雁落下倾听。郢：战国时楚国的都城，在今湖北省江陵县北。回阳

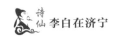

春：言郢曲美善，柔婉动听，能使阳气随应而动。"落胡雁""回阳春"形容宴席上歌曲的美妙动听和无限的魅力。

⑩征马：出征的马，远行的马。百度嘶：很多次嘶鸣。行尘：路上飞散的细土。

⑪踟蹰：徘徊不前，犹豫不决。此处指出发前不忍离开朋友的依依惜别的心情。

⑫高驾：诗人对其六叔的敬辞。驾：即车。殷勤：情意恳切。空：徒然，白白的。

⑬步兵：指阮籍。唐房玄龄等撰《晋书·阮籍传》（中华书局1982年版，第1359页）：阮籍曾为步兵校尉，世人称为阮步兵。阮籍兄的儿子阮咸性格旷达，与其叔阮籍同游竹林。邻：靠近。这句诗以步兵喻六父，诗人以阮咸自喻。

【句解】

龙虎谢鞭策，鹓鸾不司晨。

龙虎不需要鞭策，鹓鸾不报晓司晨。诗人以龙虎、鹓鸾作比喻，六叔这次卸任回京，不再受官场的羁绊督促，像鹓鸾一样不报晓司晨。

君看海上鹤，何似笼中鹑。

君看海上的仙鹤，自由自在地飞翔，哪里像笼中的鹌鹑，终日被关锁笼中。

独用天地心，浮云乃吾身。

我的心在天地间驰骋，我的身如天空的浮云自由飘荡。言其向往自由，不受管束。

虽将簪组狎，若与烟霞亲。

虽与高官显贵在一起过，但仍感到回归山林舒心自由。

季父有英风，白眉超常伦。

季父有英俊超众的风度，兄弟中称为"白眉"，是最优秀的一个。

一官即梦寐，脱屣归西秦。

做一次官如做一场梦，这次谢任辞官如脱掉鞋子一样容易，没有什么失落感。

窦公敞华筵，墨客尽来臻。

窦公操办的丰盛华宴，文人全部来到，官员也都到齐。

燕歌落胡雁，郢曲回阳春。

北方的燕歌激越高扬，致使大雁落下来倾听；南方的郢曲委婉柔美，能使阳气随应而动。此两句中的"落胡雁""回阳春"形容宴席上歌曲的美妙动听。

征马百度嘶，游车动行尘。

送六叔的马一次次地嘶鸣，送六叔的车子已经启动，车后扬起细尘。

踌躇未忍去，恋此四座人。

恋恋不舍，不忍离去，顾恋四座的亲朋好友。

饯离驻高驾，惜别空殷勤。

诗人与六叔饯行，离开任城回到长安。送行的人情意恳切，依依惜别，难舍难分。

何时竹林下，更与步兵邻。

这两句用晋代竹林七贤的典故。阮步兵，即阮籍，其兄的儿子阮咸性格旷达，与其叔阮籍共游竹林。这里李白喻阮咸，李白六叔喻阮籍。将分别时发出何时才能相见，同隐于竹林？即希望早日相见于竹林。

【赏析】

诗从不同角度和以不同手法去重点写了三点内容，一是运用"比、兴"手法，"谢鞭策""不司晨""鹤""鹑"，表现出诗人不受羁绊、热爱自由，不恋官场，只爱"山林"的思想。二是运用"白眉""步兵"的典故，来赞颂六叔的才智过人，高洁情操，表现他叔侄的亲密关系。三是写饯别宴会，不仅写出了盛况，而以"落胡雁""回阳春"夸张的手法，写歌曲壮美，显示主人公心胸的开阔和气势的恢宏。

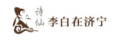

送鲁郡刘长史迁弘农长史 ^①

天宝元年（742）春，写于兖州。

鲁国^②一杯水，难容横海鳞^③。

仲尼^④且不敬^⑤，况乃寻常人。

白玉换斗粟，黄金^⑥买尺薪。

闭门木叶下，始觉秋非春。

闻君向西迁，地即鼎湖^⑦邻。

宝镜匣苍藓，丹经埋素尘。^⑧

轩后上天时，攀龙遗小臣。^⑨

及此留惠爱，庶几风化淳。

鲁缟如白烟，五缣不成束。^⑩

临行赠贫交，一尺重山岳。

相国齐晏子，赠行不及言。^⑪

托阴当树李，忘忧当树萱。^⑫

他日见张禄，绨袍怀旧恩。^⑬

【注释】

①迁：调动官职。长史：州、郡级刺史的佐官，从五品。刘长史：名字、生平事迹不详。弘农：在今河南灵宝市西南。

②鲁国：代指兖州。

③横海鳞：横海的大鱼。《抱朴子》："寸鲋游牛迹之水，不贵横海之巨鳞。"谢世基诗："伟哉横海鳞，壮矣垂天翼。"（见王琦注：《李太白全集》，中国书店1996年版，第384页）

④仲尼：即孔丘。

⑤不敬：指曾有人诬骂孔子为丧家犬。

⑥白玉、黄金：比喻刘长史的才华。这两句是说，在这个地方才华不得正确发挥，不能实现其价值。

⑦鼎湖：在今河南省湖城县，此处有荆山，出美玉。据《史记·封禅书》（中华书局1982年版，第135页）载："黄帝采首山铜，铸鼎于荆山下，鼎铸成时，有条龙垂胡须下来迎接黄帝。"黄帝骑上龙，群臣、后宫跟上七十余人，龙欲飞，余下的小臣不得上，就拽住龙须，龙须拔掉，坠落于黄帝之弓。百姓仰望黄帝已上天，就抱其弓和龙须大声喊叫。故后世人们把黄帝铸鼎之处名为鼎湖。荆山：在弘农郡湖城县。

⑧宝镜：据《轩辕内传》载："帝会王母，铸镜十二，随月用之，此镜之始也。"《抱朴子·极言》（《百子全书》1993年版，第4736页）："黄帝陟王屋而授丹经。"这两句是说宝镜、丹经虽为黄帝的遗物，但年深日久，已被苍藓、素尘所掩埋。

⑨轩后：即黄帝。攀龙遗小臣事，见注⑦。

⑩鲁缟：鲁地特产，一种精细白色的丝织品。《汉书·韩安国传》："强弩之末，力不能入鲁缟。"颜师古注：缟，素也。"曲阜之地，俗善作之，尤为轻细。"缣，亦绢之属，其色黄。王（琦）注：两句相承而言，上句既用缟字，则下句不当又用缣字，疑缣乃兼字之伪也。《六书·故》："二丈为端，二端为匹，为两、为兼，兼、匹、两之义一也。今人犹以匹为兼，是五兼者为五匹欤？"郑玄《周礼注》："十个为束"，又《仪礼注》："凡物十曰束。"胡三省《通鉴注》："唐制，帛以十端为束。今止五匹，故不成束。"

（参见安旗《李白全集编年笺注》，中华书局 2017 年版，第 366 页）

⑪晏子：即晏婴。春秋时齐国的贤相。这两句是说自己无所回赠，而仿效晏子以言赠行。典出《晏子春秋》："曾子将行，晏子送之曰：'君子赠人以轩（车），不若以言。吾请以言乎？以轩乎？'曾子曰：'请以言。'晏子曰：'君子居必择居，游必就士，择居所以求士，求士所以避患也。'"

⑫托阴：这两句即所赠之言，告诫友人，想庇荫须种桃李，想忘忧须种萱草。见王琦《李太白全集》（中国书店出版社 1996 年版，第 384 页）注《说苑》："种桃李者，夏得休息，秋得其实焉。"《诗·国风》："焉得谖草，言树之背。"毛传曰："谖草，令人忘忧。上言长史以鲁缟五匹见赠，下言己无所答，而效晏子以言赠行。""托阴当树李，忘忧当树萱"两句，即所赠之言，盖勉人树义。李以喻德能，可以庇荫者；萱以喻人之才华，可以欣赏者也。

⑬张禄：即范雎，战国时魏国人。曾跟随魏大夫须贾出使齐国，因遭须贾诬陷，范雎几乎丢掉性命。后化名张禄，逃往秦国。由于他的胆识和谋略过人，深得秦王赏识，并拜为秦相。可魏国对这些情况一无所知。秦将伐魏，魏使须贾入秦欲求情于张禄丞相。范雎故意装扮成穷困的样子到宾馆看望，须贾见了既惊讶又怜悯地说，范叔一寒如此哉！于是取出一件绨袍送给范雎。后知张禄即范雎，大恐，谢罪。范雎数其罪行当死，坐之于堂下，赐以马食。终因绨袍之赠，赦免了他。此处以"绨袍"的典故表示顾念旧情，不忘旧交。此典故见平装本《二十四史》传 79《范雎列传》第十九，中华书局 2000 年版，第 1879 页。

【句解】

鲁国一杯水，难容横海鳞。

鲁地小如一杯水，无法容下横海的大鱼。意在说明，像才高智广的刘长史，不宜在鲁地这小地方做官。

仲尼且不敬，况乃寻常人。

连孔子这样有名望之人，也一度得不到世上尊敬，竟有人呼为"丧家犬"，何况寻常之人呢？其意是说，寻常人更易遇到不被尊重的事。

白玉换斗粟，黄金买尺薪。

用白玉换斗粟，以黄金买尺薪，其意是以"白玉""黄金"比喻刘长史的才华，在这"一杯水"似的小地方不能发挥应有作用，换取的只是些粟物和柴火，所得甚微。

闭门木叶下，始觉秋非春。

是说时光易逝，过得快，门庭树木落叶，才知道秋天到来。

闻君向西迁，地即鼎湖邻。宝镜匣苍藓，丹经埋素尘。

听说您要离鲁西去，调往鼎湖邻近的弘农，那可是黄帝铸鼎的地方，黄帝留下来的"宝镜""丹经"，前者布满苔藓，后者被素尘封埋，现都无法看到，而看到的只有那个有神话色彩的鼎湖。

轩后上天时，攀龙遗小臣。及此留惠爱，庶几风化淳。

黄帝上天后，遗留下攀龙须没有上天的小臣，遗留下"宝镜""丹经"和对民的惠爱，留下他在鼎湖地区所形成的质朴敦厚的风尚教化。

鲁缟如白烟，五缣不成束。临行赠贫交，一尺重山岳。

鲁地产的极柔细轻薄的丝织品鲁缟，好似飘浮的白烟。我用半束即五匹赠予贫交，礼虽轻，但情义重如山岳。

相国齐晏子，赠行不及言。托阴当树李，忘忧当树萱。

齐相晏子与曾子分手时，不是以物相赠，而是以言相赠，今日送别，我也以言赠行：如果要树荫就栽种李树，如果想忘忧就种植萱草。寓意是望友人树人之义。李树喻功德，有了功德可庇荫后世，萱草喻才华，以才华处事可欣赏，欢快、忘忧。

他日见张禄，绨袍怀旧恩。

此地一别，您去鼎湖福地定会官运亨通，他日再能相见，勿忘这段时

197

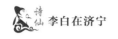

间的故交旧情。

【赏析】

这首送别诗，夸赞了刘长史的才高，描写了西迁之地的圣明优美，以赠物赠言表达了对友人的情谊。

对友人的夸赞。从"仲尼且不敬，况乃寻常人"句可窥见，这位刘长史可能受过同僚的排挤，或听到些微词，诗人对此鸣不平，亦给友人以宽慰。在送别时，高调夸赞，说他才高，似横海之大鱼，鲁国一杯水实难容下。又以"白玉""黄金"比喻他的才华，但在"一杯水"的地方无法发挥作用，换得的只是"粟""薪"，收获甚微。

西迁之地的圣明优美。鼎湖，那是黄帝铸鼎的地方。黄帝骑龙上天后，留下他创造的"宝镜""丹经"，留下攀龙须未能随飞的小臣，留下对人民深深的惠爱。在那里是敦厚温和的风尚教化。刘长史去这种历史文明深厚和自然环境优美的地方是会舒心，也定会干出一番事业。

诗人对长史的赠物，五匹鲁缟以赠贫交，礼轻情义重；又效晏子以言赠行，诗人以"托阴当树李，忘忧当树萱"两句，其深意就是"托阴"也好，"忘忧"也罢，关键是树人，培育人的德能和才华。这样的赠言，是对友人的肺腑之言。

诗的最后两句，希望他日相见，不忘旧情，表示友谊的久远。

这首诗一大特点是用典贴切而又奇妙。鲁地是孔子的故乡，如果刘长史离鲁去的地方，文明程度不高，文化氛围不浓，似乎有损长史的形象，但他去的弘农之地，是我中华民族老祖宗轩辕黄帝铸鼎之处，而且骑龙上天之后，又有遗物（宝镜、丹经）、遗臣、遗惠爱、遗风尚等，所以去这等地方，友人是欢欣鼓舞，也含寓着这个"横海之鳞"，将鱼跃鼎湖，掀波戏浪。诗人对友人赠物极简，赠言极诚，其一片真情，诚如沈德潜言："语不必深，写情已足。"

赠别王山人归布山 ①

开元末年，李白居东鲁时，王山人来访，白送其归布山隐居，写此诗相赠。

王子析道论，微言②破秋毫③。

还归布山隐，兴④入天云高。

尔去安⑤可迟，瑶草⑥恐衰歇。

我心亦怀归，屡梦松上月。

傲然遂独往，长啸开岩扉⑦。

林壑久已芜，石道生蔷薇。

愿言弄笙鹤⑧，岁晚来相依⑨。

【注释】

①王山人：名字不详。布山：又名布金山，在泰安县西南八十里，是道家隐逸之地。

②微言：精妙之言。刘歆《移书让太常博士》："夫子没而微言绝。"

③秋毫：精微之理。《三国志·魏书·管辂传》（《二十四史》，中华书局 2000 年版，《三国志·魏书·管辂传》，第 606 页）。裴松之注：《辂别传》曰：'何尚书神明精微，言皆巧妙，巧妙之至，殆破秋毫。'"

④兴：兴致。

⑤安：疑问代词，表示反问，相当于"哪里""怎么"。

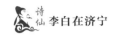

⑥瑶草：珍贵的草，这里泛指草。瑶：比喻美好，珍贵。

⑦岩扉：山岩间的房屋门。

⑧弄笙鹤：用王子乔事。周灵王太子晋，好吹笙，作凤凰鸣，后成仙。《列仙传》卷上："王子乔者，周灵王太子晋也。好吹笙作凤鸣。游伊、洛之间，道士浮丘公接以上嵩山。三十余年后，求之于山上，见桓良曰：'告我家，七月七日待我于缑氏山巅。'至时，果乘白鹤，驻山岭，望之不到，举手谢时人，数日而去。"

⑨相依：相互见面倾谈。

【句解】

王子析道论，微言破秋毫。

王山人道家学说的造诣很深。王山人阐述分析道家的理论，能用精妙之言，讲明精微之理，细小的地方也讲得清晰明白。

还归布山隐，兴入天云高。尔去安可迟，瑶草恐衰歇。

王山人回布山隐居，兴致很高，你回去的路上，心情急切，怎么也不会慢的。时间久啦，那里瑶草怕是衰败了吧。这两联主要写王山人回布山的情志和心情。

我心亦怀归，屡梦松上月。傲然遂独往，长啸开岩扉。林壑久已芜，石道生蔷薇。

主要写诗人回想当年的隐逸生活。诗人说，我回忆徂徕的"竹溪六逸"，充满悠然自得的乐趣。梦中屡次见那松林上空的明月，傲然独往于山林幽径，岩扉前的放歌长啸。久别山林，那路径可能长满荒草，石路上也可能生出蔷薇。

愿言弄笙鹤，岁晚来相依。

愿王山人像周代王子乔一样，吹笙乘鹤终成神仙，待岁晚来时，两人再欢心相聚，倾心而谈。

【赏析】

这首诗用典少，诗人感情起伏转折不大，语言简洁，比较好读懂。

全诗写出两件事：一是以"微言破秋毫"句，赞扬王山人能解析道论精妙，破解阐释精微之理；以"兴入天云高"一句，称许王山人对归隐兴致飞扬的高雅心态。第二件事，写诗人"怀归"并回忆隐居时生活情景。诗人用了"松上月""独往""长啸""岩扉""林壑""石道"等意象的事物，组成一个山林奇美的世界，呈现一个自由"独往""长啸奔放"的精神境界，这是诗人所向往的境界。这里需要说明的是，李白的隐居并不是为了出世，脱离尘俗，而是为踏入仕途积极创造条件，等待时机出山。

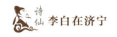

鲁郡尧祠送张十四游河北 ①

天宝四载（745）秋，李白居兖州家中，送友人张十四，作此诗相送。

猛虎伏尺草，虽藏难蔽身。

有如张公子②，肮脏③在风尘。

岂无横腰剑，屈彼淮阴人。④

击筑向北燕，燕歌易水滨。⑤

归来泰山上，当与尔为邻。

【注释】

①鲁郡：即兖州郡治，今山东兖州。尧祠：供奉尧帝的庙宇。在兖州东南七里，泗水西岸，现已不存。 张十四：疑是张谓。据郁贤皓《李白交游杂考》一文（见《李白丛考》），曾疑李白《鲁域北郭曲腰下送张子还嵩阳》《鲁郡尧祠送张十四游河北》及贾至《巴陵寄李二户部张十四礼部》诸诗中之张子、张十四或系张谓。据《全唐诗》卷一百九十七张谓小传、《唐才子传》卷四张谓小传：张谓，字正言，河南人。少读书嵩山，曾游河北。天宝二年登进士第，乾元中为尚书郎，大历中官至礼部侍郎。知其天宝元年尚未仕。又据李诗《泛沔州城南郎官湖》诗序中称张谓为故人，知其与李白为旧交。

②张公子：即张十四。

③肮脏：高亢刚直貌。

④屈彼淮阴人：指韩信事。据《史记·淮阴侯列传》（中华书局 1982 年版，第 2609 页）载：在韩信落泊不得志时，淮阴恶少曾侮辱他，让他从胯下过去。韩信忍一时之辱，后终于成就功业。这里以忍辱全志的韩信比拟张十四。

⑤击筑向北燕，燕歌易水滨：用荆轲刺秦王的故事。荆轲受燕太子丹之命，将去刺秦王。太子及宾客皆着白衣冠送于易水之滨，路上，高渐离击筑，荆轲和而歌，士皆垂泪涕泣，亦歌曰："风萧萧兮易水寒，壮士一去兮不复还。"于是荆轲就车而去，终以不顾。（见《史记·刺客列传》，中华书局 1982 年版，第 2534 页）

【句解】

猛虎伏尺草，虽藏难蔽身。有如张公子，肮脏在风尘。

卧伏于浅草中的猛虎，掩蔽不住它那高大的身躯。就像张公子，即使委身于普通的民众之中，其高亢刚直的名声也隐瞒不住。

岂无横腰剑，屈彼淮阴人。

韩信不是没有武艺，而是为日后大业，忍受一时的胯下屈辱。

击筑向北燕，燕歌易水滨。

在易水之滨，为刺秦王的壮举，高渐离击筑，荆轲和歌，悲壮感人。诗人的友人张十四，将赴燕赵，在易水之滨击筑高歌。

归来泰山上，当与尔为邻。

希望你漫游河北归来，住在泰山之麓，我们长期与你为邻。

【赏析】

这首诗，李白高度赞扬友人张十四。但诗人没有空洞的赞语，而是用了一个比喻两个典故，用来赞颂友人。一是以猛虎喻友人，说明友人有猛虎般的威风气势，有高亢婞直的风姿，这是从形象风貌上进行赞扬；二是

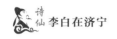

以韩信喻友人，说明友人是能屈能伸、谋就大业的将才，这是从才能上对友人进行赞扬；三是以荆轲高渐离喻友人，说明友人也像荆轲、高渐离那样，具有为赴国难，敢作敢为，浑身侠肝义胆的任侠精神，这是从精神层面进行赞扬。如此，一个有猛虎般气势，有韩信一样的将才，有荆轲、高渐离一样的侠义精神的友人形象站到读者面前。从而让人深思，这样一个人才朝廷竟不用，暴露其社会黑暗、不公的一面。诗人感同身受，含有为其鸣不平之意。

对张公子的赞扬，也表现诗人与其深厚友谊。诗的最后两句："归来泰山上，当与尔为邻"，更进一步表明诗人对其友谊的真挚、思念的真切。

诗的艺术手法，是运用比喻，以物（猛虎）喻友，以名人喻友，既显得形象、具体，又有更广阔的思维空间。

诗中选择的意象，猛虎、名将、侠士，一派阳刚之气，彰显诗的风格气雄高扬，豪迈奔放，感情热烈。

东鲁见狄博通 ①

天宝五年（746），东鲁见狄博通，作此诗。

去年别我向何处，有人传道游江东②。
谓③言挂席④度沧海，却来⑤应是无长风。

【注释】

①东鲁：指周初封邦建国时的鲁地。狄博通：《新唐书·宰相世系表》记载，梁国公狄仁杰之曾孙。户部郎中狄光济之孙，李白好友。

②江东：长江下游一带。

③谓：说。

④席：船帆。

⑤却来：唐时口语，即返回之意。这两句是说，原是说挂帆渡海，而今返回，应当是无长风的缘由吧。

【句解】

去年别我向何处，有人传道游江东。

去年与我分别，不知你去向什么地方，有人传言你去江东漫游。

谓言挂席度沧海，却来应是无长风。

说是你扬帆渡海，怎么又返回来，应是无长风的缘故吧。

【赏析】

这首小诗题目是"东鲁见狄博通",主要写一个"见"字。去年相见,别后行踪不知,只是听别人说漫游江东。今年(狄博通)改变渡海的计划,回到东鲁,又得以相见。至此,"见"的题意已表达清楚,无须再多写。至于别后的思念,相逢时的欢欣喜悦,只能留给读者去想象。

这首小诗特点是口语入诗,似信口而成,明白如话,朴素清新,不加雕饰,是李白诗的另一种风格。

酬中都小吏携斗酒双鱼于逆旅见赠 ①

天宝年间，李白写于中都，今汶上县。

鲁酒若琥珀②，汶鱼紫锦鳞③。

山东豪吏有俊气④，手携此物赠远人⑤。

意气相倾两相顾⑥，斗酒双鱼表情素⑦。

双鳃呀呷鳍鬣张⑧，蹳剌银盘欲飞去⑨。

呼儿拂几霜刃挥⑩，红肌花落白雪霏⑪。

为君下箸一餐饱，醉著金鞍上马归⑫。

【注释】

①中都：今汶上县。斗：盛酒器。又名羹斗，有柄。逆旅：旅馆、客店。小吏：唐时所谓小吏，一般是指九品以外的吏职人员。时人称之为"流外"的低级职员。

②鲁酒：此处指诗人所在地东鲁酿造的酒。琥珀：古代松柏树脂的化石，黄褐色，透明。此处指鲁酒如琥珀一样的颜色。

③汶鱼：汶水产的鱼。紫锦鳞：鱼鳞呈紫金色。

④豪：有气魄，无拘束，指小吏性格豪爽。俊：美，此句说山东小吏豪爽英俊。

⑤远人：指诗人。

⑥相倾：倾：倾向、趋向，此指两人意气相投。

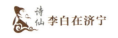

⑦情素：真实的情意。

⑧呀呷：鱼鳃开合的样子。

⑨蹳剌：鱼尾来回摆动之声。

⑩几：小桌。霜刃：雪亮的刀。

⑪此句诗，写挥刃杀鱼，技术熟巧，速度快，使带彩色的锦麟，红的如红花飘落，白的似纷纷雪飘。霏：飞散，飘洒。

⑫著：读 zhuó 音。意为安放，穿戴。

【句解】

鲁酒若琥珀，汶鱼紫锦鳞。

主要写鲁地的酒和汶水的鱼。鲁酒像琥珀一样的美观。汶水的鱼呈金紫色，形美味佳。

山东豪吏有俊气，手携此物赠远人。

山东小吏豪爽英俊，手拿着鲁酒和两条汶水的紫锦鳞鱼，热情地赠送李白。

意气相倾两相顾，斗酒双鱼表情素。

小吏见到李白，两人意气相投，小吏献上斗酒双鱼表示真实的情谊。

双鳃呀呷鳍鬣张，蹳剌银盘欲飞去。

形容鲜活的两条鱼，活蹦乱跳，那鳃一张一合，鱼鳍上下晃动，鱼尾在盘中摆动，发出"蹳剌"的响声，似乎想从银盘中飞出一样。

呼儿拂几霜刃挥，红肌花落白雪霏。

形容杀鱼场面，小吏挥起雪亮的刀，熟练地刮鳞剔鳃，那带彩色的锦鳞，红的似红花飘落，白色的似纷纷雪飘。

为君下箸一餐饱，醉著金鞍上马归。

诗人高兴地饮美酒，吃可口味佳的锦鳞鱼，然后与小吏惜别，跨上骏马，踏上归程。

【赏析】

这首小诗，主要写山东小吏以鱼酒赠李白的故事。诗的画面感很强，只用六个镜头的画面，便层次清晰地讲述了这个故事。镜头一：外景。唐代天宝年间，中都县一旅馆。镜头二：人物，英俊豪爽的山东小吏，拿着鲁酒和汶水锦鳞鱼，到旅馆求见李白。镜头三：诗人李白接见小吏。两人志趣相合、情趣相投。镜头四：特写，银盘中的锦鳞鱼，鲜活，鳍张鳃动，活蹦乱跳，意欲飞去。镜头五：杀鱼：霜刃挥飞，鱼鳞等物，似花落、似雪飞。镜头六：鱼酒华宴，诗人饭饱，醉意浓浓。跨上备金鞍的骏马，踏上归程。

仅用十二句诗，就记述了这个生动的故事。文字虽少，但内涵很丰富，除了反映中都当地风土人情外，还突出表现了三点：一是反映了山东小吏对诗人的热爱。李白生前有许多崇拜者，一群追星族，魏颢、任华、汪伦等人，如魏颢跑几千里，循着李白的踪迹，到扬州才得以见到。山东小吏也是非常崇拜李白，用现在话说是李白的粉丝。其原因就是李白的人格魅力，天才的诗作和群众对李白的热爱和崇敬。二是说明李白对"小吏"一类小人物的态度。天宝年间的李白，虽朝廷"赐金还山"，但他曾任过待诏翰林，"所适二千石郊迎，常为诸侯座上贵宾"（见安旗：《李白全集编年笺注》，中华书局2017年版，第356页），即李白要去的地方，知府郡守级官员，要到城郊外迎接，常为达官显贵的贵宾。这位傲权贵，轻王侯的狂放诗人，对低级小吏热情接待，"相倾相顾"，并写诗酬谢，这说明诗人对一般小人物的尊重，实为可贵。三是反映鲁地群众热情好客的民风。这种优良传统影响后世，今天作为孔孟之乡、礼仪之邦的山东，仍是热情好客，其旅游的广告词即为"好客山东"。

鲁中都东楼醉起作 ①

昨日东楼醉，还应倒接篱。②
阿谁扶上马，不省下楼时。③

【注释】

①中都：县名，唐时属兖州（鲁郡），今山东省汶上县。东楼：李白饮酒作诗之楼。应是中都县招待名人、贵人居饮之地。何树瀛先生在《李白汶上诗作考》（《中国李白研究》一九九〇年集·下）一文中，对此作了较详尽的叙述：明代《汶上县志》载："太白赋诗楼即城东楼也，旧刻《东楼醉起诗》于上。并云，明成化以后，相继'版筑''修葺'的汶上城东门题额即为'醉白'……寓纪念太白城东楼赋诗之意。"

②接篱：古代的一种头巾，一说是古代男士戴的一种帽子。《晋书·山简传》（中华书局1982年版，第1228页）载：山简每出游到高阳池，便喝得酩酊大醉，有人歌曰："山公出何许？往至高阳池。日夕倒载归，酩酊无所知。时时能骑马，倒著白接篱。"此处以山简之醉喻李白之醉。

③阿谁：不知道是谁。省（xǐng）：知觉。

【句解】

这四句诗的大意是，昨日东楼酣醉，倒戴着头巾，不知是谁扶我上马，也不记得是怎么下楼。

【赏析】

李白既是诗豪，又是酒仙、醉圣。他一生与酒结下不解之缘。他的饮酒是"痛饮""豪饮"，酒鼓舞了他的精神，也激发他创作的灵感和澎湃的诗情。此篇诗李白没有写饮酒的过程，而是着笔于醉态的描写。只通过"上马""下楼""倒接䍦"三个动作，仅仅20个字，以口语般的句式，把李白的醉态写得栩栩如生，活灵活现。读完诗，仿佛一个醉态的李白就在眼前。

赠从弟冽 ①

楚人不识凤，重价求山鸡。②

献主昔云是，今来方觉迷。③

自居漆园④北，久别咸阳⑤西。

风飘落日去，节变⑥流莺啼。

桃李寒未开，幽关⑦岂来蹊⑧？

逢君⑨发花萼⑩，若与青云齐。

及⑪此桑叶绿，春蚕起⑫中闺⑬。

日出布谷⑭鸣，田家拥锄犁。

顾余乏尺土，东作⑮谁相携。

傅说⑯降霖雨，公输⑰造云梯。

羌戎⑱事未息，君子悲涂泥⑲。

报国有长策⑳，成功羞执珪㉑。

无由㉒谒明主㉓，杖策㉔还蓬藜㉕。

他年尔㉖相访，知我在磻溪㉗。

【注释】

①从弟：即堂弟。冽：李冽，李白的堂弟。

②楚人不识凤，重价求山鸡：传说有一楚人，将山鸡当成凤凰，以高价买回，准备献给楚王。楚王赏识他的一片诚心，仍厚加赏赐。见《尹文

子·大道上》(《百子全书》，岳麓书社 1993 年版，第 2531 页)。

③献主昔云是，今来方觉迷：意思是李白自叹当年奉诏入京，正像楚人献山鸡一样诚心诚意，结果被放还山，现在觉得过去是迷误是糊涂。

④漆园：在今山东省菏泽市。战国时思想家庄子曾做过漆园吏。这里以"居漆园"喻示隐居。

⑤咸阳：指长安。

⑥节变：季节变换。

⑦幽关：僻静的住处，形容门庭冷落。关：门闩，这里指门。

⑧蹊：小路，这里用引申意，走过，践踏。"桃李寒未开"两句，其典故出自《史记·李将军列传》(中华书局 1982 年版，第 2878 页)："桃李不言，下自成蹊"，意思是桃李虽不会说话，但赏花摘果的人很多，树下自然会踩出路来。这里李白以桃李自比，因春寒桃李不开花结果，喻自己辞朝后门庭冷落，没有人来，怎么会踩成小路呢？

⑨君：指李冽。

⑩花萼：《诗经·棠棣》(张晓琳注析：《诗经》，中国文联出版社 2017 年版，第 129 页)："棠棣之华，鄂不韡韡。"郑笺："喻弟以敬事兄，兄以荣覆弟也。"古人用花萼比喻兄弟的友爱。这句是说诗人遇到从弟冽，仿佛花开萼放。萼：花瓣下部的一圈绿色小片。

⑪及：趁着。

⑫起：开始。

⑬中闺：妇女住的房子。

⑭布谷：据《尔雅》载，农事方起，此鸟飞行桑间，云五谷可播种也，故曰"布谷"。这两句的意思，趁着桑叶茂密嫩绿，妇女们开始在屋内养蚕。

⑮东作：农事活动，此处指春耕。

⑯傅说：商王武丁的辅臣。武丁起用他时，要求在各方面给予辅助，并打比喻说："若岁大旱，用汝作霖雨。"见《尚书·说命》。此处以傅说喻霖雨。

⑰公输：即鲁班。春秋时鲁国著名的巧匠。据说他曾为楚国制造登城的云梯，去攻打宋国，后为墨子所阻。

⑱羌戎：都是我国古代西部的少数民族，这是特指吐蕃。当时唐王朝与羌戎多次发生战争。

⑲涂泥：涂炭，喻极端困苦的境地。

⑳长策：深远谋略。

㉑执珪：此处指立功受封赏。珪：上圆下方的玉石。

㉒无由：没有机缘。

㉓明主：指皇帝唐玄宗。

㉔杖策：即策杖，拄着拐杖。

㉕还蓬藜：此处指退回民间草野。蓬、藜：两种野草名。

㉖尔：指李冽。

㉗磻溪：溪水名。在今陕西宝鸡市东南。相传殷末吕尚（姜太公）曾在此垂钓。

【句解】

楚人不识凤，重价求山鸡。

古时楚国有个人不认识凤凰，出高价买了只山鸡，以为是凤凰，准备献给楚王。虽如此，楚王却认为他忠诚实在，仍厚加赏赐。

献主昔云是，今来方觉迷。

李白奉诏入京，供奉翰林时，正像楚人献鸡一样诚心诚意，可结果被放出京，现方始觉得过去是迷误，是糊涂。这是李白对进京离朝这段经历的总结，开始从迷误中清醒过来，对唐王朝的腐朽黑暗有较为深切的认识。

自居漆园北，久别咸阳西。风飘落日去，节变流莺啼。桃李寒未开，幽关岂来蹊？

我离开京师长安已多年了，居住在漆园北边的东鲁家中，看着落日随风飘去，听着季节转换时流莺的啼鸣，正像因寒冷桃李不开花，无人赏摘

214

一样，我幽居家门，冷落寂寞，无有来访者的足迹。李白的"赐金放还"，实际上是被逐出京，诗人攀龙忽堕天，"一朝去金马，飘落成飞蓬"，"前门长揖后门关，今日结交明日改"，使诗人内心深处体会到落魄的滋味，体会到世态的炎凉，人情的冷漠。

逢君发花萼，若与青云齐。

李白与李冽兄弟相逢，仿佛是花开萼放，手足情意深笃。

及此桑叶绿，春蚕起中闺。日出布谷鸣，田家拥锄犁。顾余乏尺土，东作谁相携。

这几句是说，趁着桑叶茂绿，妇女开始在室内养蚕。太阳一出，田野里飘荡着布谷鸟的叫声，农民带着锄犁下田劳作。而自己地无一尺，有谁会相约结伴从事春耕呢？这几句诗描写了春天蚕事，农事的紧张活动，但诗人抒发自己因地无一尺而不能参与农事的忧悒。

傅说降霖雨，公输造云梯。

这两句是说，如皇帝重用我，也能起到傅说那样"及时雨"的作用，也能像鲁班那样发挥造云梯的才能。

羌戎事未息，君子悲涂泥。报国有长策，成功羞执珪。

我国西部的羌戎扰边战事不息，人民生活极端困苦，正义的君子都为人民苦难而悲伤。诗人的理想是"扶社稷、济苍生"，他关心人民的疾苦，有报国的良策，如理想实现，便功成身退，不求封赏。

无由谒明主，杖策还蓬藜。

无有机缘拜见皇帝，不能游说万乘，理想将无法实现，政治之路将堵塞不通，只能拄着拐杖退到民间，退隐山林！

他年尔相访，知我在磻溪。

诗的最后两句告别李冽弟，以后你若来相会，就到磻溪找我，我仍在那里垂钓。这两句诗反映李白两种思想，一是暂时归隐，学姜尚垂钓磻溪，二是仍想出世寻志，等待时机，施展抱负。

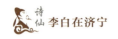

【赏析】

这首诗反映了诗人放还辞朝后的复杂矛盾的思想状态，描写了世态的炎凉，称赞了与李冽兄弟的情谊。

诗的开始，诗人对自己在长安供奉翰林的生活进行总结，"献主昔云是，今来方觉迷。"也就是说，当初仰天大笑奉诏入京时，正像楚人献鸡一样，对皇帝一片忠诚。然而不到三年的文学侍从的生活，使他目睹了朝政的黑暗、吏治的腐败，谗言的诋毁，从而对唐王朝有了较清醒的认识，感到过去是个迷误。

辞朝离京后，诗人"攀龙忽堕天"，从天上落到地下，原来"当时笑我微贱者，却来请谒为交欢"，而今"相知"人不见了，"前门长揖后门关，今日结交明日改"，风飘落日，幽关寂寂，无有来访者的踪迹，使诗人备感世态的炎凉，人情的冷暖。

身处逆境中的李白，他忧愁、愤激、苦闷，但他没有沉沦、没有绝望、没有出世而走。傲岸豪放的诗人，仍然有两种思想在他胸中激荡，一是为其理想，为国为民，在奋争做点事。如诗中所写，他面对明媚的春光，悦耳的布谷声，农民荷锄拥犁春耕大忙，他很想参与劳作，但地无一尺无法参与，即想干没有一个平台；他面对边关有难，人民涂炭，也很想像傅说、鲁班一样发挥作用，发挥技能，但没有人重用他，所以只能悲叹自己空怀其才！二是幻想皇帝有朝一日起用他。诗人在多首诗中表现身在江湖心存魏阙。从"知我在磻溪"，表明仍想等待时机，施展抱负。诗人有报国的良策，有"成功羞执珪"的侠义美德，但没有机缘见到皇帝，无法实现自己的才智。政治之路被奸佞堵塞，但上帝为诗人开辟了一条广阔的大道，那就是在创作道路上，使李白成为伟大著名的浪漫主义诗人。

随着思想感悟的起伏变化，针对不同时期的思想特点，诗人采用恰切的历史典故、历史人物、典型事例和景物，来表现复杂矛盾的思想，塑造出既悲古忧愤又自信、豪迈不屈的伟大诗人形象。

诗中以花萼比喻兄弟情谊，形象具体、美丽，非常生动，给人以美感。

送薛九被谗去鲁 ①

天宝十年（751），李白写于鲁郡沙丘。

宋人②不辨玉，鲁贱东家丘③。

我笑薛夫子，胡④为两地游？

黄金消众口⑤，白璧竟难投⑥。

梧桐生蒺藜，绿竹乏佳实。

凤凰宿谁家，遂与群鸡匹。⑦

田家⑧养老马，穷士归其门。

蛾眉笑躄者，宾客去平原。

却斩美人首，三千还骏奔。⑨

毛公⑩一挺剑，楚赵两相存。

孟尝习狡兔，三窟赖冯谖⑪。

信陵⑫夺兵符，为用侯生⑬言。

春申⑭一何愚，刎首为李园。

贤哉四公子，抚掌黄泉里。

借问笑何人，笑人不好士。

尔去且勿喧，桃李竟何言。

沙丘⑮无漂母⑯，谁肯饭王孙。

【注释】

①薛九：李白的朋友，生平事迹不详。

②宋人：宋国有个愚人，得到一块普通的燕石，却把它当作宝石珍藏家中。此句借以讽刺世人不辨真假贤愚。

③东家丘：此处指孔子。王琦《李太白全集》（中国书店 1996 年版）第 381 页注：沈约《辩圣论》：当仲尼在世之时，世人不言为圣人也。……或以为东家丘，或以为丧家犬。意为轻视孔子。

④胡：何为，为什么。

⑤黄金消众口：化用"众口铄金"之典。意为众口所毁，可使黄金熔化。《国语·周语》："故谚曰：'众心成城，众口铄金'。韦召注：'铄，销也。众口所毁，虽金石犹可销之也'。"

⑥白璧竟难投：据《史记·邹阳列传》（《二十四史》，中华书局 2000年版，传八十三·《邹阳列传》二十三，第 1919 页）载，将明月之珠，夜光之璧，暗暗地放于路中，过往的人都按剑斜目而视，认为真正的珠玉，不会放在路上，因此没有去取。

⑦梧桐生荑藜，绿竹乏佳实。凤凰宿谁家，遂与群鸡匹：化用《庄子·秋水》篇（《百子全书》，岳麓书社 1993 年版，第 4566 页）："夫鹓雏，发于南海而飞于北海，非梧桐不止，非练实不食。"鹓雏即凤凰，诗中以凤凰比喻薛九，说其无处托身生活。

⑧田家：即田子方，魏文侯的老师。据《韩诗外传》卷八载：田子方外出，见路上一老马，就问车夫，这老马跑在路上是怎么回事？车夫说，这是主人看马老啦，不中用啦，故意放在外边。田子方说，这马少壮时出力流汗，而到老就抛弃它，真是不仁义啊。接着用一束帛把马买回，归家饲养。穷士们闻此信息，便归附他家。这里以老马喻薛九，既为其才被世遗弃表示愤懑，又希望薛九像老马一样幸运找到知遇。

⑨蛾眉笑躄者，宾客去平原。却斩美人首，三千还骏奔：写赵平原君斩美人之首的事，反映其好士的真切之心。《史记·平原君列传》（《二十四史》传七十六·平原君第十六，中华书局2000年版，第1855页）：平原君家中的楼临民家，民家有躄者，盘散行汲。平原君美人居楼上，看到躄者行路样子便大笑。躄者气愤，给平原君说，我很不幸得此病，您的后宫美人却耻笑我，要求您斩那个美人之首。平原君笑着答应此事。那躄者走后，平原君说，你看这小子因为笑了笑要杀我的美人，真是太过分啦，终没有杀。过了一年，宾客门下舍人走了过半。平原君感到奇怪，问其原因，门下一人说，因为你不杀笑躄者，说明你爱色而贱士，所以这些门下宾客都离开出走。平原君听后，便斩美人的头，以实现应诺。之后，宾客们陆续回到他的门下。

⑩毛公：即毛遂，战国时人，平原君的门客，没有突出的表现。秦国围攻邯郸时，赵使平原君向楚求援，准备在门客中挑送随行人员，要求文武兼备。这时，毛遂自荐随往，表示能胜任此事。谈判中，楚王犹豫，议事不决，此时，毛遂拔剑上阶，慷慨陈词："王之所以叱遂者，以楚国之众也。今十步之内，王不得恃楚国之众也，王之命悬于遂手。吾君在前，叱者何也？楚地方五千里，持戟百万，此霸王之资也。以楚之强，天下弗能当。白起，小竖子耳，率数万之众，兴师以与楚战，一战而举鄢、郢，再战而烧夷陵，三战而辱王之先人。此百世之怨而赵之所羞，而王弗知恶焉。合纵者为楚，非为赵也。"在毛遂分析当前形势，追述历史往事，晓以利害，动之以情的说服下，楚王答应出兵援赵，实现楚赵合纵。这两句以毛遂自荐的故事，勉励友人薛九。见《史记·平原君列传》。

⑪冯谖：齐孟尝君门下士，曾为孟尝君执政和安身立命出谋献策。据《战国策·齐策》载（王延栋：《战国策译注》，中华书局2017年版，116页）："冯谖，为孟尝君收债于薛，矫命以债赐诸民，因烧其券，长驱到齐。孟尝君见之曰：'债毕收乎？'曰：'收毕矣。''以何市而返？'谖曰：'君云视吾家

所寡有者。臣窃计……君家所寡有者以义耳，窃以为君市义。'孟尝君不悦。期年，孟尝君就国于薛，民扶老携幼迎君道中。孟尝君顾冯谖曰：'先生所为市义者，乃今日见之。'冯谖曰：'狡兔有三窟，仅得免其死耳。今君有一窟，未得高枕而卧也，请为君复鉴二窟。'西游梁，谓梁王曰："齐放其大臣孟尝君诸侯，诸侯先迎之者，富而兵强。'于是梁王遣使者聘孟尝君。梁王使三反，齐王闻之，遣太傅谢君曰：'寡人不祥，被于宗庙之祟，沉于谄谀之臣，开罪于君，寡人不足为也。愿君顾先王之宗庙，姑反国万人乎！'冯谖戒孟尝君曰：'愿请先生之祭器，立宗庙于薛。'庙成，还报君曰：'三窟已就，君姑高枕为乐矣。'孟尝君为相数十年，无纤芥之祸，冯谖之计也。"

⑫信陵：即魏无忌。战国时魏宗室大臣。

⑬侯生：即侯嬴，战国时魏国隐士，信陵君慕名访求，迎为上宾。秦攻赵，围邯郸。信陵君姊为赵王弟平原君夫人，多次向魏求救。魏王使将军晋鄙带兵十万救赵，因受秦使威胁，停于中途鄴的地方，观望不前。侯生向信陵献计，使魏王宠姬于卧内窃得兵符，并使朱亥随往。信陵至鄴地，假托魏王令合符，晋鄙对此怀疑，朱亥即把鄙椎杀，遂带领军队抗秦，使秦军退却，解救邯郸之危。事见《史记·魏公子列传》。(《漓江出版社2018年版，第390页》)

⑭春申：即黄歇。战国时为楚相，因不听朱英的劝告，终被李园所害。据《史记·春申君列传》(《二十四史》传九十八·春申列传第十八，中华书局2000年版，第1869页）载，楚考烈王无子，李园进其女弟与春申君，使其有孕，然后把她送给楚王，后生男孩，立为太子。李园做的事，只有春申知晓，怕事情将来败露，就暗养杀手，想谋杀春申君，门客中有个叫朱英的，颇知其事，就以利害祸福告诉春申君，让他早做准备，做到先发制人，不然可能灾祸临头。但春申君不听。后考烈王死，李园果先入据权，使杀手埋伏于棘门之内，春申君进门时被杀。这两句是说春申君不用贤人，不听贤人劝告而招致杀身之祸。

⑮沙丘：在兖州（鲁郡）治城瑕丘东门外二里，见乾隆《兖州府志》卷十九。这里沙丘代指瑕丘。

⑯漂母：在水边漂洗衣服的老妇。西汉韩信落魄时，漂母曾管他一顿饱饭。为报此恩，韩信以千金酬谢全国的漂母。这里借此典故嗟叹薛九在困境中得不到帮助。

【句解】

宋人不辨玉，鲁贱东家丘。我笑薛夫子，胡为两地游？

宋愚人分不清玉和石，把普通的石头当宝玉珍藏。鲁地一些人对有文化有教养的孔子称为"东家丘"。我笑薛夫子来这种世风不好之地，竟在两处地方谋业。

黄金消众口，白璧竟难投。

即众口铄金，众口诋毁，可以使黄金熔化，言其谎言，谣言泛滥盛传，足能混淆是非，毁掉一个人的声誉。白璧竟难投，是说世人对真的明月珠、夜光璧因置于道中，认为不可能是真的，竟无人拾取。以此讥刺世俗人不识真宝，以真为假。

梧桐生荑藜，绿竹乏佳实。凤凰宿谁家，遂与群鸡匹。

薛九似困顿中的凤凰，梧桐有荑藜不能栖住，绿竹无佳实可吃，飞到哪一家都与鸡在一起。喻薛九处境的困难。

田家养老马，穷士归其门。

以田子方收养被主人遗弃老马的故事，喻薛九遭谗言诋毁被世人遗弃，诗人对此深表同情和愤慨，同时希望薛九与老马一样有个好的归宿。

蛾眉笑躄者，宾客去平原。却斩美人首，三千还骏奔。

平原君的美妾因讥笑一跛腿的宾客引起的故事，美女的讥笑，跛腿者恼怒，要求斩首美女，平原君应而没做，使宾客纷纷离去。后，平原君斩美谢士，宾客又都骏奔而回。这个故事说明平原君重士，重然诺，对宾客

221

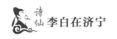

士人的高度尊重。在今天看来，那位讥笑残者确有错，应该教育处罚，而杀掉是极错的，也反映战国时妇女地位的低下。

毛公一挺剑，楚赵两相存。

这是毛遂自荐的故事，毛遂以自己的勇武和才智，挺剑上阶，陈词楚王，终使"楚赵两相存"。这个故事说明毛遂的勇武过人，才智超群，表现士人发挥出巨大作用。

孟尝习狡兔，三窟赖冯谖。

是孟尝君门客献计"狡兔三窟"的故事。冯谖从当时齐国的政治斗争和进退有路献出三条计谋：一、薛地烧债券收买人心；二、千方百计恢复相位；三、薛地立宗庙，建立保自己的地盘，此为狡兔三窟。使孟尝君为相数十年，无"纤芥之祸"，平安无事。这个故事，说明宾客冯谖出谋献策所发挥的重要作用。也说明孟尝君对士的重视及采纳士的良谋。

信陵夺兵符，为用侯生言。

这是信陵窃符，却秦救赵的故事。当将军晋鄙按兵不动之际，信陵君采纳侯生窃取兵符，代将用权的计谋，使却秦救赵成功。说明信陵君重视士及士所发挥的重要作用。

春申一何愚，刎首为李园。

这是春申君为李园所害的故事。在楚宫廷的矛盾斗争中，门客朱英经分析判断，劝告春申君早有准备，要先发制人，不然可祸及其身。但春申思想麻痹，不听劝告。后，被李园所杀。这个故事从另一面说明士人的作用，不听士人劝，就会遭到失败。

贤哉四公子，抚掌黄泉里。

战国时以礼贤下士著称的平原君、孟尝君、信陵君、春申君四公子，早已逝去抚掌黄泉。

借问笑何人，笑人不好士。

其意是，借问你笑什么人？我讥笑那些不知爱士的人。

尔去且勿喧，桃李竟何言。

薛九你离开鲁地，要像"桃李无言，下自成蹊"那样，多做少说，脚踏实地干些事情。

沙丘无漂母，谁肯饭王孙。

沙丘这个地方没有像当年给韩信送饭的漂母，谁肯接济你这落魄的公子。

【赏析】

李白在供奉翰林期间，受到一些权贵者的谗言诋毁，结果被赐金放还，"一朝去金马，飘落成飞蓬"。诗人含冤受屈，一腔愤怒和怨气，如火在燃烧，似涛在奔腾。而今看到友人薛九被谗离鲁，他感同身受，以强烈的同情心写了这首送别诗。

诗揭示了薛九所处的生活环境和社会环境，描写了被谗后困顿的状况，并连用五个历史典故，在赞颂古贤者的同时，对"不好士"社会现实进行深沉的抨击和批判。

诗开始以"宋人不辨玉，鲁贱东家丘""众口铄金""白璧难投"等事，揭露不辨真假，是非不分；好人受"贱"，白璧难投，流言蜚语，谗言害人等污浊的社会环境，坚持正义、有才德的薛九，在这样的地方处事，极易受到谗言的诋毁。

"梧桐生荑藜，绿竹乏佳实。凤凰宿谁家，遂与群鸡匹。田家养老马，穷士归其门。"六句，描写薛九的思想苦闷和生活的困顿。以落魄的凤凰喻薛九，梧桐不能栖息，竹实无法充饥，只能落入鸡群，与鸡相匹。又以老马相喻，被遗弃野外，几无生计可寻。对此穷困潦倒，诗人表现无限的怜悯。

"蛾眉笑躄者，宾客去平原。却斩美人首，三千还骏奔。毛公一挺剑，楚赵两相存。孟尝习狡兔，三窟赖冯谖。"八句，连用五个历史故事，

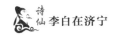

如狂涛奔涌，一气呵成：即平原君为取得宾客跛者的信任，不惜杀掉美妾；毛遂自荐，平原君信任，大智大勇，使楚赵相存；冯谖献计"狡兔三窟"，孟尝君采纳实施，官运亨通，无纤芥之祸；信陵用侯生建言，窃符却秦，解赵之危；春申不听士人朱英劝告，为李园所杀。在这里，诗人以极大的激情和热情颂扬战国的四公子礼贤下士，讴歌宾客士人的大智大勇及做出的巨大贡献。但这不是诗人的目的，其目的在于以古讽今，以古之明刺当今之暗。所以诗人用蔑视的口吻喊出"借问笑何人"？接着又愤怒答道"笑人不好士"！诗人讥笑朝廷奸佞当道，贤能受害，黑白颠倒，贤愚不分；讥笑那些权贵珠玉买歌笑，糟糠养贤才；讥笑社会的黑暗和不公，"骅骝拳跼不能食，蹇驴得志鸣春风"；讥笑"不好士"的黑暗政治和谗言、谎言、谣言满天飞的社会歪风。

诗的最后两句，劝慰薛九，在鲁地没有善良的"漂母"给你送饭，没有人接济你这落魄的公子，还是离开这里到外地谋生吧。你到外地不要过多地宣扬自己，要牢记"桃李不言，下自成蹊"的道理，脚踏实地地做出实绩，就会有众多的人拥戴你。

本诗的一大特点就是用典，在写战国四公子的部分，是句句典，用典说事，用典议理，用典抒情，这种以古讽今的写法，让读者在古今鲜明的对比中，形象具体地赞颂古代爱国爱民的贤能之人，也较明显地揭露和批判社会现实的黑暗。

别鲁颂 ①

李白游泰山时，送别友人鲁颂，写此诗相赠。

谁道泰山高，下却②鲁连节。

谁云秦军众，摧却③鲁连④舌。

独立⑤天地间，清风洒兰雪⑥。

夫子⑦还⑧倜傥⑨，攻文⑩继前烈⑪。

错落⑫石上松，无为⑬秋霜折。

赠言镂⑭宝刀，千岁⑮庶⑯不灭。

【注释】

①鲁颂：李白的朋友，生平不详。

②下却：低于。下：低。却：于。

③摧却：挫败。张相《诗词曲语辞汇释》："却，犹于也。李白《别鲁颂》诗：'谁道泰山高，下却鲁仲节。谁云秦军众，摧却鲁连舌。'下却，犹云低于也。言鲁连有高节，泰山虽高，低于鲁连之节也；摧却，犹云挫于也，言秦军虽众，挫于鲁连三寸之舌也。"（引自安旗：《李白全集编年笺注》，中华书局 2017 年版，第 374 页）

④鲁连：即鲁仲连。战国时齐国人，善于出谋划策，常周游各国，排难解纷，秦军围赵都邯郸时，曾以利害进说赵魏大臣，劝说阻止尊秦昭王为帝，并使秦军后退五十里。事后，拒绝接受赵国的封赏。

⑤独立：超群出众。

⑥清风洒兰雪：形容鲁仲连德操高洁，心地纯美。

⑦夫子：指鲁颂。

⑧还：若。言夫子若是个倜傥之士，则仿效鲁仲连去做。

⑨倜傥：超群、洒脱、豪爽。

⑩攻文：攻，通"工"，即擅长文辞。

⑪前烈：指以前建功立业的人。

⑫错落：犹磊砢，树木多节的样子，以喻人之有奇才异行。

⑬无为：不被。

⑭镂：雕刻。

⑮千岁：指时间长久。

⑯庶：此用作副词，表示期望。

【句解】

谁道泰山高，下却鲁连节。谁云秦军众，摧却鲁连舌。

这两联主要赞美鲁仲连的高尚节操和足智多谋的舌战技能。谁说泰山高，它可低于鲁仲连高尚节操；谁说秦军众多，它可挫败于鲁仲连三寸之舌。

独立天地间，清风洒兰雪。

鲁仲连是脱俗超群的世上英杰，他智高胆大，节操高洁，心地纯美。这是对鲁仲连的高度赞美。

夫子还倜傥，攻文继前烈。错落石上松，无为秋霜折。

对鲁颂的赞美、期望。夫子若似鲁仲连超群不凡，洒脱不拘，就要以他为榜样，像前人一样善于文辞，建功立业，如有磊砢的青松，不为秋霜摧折。

赠言镂宝刀，千岁庶不灭。

把赠言雕刻在宝刀上，期望永久地存在下去。其意是，希望友人牢记赠言，时时激励自己，践行大志，一展雄姿。

【赏析】

这首诗以鲁仲连节高超泰山，舌退秦军的故事为兴，赞颂友人的倜傥风貌和大志宏图。

诗的前两联，用笔突兀，比喻奇特，以最小比最大，即以最小的"鲁连节"比巍峨的泰山；以最少比最多，即以"鲁连舌"比"秦军众"，鲁仲连一人战胜了秦军的千军万马。通过这两个比喻，一个节操高尚、智多谋广的英杰形象立了起来，给读者留下难忘印象。

诗的后半部分通过写友人倜傥的风姿、工文的才华、建功立业的志向、不惧秋霜的坚强及牢记赠言的诚心等方面，对友人进行赞颂。全诗语言简洁，比喻新奇，对比鲜明，既奔放充溢着豪气，又飘逸含着深情，体现了李白诗的风格。

齐有倜傥生　古风其十 ①

开元二十五年（739），写于东鲁。

齐有倜傥生，鲁连特高妙。②
明月出海底，一朝开光曜。③
却秦振英声，后世仰末照。④
意轻千金赠，顾向平原笑。⑤
吾亦澹荡人，拂衣可同调。⑥

【注释】

①齐：先秦古国，周武王封太公望于此，建都于今山东临淄。齐为战国七雄之一。倜傥：洒脱不拘，超凡脱俗。生：古时对读书人称"生"，此处指鲁仲连。

②鲁连：即鲁仲连，战国时齐人，任侠仗义，好为人谋，排难纾困，不贪求仕宦钱财。妙：神妙，美好，美妙。高妙：节高志妙，节操高尚，志趣美好。

③明月：珍珠名。古时常以此比喻杰出人物。曜：照耀，亮。

④却秦：鲁仲连退秦军的故事。司马迁《史记·鲁仲连列传》（中华书局 1982 年版，第 2459 页）载：公元 247 年，秦兵围攻赵国，赵陷危机，求魏国救助，魏惧秦军势强，不仅不出兵，反而派出说客劝赵尊秦为帝。鲁仲连听说后，批驳了魏国说客的意见，并献出抗秦的奇谋良策，使得说

客灰溜溜回魏。秦军听到鲁仲连抗秦谋略，退军五十里，从而解救了赵国危难。振英声：传播英才的事迹和赞誉。仰：仰慕。末照：余光。此句喻后世传颂鲁仲连却秦的事迹。

⑤意轻句，指鲁仲连拒收酬金之事。据《史记·鲁仲连传》记载：鲁仲连运用智谋，退却秦军后，邯郸解围，赵国平原君对鲁仲连三次封以爵位，以示答谢，但鲁仲连坚决拒受。平原君又以千金相赠，鲁仲连笑着对他说："天下之士所以尊贵，是因为他们排患释难，解纷止乱，不收取任何酬谢，收取回报酬金者只能是图利的商人，我鲁连不忍心做那样的事。"说完辞去。以此事赞扬鲁仲连侠肝义胆，重义轻利。

⑥澹荡：淡泊闲适。拂衣：此处指归隐。同调：风格、情调相同。此处指功成隐退与鲁仲连的志向情趣相合。

【句解】

齐有倜傥生，鲁连特高妙。

齐国的鲁连，有倜傥不拘的风貌和节高志妙的情操。

明月出海底，一朝开光曜。

明月为珍珠名。此处以"明月"喻鲁连，他将要开光照耀，光彩照人。

却秦振英声，后世仰末照。

鲁连退秦军之事。秦军围赵，赵国求救。鲁连运用超凡的谋略使秦军后退五十里，赵得以解危。这件事表现了鲁连的大智大勇，为后人所仰慕。

意轻千金赠，顾向平原笑。

退秦后，赵国平原君对鲁连曾三次封爵和赠千金，均被鲁连拒受。说明他为人解纷排难，不求利禄的高尚节操。

吾亦澹荡人，拂衣可同调。

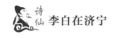

鲁连淡泊名利，功成退隐，这正符合他的志向。

【赏析】

全诗的着力点是写鲁仲连的"特高妙"。诗人仅用十句诗，从鲁仲连的倜傥无拘和光耀如珠的风貌，使秦军后退的才智，辞受封爵和赠金的节操，功成身退的安排四个层面，也可以说从四个角度塑造了一个赴人急难、才智超群、侠肝义胆、仗义推恩的古侠士形象。李白的政治理想，"达则兼济天下，穷则独善其身"，"事君之道成，荣亲之义毕"，然后跟范蠡、张良等一样，功成身退，这是李白一生追求的理想，所以李白写鲁仲连这位侠士人物时，既表现了他对侠士的赞美和欣赏，也隐喻古侠士是他学习的榜样，像他们一样建功立业，然后功成身退。

客中作

李白漫游途中，客宿兰陵，饮兰陵美酒，特作此诗。时间应为开元年间。

兰陵美酒郁金香，玉碗盛来琥珀光。^①
但使主人能醉客，不知何处是他乡。^②

【注释】

①兰陵：古地名。唐时为沂州丞县。今山东省兰陵县。兰陵美酒：历史悠久，据传可上溯到殷商，唐朝时此酒销往长安、江宁、钱塘等名城。见李金慧、刘艳娟编著：《唐诗酒趣》，大连出版社 2019 年版，第 12 页。郁金香：一种香草，香味浓烈。古人用这种草浸酒。用此草浸过的酒，呈金黄色，醇厚芳香，饮后回味绵长。郁金草，其类有二，一是用根，微有香气，产中国；一是用花，香气酷烈，产西域。此指后者而言。《本草纲目·草部》：时珍曰：……郁金出罽宾，国人种之，先以供佛，数日萎，然后取之。色正黄，与芙蓉花裹嫩莲者相似，可以香酒。又《唐书》云：太宗时伽毗国献郁金香，叶似麦门冬（麦冬），九月花开，状似芙蓉，其色紫碧，香闻数十步……二者皆同，但花色不同，种或不一也。古乐府云："中有郁金苏合香"者，是此郁金也。晋左贵嫔有《郁金颂》云："伊有奇草，名曰郁金。越自殊域，厥珍来寻。芳香酷烈，悦目怡心。明德惟馨。"见安旗：《李白全集编年笺注》，中华书局 2017 年版，第 357 页。玉碗：玉质的酒碗，晶莹透明。琥珀：松柏树脂的石化物，呈黄色或赤褐色。诗中形容兰陵美酒似琥珀的颜色。

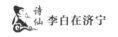

②但：只，只要。

【句解】

兰陵美酒郁金香，玉碗盛来琥珀光。

诗人漫游途经兰陵，此地盛产美酒，是以香料郁金香浸泡制作而成，这种酒盛在晶莹润泽的玉碗里，现出琥珀样的光泽，实是味醇色美，故曰"兰陵美酒郁金香，玉碗盛来琥珀光"。

但使主人能醉客，不知何处是他乡。

在主客倾杯痛饮时，诗人发出醉语，豪语：只要主人让我沉醉，到那时就不知身在何处，他乡在哪里。

【赏析】

这是一首咏物诗，借咏酒抒情。诗只四句，其风格自然、明快、轻丽、朗朗上口，易懂易记。诗的核心点是"但使主人能醉客"的"醉"字，它包含着诗人的欢愉之乐，把酒倾杯的友情之乐；还包含着兴致勃发的豪逸之乐，开怀畅饮的酣酒之乐，这几种"乐"交织在一起，使诗人飘飘然、醺醺然，达到一种沉醉的境界。正因酒之沉醉，不知身在何处，不知他乡在哪里。（因为离开故乡，走到哪里都是他乡）这种饮酒境界，李白写的《鲁中都东楼醉起作》"昨日东楼醉，还应倒接䍦。阿谁扶上马，不省下楼时"有点相似，再往后至宋代李清照写的"常记溪亭日暮，沉醉不知归路"也是这种景况。"但使主人能醉客，不知何处是他乡"的弦外音、诗外诗，则表现诗人饮酒中的乐中见豪，展现诗人乐观自信的雄风。

"不知何处是他乡"一句的注解，众注家说法不一，可谓仁者见仁，智者见智。现记录于下，以供参考。

面对主人的盛情，面对美酒的芬芳，诗人情不自禁地发出了"何处是他乡"的询问。"是的，这么好的酒究竟产在什么地方呢？"见郑修平先生《李白在山东诗文集注》（济宁新闻出版局 1991 年版，第 31 页）。

"乐于在客中，乐于在朋友面前尽情欢醉的情绪完全支配了他。由身在客中，发展到乐而不觉其为他乡，正是这首诗不同于一般羁旅之作的地方。"见《唐诗鉴赏辞典》（上海辞书出版社 1983 年版，第 335 页）。

"只要主人有好酒让我沉醉，就无须知晓身在何处，哪里是他乡。"见李金慧、刘艳娟《唐诗酒趣》注①。

诗的后两句是诗人在醉眼蒙眬中回答主人的殷勤询问："很好，很好！只要让我喝个一醉方休，我就不管身在他乡何处，把你的家当作我的家。"见贾其贤：《新编译注唐诗三百首》（山东文艺出版社 2005 年版，第 179 页）。

以上四种阐释，拓宽了思路，开阔了眼界，从哪种角度考虑都是有见地的。但如何能更接近诗的本义，要综合作者、背景，特别是诗的内容一并分析，才能作出比较确切的解释。

答从弟幼成过西园见赠

天宝年间，李白去朝后作于鲁郡。

一身自潇洒^①，万物何嚣喧^②。

拙薄^③谢^④明时，栖闲归故园。

二季^⑤过旧壑，四邻驰华轩^⑥。

衣剑照松宇，宾徒光石门。

山童荐^⑦珍果，野老开芳樽。

上陈樵渔事，下叙农圃言。

昨来荷花满，今见兰苕^⑧繁。

一笑复一歌，不知夕景昏。

醉罢同所乐，此情难具论^⑨。

【注释】

①潇洒：超逸脱俗。

②嚣喧：声音大而杂乱。

③拙薄：性拙才薄。

④谢：不用。

⑤二季：指幼成、令问。

⑥华轩：华丽的车子。

⑦荐：献。

⑧兰苕：春兰之花。《文选》郭璞《游仙诗》："翡翠戏兰苕。"李善注："兰苕，兰秀也。"见安旗《李白全集编年笺注》。

⑨具论：全部陈述。

【句解】

一身自潇洒，万物何嚣喧。

诗人知己超逸脱俗，不同常调，现闲居家中，外面的万事万物何等的喧闹。

拙薄谢明时，栖闲归故园。

我性拙才薄，盛世不用，只好栖息家中过闲适清静的生活。此处"拙薄"是李白的谦辞，用以说明离朝原因，实际是对朝廷的不满。

二季过旧壑，四邻驰华轩。衣剑照松宇，宾徒光石门。

弟幼成、令问听说我回到家中，他们从外地越岭过壑来到西园，七里八乡的亲朋四邻络绎不绝赶来，宾客们经过园中石门，似乎石门有了光彩，远路宾朋的车马停放于园中的树林里，他们的锦衣宝剑挂在松树枝上，阳光透过树隙照下来，使松树间出现一种新的景象。

山童荐珍果，野老开芳樽。上陈樵渔事，下叙农圃言。

西园内摆开宴席，山童高兴地进献各种珍果，老农乐哈哈地摆开芳樽，他们说着砍柴渔猎的故事，又谈起农圃种植粮食和蔬菜的情况。

昨来荷花满，今见兰苕繁。

是说园内池塘里开满了荷花，地上长着繁茂的兰苕。这两句写环境的优美。

一笑复一歌，不知夕景昏。醉罢同所乐，此情难具论。

主要写酒酣欢歌同所乐的情景。笑一阵，歌一阵，欢歌酒酣，大家沉浸于快乐的气氛中，不知不觉已到了黄昏。诗人、两个弟弟和前来的宾客都是开怀

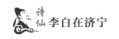

畅饮，心情兴奋，耽于酒乐，此情此景的兴致实在难以言传。

【赏析】

  这首诗写李白辞朝归家后与诸从弟及众乡亲同聚的欢乐，表现诗人与他们之间的亲密关系。

  诗人在诗的开头交代了弃"嚣喧"栖闲故园后，用主要的笔墨写西园的聚会之乐。这个西园什么样？诗人没有专门描写，多半是顺笔而为，便见西园之美。西园内有高大的人造石门，进门后，一条宽宽的甬道，一边是小湖，荷花盛开，另一边是青翠的松树林，西园内到处是繁茂的兰苕……园中间有接待大厅，厅前有高大的树木掩映。这一天，诗人之弟幼成、令问，两人风尘仆仆地来到西园，七里八乡的亲朋四邻，纷纷赶来，有的骑马，有的步行，还有些人坐着华丽的车子，他们陆陆续续地通过石门，把车马放到松树林，然后进入宴会大厅，山童献上稀奇的水果，野老打开喷发香味的酒坛，满桌子丰盛的奇珍美味，在诗人开场白后，大家开怀畅饮，"一笑复一歌"，一杯复一杯，满厅里欢笑声、碰杯声、咏诗歌唱声，交织在一起形成美妙的乐章。与诗人的相聚之乐使人们的思绪在飞扬，心潮在激荡，此时的心情无法用语言表述，大家都沉浸在酒酣之中，沉浸在与诗人相聚的友好气氛之中。

  此诗没有用典，语言通俗易懂，如"荐珍果""开芳樽""陈樵渔事""叙农圃言"等，乡村生活气息浓郁，形象生动感人。

送友人①

青山横北郭，白水绕东城。②

此地一为别，孤蓬万里征。③

浮云游子意，落日故人情。④

挥手自兹去，萧萧班马鸣。⑤

【注释】

①诗题目为《送友人》，然细读诗意，似不是送友人，而是别友人。安旗、郁贤皓先生认为"浮云游子意"当为自指，故诗题应为"别友人"。

②郭：外城，古时城有两道，内为城，外为郭。白水：明净的水。

③一：助词，加强语气。为别：分别。孤蓬：蓬是一种植物，草枯后根断，又名"飞蓬"，常随风飞旋。孤蓬，喻独自漂泊似蓬草随风飘转。征：远征，远行。

④浮云二句：王琦（《李太白全集》，中国书店1996年版，第406页）注："浮云一往而无定迹，故以比游子之意；落日衔山而不遽去，故以比故人之情。"浮云：比喻人的行踪不定。落日：比喻故人之情，抒写与友人的难舍难分之情。

⑤兹：此，指此时此地。萧萧：马的嘶叫声。班马：离群的马。班，离别。

【句解】

青山横北郭，白水绕东城。

点明别友人的地点和环境。青山横亘此郭，河水绕流东城，山青青，水潺潺，风光秀美。

此地一为别，孤蓬万里征。

这两句点明题旨，此地一别，孤独一人，将像飞蓬一样漂泊到万里之外。

浮云游子意，落日故人情。

以浮云比喻游子的漂泊不定，以落日不忍快速离开大地比喻依依不舍的友情。游子，即指诗人自己。"游子意"，除含漂泊之意外，还包含着诗人的理想志向，宽广豪放的胸怀。"故人情"，因由红艳落日和满天红霞比喻，除难舍难离之意外，还含着情的温度和情的灿美。

挥手自兹去，萧萧班马鸣。

友人间相互挥手，表示依恋，表示深情，表示再见！内心有好多话要说，但诗人没有写，而写两匹马临别时萧萧长鸣，好似有无限的深情。写马之情，实是写人之情。

【赏析】

这是一首诗中有画，画中有诗，充满诗情画意的赠别诗。

这是一首节奏明快、自然清新、脍炙人口、被选入教材的佳作。

这首诗八句，仅 40 个字，围绕一个"情"字，着力一个"景"字，追求一个"美"字，使其内容和形式达到完美的统一。

诗的第一联"青山横北郭，白水绕东城"，是一幅青山拥翠，横亘此郭，河水荡波，白水绕城的美丽画图。在这幅美山秀水的画图中，诗人和友人骑马缓行，侃侃而谈。画图中的人，人心目中的画，似相融，达到一

238

个美的境界。这两句中"青山"对"白水","北郭"对"东城",首联即写成工丽的对偶句,别开生面;而且"青""白"相间。色彩明丽。"横"字勾勒出青山的静姿,"绕"字描画白水的动态,用词准确而传神。诗笔挥洒自如,描摹出一幅寥廓秀丽的图景。(见《古典诗词鉴赏辞典》)

诗的二联点明题旨,此地一别,自己孤独一人,将如飞蓬一样飘转到万里之外。这两句笔法流走,舒畅自然,不拘泥于对仗,别具一格。

诗的三联,"浮云游子意,落日故人情",对仗工整,在达意上以"浮云"喻游子意,既包含着漂泊漫游,行踪不定,也包含着抱志寻仕,一展雄风的情怀。以"红日"喻故人的惜别之情,也包含着热切的浓浓的友情。在山水相映,红霞灿灿的美景里,一对友人难舍难离。这里美景、真情,情景交融,动人心弦。

诗的最后一联,"挥手自兹去,萧萧班马鸣",两人在马上挥手,频频致意,那两匹马似乎懂得主人的心事,饱含着无限的深情,萧萧长鸣。那马的嘶鸣声,带着主人的缱绻情谊,在空中飘荡。

诗中的青山、流水、红日、白云,组成绮丽多彩的画面;友人的挥手,班马的长鸣,形象新鲜,活泼。自然美与人情美交织在一起,写得有声有色,气韵灵动。全诗充溢着真挚热切的情感,画面中流荡着温馨的情谊。美的景,美的人,美的情,暖人胸怀,感人肺腑。

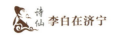

梁甫吟①

此诗当作于开元二十一年（733）。第一次入长安后，干谒受挫，大失所望，但没失去信心，胸中苦闷，又充满希望，此诗反映那时的思想感情。

长啸梁甫吟，何时见阳春②？

君不见，朝歌③屠叟④辞棘津⑤，八十西来钓渭滨。

宁羞白发照清水⑥，逢时壮气⑦思经纶⑧。

广张⑨三千六百钓，风期⑩暗与文王亲。

大贤虎变⑪愚不测，当年颇似寻常人。

君不见，高阳酒徒起草中，长揖山东隆准公。

入门不拜逞雄辩，两女辍洗来趋风。⑫

东下齐城七十二，指挥楚汉如旋蓬⑬。

狂客⑭落魄⑮尚如此，何况壮士⑯当群雄！

我欲攀龙⑰见明主，雷公⑱砰訇⑲震天鼓⑳。

帝旁投壶多玉女，三时大笑开电光，倏烁晦冥起风雨㉑。

阊阖九门不可通，以额叩关阍者怒㉒。

白日㉓不照吾精诚㉔，杞国无事忧天倾㉕。

猰貐㉖磨牙竞人肉，驺虞㉗不折生草茎。

手接飞猱搏雕虎，侧足焦原未言苦㉘。

智者可卷㉙愚者豪㉚，世人见我轻鸿毛㉛。

力排南山三壮士，齐相杀之费二桃㉜。

吴楚弄兵无剧孟，亚夫咍尔为徒劳㉝。

《梁甫吟》，声正悲。张公两龙剑，神物合有时㉞。

风云感会起屠钓，大人嶷屼当安之㉟。

【注释】

①梁甫吟：又作《梁父吟》，乐府旧题。《乐府诗集》卷四十一列于《相和歌辞·楚调曲》，声调悲凉。梁甫，又名梁父，山名，即泰山下的梁父山，古时葬死者之处。今存古辞题名为诸葛亮所作，主题是感怀齐相晏婴用二桃杀三士之事。《三国志·蜀志·诸葛亮传》(吴顺东等译注：《三国志全译》卷三十五，贵州人民出版社1994年版，第1342页)："亮躬耕陇亩，好为《梁父吟》。张衡《四愁诗》(《历代名诗一万首》1995年版，第108页)：'我所思兮在泰山，欲往从之梁父艰。'"

②阳春：阳光明媚的春天，比喻佳运，知遇明主以施展抱负。此意说明有志之士何时再遇明主？

③朝歌：殷代京城。今河南淇县。

④屠叟：屠夫，此指吕望(姜太公吕尚)。

⑤棘津：今河南延津县东北。据《韩诗外传》卷七、卷八记载：吕望(吕尚、姜太公)五十岁在棘地做卖食品生意，七十岁在朝歌宰牛，八十岁在渭水滨钓鱼，九十岁遇到文王，政见相合，委以重用。

⑥白发照清水：白发在河边垂钓。

⑦壮气：扬眉吐气。

⑧经纶：治国安邦之术。

⑨广张：即广设钓钩。三千六百钓：吕尚八十岁在渭水滨钓鱼十年，

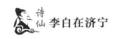

计三千六百天，故云三千六百钧。还有一种说法，吕尚钓鱼志在天下，三千六百，偶举其数，无所取义。

⑩风期：犹风度。此处风期：引申为志向、志趣、政见、谋略，与文王暗合。

⑪虎变：虎皮花纹的更新变化。《易·革卦》（任宪宝编注：《周易》，吉林文史出版社2016年版，第183页）："大人虎变，象曰：其文炳也。"孔颖达疏："损益前王，创制立法，有文章之类，焕然可观，存似虎变，其文彪炳。"后以虎变比喻英杰人物的变化莫测。此意思是说贤者能骤然得志，非愚者所能测之。

⑫君不见，高阳酒徒起草中，长揖山东隆准公。入门不拜逞雄辩，两女辍洗来趋风：叙述汉初郦食其谒见高祖刘邦的故事。《史记·郦生陆贾列传》（中华书局1982年版，第2691页）：郦生食其，陈留高阳人。好读书，家贫落魄，没有职业，无以为生。县中贤豪以为他是狂生，不敢任用。刘邦至高阳传舍，召见郦生。郦生谒见，沛公态度傲慢，并使两个女子给他洗足，郦生长揖不拜，问沛公："你是助秦攻诸侯，还是率诸侯攻秦？"沛公生气骂郦生："你这个不懂事的儒生，天下苦秦久矣，诸侯相率而攻秦，哪有助秦攻诸侯之理！"郦生曰："既然要聚合义兵诸秦，不该那么傲慢见长者。"于是沛公停止洗脚，有礼貌地让郦生上坐，并表示感谢。又说，当初沛公带兵过陈留时，郦生要谒见刘邦，使者报告说是大儒，刘邦听说是儒，拒而不见，郦生"瞋目案剑叱使者"曰：快告知沛公，"我高阳酒徒也，非儒也。"沛公一听，急得没顾上穿鞋，说："快请进来！"起草中：起于民间。山东隆准公：指汉高祖刘邦。山东：泛指华山以东的广大地区。刘邦故乡沛县，亦属山东。隆准：高鼻子。据《史记·高祖本纪》："高祖为人隆准而龙颜。"辍：停止。趋风：走得很快，表示尊敬对方。一说疾趋如风。

⑬东下齐城七十二，指挥楚汉如旋蓬：据《史记·郦生陆贾列传》（中华书局1982年版，第2691页）：郦食其在楚汉战争中常为刘邦出谋划

策，后又游说齐王回广，不用一兵一卒，以七十二城归汉。旋蓬：在空中飘旋的蓬草，形容轻而易举。

⑭狂客：一作"狂生"，郦食其曾被人称为狂生。

⑮落魄：同"落泊"，穷困失意。

⑯壮士：李白自指。这一段以郦食其遇刘邦而施展才能为例，表示自己定能实现自己的政治理想。

⑰攀龙：比喻依附帝王建立功业。

⑱雷公：传说中的雷神。

⑲砰訇：形容声音洪大。

⑳震天鼓：打雷。

㉑帝旁投壶多玉女，三时大笑开电光，倏烁晦冥起风雨：投壶：古代宴饮时的一种游戏，宾主依次把箭投向特制的壶中，多中者为胜，负者罚饮。据《神异经·东荒经》说，东王公与玉女投壶，投不中者"天为之笑"。玉女：仙女，此喻被皇帝宠幸的小人。三时：指早、午、晚一整天。开电光：指闪电。倏烁：电光迅速闪烁。《楚辞·九思·悯上》："云蒙蒙兮电倏烁。"晦冥：昏暗。《汉书·高帝纪》（中华书局1996年版，高帝纪第一上，第1页）："雷电晦冥。"颜师古注："晦冥，皆谓暗也"，比喻政治昏暗，政令无常。

㉒阊阖九门不可通，以额叩关阍者怒：《楚辞·离骚》书出处同注㉑："吾令帝阍开关兮，倚阊阖而望予。"王逸注："阍，主门者也。阊阖，天门也。"九门：神话中的九重天门。叩：敲。关：指天门。阍者：守门的人。此两句说贤路闭塞。

㉓白日：喻皇帝。

㉔精诚：忠心，至诚。此句是说皇帝不知自己对国事的忠诚。

㉕杞国无事忧天倾：《列子·天瑞》（《百子全书》1993年版，第4633页）："杞国有人，忧天地崩坠，身亡（无）所寄，废寝食者。"后人用

"杞人忧天"比喻不必要的或无根据的忧虑和担心。这里喻自己对朝廷的忧虑被认为是杞人忧天。

㉖猰貐：神话中一种吃人的凶兽。《尔雅·释兽》："猰貐，类貙，虎爪、食人、迅走。"

㉗驺虞：神话中白质黑纹的虎，是不食生物、不踏生草的仁兽。《诗召南·驺虞》，张晓琳注析《诗经》，中国文联出版社2017年版，第22页："于嗟乎驺虞。"毛传："驺虞，义兽也，白虎、黑纹、不食生物，有至信至德则应之。"这两句喻皇帝宠幸佞臣像猰貐一样为政害人，忠良之臣像驺虞一样行仁义之事。诗人以驺虞自喻，不与猰貐一样的人同流合污。

㉘手接飞猱搏雕虎，侧足焦原未言苦：据《李太白全集》（中国书店出版社1996年版，第85页）：旧注引《尸子》："中黄伯曰：余左执太行之猱，而右搏雕虎。……夫贫穷，太行之猱也；疏贱，义之雕虎也。而吾日遇之，亦足以试矣。"《尸子》卷下又曰："莒国有石焦原者，广长五十步，临百仞之溪，莒国莫敢近也。有以勇见莒子者，犹却行剂踵焉，此所以服莒国也。"飞猱：即猕猴。雕虎：毛色斑驳之虎。焦原：山名，在今山东省莒县南，亦名横山，深谷，俗称青泥弄。这二句化用《思玄赋》，极言之德能，即使立于险恶之境，也不退缩叫苦。

㉙智者可卷：《论语·卫灵公》："君子哉蘧伯玉，邦有道则仕，邦无道则可卷而怀之。"卷：曲，有收敛之意。

㉚愚者豪：《抱朴子》："愚夫行之，自矜为豪。"豪：豪强。

㉛鸿毛：鸿雁的毛，很轻。这二句意思是：古代智者用则行，不用则把本领掩藏起来，只有愚者才逞一时豪强。世俗人不理解我，认为无能，看作轻如鸿毛。

㉜力排南山三壮士，齐相杀之费二桃：此用二桃杀三士事：事见《晏子春秋》内篇谏下。齐景公时有三士：公孙接、田开疆、古冶子，皆以勇称。晏子路遇三人无礼，遂入见景公，谓三人必将为危国之器，因请公馈

之以二桃，并使三人计功而食桃。三人遂以争功而死。诸葛亮《梁甫吟》有"一朝被谗言，二桃杀三士"。后以"二桃杀三士"比喻阴谋陷害。

㉝吴楚弄兵无剧孟，亚夫哈尔为徒劳：《史记·游侠列传》（中华出版社1982年版，第3181页）："剧孟，汉时大侠。亚夫：即周亚夫，周勃之子，封条侯。吴楚反时，条侯为太尉，乘传车将至河南，得剧孟，喜曰：'吴楚举大事而不求剧孟，吾知其无能为已矣。'"吴楚弄兵：指汉景帝三年（前145）吴王刘濞、楚王刘戊等七国叛乱。哈：讥笑。尔：七国诸侯王。剧孟：西汉洛阳人，以豪侠闻名。李白以剧孟自喻，如朝廷用自己，也能像剧孟一样发挥作用。

㉞张公两龙剑，神物合有时：张公，即张华，晋人，博学多识，著有《博物志》。丰城县令雷焕，掘地得一石匣，匣中有双剑，以土拭之，光芒焕发。县令送一剑给张华，自留一把佩带。张华甚爱这把剑，写信给雷焕说："详观剑文，乃干将也，莫邪何复不至？虽然，天生神物，终当合耳。"后张华遭杀，宝剑不知去向。雷焕死后，其子雷华佩剑经延平津，剑突然从腰间跃入水中。急着寻找，只见两条龙各长数丈，盘曲在一起，光彩照水，波涛涌起。雷华叹曰："先君代去之言，张公络合之论，此其验乎？"（见《晋书·张华传》，中华书局1982年版，第1068页。）这里用此典，是说才士与明主终有遇合之时。

㉟风云感会起屠钓，大人𡷗屼当安之：《后汉书·马武等传论》："咸能感会风云，奋其智勇。"风云：喻际遇。屠钓：吕望曾屠牛，钓鱼，因借指吕望。大人：有伟大抱负的人。𡷗屼：不安的样子。这两句是说，有志之士终会像吕望一样与明主遇合。这里是作者自励。

【句解】

长啸梁甫吟，何时见阳春？

诗人一腔积愤，长啸《梁甫吟》，什么时候能见到温暖的春天？什么

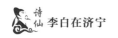
时候知遇明主以施展抱负？这是诗人抒发未见明主无法实现理想的感慨。

君不见，朝歌屠叟辞棘津，八十西来钓渭滨。

写吕望（姜太公）发迹前在民间的寻常经历：五十岁在棘津卖饮食，七十岁在朝歌做屠户，八十岁垂钓渭水之滨，九十岁文王重用。

宁羞白发照清水，逢时壮气思经纶。

吕望一头白发钓于渭水，不以此为羞，因为心存远志，待到时机到来，便能施展治国安邦之策。

广张三千六百钓，风期暗与文王亲。

（吕望）广设钓钩，垂钓十年，计三千六百钓。其风度、志向、政见与文王暗合，被赏识重用。

大贤虎变愚不测，当年颇似寻常人。

以虎皮花纹的更新变化，来比喻贤能人物的变化莫测。这颇似寻常的人，忽然发达升至高官，是那些愚者没有预想到的。

以吕尚起于屠、钓而九十被文王擢用的事例，说明贤能者终有时机实现宏志。

君不见，高阳酒徒起草中，长揖山东隆准公。入门不拜逞雄辩，两女辍洗来趋风。

郦食其，家境贫寒，世人称为"狂生"，欲谒见沛公，开始沛公傲慢，郦生自称高阳酒徒，沛公立即让两女停止给他洗脚，快速迎上，请为上座。郦生进门长揖不拜，滔滔不绝地谈论谋略战术。

这四句写刘邦接见郦生的情景和前后态度的转变。

东下齐城七十二，指挥楚汉如旋蓬。

郦食其在楚汉战争中，游说齐王交出齐城七十二座归汉，并给刘邦出谋划策，如旋蓬一样转战南北，节节胜利。

狂客落魄尚如此，何况壮士当群雄。

郦生是落魄无依的狂生，尚能有机会辅佐高祖成大事，而我生活于面向群雄的环境，更有利于找准时机，图谋大业。

我欲攀龙见明主，雷公砰訇震天鼓。

我想见到明主，依附帝王建功立业，而这时雷声震天，天鼓大作，以此喻帝王的威严，难以相见。

帝旁投壶多玉女，三时大笑开电光，倏烁晦冥起风雨。

上帝身旁很多仙女，沉迷于投壶游戏。上帝时而大笑，发出电光，忽晴忽雨，忽明忽暗。暗示玄宗荒于淫乐，喜怒无常，权奸当道，黑暗腐败。

阊阖九门不可通，以额叩关阍者怒。

上天的九道门全关闭，不能通行。我以额头碰那个主门，守门者不仅不开，还朝我发怒。以上几句比喻，想见明主，但被那些宠幸的权臣奸佞设阻，无门可进。

白日不照吾精诚，杞国无事忧天倾。

我为国担忧，为皇帝忠心，然而一片至诚皇帝不理解，看不到，反被人认为是杞人忧天。

猰貐磨牙竞人肉，驺虞不折生草茎。

以吃人的凶兽和不吃生物的仁兽作比喻，挞伐朝廷的权幸宠臣像吃人的猰貐一样为政害人，赞扬忠良之臣像驺虞一样施仁爱之心。

手接飞猱搏雕虎，侧足焦原未言苦。

我能一手抓猕猴，一手搏猛虎，即使立于像"焦原"那样危险之地，也不退缩叫苦，表明自己有才能和勇气，能攻克艰难险阻。

智者可卷愚者豪，世人见我轻鸿毛。

智者处于政治昏庸的时代，就掩藏才智不露锋芒，愚蠢的人反骄横逞强。世俗的人不了解我，对我很轻视。

力排南山三壮士，齐相杀之费二桃。

齐相晏婴二桃杀三士的故事，比喻用阴谋借刀杀人。此指那些奸佞权

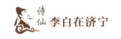

臣使用阴谋诡计，残害忠良和正直的贤能人士。

吴楚弄兵无剧孟，亚夫咍尔为徒劳。

汉景帝时，太尉周亚夫得到勇猛善战的大侠剧孟，便顺利地平定吴楚等七国之乱。周亚夫说：如不用剧孟，必败无疑。此处李白以剧孟自比，其意是说，如朝廷用己，也会像周亚夫得剧孟那样发挥作用，不然将无所作为。

《梁甫吟》，声正悲。

长啸"梁甫吟"声音，慷慨悲壮，深沉激昂，啸歌伤怀，悲吟豪放！

张公两龙剑，神物合有时。

干将、莫邪两支宝剑，经过佩带人生死的变化和宝剑的悲欢离合，两剑（实则两龙）终于相合，欢跃水中，大放异彩。这里用此典，是说才杰之士与明主终有遇合之时。

风云感会起屠钓，大人𡾋岘当安之。

有志之士终当感会际遇，像吕望一样与明主遇合，建功立业。目前应当安守困境，以待时机。这是诗人自励，对将来充满信心。

【赏析】

这首诗通过历史故事和一系列典故，赞颂了历史上的贤能人物，揭露了腐败黑暗、闭塞贤路、扼杀人才的社会现实，抒发了作者怀才不遇的苦闷心情，表达了有志之士必将风云际会的信心。全诗感情浓烈炽热，既悲凉又豪放，既深沉又激扬，是李白的代表作之一。

诗有三个突出特点：

一、细品全诗，"人才"是全诗的主线，围绕这条线铺陈抒写。以吕望、郦食其的故事，赞扬二位贤能人才，亦赞扬用他们的周文王和汉刘邦。继之，以天门关闭，环境险恶，猰貐害人，二桃杀三士等典故，批判现实社会对人才的封堵、扼杀等罪恶行径，最后以龙剑双合的故事，宣示只要是贤能人杰，定能君臣相合，风云际会，建功立业。全诗是围绕如何对待贤能人才来写的。诗人的目的是希望当今皇上赏识他，重用他。

二、诗的结构首尾呼应，其间跌宕起伏，这一点许多研究者都已谈到，诚如范民声先生说：这首诗最大的艺术特色正在于布局奇特，变化莫测。它通篇用典，但表现手法却不时变换。吕望和郦食其两个故事是正面描写，起以古为鉴的作用，接着借助种种神话故事，寄寓自己的痛苦遭遇，第三段则把几个不相连属的典故交织在一起，正如清人沈德潜说的："后半拉杂使事，而不见其迹"，因而诗的意境显得奇幻多姿，错落有致。此如喻之以水，则一会微波荡漾，一会浊浪排空；比喻之以天气，则一会碧空闲云，一会风雨交加，加之语言节奏和文气的起伏，更能多层次多角度地表现诗人的思想感情。

三、用典和历史故事特别多。读李白的诗，凡表达复杂的思想感情和抨击社会现实时，往往用典故较多，所以然者何？诗人可能有这方面的考量，用历史上的人和事讲道理，避免空谈，以古论今，以古讽今，两相比较来看现实；诗歌不是论文，长篇阐述一个道理，而且受字韵多方限制，只能用典，几行字甚至几个字全含其意，用典相对讲比较含蓄，不是直白，可避文祸。

游泰山^①（其一）

天宝元年四月，李白从故御道登山，至秋天下山。其间登山访友，先后写诗六篇。

四月上泰山，石屏御道开。②

六龙过万壑，涧谷随萦回。③

马迹绕碧峰，于今满青苔。④

飞流洒绝巘，水急松声哀。⑤

北眺崿嶂奇，倾崖向东摧。⑥

洞门闭石扇，地底兴云雷。⑦

登高望蓬瀛，想象金银台。⑧

天门一长啸，万里清风来。⑨

玉女四五人，飘飘下九垓。⑩

含笑引素手，遗我流霞杯。⑪

稽首再拜之，自愧非仙才。⑫

旷然小宇宙，弃世何悠哉。⑬

【注释】

①泰山：古称岱宗，唐时属鲁郡北部乾封县，今山东省泰安市境内。

②四月上泰山：李白注家王琦说，这首诗古本题下有注："天宝元年四

250

月，从故御道登山。"御道：皇帝登山的道路。《旧唐书·玄宗纪》："开元十三年十月辛酉，东封泰山，发自东都（洛阳）。十一月丙戌，至兖州岱宗顿（驻扎）。丁亥，致斋于行宫，备法驾（天子）登山，仗卫罗列岳（山）下百余里，诏行从留于谷口，上与宰臣，礼官升山。庚寅，祀昊天上帝于上坛，有司祀五帝百神于下坛。礼毕藏玉册于封祀坛之石礛（古代封禅用的石匣），然后燔紫（祭天的仪式，点燃柴、烟升天）燎发，群臣称万岁，传呼自山顶至岳下，震动山谷。"（见王琦：《李太白全集》注，中国书店1996年版，第447页）

③六龙：指天子的车驾。《逸礼·王度记》曰："天子驾六，诸侯驾五，卿驾四，大夫三，士二，庶人一。"《后汉书·舆服志》：亦谓天子所乘车"驾六马"。称六龙，状其高大威武。壑：深谷。萦回：盘旋，曲折。这两句是说，皇帝及众多随员，越过一个个沟壑，沿着盘旋崎岖山道登山。（见安旗主编：《李白全集编年笺注》注，中华书局2017年版，第388页）

④满青苔：当年皇帝大队人马登山，环绕碧峰留下的马迹，而今已长满了青苔。

⑤飞流：指瀑布。绝巘：极高的山。极：最。巘：此处指山峰。哀：指松涛发出凄清的声音。

⑥眺：远望。崿：高峻，险峻。嶂：像屏嶂的山。摧：塌，指倾崖要塌下来的样子。

⑦洞门闭石扇，地底兴云雷：洞府的石门关闭时，巨大的响声，如风云雷电从地底兴起。

⑧蓬瀛：传说中的蓬莱、瀛洲海上两座仙山。金银台：仙山的宫殿，传说全用金银铸成。《史记·封禅书》（中华书局1982年版，第1369页）："自威、宣、燕昭使人入海求蓬莱、方丈、瀛洲。此三神山者，其传在渤海中，去人不远；患且至，则船风引而去。盖尝有至者，诸仙人及不死之

药皆在焉。其物禽兽尽白，而黄金白银为宫阙。"

⑨天门：即玉门关。今名南天门。《初学记》卷五引《汉宫仪》："泰山东上七十里至天门。"

⑩玉女：仙女。飘飖：随风摇动。九垓：九重天。垓：分界，边际。出自司马迁《史记》第九册，《司马相如列传》，中华书局 1982 年版，第 2999 页："上畅九垓。"裴骃《集解》："《汉书·音义》：垓，重也。"

⑪引：伸。遗：赠送。流霞：古代神话中传说仙酒。王充《论衡·道虚》(《百子全书》，岳麓书社 1993 年版，第 3278 页) 曼都曰："口饥欲食，仙人辄饮我以流霞一杯；每饮一杯，数月不饥。"

⑫稽首：古时的一种跪拜礼。仙才：能够修炼成仙的人。

⑬旷然：空阔。小宇宙：暗用孔子"登泰山而小天下"之意。悠：闲适，自由自在。

【句解】

四月上泰山，石屏御道开。

说明诗人登泰山的时间和登山的道路。时间是天宝元年四月，诗人是沿着玄宗帝登山故道上山的。

六龙过万壑，涧谷随萦回。

想象皇帝当年登山的情景。皇帝的御驾及随从仪仗官员等，浩浩荡荡的封禅队伍，越过无数深壑，跨过曲折盘绕的涧谷，崎岖登山。

马迹绕碧峰，于今满青苔。

当年皇帝封禅人马众多，环绕碧峰处处留下马迹。时光已过去十七年，而今马迹无存，已长满了青苔。

飞流洒绝巘，水急松声哀。北眺崿嶂奇，倾崖向东摧。

诗人目之所及，耳之所闻的泰山奇景。高山绝顶，飞流直下，水声轰鸣，松涛阵阵，其声凄清，飘荡山野。北眺那高峻的山峰，犹如遮天的屏嶂，那东向的山崖，似要倾倒，险势惊人。

洞门闭石扇，地底兴云雷。

想象中山下有大洞，两扇石门关闭时，声势如风云雷电从地底兴起。意指山的奇妙之处。

登高望蓬瀛，想象金银台。

诗人在泰山之巅，放眼东望，想到蓬莱、瀛洲两座仙山，想到金银筑的城阙，这是神仙居住的地方，也是诗人向往的地方。

天门一长啸，万里清风来。

这是精彩的名句。站在南天门，放眼四望，空旷万里，清风徐来，长啸放歌，思绪飞扬。

玉女四五人，飘飖下九垓。含笑引素手，遗我流霞杯。

写相遇仙女的情景。在诗人的幻觉中，有四五位仙女，飘飘摇摇地从天上下来，她们微笑着，白嫩的手端着一杯"流霞"酒，赠送诗人。

稽首再拜之，自愧非仙才。

向仙女施行跪拜礼，表示感谢，惭愧自己修功未到，没有成为仙人。

旷然小宇宙，弃世何悠哉。

诗人登上泰山，千山尽在足下，长空收在眼底，天地拢于胸中，似乎身与大自然融为一体，如若脱离凡尘，那是何等的悠然自得啊！

【赏析】

李白是伟大的天才，浪漫主义诗人。他"五岳寻仙不辞远，一生好入名山游"。中国的大江南北、名山大川，几乎都留下他的足迹。在山东他攀登过泰山、崂山、蒙山、峄山、华不注山、徂山的巉岩峻峰，泛舟于黄河、汶水、泗水、大明湖的惊涛骇浪，一处处圣贤侠士的遗迹，一座座寺庙道观，都留下他豪迈的身影。在山光水色中，他时而高歌长啸，时而悲叹沉吟，那瑰丽如珠的文辞和动人心魄的旋律，树起了古代山水诗的巍峨

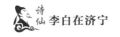

丰碑。

李白《游泰山六首》诗，有人说，诗中一会儿"山"，一会儿"仙"，不好理解。如果孤立地去读这些诗，是有些不太好懂。但结合李白的心灵世界，探析他的生命意蕴及其所受文化的影响去分析，就能得到诗的真谛。

一、借助壮美而飞动的山水形象，展现天行健的力量和永远勃发的生机。与李白奔放豪逸的灵魂和政治理想受到社会现实挤压时，他理想的道路时时受阻时，他失望苦闷时，大自然的那些倚天欲倾的峭壁，绝巘洒落的瀑布，汹涌奔腾的江河等景观，与他的桀骜不驯的性格和一展雄风的欲望一拍即合；给他带来一种自由意志的满足，一种生命力、创造力的扩张；那高峻险峰的雄姿，昭示了独立自尊的威严；那飞流泉水的奇观，似自由奔放的灵魂。凡此种种对诗人思想的启迪和融合使李白笔下的山水形象，带着一种奇异的、超常的、不可阻碍的崇高特征。如咏泰山诗句："精神四飞扬，如出天地间。""黄河从西来，窈窕入远山。""千峰争攒聚，万壑绝凌历。""天门一长啸，万里清风来。""玉女四五人，飘飖下九垓。"等等。

二、山水诗中的"寻仙"诗，是诗人寻求精神的慰藉和超脱。当诗人看到功业未就，时光易逝，人生苦短，又看到社会黑暗的一面，特别是面临困厄而又无能为力时，他没有学屈原投江示抗，也没有学陶渊明、王维隐居避世，而是选择一条由"寻仙"到"游山"的独特的解脱之路，把宗教与回归自然巧妙地结合起来，他打着"寻仙"的旗号登山临水，在徜徉山水中寻求精神慰藉和解脱，因此李白的山水诗时而呈现出虚无缥缈、迷离惝恍的游仙色彩。李白的游泰山诗，明显地表现了这一特点。

三、受道教文化的影响。西蜀是道教的圣地，李白早年深受影响，其思想上印有万物有灵论的痕迹，接受道教的观点，以为每座山都有精灵，还以为每座洞都有神仙居住。因此当他处于山中时，常见到（幻觉）仙人的灵踪，那么飘逸、那么洒脱，在空中自由翱翔，从而产生极大的吸力。《游泰山（其二）》就写了幻想中的仙境。写"仙"实是写诗人思想超脱和向往，写诗人对生命意蕴的思考，也是生活理想中生命意识觉悟的表现。

按照以上三点，再结合每首诗的意境和内容，理解诗的内涵。

《游泰山（其一）》除开头回顾御驾登山胜景外，主要写了三点内容：一是泰山奇伟壮美的自然景色。那奇伟的崿嶂，倾崖的势险，绝巇的飞流，松声的凄清，洞门的奇观等，是一种奔放的壮美，给人一种豪情。二是写玉女的仙姿。在似梦似幻中，四个玉女飘然而下，她们婷婷含笑，手持"流霞"杯，多情赠诗人。此时此刻，诗人没有了忧愁，没有了烦恼，飘飘然于这样的精神世界，款款然于这样清纯高洁的处所。诗人追求雍和、安详、美丽的仙境，从而折射出对社会现实的不满。三是诗人的感悟。诗人看山的壮观，欣赏仙女的纯美，他豪情万丈，思绪飞扬，在天门长啸放歌，引万里清风，沉浸于浩阔的意境，实想离开那不公的尘世，生活于悠然自得的仙境。

在艺术的构思上，诗人以飞流绝巇、奇伟崿嶂、天门清风、倾崖势险，急水松涛等泰山自然景观，与杳杳的蓬瀛山，灿灿的金银台，飘摇的玉女，醇香的流霞等历史神话，梦幻之境杂糅错落地去描绘，去抒写，组成一个天上地下，仙境人间，仙女诗人，高峻怪岩的画面，这画面有壮美，有绮丽，有奔放，有安详，有诗人企盼的光明的境界，也衬托对社会秽浊的唾弃。

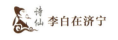

酬张卿夜宿南陵见赠 ①

开元二十九年（741）秋，写于兖州。

月出鲁城②东，明如天上雪。

鲁女惊莎鸡，鸣机应秋节。③

当君相思夜，火落金风高。④

河汉挂户牖，欲济无轻舠。⑤

我昔辞林丘，云龙⑥忽相见。

客星动太微，朝去洛阳殿。⑦

尔来得茂彦，七叶仕汉馀。⑧

身为下邳客，家有圯桥书。⑨

傅说⑩未梦时，终当起岩野。

万古骑辰星⑪，光辉照天下。

与君各未遇，长策委蒿莱。⑫

宝刀隐玉匣，锈涩空莓苔。⑬

遂令世上愚，轻我土与灰。

一朝攀龙去，蛙黾安在哉。⑭

故山定有酒，与尔倾金罍。⑮

【注释】

①张卿：李白友人。南陵：旧说在安徽宣州，但诗中没有涉及宣州的信息，风物亦纯属东鲁。据安旗先生和济宁的李白研究者考证：《曲阜县志》卷十六，"县西南十余里……陵城南庄"，今为陵城村，人称南陵。本诗题中的南陵，或即此地。李白《南陵别儿童入京》亦应为此地。

②鲁城：鲁郡郡治地瑕丘，今山东兖州。

③莎鸡：蟋蟀。鸣机：织锦织布的机杼声。

④火：即大火，星名。夏日在南方，秋天则落而西流。金风：秋风。古人以五行之一的"金"与西方秋季相配，故称秋风为金风。

⑤河汉：银河。户牖：门窗。舠：形如刀的小船。

⑥云龙：唐时褒语中的习语。此誉张卿。敦煌卷子伯二五三七《褒语篇》第二十六"日鹤，云龙"。《晋书》载：时人歌曰："日下荀鸣鹤，云间陆士龙。"见安旗：《李白全集编年笺注》，中华书局 2017 年版，第 398 页。

⑦"客星动太微"二句：用严子陵的故事。《后汉书·严光传》："严子陵与光武帝一起睡觉，子陵把脚放到光武帝的肚子上。第二天，太史奏客星犯御座甚急，光武帝笑说："我与老朋友严子陵一块睡觉。"以此比喻开元年间李白的长安之行。客星：一种时隐时现的星。太微：星名。《晋书·天文上》（中华书局 1982 年版，第 291 页）："太微，天子庭也。"洛阳殿：代指京城。

⑧尔来：自那时以来。茂彦：才德兼优，俊杰超群。七叶：七世。"七叶仕汉余"句：用张汤的事比拟张卿的家事。班固撰《汉书·张汤传》（中华书局 1982 年版，第 2637 页）载：张汤"子孙相继，自宣、元以来为侍中、中常侍、诸曹散骑，列校尉者凡十余人。功臣之世，唯金氏、张氏亲近宠贵，比于外戚。"左思《咏史》（《历代名诗一万首》，岳麓书社 1995 年版，第 258 页）："金张藉旧业，七叶珥汉貂。"

⑨身为下邳客，家有圯桥书：以张良事喻张卿，称颂他熟悉兵法。

《史记·留侯世家》（漓江出版社2018年版，第356页）载：张良，字子房，韩国人。秦灭韩后，张良为韩报仇，于博浪沙地方暗杀秦始皇失败，更改姓名，逃匿下邳。张良曾游圯（桥）上，有一个叫黄石的老者，把鞋扔到桥下，对张良说："小子，下去拿鞋！"张良开始愕然，想动手打他，因为他是位老人，勉强忍着怒去桥下取鞋，跪着送给老人，老者伸着足穿上。老人说"孺子可教也"。又接连考验张良两次，才把兵书《太公兵法》送给张良。张良认真研读，精通战术，后归刘邦，为重要谋士，成为"运筹帷幄，决胜千里"的军事家。下邳：地名，今江苏邳州市西南。圯：桥。

⑩傅说：殷之贤相。司马迁《史记·殷本纪》（漓江出版社2018年版，30页）载：其出身卑贱，在野外从事筑墙的劳动。帝武丁即位，思贤臣辅佐，夜梦得圣人，名叫"说"。"以梦所见视群臣百吏，皆非也。于是乃使百工营求之野，得说于傅险中。是时说为胥靡，筑于傅险。见于武丁，武丁曰是也。得而与之语，果圣人，举以为相，殷国大治。"

⑪辰星：即晨尾星。传说，傅说死托精于辰尾之星。

⑫遇：际遇，机会。策：计谋，谋略，预计。蒿莱：野外，草野，指不得势时所居荒凉之地。

⑬锈涩：指刀生锈，不光滑。莓苔：青苔，苔藓。

⑭攀龙：此指依附帝王以建立功业。蛙黾：青蛙。此指"世上愚"。

⑮故山：此指南陵村，二句是说明日将到南陵田舍饮酒欢聚。罍：盛酒水的器皿。

【句解】

月出鲁城东，明如天上雪。

皎洁的明月，洒下明亮的清辉，让人感到月之美，夜之美。

鲁女惊莎鸡，鸣机应秋节。

勤劳的鲁女在夜里还要劳作，机杼有节奏的响声，蟋蟀欢乐的鸣唱，交织成美妙的夜曲。

当君相思夜，火落金风高。

望着明月，诗人思念友人张卿，张卿也在思念诗人。清风阵阵，思绪切切。

河汉挂户牖，欲济无轻舠。

月亮看不到啦，只有星光照耀着窗户，夜已深了，诗人辗转反侧，仍思念友人，想渡过河去会见张卿，但没有小船，只好待到天明。

我昔辞林丘，云龙忽相见。客星动太微，朝去洛阳殿。

写第一次去长安的情景。辞别安陆白兆山林，到京城见到张卿等朋友，"云龙相见"，但干谒无果，又遭斗鸡徒欺扰，只好失望地"朝去洛阳殿"，离开了京城。

尔来得茂彦，七叶仕汉馀。身为下邳客，家有圮桥书。傅说未梦时，终当起岩野。万古骑辰星，光辉照天下。

张汤七世簪缨，官高显赫，圮上授兵书，后成为刘邦谋士的张良；举以蓬蒿，成为殷之贤相的傅说，用古人比拟张卿，表达对友人的颂扬和鼓励。

与君各未遇，长策委蒿莱。宝刀隐玉匣，锈涩空莓苔。遂令世上愚，轻我土与灰。

诗人与友人张卿胸怀大志，有报国长策，然而眼下处境不佳，未碰到时机，只能委于蒿莱，如宝刀藏在玉匣，生锈生苔，不能发挥作用。因此，令世上愚人（那些目光短浅、不明事理的人）嘲笑、轻视，讥为土灰。

一朝攀龙去，蛙黾安在哉。

一朝攀上皇帝，建功立业，那些青蛙般的愚人不值得理喻。

故山定有酒，与尔倾金罍。

南陵田舍园中有酒，与你把酒开怀，倾杯而饮。

【赏析】

诗人住在泗水西岸，友人住在泗水东十余里的南陵，因是夜晚，又无船渡河，诗人只能望月念友，思绪飞动，写下此诗。诗人稍忆个人所受的挫折外，便集中抒写对友人的称颂和深厚的情谊。表达对双方现状的认识和取胜的信心，并期待明日的相见与倾杯。从诗的构思看，己与友，今与古，天与地，睹与闻交错呼应，起伏跌宕，款款动人。开头两句："月出，明如天上雪"，是用眼睛看到的，接着鲁女的鸣机声，蟋蟀的欢叫声，这是用耳听到的，再接下去，在这静谧的夜晚，皓月当空，"当君相思夜"，诗人在"思"，这是诗的重点，围绕"思"字，思绪飞扬，感情奔越，兴逸笔酣，诗人着力写了四"思"：

一思自己，出蜀寻志，漫游吴越，酒隐安陆，特别是一入长安，秋困玉真别馆，干谒无成，受恶少的欺凌等，真是"客星动太微"，满怀希望进长安，带着失望离京城。

二思历史人物。抚今追昔，思接千载。在历史茂密的丛林中，找到三棵壮美参天的大树，即七世珥貂的张汤，圯上受辱后成为谋臣的张良，举于草野而成殷贤相的傅说，明赞这三位俊杰，实喻张卿才华，暗喻张卿现在苦其心志，将来能成就大业，辉映千秋。

三思当下。诗人与张卿都有报国之志，治国之才，但未遇时机，委于蒿莱，正如宝刀隐于匣中，生锈长苔，不能起到作用，因而受到愚人讥笑，轻视为土灰。一朝依附帝王，"事君之道成"，那些哇哇叫的青蛙似的愚人还能叫吗？不知躲在哪里呢！

四思明日渡河相见，故友相逢，倾杯痛饮，以酒浇胸中之块垒，以酒激笔下之豪情，以酒浇开更艳美的友谊之花。

以看、听、思为一条线，把睹、闻之事，历史人物，当下景况等穿插点缀，浓淡粗细地编织成文，如流水般畅达。

再，开头四句写景状物，自然，轻丽，明快。"月出鲁城东"近口语化。诗中勤劳的鲁女，织机的响声，蟋蟀的鸣唱等，再现东鲁的乡村风貌。

答友人赠乌纱帽 ①

唐天宝元年（742）秋，应在奉诏入京前写于东鲁家中。

领得乌纱帽，全胜白接篱。②
山人不照镜，稚子道相宜。③

【注释】

①乌纱帽：南朝宋始有，隋朝以前为官帽，唐武德九年以后，官民通用。

②接篱：古代的一种头巾。《晋书·山简传》（中华书局1982年版，第1228页）说山简每次出游嬉戏，便喝得酩酊大醉，他"时时能骑马，倒著白接篱"，此处是说新的乌纱帽比白接篱好得多。

③山人：指诗人李白。稚子：幼子，小孩。

【句解】

领得乌纱帽，全胜白接篱。山人不照镜，稚子道相宜。

友人赠一顶乌纱帽，我戴在头上，比白色接篱好多了，我也不需照镜子，因为小儿子已称赞这帽子很合适好看。

【赏析】

这首小诗应是写在接到诏书之后。接到皇帝诏书，对李白来讲是天大的喜事，他昼思夜想的愿望实现了，建功立业的机会来到了，所以他欢欣

261

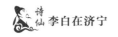

鼓舞，心花怒放。这种心情在《南陵别儿童入京》中已充分表现出来。

　　这首小诗选定试戴乌纱帽的场景，表现梦想成真的一种欢乐。诗人赞美它美好，胜过山简的白接䍦，小儿子夸赞说合适，父子俩对帽子的赞语和对话，字里行间表现着一种欢乐气氛。在诗人看来，这帽子虽不是官服，但它标志着一个新的转折，一个新的起点，李白从一介布衣将踏进京城的官场。这幅浓烈的欢乐画面和场景，虽无丝竹之妙和倾杯高歌，但父子酣乐的形象给读者留下深刻的印象，留下欢乐的美好记忆。

南陵别儿童入京 ①

此首七言古诗，原题为《古意》，后改为此题。天宝元年，诗人奉诏入京之际写于鲁郡家中。

白酒新熟山中归②，黄鸡啄黍秋正肥。③

呼童烹鸡酌白酒，儿女嬉笑牵人衣。④

高歌取醉欲自慰，起舞落日争光辉。⑤

游说万乘苦不早⑥，著鞭跨马涉远道。⑦

会稽愚妇轻买臣⑧，余亦辞家西入秦。⑨

仰天大笑出门去，我辈岂是蓬蒿人。⑩

【注释】

①南陵：鲁郡一村庄，此时李白子女住在南陵家中。

②新熟：指酿酒完成。山中：当指泰山中。

③黍：今北方称黏小米。《说文解字》："黍，禾属而粘者也。"段玉裁注："禾属而粘者黍，禾属而不粘者穈……"今山西人无论黏与不黏统称为穈黍，太原以东则呼黏者为黍子，不黏者为穈子。黍宜为酒，穈宜为饭。鲁地正在太原之东，故呼禾之黏者为黍。（见安旗：《李白全集编年笺注》中华书局2017年版，第404页）

④儿女：李白有女平阳，有子名伯禽。

⑤起舞：起身跳舞。

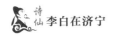

⑥游说：战国时代策士的一种政治活动方式，他们周游列国，向诸侯陈说形势，提出政治、军事、外交方面的主张，以求取高官厚禄。万乘：即皇帝。周朝制度，天子有兵车万辆，故以万乘指帝位。苦不早：恨不能在早些年头实现。

⑦著鞭：执鞭。

⑧会稽愚妇：即朱买臣的妻子，实指诗人"合于刘"的刘氏。买臣：即朱买臣，据班固撰《汉书·朱买臣传》（中华书局 1996 年版，第 2791 页）记载："朱买臣，吴人，家贫，好读书，不治产业。常刈薪樵，卖以给食。担束薪，行且诵书。其妻亦负担相随，数止买臣毋歌讴道中。买臣愈益疾歌，妻羞之，求去。买臣笑曰：'我年五十当富贵，今四十余矣。女（你）苦日久，待我富贵报女（汝）功。'妻恚怒曰：'如公等，终饿死沟中耳，何能富贵？'买臣不能留，即听去。买臣后贵显，为会稽太守，其妻愧悔自缢死。魏颢《李翰林集序》说李白始娶于许以后，'又合于刘，刘诀。次合于鲁一妇人……'郭沫若谓：此处所斥之会稽愚妇当是刘氏。见《李白与杜甫》。这里诗人以入仕之后的朱买臣自比。"

⑨西入秦：到长安去。秦：指长安。

⑩蓬蒿人：埋没于草野之人，指平民百姓。蓬蒿：两种草名。

【句解】

白酒新熟山中归，黄鸡啄黍秋正肥。

写秋天农村院中的景况。诗人从泰山回到南陵的家中，新酿的白酒已熟，肥肥的黄鸡在啄黍粒。

呼童烹鸡酌白酒，儿女嬉笑牵人衣。高歌取醉欲自慰，起舞落日争光辉。

高呼童子烹鸡、做菜，斟满白酒，女儿平阳、儿子伯禽牵着父亲的衣服，欢乐嬉笑。菜做好后，李白及家人高歌痛饮，酒酣快慰。欢乐之至，就翩然起舞，似与那落日争辉。这两联主要描写李白及家人的欢乐情景。

游说万乘苦不早，著鞭跨马涉远道。

诗人曾为不能尽早游说皇帝而忧虑苦恼，而今夙愿实现，心情急切。将跨马挥鞭，跋涉远道，进入京城。

会稽愚妇轻买臣，余亦辞家西入秦。

这里引用汉代朱买臣先贫后官，而其妻嫌贫出走的故事。诗人以朱买臣自喻，晚年得志，辞家赴京，而诗人合居的那个刘氏，似买臣之妻，目光短浅，行为不端。在此，诗人以事实给刘氏以辛辣的讽刺。

仰天大笑出门去，我辈岂是蓬蒿人。

仰天大笑出了家门，我岂是草野间里的平庸之辈。表现诗人胜利的喜悦、豪情和信心。

【赏析】

本诗是接诏后设家宴欢庆的诗篇，是一首写人生转折、人生快意的诗篇。

全诗着力写奉诏的欢庆之乐，通过正面写得意之乐，次写"苦不早"，以苦衬乐，再写胜"敌"之乐，使欢庆之乐沁人心脾。通过烹鸡酌酒，儿女嬉笑，开怀痛饮，高歌起舞等，酣畅淋漓地表现了诗人兴高采烈，喜气洋洋，欢欣鼓舞的乐态。诗人想到几十年来，奔波之苦，干谒之苦，受挫之苦，社会炎凉之苦，等等，好不容易盼到今天，苦尽甘来，"奉诏入京"，胸中是何等快乐！刘氏青蝇一类小人，看不起诗人，造谣诋毁诗人，而今诗人奉诏入京，那些"小人"被打入耻辱的泥坑。

从艺术的构思看，开始家宴的欢庆之乐，踌躇满志，情绪飞扬，调子是高昂的；次写"苦不早"的回忆和"苦尽"之乐，调子是低缓的，再写胜"敌"之乐，调子又转入上扬，最后"仰天大笑"高昂入云。不论是叙事还是抒情，都是起伏曲折，跌宕多姿，以豪放飘逸之笔，淋漓尽致地表现了诗人的快乐心情。塑造了一个接御诏后眉飞色舞、欢呼雀跃、急于进京的诗人形象。

秋猎孟诸夜归置酒单父东楼观妓 ①

天宝三载（744）秋天，李白与杜甫相遇于梁宋，游猎孟诸时写下此诗。

倾辉速短炬，走海无停川。②

冀餐圆丘草，欲以还颓年。③

此事不可得，微生若浮烟。④

骏发跨名驹，雕弓控鸣弦。⑤

鹰豪鲁草白，狐兔多肥鲜。⑥

邀遮相驰逐，遂出城东田。⑦

一扫四野空，喧呼鞍马前。⑧

归来献所获，炮炙宜霜天。⑨

出舞两美人，飘摇若云仙。⑩

留欢不知疲，清晓方来旋。⑪

【注释】

①孟诸：古孟诸泽，在单父（今山东省单县）西南，周回五十里。妓：女歌舞艺人。

②倾辉：西斜之日，落日。短炬：短小蜡烛。这两句意思是：岁月流逝如短小蜡烛，很快燃尽消失。

③冀：希望。餐：吃。圆丘草：传说中药草名，吃了可以延年益寿，返老还童。晋郭璞《游仙诗》（李克和主编：《历代名诗一万首》，岳麓书

266

社 1995 年版，第 272 页）：有"圆丘有奇草，钟山出灵液"之句。圆丘：山名。奇草：芝草，诗中所说圆丘草。颓年：衰弱老年。此两句意思：希望吃到圆丘仙草，重返青春。

④微：小，细，此处是说人的生命短促。浮烟：飘浮的烟尘。此句比喻人生短促无常。

⑤骏：迅速，迅急。骏发：迅速奔驰。驹：少壮的马。雕弓：有装饰的弓。控：开弓，引弓。

⑥豪：此指鹰的飞姿豪纵。鲁：同"旅"，旅途。此处指打猎走过之处。白：草的颜色。古"白屋"释为"用茅草覆盖的房屋"，此处"草白"可以理解为野草、茅草。

⑦邀遮：拦截、阻留。驰逐：快速追赶。遂：于是。田：通"畋"，意为打猎。

⑧扫：掠过，尽。

⑨炮炙：这里指烧烤，烹饪。炮：烧。炙：烤。霜天：秋天。

⑩飘摇：随风飘荡的样子，此处喻优美的舞姿。云仙：喻天上仙女。

⑪方：刚。旋：归，回。这两句是说：诗人因游猎、夜宴和观舞的欢乐而不知疲劳，直到早晨才归还住处。

【句解】

倾辉速短炬，走海无停川。

是说落日的斜晖如短小蜡烛，很快就要消失。江河百川奔向大海永不回流。说明时光易逝，人生易老，水不回流，老不返童。

冀餐圆丘草，欲以还颓年。

人们希望吃到"圆丘仙草"，延年益寿，返老还童。

此事不可得，微生若浮烟。

是说吃仙草的事不可能实现，因而短促的人生就像飘浮的烟尘，随时可能消失。

骏发跨名驹，雕弓控鸣弦。

跨上名驹，飞快奔驰，开引雕弓，鸣弦四野。形容骑马游猎的场面。

鹰豪鲁草白，狐兔多肥鲜。

天空的苍鹰，飞姿豪纵。广阔的孟诸，茅草丰茂，肥鲜的狐狸、兔子出没其间。

邀遮相驰逐，遂出城东田。一扫四野空，喧呼鞍马前。

李白、杜甫、高适等跨马扬鞭，你追我赶，他们一会儿对空弯弓射雕，一会儿对狐兔拦截、阻留。那呼喊声、欢笑声、马蹄声交织成壮丽的乐章。他们猎兴极高，马蹄踏遍四野，游猎至城东，一直喧呼不停。这四句继续写游猎的欢腾、热烈、壮观的场面。

归来献所获，炮炙宜霜天。

游猎归来，都拿出所猎的兔、狐等物，在凉爽的秋天进行烹饪、烧烤，做出一桌子野味美宴。

出舞两美人，飘摇若云仙。

在宴席间，有两位美丽的歌妓，她们舞姿优美、飘摇，似天上的仙女，一展柔娜的风姿。

留欢不知疲，清晓方来旋。

诗人们吃野味，饮美酒，看美女之舞，心情欢快，忘记了疲劳，直至深夜方息，当晚住在单父东楼，第二天早晨回归原来的住地。

【赏析】

为深入理解李白的这首诗，先介绍下诗的背景。

天宝元年秋，李白奉诏入京任翰林供奉。天宝三年春，玄宗对李白"赐金还山"。在前后不到二年时间里，李白有欢乐，也有苦恼，他目睹了朝廷贤愚易位，黑白不分，是非颠倒的黑暗面，怀着幽愤离开京城。到了梁宋之地，恰遇诗人杜甫和高适，三人相聚，纵猎孟渚泽，观赏琴台，开怀畅饮，挥毫作诗，过了一段诗酒清狂、浪漫潇洒的生活。这次相聚在杜甫心中留下了美好的记忆。文艺界评价这次李杜会见是中国诗歌史上一次辉煌壮举，是"双曜"相遇，是"双子星座""双峰并峙"，是伟大的诗仙与诗圣一次历史性的会晤，等等。

了解这首诗的背景，就能较深入地理解诗的内涵。

全诗内容主要有三点：从"倾辉速短炬"到"微生若浮烟"为第一点，主要写对人生的感叹。诗人从落日倾辉，短炬易失为喻感叹时光易逝；以百川奔海永不回流为喻，感叹人生易老；以世上得不到长生不老的灵药，更感叹人生若"浮烟"，是那样渺小易失。这是诗人"赐金还山"后，政治上受到严重打击，理想破灭，思想苦闷的一种反映。此次的游猎活动，对李白来说得到暂时的精神解脱，无疑是一件高兴的事情。

从"骏发跨名驹"到"喧呼鞍马前"为第二点，主要写李白、杜甫、高适等人游猎的情况。孟诸泽方圆一百几十里，蒿白草枯，荻花乱飞，这里沉寂荒凉，不见人影，成为狐狸、兔子、鸱鹰的乐园，诚如诗中所写"鹰豪鲁草白，狐兔多肥鲜"。在这样天然狩猎的好地方，李白等三位诗人精神抖擞，意气风发，跨名驹，骏发疾驰，"邀遮"拦阻，纵马飞追；时而举弓鸣弦，数箭齐发；时而此呼彼应，昂首高歌。这队游猎的人马，仰射飞禽，俯射狐兔，从西猎到城东，所到之处，"一扫而空"，那人的欢呼，马的嘶鸣，放箭的弦鸣，形成游猎的乐章，在孟渚里飘荡。诗人的心也似沉浸于这打猎的欢快之中。

从"归来献所获"到诗末一句为第三点，主要写在单父东楼的酒宴之乐。他们所获猎物，经过精心的"炮炙"烹饪，香味扑鼻。诗人们把酒吟诗，开怀畅饮，席间又有两个天仙似的美女，翩翩起舞。他们在酒美、野味美、音乐美、歌舞美、人美的气氛里，酒酣蒙眬，忘记了忧愁，直到夜深才停止，第二天清晨回归住地。

全诗写游猎，从骏马雕弓、雄鹰狐兔到围截驰逐，"一扫四野空"；从炮炙野味到秋夜畅饮，观舞姿飘摇，留欢东楼，顺序清晰，结构严谨，特别是游猎场面，写得形象、生动、具体，如看电视画面，一幅幅映入眼帘，记忆心中，深感诗人豪逸的风姿。

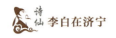

登单父陶少府半月台 ①

天宝四载（744）秋，李白在单父游览半月台，写下此诗。

陶公②有逸兴③，不与常人俱④。

筑台像半月，迥⑤向⑥高城隅。

置酒望白云，商飙⑦起寒梧⑧。

秋山入远海，桑柘⑨罗⑩平芜⑪。

水色渌⑫且明，令人思镜湖⑬。

终当过江去，爱此暂踟蹰⑭。

【注释】

①单父：今山东省单县。陶少府：疑为陶沔，李白的友人，早年曾与李白、孔巢父等六人隐居徂徕山，号称"竹溪六逸"。少府：唐时，县尉的别称。半月台：相传一座规模宏大的高台，传为陶沔所建。因高台前方后圆，呈半月形，故名半月台。其址在古单县东北角，现已不存。

②陶公：即陶少府。

③逸兴：超脱豪迈的兴致。

④俱：在一起。

⑤迥：远。

⑥向：朝着。

⑦商飙：即秋风。商为五音之一。声音肃和秋天的景象相协调，故称商

秋。陆机《园葵诗》(《历代名诗一万首》, 岳麓书社 1995 年版, 第 252 页):
"时逝柔风戢, 岁暮商飙飞。"吕延济注:"商飙, 秋风也。"

⑧梧: 即梧桐。

⑨桑柘: 即桑树和柘树。

⑩罗: 分布。

⑪平芜: 杂草丛生的原野。

⑫渌: 水清澈的样子。

⑬镜湖:《六和郡县志》江南道越州:"镜湖, 后汉永和五年太守马臻
创立, 在会稽、山阴两县界筑塘蓄水……堤塘周回三百一十里, 溉田九千
顷。"镜湖曾名鉴湖, 因东晋王羲之有"山阴路上行, 如在镜中游"诗句,
故又名镜湖。

⑭踟蹰: 犹豫, 徘徊。这两句是说我终究要去江东, 因为留恋这里,
暂时没去。

【句解】

陶公有逸兴, 不与常人俱。

陶公有超脱的兴致, 不与一般人在一起。这二句说明陶公有超凡脱俗
的情操。

筑台像半月, 迥向高城隅。

陶少府筑的高大宏伟的半月台, 远朝着高城角的方向, 延伸向蓝空。

置酒望白云, 商飙起寒梧。秋山入远海, 桑柘罗平芜。

在半月台看到秋天景色。与友人置酒台上, 把酒临风, 看天空飘着片
片白云, 阵阵秋风, 吹落梧桐树叶, 放眼远望, 秋色的山峦隐没于远海的
方向, 长满野草的原野上, 布列着一行行、一排排的桑柘树林。

水色渌且明, 令人思镜湖。终当过江去, 爱此暂踟蹰。

看到清澈明亮的秋水, 令人思念起美丽的镜湖。原计划越中的漫游,

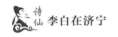

终究要去的，只因留恋这里的友人，悦赏这里的山水，才暂时缓几天，然后启程东去。

【赏析】

这首诗开始赞许了陶公"逸兴"的情操，描写了半月台的形奇、迥向高远的雄姿和登台看到的秋天景色，最后表达了思念镜湖的愿望。

陶公建筑的高台，形似半月，雄伟高大，成为当时单父城的一个景点，吸引众多的文人登台观赏。因台是陶公所建，此处应含着对陶公政绩的颂扬。

诗人登上半月台，手把酒杯，眼观白云，近景是秋风阵起，梧桐飘叶，远景是秋山隐没于远方，荒凉的原野分布着一排排、一片片的桑柘树林，一派肃杀的悲秋景色，反映了诗人辞朝后郁闷的思想感情。

诗人看到澄清的河水，又思念镜湖，想到越地，游览那里的山水，纾解自己苦闷的心情。

李白是伟大的浪漫主义诗人，他的许多诗都具有丰富的想象、大胆的夸张，或是豪放的气势，但这一篇却是现实主义写法，无论是写人状物，还是抒意达情，都采用写实的方法、白描的方法。这应是李白诗中一种类型。

访道安陵遇盖寰为余造真箓临别留赠 ①

李白被赐金放还后，胸中郁闷，到安陵请道士盖寰为他书造真箓，此诗即与其临别留赠。

清水见白石②，仙人识青童③。

安陵盖夫子，十岁与天通。

悬河④与微言⑤，谈论安可穷。

能令二千石⑥，抚背惊神聪。

挥毫赠新诗，高价⑦掩⑧山东⑨。

至今平原客⑩，感激⑪慕清风。

学道北海仙⑫，传书蕊珠宫⑬。

丹田⑭了玉阙⑮，白日思云空。

为我草真箓，天人惭妙工。

七元⑯洞豁落，八角⑰辉星虹。

三灾⑱荡璇玑⑲，蛟龙翼微躬⑳。

举手谢天地，虚无齐始终㉑。

黄金满高堂，答荷㉒难克充。

下笑世上士，沉魂北罗酆㉓。

昔日万乘坟，今成一科蓬㉔。

赠言若可重，实此轻华嵩㉕。

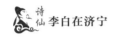

【注释】

①安陵：唐时德州平原郡有安陵县。盖寰：道家。其人事迹不详。造真箓：写真箓。真箓：即道箓。道教的秘文、秘箓。其种类很多，据《隋书·经籍志》记载：录有符箓十七部，一百零三卷。

②清水见白石：出自《乐府诗集·相和歌辞·艳歌行》："语卿且勿眄，水清石自现。"

③青童：神童。《太平广记》载："南岳真人赤君，西城王君及诸青童，并从王母降于盈室。"此诗中青童指盖寰。

④悬河：滔滔不绝，善于言辞。《晋书·郭象传》："少有才理，好老庄，能清言。"太尉王衍每云："听象语，如悬河泻水，注而不竭。"

⑤微言：《汉书·艺文志》："昔仲尼没而微言绝。"颜师古注："精微要妙之言耳。"这两句描写盖寰论道的情形。

⑥二千石：汉代官员的俸禄等级。后称郎将、郡守、知府为"二千石"。此指平原郡太守。

⑦价：身价、名声。

⑧掩：尽有，遍及。

⑨山东：华山以东。

⑩平原客：即平原郡中的宾客。

⑪感激：感奋激发。

⑫北海仙：应指北海道士高如贵。

⑬蕊珠宫：仙名，此指道观。《云笈七签》卷十一："闲居蕊珠作七言。"梁丘子注："蕊珠，上清境，宫阙名也。"

⑭丹田：脐下三寸称为丹田。

⑮玉阙：一般指肾，上与肺连接。此句意思是道法已进入内脏，肾肺已接通。

⑯七元:《云笈七签》卷九:《太微黄书》称青真小童名为"豁落七元"。

⑰八角:《隋书·经籍志》:"凡八字,尽道体之奥,谓之天书。字方一丈,八角垂芒,光辉照耀,警心眩目,虽诸天仙,不能省视。"这句是说写道箓的字体。

⑱三灾:指风灾、火灾、水灾,或指疾疫灾、刀兵灾、饥馑灾。

⑲璇玑:天上的吉星。《晋书·天文志》:"魁四星为璇玑,杓三星为玉衡。"三灾荡璇玑,谓斗神覆护,三灾不能为害也。

⑳蛟龙翼微躬:这句意思是盖寰所造的真箓将成为自身的护翼。

㉑虚无齐始终:生谓人之始,死谓人之终,虚无为之道。这句意思是得道之后,便能超脱生死,飞离人世,成为神仙。

㉒答荷:报答,感荷。

㉓罗酆:即罗酆山,俗称鬼城。传说山洞中各有鬼神的宫室,也是鬼王决断罪鬼的地方,故以"鬼国都城""阴曹地府"闻名。

㉔科蓬:亦作蓬科、蓬颗,即土块,喻小冢。

㉕华嵩:华山、嵩山。

【句解】

清水见白石,仙人识青童。

以"清水见白石"为比兴,说明盖寰(青童)出类拔萃,受到仙人们赏识。

安陵盖夫子,十岁与天通。悬河与微言,谈论安可穷。

安陵盖寰自幼聪慧,十岁能精通道义,对道家学说的精微要妙之处,谈论起来滔滔不绝,似无休止。以上几句写盖寰论道的情形。

能令二千石,抚背惊神聪。挥毫赠新诗,高价掩山东。至今平原客,感激慕清风。

盖寰关于道学的学识,令平原郡太守惊叹他的聪明,并挥笔写了首赞

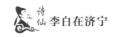

美的诗赠给他，因此，盖寰的身价名声大震，传遍了华山以东的地方，至今平原郡的宾客还感谢、仰慕他高洁的清风。以上几句写盖寰道士的影响和声望。

学道北海仙，传书蕊珠宫。

跟随北海道士高如贵学道，在蕊珠宫道观里向盖寰传授道书。写学道有成。

丹田了玉阙，白日思云空。

其道学功力能入内脏，贯通肾肺，白日可凌空仙去。

为我草真箓，天人惭妙工。七元洞豁落，八角辉星虹。

这几句叙写给李白写道箓的内容和字体。为我草写的真箓，笔工奇妙，连天人都感叹不如，内容是"七元洞豁落"，字体"八角辉星虹"，其字光照眩目，虽天仙不能省视。

三灾荡璇玑，蛟龙翼微躬。

风、火、水三灾或疾、兵、饥三灾，因为有北斗神星护卫，三灾不能为害。我有盖寰所造的真箓，正像龙翼一样保护自己。

举手谢天地，虚无齐始终。

举手感谢天地，有了真箓，得道后能超脱生死，升天成仙。

黄金满高堂，答荷难克充。

盖寰所造的道箓是最珍贵的，即使以满高堂的黄金也难以报答，其珍贵不是以金钱来衡量的。

下笑世上士，沉魂北罗酆。昔日万乘坟，今成一科蓬。

下笑世上的士人，死后沉魂到鬼城罗酆，连那昔日烜赫一时的万乘（大国的皇帝、天子），而今也是埋在地下，成为长着蓬草的小冢。这几句反映李白厌弃人世，追求成仙的思想。

赠言若可重，实此轻华嵩。

其赠言的分量，堪比华山、嵩山。说明赠言的重要。

276

【赏析】

要深入理解李白关于写道箓等几首诗，必须了解当时李白的思想状态。

李白供奉翰林被赐金放还后，思想苦闷，就到安陵找盖寰道士写道箓，请齐州紫极宫道士高如贵为他授道箓，正式成为一名道士。原因是什么，安旗先生谈了三点："一是二入长安后，为了求得精神上的自我解脱，需要'麻醉'和'止痛'；二是为了避祸；三是为了表示对统治阶级的一种反抗。"康震教授分析：李白"经历了政治上的一次失败，就想在疏狂的生活中，在道教当中寻找一线安慰……寻求一个政治以外的新的精神支点，接受道箓就是这个新支点之一"。《康震品李白》，李白这一时期思想中，道教、儒家、任侠、纵横家的成分多少都有些，呈现多元的思想状态，但应看到，他主导思想应是儒家，所以他虽然成为一名正式道士，并没有住进道观与世隔绝，修身养性，而之后重整旗鼓，一而再，再而三地寻找入世门径，为其政治理想而奋争。

关于请安陵道士盖寰为他造真箓"临别留赠"这首诗，从不同的角度赞颂盖寰道士的聪慧精通道术和很高的声望。

诗开始从仙人的角度，赏识他少年聪慧，"十岁与天通"；接着转换正面描写他道术精湛，谈论滔滔不绝；再转写别人如何看待他，太守惊叹神聪，平原客仰慕他的清风；再转正面称颂，他求道名师，传书名宫，学道有成，白日竟凌空仙去；又转写造道箓，字体奇异，宣扬道箓的作用，能使人超脱生死，得道成仙。最后以人世间士人沉魂鬼域，万乘一抔黄土作反衬，只有学道成仙，才能长生不老，既赞颂了道教，也称颂了盖寰道士。综观全诗，角度转换，层次更迭，高低起伏，多彩多姿，从不同视角描写和塑造了一个仙风道骨、道术渊博的道士形象。

在艺术手法上，作者运用了丰富的想象，奇异的构思，描绘出一个若实若虚，似人似仙的境界。作者既保持了豪迈奔放，又体现杳冥惝恍的游仙诗的风格。

奉饯高尊师如贵道士传道箓毕归北海 ①

李白访安陵盖寰造真箓，又去齐州紫极宫，请北海高天师如贵授道
箓，后写此诗。

道隐②不可见，灵书藏洞天。

吾师四万劫③，历世递相传。

别杖留青竹④，行歌蹑紫烟。

离心无远近，长在玉京⑤悬。

【注释】

①高尊师如贵：即北海道士高如贵，李白请其传授道箓。道箓：道教
的秘文秘箓。《隋书·经籍志》载，道箓种类很多，有符箓十七部，一百
零三卷。北海：郡名，即青州、郡治益都县，今山东青州市。

②道隐：道是看不到的。应是古代哲学的一个概念，这个道指浑然一
体，永恒存在，运动不息的大道。只要一说出来就不是这个"大道"。《老
子》：道隐无名。河上公注："道潜隐使人无能指名也。"《庄子》："道不可
闻，闻而非也；道不可见，见而非也。"诗中"道隐"指道的神秘性。灵
书：道教的书。《太平御览》卷六七六引《后圣道君列记》："刻以紫玉为
简，青金为文，龟母按笔，真童拂筵，玉童结编，名之曰《灵书》。"

③四万劫：犹言四万世，言其历时极为长久。劫：佛教用语，梵文音
译的略称。佛教认为世界生成到毁灭为一周期，即称一劫。

④别杖留青竹：用费长房事。据《后汉书·费长房传》载："长房尝从一仙翁入深山，及辞归，翁与一竹杖，曰：'骑此任所之，则自至矣。既至，可以杖投葛陂中也'。长房乘杖，须臾来归，即以杖投陂，顾视则龙也。"

⑤玉京：指神仙住所，道家所谓天庭。

【句解】

道隐不可见，灵书藏洞天。

道家说的道，是神秘的、潜隐的，人们的眼是看不见的。道家"灵书"是极为珍贵的，藏于洞天，也是不易得到的。

吾师四万劫，历世递相传。

大意是我师学的道家学说历史悠久，其精神世世代代传下来，我以如贵道士为尊师，跟他学道法道术。

别杖留青竹，行歌蹑紫烟。

以费长房事为喻，只要跟仙翁学道修行，就能乘杖而行，竹杖变龙，跟长房一样成为仙人。走路行歌，伴随着祥瑞之风。

离心无远近，长在玉京悬。

学道要真诚，不论身在哪里，心要想着神仙，想着神仙居住的地方。

【赏析】

这首诗从内容看，主要写"道"的神秘性，对道教和尊师如贵的颂扬，并以"别杖留青竹"的故事为喻，说明只要诚心、专心学道修行，一心想着仙人，就能像费长房一样，乘杖而行，行歌伴随祥瑞之风，有可能成为神仙。

在艺术上，具有写仙诗的特点，想象奇异，仙味浓浓。

为使读者了解道教授箓的有关知识，特作以简介：据《隋书·经籍志》载授道箓之法，"受者必先洁斋，然后赍金环一，并诸赞币，以见于师。师受其赞，以箓授之，仍剖金环，各持其半，云以为约。弟子得箓，

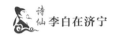

缄而佩之。其洁斋之法，有黄箓、玉箓、金箓、涂炭等斋。为坛三成，每成皆置绵蕝，以为限域。傍各开门，皆有法象。斋者亦有人数之限，以次入于绵蕝之中，鱼贯而缚，陈说愆咎，告白神祇，昼夜不息，或一二七日而止。其斋数之外有人者，并在绵蕝之外，谓之斋客，但拜谢而已，不面缚焉。"面缚者，系颈、缚首也。见安旗：《李白全集编年笺注》，中华书局 2017 年版，第 651 页"按"。

赠任城卢主簿潜 ①

天宝三年秋，李白被赐金放还，任城卢主簿设宴为其接风，李白写此诗以赠。

海鸟②知天风，窜身鲁门东。

临觞③不能饮，矫④翼思凌空。

钟鼓不为乐，烟霜谁与同。

归⑤飞未忍去，流泪谢鸳鸿⑥。

【注释】

①任城：唐代任城县，今济宁市任城区。主簿：唐时为县令之佐，其位在丞之下，尉之上。潜：卢潜，李白的友人，生平不详。

②海鸟：《庄子·至乐篇》（《百子全书》，岳麓书社 1993 年版，第 4570 页）载："海鸟止于鲁郊，鲁侯御而觞之于庙，奏九韵以为乐，具太牢以为膳，鸟乃眩视忧愁，不敢食一脔，不敢饮一杯，三日而死。"这里诗人以海鸟自喻。

③觞：酒杯。

④矫：举。

⑤归：回家，返回，回到本处。

⑥鸳鸿：指县中宾朋。

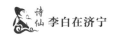
【句解】

海鸟知天风，窜身鲁门东。

海鸟，李白自喻，是说诗人知晓朝廷的风云，被赐金放还，心情颓丧地回到家中。

临觞不能饮，矫翼思凌空。

由于内心苦闷，面对酒杯不想喝，但仍不忘寻志，要像那鸟一样在高空飞翔，一展雄风。

钟鼓不为乐，烟霜谁与同。

面对欢快的钟鼓不以为乐，忧虑烟霞风霜的生活没有伴行。

归飞未忍去，流泪谢鸳鸿。

回到家中，看到一双儿女，不忍再离开。心存感动，流泪感谢任城的诸位宾朋。

【赏析】

李白赐金放还，这是皇帝给他一个体面的说法，实际上是给点钱，叫他离开翰林院回家，是被迫离开。心情当然是郁苦的。回到东鲁，任城主簿设宴接风，李白于此写了赠诗。诗中表现他面对酒杯"不能饮""不为乐"的苦闷心情，也表现他"思凌空"的壮志未泯，并流泪对诸朋表示感谢。诗虽然很短，但写得苍凉、悲壮、豪放，很是感人。

诗的一、二句，"海鸟知天风，窜身鲁门东"，起势开阔。"窜身鲁门东"，诗人用"窜"字，而不用"飞"或其他字，已暗含着诗人不是心甘情愿的离朝，而是"赐金还山"，也暗含着情感的困顿苦闷，为下面几句作了铺垫。"临觞不能饮"两句，具体写心情的苦怆。李白是出名的诗仙、酒仙，谓诗酒英豪，而今面对美酒而不能饮，是何原因？就是因为攀龙堕天，政治失败，理想破灭，前途迷茫，给诗人带来的忧愁，忧是深忧，愁是大愁；那些佞臣当道，谗言诋毁，使诗人愤懑，那愤是积压在胸中幽愤。所以大愁、深忧、幽愤一起挤压诗人的胸膛，对酒只能嗟叹而不能饮。诗人在政治上虽跌于低谷，但没有绝望，仍执着于政治仕途，梦想着像鸟一样凌空飞翔，施展自己的抱负。

"钟鼓不为乐"四句：其意是诗人心情苦闷，不以钟鼓为乐，思虑着如何度过"烟霜"的生活，这次回家，"未忍"离开。面对任城接待他的诸公，流泪表示感谢。李白是很少落泪的，"男儿有泪不轻弹"，而今李白流下的热泪，这泪是诗酒英豪之泪，是幽愤悲怆之泪，亦是对任城诸公的感谢之泪！

这首诗用典比较贴切，感情色彩强烈，风格含蓄豪逸，奔放苍凉。

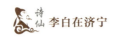

将进酒 ①

此诗约开元二十四年（736）前后，于梁宋地与元丹丘、岑勋一起饮酒时作。

君不见，黄河之水天上来②，奔流到海不复回。

君不见，高堂明镜悲白发，朝如青丝暮成雪。③

人生得意须尽欢，莫使金樽空对月。④

天生我材必有用，千金散尽还复来。⑤

烹羊宰牛且为乐，会须一饮三百杯。⑥

岑夫子，丹丘生，将进酒，杯莫停。⑦

与君歌一曲，请君为我倾耳听。⑧

钟鼓馔玉不足贵⑨，但愿长醉不复醒。

古来圣贤皆寂寞，惟有饮者留其名。

陈王昔时宴平乐，斗酒十千恣欢谑。⑩

主人何为言少钱，径须沽取对君酌。⑪

五花马，千金裘⑫，

呼儿将出换美酒，与尔同销万古愁。⑬

【注释】

①将（qiāng）进酒，汉乐府诗题，属《鼓吹曲·铙歌》。内容多写朋

友宴会时饮酒放歌的情趣。将：请。

②君不见：乐府诗常用作提醒人语。天上来：黄河发源于青海巴颜喀拉山的昆仑山脉，"天上来"，言其地势极高，是一种夸张的写法。

③高堂：高大的厅堂。青丝：黑发。雪：借指白发。

④得意：高兴，适宜，称心如意。樽：酒器，古代盛酒用的器皿。金樽：华美的酒杯。此泛指酒杯。空：徒然，白白的。

⑤材：才能，才华。一说财力。千金：言其钱财之多。千金散尽：李白《上安州长史书》（《李白文选》，学苑出版社1989年版，第34页）："襄昔东游维扬，不逾一年，散金三十余万。有落魄公子，悉皆济之。"

⑥会须：应该，应当。三百杯：极言饮酒之多。表示痛饮。

⑦岑夫子：岑勋，南阳人。丹丘生：即元丹丘。岑、元二人都是李白的好友。将：且。

⑧与君：为你。倾耳听：侧着耳朵听。

⑨钟鼓：指音乐。古时富贵人家用膳时鸣钟列鼎。馔：饮食。馔玉：精美如玉的饮食。指丰美的食物。

⑩陈王：指三国魏诗人曹操之子曹植。曹植曾被封陈思王，故称陈王。平乐：台名，观名。即平乐观，曹植曾在这里宴请宾客。故址在洛阳西门外，为汉明帝时建造。斗酒十千：指一斗酒值十千钱，极言酒美价高。这里用曹植《名都篇》（李克和主编：《历代名诗一万首》，岳麓书社1995年版，第188页）"归来宴平乐，美酒斗十千"之意。恣欢谑：纵情地寻欢作乐。恣：纵情。谑：戏。

⑪何为：为何，为什么。径：直。径须：只管，直须。沽取：买来。径须沽取：只管买来。

⑫五花马：一种毛色驳杂的名贵的马。千金裘：价值千金的名贵皮衣。《史记·孟尝君列传》："此时，孟尝君有一白狐裘，直（值）千金，天下无双。"

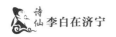

⑬将出：拿出，取出。尔：你们，指岑勋、元丹丘。销：同"消"。万古愁：形容愁的深广。

【句解】

君不见，黄河之水天上来，奔流到海不复回。君不见，高堂明镜悲白发，朝如青丝暮成雪。

您不见波涛汹涌的黄河水似从天上流下，滚滚直流东海不再返回。您不见在高堂上对着明镜为白发忧愁，早晨还黑如青丝，到夜晚已变成雪白。以上几句写时光易逝，如河水入海一去不回；以头发朝暮间青丝白雪，比喻人生短促。

人生得意须尽欢，莫使金樽空对月。

人生得意时应当纵情欢乐，莫要让金樽空对明月，失去消愁取乐的时机。

天生我材必有用，千金散尽还复来。

诗人自认超凡的才能一定为国家所用，千金散尽还会重来，表现诗人对未来充满希望，充满自信。

烹羊宰牛且为乐，会须一饮三百杯。岑夫子，丹丘生，将进酒，杯莫停。

杀牛宰羊，酒菜丰盛，要尽情欢乐，今日兴致高，一喝应饮三百杯，岑夫子、丹丘生，请进酒，不要停杯！这是写请饮、劝酒的情状。

与君歌一曲，请君为我倾耳听。

我为你们唱一首歌，请二位侧耳仔细地听。

钟鼓馔玉不足贵，但愿长醉不复醒。古来圣贤皆寂寞，惟有饮者留其名。

诗人蔑视权贵，认为他们的精玉美食，荣华富贵，不值得追美，但愿长此一醉不再清醒。你看历史，自古以来那些圣明贤德之人都是寂然没有声息，只有纵酒的才能豪爽之人才留下美名。这几句反映诗人不美慕荣华富贵，蔑视权贵，厌弃社会的污浊，赞誉豪酒留名的才能之士。

陈王昔时宴平乐，斗酒十千恣欢谑。

三国时曹植在平乐观大摆酒宴，用斗酒十千昂贵的美酒招待宾客，任情地戏谑欢乐。

主人何为言少钱，径须沽取对君酌。五花马，千金裘，呼儿将出换美酒，与尔同销万古愁。

东道主为何说买酒的钱不多，你放心吧，尽管拿酒来，我们共酌痛饮。牵出我那可爱的五花马，拿来名贵的千金裘，叫童儿都用来去换美酒，我和你们倾杯畅饮，同销这无穷尽的万古之愁！

【赏析】

这首诗塑造了一个不慕荣华、鄙弃世俗、蔑视权贵、傲岸不羁的诗人形象。诗中字里行间充溢着豪气和豪情，是诗豪、酒豪典型的浪漫主义诗篇，在诗史中评价很高，具有很大影响的作品。

随着诗人感情的开合转折，跌宕起伏，以悲酒、乐酒、愤酒、纵酒、愁酒等几个感情的聚合点，把诗人的思想感情表现得淋漓尽致。

悲酒：诗开头"黄河之水天上来"，虽有气吞万里之势，但东去入海，势不可回。对此，诗人悲叹时光易逝；高堂明镜，头发黑白的朝暮之变，诗人悲叹人生的短促；此时此刻又想到去朝后理想的破灭，心情愤懑，诗人又悲叹功业未就，这三种悲叹都带有豪气，也为饮酒作了铺垫。

乐酒：若人生得意，就要金樽对月，尽情欢乐，莫要错过时机。对未来，坚信"天生我材必有用，千金散尽还复来"，诗人内心充满希望，一扫悲叹人生短促的感伤，而当下，置酒会友，人生知己，倾杯痛饮，完全沉浸于酒酣的快乐之中，"烹牛宰羊""一饮三百杯"，呼朋欢歌，进酒不停，多么痛快的盛宴，一派豪情。

愤酒：诗人从酒酣之乐中转入激愤。他蔑视权贵豪门，认为他们"钟鼓馔玉"的生活不足为贵。而愿长醉不愿醒，为什么？因为诗人不愿看到

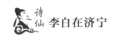

社会的污浊，不愿看到政治的黑暗，不愿看到社会的不公，宁长醉以图心静，这是多么强烈的愤怒！"古来圣贤皆寂寞，惟有饮者留其名"，这里边隐含着诗人的痛苦，也包含着深沉的愤怒。

纵酒：诗人借古人曹植宴平乐之事，来抒发自己的豪情，来烘托自己饮酒的欢快。此时，诗人纵情之饮、纵情之乐，近乎"狂"的程度，本是客人，却反客为主，会意主人尽管拿酒，不要管钱，不惜将心爱的五花马、千金裘，统统拿去换回美酒，共酌共饮。酒饮到这份上，世上独有李白一人耳！

愁酒：倾杯痛饮，推至高潮时，诗人从胸口喷出一句"与尔同销万古愁"的诗句。"万古愁"，言其愁的深广，它包含着诗人忧国忧民之愁，包含着寻志无路，报国无门之愁，包含着对历史上志士仁人不幸遭遇之愁，包含着对那些怀才不遇者之愁……这愁是万古愁，恨也是万古恨，这胸中的块垒，只能以酒浇之，以酒消除。至此一个胸襟宽广、思接千载、忧国忧民、怀才不遇、倾杯痛饮的诗人形象，出现在读者面前。

这首诗表现了李白以情抒豪的独特风格。李白的豪放，以情贯注，以情抒发，完全是爆发式的、积聚式的，严羽曾评点李白的《将进酒》一诗时说："一往豪情，使人不能字句赏摘。盖他人作诗用笔想，太白但用胸口一喷即是，此其所长。"这个比喻非常准确和形象地指出了李白所擅长的这一特点，就是凭借蓄势而泄其诗情。这个"诗情"就是激情，也含有诗人的幽愤，而幽愤一旦化为激情，就一发而不可收，如江河入海，奔腾不羁，给读者强大的冲击力和感染力。

这首诗以酒为线索，以感情为经纬，悲、喜、愤、纵、愁等开合转换，起伏纵横，再加之明快的节奏，参差的句式，跳跃的韵律，把诗人的情感酣畅淋漓地表现出来。诗中励志的名句"天生我材必有用"，豪情万丈，千古流传。

行路难三首 ①

　　诗人于开元年间初入长安，满怀希望而去，干谒无门，失败而归，作此诗抒怀。

其一

金樽②清酒③斗十千④，玉盘珍羞⑤直⑥万钱。

停杯投箸⑦不能食，拔剑四顾⑧心茫然。

欲渡黄河冰塞川⑨，将登太行⑩雪满山。

闲来垂钓⑪碧溪上，忽复乘舟⑫梦日边。

行路难！行路难！

多歧路⑬，今安在？

长风破浪会有时，直挂云帆济沧海⑭。

【注释】

　　①行路难：属古乐府杂曲歌辞。内容多写世路艰难及离别悲伤之意。李白此题诗有三首，非同时所作。

　　②金樽：精美华贵的酒杯。樽：古代盛酒的器具，即酒杯。

　　③清酒：一作"美酒"。

　　④斗十千：形容酒美价高。曹植《名都篇》(《历代名诗一万首》，岳麓书社1993年版，第188页)有"归来宴平乐，美酒斗十千"。

　　⑤珍羞：珍贵的佳肴。羞同"馐"。

⑥直同"值"。

⑦投箸：放下筷子。

⑧顾：看。鲍照《行路难》(《历代名诗一万首》，岳麓书社1995年版，第370页）中"对案不能食，拔剑击柱长叹息"。

⑨冰塞川：冰冻封河不能行船。

⑩太行：即太行山，在今山西、河南、河北三省边境。鲍照《舞鹤赋》："冰塞长河，雪满群山。"

⑪垂钓：此句用吕尚垂钓渭水滨的典故。吕尚未遇周文王前，曾在磻溪垂钓。

⑫乘舟：伊尹在未得到商汤聘请之前，曾梦见自己乘船从太阳旁边经过。这二句是说人生遇合好多时候出于偶然。

⑬多歧路：多岔路。

⑭长风破浪会有时，直挂云帆济沧海：《宋书·宗悫传》"悫年少时，（叔父）炳问其志，悫曰：'愿乘长风，破万里浪。'"会：当。济：渡。沧海：大海。

【句解】

金樽清酒斗十千，玉盘珍羞直万钱。

金樽中的美酒每斗十千，玉盘中的佳肴能值万钱。言其美酒佳肴丰盛珍贵。

停杯投箸不能食，拔剑四顾心茫然。

诗人胸中郁闷，面对一桌子的美酒佳肴，却放下酒杯，撂下筷子，拔出宝剑而不舞，四面张望，心绪茫然，一腔悲愤。

欲渡黄河冰塞川，将登太行雪满山。

想渡黄河，冰封河流无法可渡，将登太行山却大雪封山，无法攀登。喻其政治上的路径被阻堵不通。

290

闲来垂钓碧溪上，忽复乘舟梦日边。

以吕尚、伊尹等待多年终知遇君主被重用的故事，喻诗人以此例有了希望，自信理想能够实现。

行路难！行路难！多歧路，今安在？

实现理想之路，何其艰难，何其艰难，到处是歧路岔道，哪里有大道朝天？

长风破浪会有时，直挂云帆济沧海。

说明诗人的希望和自信，终会有一天乘风破浪，扬起云帆渡过沧海，到达理想的彼岸。

【赏析】

《行路难》三首，是反映李白一进长安后思想状况的代表作品之一。

《其一》这首诗，通过面对丰盛华宴"停杯投箸""拔剑四顾"，反映诗人思想郁苦和悲愤；通过"冰塞川""雪满山"，展示了诗人无路可走的困苦处境；从诗人思想的悲苦和无路可走的处境，反映了"珠玉买歌笑，糟糠养贤才"的社会不公，鞭挞了奸佞当道，扼杀人才的黑暗政治。

诗人虽苦闷、失望，但没有绝望，仍心存希望，能像吕尚、伊尹一样有朝一日知遇得志。面对"行路难""多歧路"这样的困难处境，作为时代歌手的李白，没有退缩，而是高歌向前，喊出高度自信的最强音："乘风破浪会有时，直挂云帆济沧海！"这句诗成为中华诗词中的名句，时至今天，在广泛流传，广泛引用，其旨在不怕困难，充满信心，争取胜利！

这首诗共十四句，从所用的"金樽清酒""玉盘珍馐""黄河冰塞川""太行雪满山"和"垂钓碧溪""乘舟梦日边"及"长风破浪""直挂云帆"等具体形象的诗句，联系它们所表达的内容，让人感到气度宏大、气骨高举、慷慨悲歌、雄俊奔放，给人很强的力量感和气势感。

这首诗还有个明显的特点，就是气势纵横，激情跌宕，曲折回旋，动

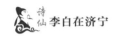

人心弦。请看：开始是面对一桌极为丰盛的华宴，对于诗酒英豪，"酒仙"来说应是大畅其快的事，但接着是"停杯投箸""拔剑四顾"四个动作，把喜庆之事推向愁绪满胸，激愤难抑的境地。再接着展示愁、难的具体内容，冰封河、雪满山，即是说水路、旱路都不通，实际喻示李白在寻仕路上，地方上干谒一次次失败，到京城也屡遭冷遇，似无路可通。但诗人失望并没有绝望，他又从吕尚和伊尹事中看到了希望，有了信心，高唱"长风破浪会有时，直挂云帆济沧海"，这是自信的战歌，勇往直前的战歌。

其二

大道如青天，我独不得出。①

羞逐长安社中儿②，赤鸡白狗③赌梨栗④。

弹剑作歌⑤奏苦声，曳裾王门⑥不称情⑦。

淮阴市井笑韩信⑧，汉朝公卿忌贾生。

君不见昔时燕家重郭隗，拥篲折节无嫌猜。

剧辛乐毅感恩分，输肝剖胆效英才⑨。

昭王白骨萦⑩蔓草⑪，谁人更扫黄金台？⑫

行路难，归去⑬来！

【注释】

①大道如青天，我独不得出：步入仕宦的大路像青天一样宽广，唯独我找不到出路。

②社：古代基层单位，二十五家为一社，此处泛指里巷。社中儿：市井少儿。

③赤鸡白狗：指当时斗鸡玩狗的博戏。

④梨栗：即赌注。

⑤弹剑作歌：战国时冯谖在孟尝君门下为食客的故事。据《史记·孟尝君列传》(《二十四史》传75，《孟尝君列传》第15，中华书局2000年版，第1845页)记载：冯谖投在孟尝君门下，开始不被重视，就三次弹剑作歌，感叹对生活的不满："长铗归来乎，食无鱼。""长铗归来乎，出无车。""长铗归来乎，无人以为家。"孟尝君知晓后给予重视，改善其待遇。后人以"弹剑作歌"比喻生活困窘，求助于人。

⑥曳裾：拉起衣服的前襟。曳裾王门：奔走于王侯显贵之门。

⑦不称情：即不称心。

⑧淮阴市井笑韩信：汉初刘邦的大将，淮阴人韩信，据《史记·淮阴侯列传》(中华书局1982年版，第2609页)记载，他早年曾受市井恶少的侮辱，被迫从恶少的胯下爬过去，受到市人的嘲笑。市井：古者相聚汲水，有物便卖，因成市，故云市井。后成为小城镇。贾生：即贾谊。西汉政论家，文学家。贾谊二十多岁被汉文帝召为博士，不满一年提升为太中大夫。文帝又拟任贾谊为公卿，引起公卿大臣周勃、灌婴等人嫉妒、谗毁，后文帝也疏远了他，出为长沙王太傅。见《史记·屈原贾生列传》(中华书局1982年版，第2481页)。

⑨君不见昔时燕家重郭隗，拥篲折节无嫌猜。剧辛乐毅感恩分，输肝剖胆效英才：言战国时燕昭王招贤纳士之事。据《战国策·燕策》(王延栋译注:《战国策译注》，中华书局2017年版，第268页)记载，燕昭王想招揽人才，争取郭隗的意见，郭隗说："古代有位君主用五百金买了一副千里马骨头。天下人听说此事，都积极寻求好马，不到一年送来三四千里马。今天君王要招揽贤才，不如从我做起，若如此，比我贤能的人就会千里归附大王。"昭王采纳了他的建议，就重用郭隗，为其修宫室，又筑一座高台，上边放上黄金，名曰"黄金台"，广招天下贤能之人。不久，邹衍从齐国、乐毅从魏国、剧辛从赵国都来到燕国。邹衍来燕时，昭王亲自拿扫帚

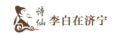

为他清扫道路，以表欢迎和重视。后剧辛任国政，乐毅任大将军，为燕攻下齐国七十余座城池。拥篲：篲：扫帚。拿着扫帚清扫道路，为了不使飞扬灰尘影响客人，用衣袖遮住扫帚，此即所谓"拥篲"，折节：躬身，表示敬意。无嫌猜：没有猜疑，彼此信任。恩分：恩情。输肝剖胆：赤胆忠心，竭尽忠诚。效英才：以自己的才能报效君主。

⑩萦：缠绕。

⑪蔓草：杂草。

⑫黄金台：相传燕昭王为延请天下贤才，于易水东南十八里筑高台，置千金在台上，故名黄金台。故址在今河北易县东南。

⑬归去：隐居。

【句解】

大道如青天，我独不得出。

大道如青天一样宽广，唯独我没有出路。其寓意是，入仕的道路很宽广，但是我条条路受阻。表达诗人的失意和悲愤。

羞逐长安社中儿，赤鸡白狗赌梨栗。

羞于追随长安里巷中的市井小人以梨栗作赌注的游戏。这里诗人把受皇帝宠爱的某些宫廷权贵比作斗鸡赌狗的市井小人。

弹剑作歌奏苦声，曳裾王门不称情。

冯谖弹剑作歌感叹生活不如意，在王公贵族门下做食客，出入权门，很不称心。以此事喻诗人心中的苦闷和受到的压抑。

淮阴市井笑韩信，汉朝公卿忌贾生。

淮阴韩信，早年因受胯下之辱而被市井小儿嘲弄。汉代贾谊因受皇帝重用而被权臣陷害。以这两人事，喻诗人受的轻侮和谗毁。

君不见昔时燕家重郭隗，拥篲折节无嫌猜。剧辛乐毅感恩分，输肝剖胆效英才。

战国时，为招揽天下贤士，燕昭王重用郭隗，高筑黄金台，邹衍从齐国来到燕国，昭王亲自拿着扫帚扫清道路欢迎邹衍到来，并待之以诚，彼此信任。剧辛从赵国、乐毅从魏国来到燕国受到重用。他们感激昭王的情谊，为燕赤胆忠心，献出自己的杰出才能。

昭王白骨萦蔓草，谁人更扫黄金台？

昭王坟上长满了荒草，已没有了燕昭王，有谁肯将黄金台重新扫净？还有谁能像他那样重用贤士呢？

行路难，归去来！

世路如此艰难，无路可走，我还不如身去归隐！

【赏析】

诗的第一句"大道如青天，我独不得出"来势突兀，陡起壁立，落笔警挺，力重千钧，是诗人从胸口喷出来的情化诗化的语言。如青天一样宽广的大道，我却无路可走，诗人心情何等的忧、何等的愤！是可想而知的。因此，诗的这一句应是诗人愤激的怒吼、奋争的呐喊，是对正义公平的呼唤！

诗人为何无路可走？原因何在？下面的十二句给了艺术的回答。接着六句诗，可概括为三个"不"，即不愿意、不称心、不得志。所谓不愿意，即不愿追随长安市井小儿斗鸡玩狗，做赌博游戏，不愿与他们为伍走歪门邪道，表现了诗人的正气、骨气和光明磊落的心胸；所谓不称心，即用冯谖"弹剑作歌""曳裾王门"的故事，比喻自己生活的不称心；所谓不得志，即以韩信早年受胯下之辱被世人嘲弄，才华青年贾谊被嫉妒、逐放的事，喻诗人自己郁郁不得志和怀才不遇，然诗人还有思想的另一面，即心存希望。"君不见"以下六句，通过燕昭王招揽人才的故事，表现出诗人三个希望。一是希望当今皇帝能像燕昭王那样求贤若渴，招揽贤才，重视贤才。昭王重用郭隗，高筑黄金台，使天下的人才纷纷来到燕国。二是希

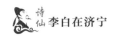

望当今皇帝像燕昭王那样屈己下士、折节相待，真正尊重贤才，君臣之间形成一种推心置腹的关系。三是希望有"输肝剖胆效英才"的机缘，以实现自己"安社稷""济苍生"的政治理想。但社会现实令诗人大失所望，玄宗已不是当年励精图治的皇帝，现已变成骄奢淫逸的帝王，不再有真正的求贤重贤之心，而是近小人远君子，堵塞贤才之路。基于此，诗人才发出第一句那样沉痛悲豪的呐喊。

诗的末尾，诗人面对上述情况无可奈何，只好发一声浩叹："归去来！"这只是暂时退路，诗人胸中入世的火始终在燃烧，等待时机，寻找新的路径。

此诗成功运用了许多典故，以古人喻今人，反映了诗人的复杂思想感情，既有忧愁悲怆，又存有希望；以古事讽现实，有力鞭挞了社会的不公和政治黑暗。将古今之情连在一起思考对比，拓宽思维的空间，增加具体的形象，强化了艺术的感染力。

其三

此诗重在写辞官归隐，应为天宝三载辞朝后所作。

有耳莫洗颍川水①，有口莫食首阳蕨②。

含光③混世贵无名，何用孤高比云月？

吾观自古贤达④人，功成不退皆殒身⑤。

子胥⑥既弃吴江上，屈原⑦终投湘水滨。

陆机⑧雄才岂自保？李斯⑨税驾⑩苦不早。

华亭鹤唳⑪讵可闻？上蔡苍鹰⑫何足道？

君不见，吴中张翰⑬称达生，秋风忽忆江东行。

且乐生前一杯酒，何须身后千载名？

【注释】

①有耳莫洗颍川水：此意化用许由洗耳的故事。许由，字武仲，古高士。隐于沛泽之中，尧想退位让给许由，他不接受而逃，隐居于颍水之滨，箕山之下，自耕生活。后，尧知道由的住处，又召他为九州长，由恶闻其声，认为有污于自己的耳朵，便洗耳于颍水，以示清高。见王琦:《李太白全集》，中国书店1996年版，第95页，引《高士传》卷上。

②有口莫食首阳蕨：用伯夷、叔齐事。武王平定殷乱之后建立了周朝，而伯夷、叔齐耻于为周做事，并不吃周的粮食。隐于首阳山，采蕨而食，时间一久，便饿死于首阳山。见《史记·伯夷列传》。

③含光：藏光，藏匿锋芒。传说许由听了尧的话，就告诉其友巢父，巢父批评他："何不隐汝形，藏汝光。"既然隐形藏光，"混世"即可，无须再标榜孤操高洁。

④贤达：有德行才能和声望的人。

⑤殒身：即丧命。

⑥子胥：伍子胥，春秋时吴国功臣。其进谏于吴王而不听，又遭太宰嚭谗毁，吴王赐剑令子胥自杀。并将尸体装入皮制的口袋里，投入江中。见《吴越春秋·夫差内传》。

⑦屈原：战国时楚国大夫，力主变法图强，受到旧贵族的排斥和谗毁，后被楚王疏远，放逐江南，常行吟于湘水之滨。胸中郁闷，怀石自沉于汨罗江。见《史记·屈原列传》，中华书局1982年版，第2481页。

⑧陆机：西晋文学家，少有异才，文章冠世。曾任大将军，在一次征战失败后，遭到谗谮，在军中被成都王司马颖处死。

⑨李斯：战国时秦国的重要谋臣，统一六国后任丞相。李斯曾经说，我是上蔡布衣，一个普通的百姓，皇帝不知道我的才能低下，安排到这么高的位置，可谓富贵极矣！物极则衰，我不懂得应解除职务，脱身引退。

秦二世时，被权宦赵高诬以谋反罪，腰斩于咸阳。

⑩税驾：解下驾车的马，停车，言休息或归宿之意。

⑪华亭鹤唳：据《晋书·陆机传》（中华书局 1982 年版，第 1467 页）载：陆机临刑，神色自若，叹曰："华亭鹤唳，岂可复闻乎？"《语林》曰："（陆）机为河北都督，闻警角之声，谓县丞曰：闻此不如华亭鹤唳。故临刑前而有此叹。"鹤唳：即鹤鸣。这里借陆机遇害事，感叹世途险恶。

⑫上蔡苍鹰：谓李斯临刑时，给他儿子说：我原想与你牵黄犬，驾苍鹰，一起到上蔡东门外逐猎狡兔，已没有这样的机会啦。（见《史记·李斯列传》，中华书局 1982 年版，第 2539 页）

⑬张翰：西晋吴郡（今江苏苏州市）人，为齐王同大司马东曹掾，他曾说，四海出名的人，求退很难。我本山林间人，不想成四海扬名。看到秋风刮起，就想起家乡的莼菜、莼羹、鲈鱼脍等这些美味。他感叹，人生最可贵的就是适意，不能为了名而羁宦于数千里之外，于是便辞官归乡。有人问他："卿乃可纵适一时，独不为身后名邪？"张翰答曰："使我有身后名，不如即时一杯酒。"时人都赞扬他旷达。

【句解】

有耳莫洗颍川水，有口莫食首阳蕨。

人们不要学习以颍水洗耳的许由，不要学习义不周粟、饿死首阳山上的伯夷、叔齐，诗人的潜台词是他们的做法和行为没有学习的价值。

含光混世贵无名，何用孤高比云月？

他们藏光、隐形、匿名，既然想以隐退达到目的，就无须标识高洁，无须以"孤高比云月"来加以炫耀。

吾观自古贤达人，功成不退皆殒身。

我观自古以来有德操有名望的贤达之人，功成不退的多是殒身丧命。

子胥既弃吴江上，屈原终投湘水滨。陆机雄才岂自保？李斯税驾苦不早。华亭鹤唳讵可闻？上蔡苍鹰何足道？

　　伍子胥不知身退被抛尸吴江，屈原不甘身退自投湘水，陆机雄才杰出岂能自保，被杀前感叹：华亭鹤的动听叫声，岂能再听？李斯权位极高，不知退守而被腰斩，临刑前给儿子说：牵黄犬，驾苍鹰去上蔡逐猎狡兔，不会再有啦。

　　君不见，吴中张翰称达生，秋风忽忆江东行。

　　晋朝张翰，性格旷达，人称"达生"。在他任大司马曹掾时，秋风阵阵吹来，使他想到家乡的菰菜和鲈鱼脍等美味，兴趣所致，便辞官东归。

　　且乐生前一杯酒，何须身后千载名？

　　生前得一杯酒之乐，哪管身后千载的名声，即是只管活着乐酒，不管死后的事。

【赏析】

　　要精准理解诗的内容，必须了解诗人的思想感情，了解诗人的价值取向。

　　李白一直秉持入世的思想和热情，但也深受道家学说"功遂身退天之道"（《老子·九章》）的影响。李白的最高政治理想是"申管、晏之谈，谋帝王之术，奋其智能，愿为辅弼，使寰区大定，海县清一"。这是"功成"的一面。另一方面他却想着"事君之道成，荣亲之义毕，然后与陶朱（范蠡）、留侯（张良），浮五湖，戏沧洲"（《代寿山答孟少府移文书》）。这是"身退"的一面。李白生活道路，一直在为"功成身退"而努力奋斗，但他从未有功成，当然身也未退。

　　李白辞朝后，从求成功路的顶峰跌到深谷，心情郁闷，前途迷茫，思绪愤激，正是在这种心情下写了《行路难》其三，借助历史上的人和事，反映诗人苦闷幽愤的心情，表达诗人对历史人物的品评，寓意批判当时社会政治的黑暗和不公。

诗的前四句写许由、伯夷、叔齐事，对这三个人儒家是高度颂扬的。但李白以"功遂身退"的标准来衡量，没立大功为何身退？既退，过着"含光混世"的生活，又为何炫耀高洁"孤高比云月"？显然诗人对此有些贬义。从诗人复杂思想中也流露出他内心的深处，入仕建功的思想仍在涌动。

诗人从历史的实例中概括了"吾观自古贤达人，功成不退皆殒身"的诗句，接着诗列出四人：伍子胥有功于吴国，不知身退抛尸于吴江，爱国诗人屈原，不甘身退而投湘水，特别是秦代的李斯，晋代的陆机，贵盛一时，有人及时提醒，但他们迷恋权位，不能坚决引退，终遭灭门之祸。对这四人的悲惨遭遇，诗人惋惜同情，揭露其政治仕途的险恶，也以古人喻己，被谗、被放、被迫害，只是没有被杀而已。所以诗的字里行间表现着诗人的无限感慨。

诗的最后写西晋张翰事，他时为大司马曹掾，当看到阵阵西风，想起家乡菜、鱼美味，便辞官回乡，这种适志而做、率性而为的豪逸性格，人称许他旷达。"且乐生前一杯酒，何须身后千载名！"这既是张翰及时行乐的心态，也是诗人悲凉的浩叹，还是对黑暗社会的一种抗争。

这首诗用典颇多，天才的诗人历史知识，历史掌故丰富，可随手拈来，用之贴切。在表达复杂的思想感情，挞伐政治的黑暗，巧妙地运用典故，做到以古喻今，以古讽今，起到很好的艺术效果。

在用典故叙事达情之间加上格言式的诗句，如五、六句"吾观自古贤达人，功成不退皆殒身"和最后"且乐生前一杯酒，何须身后千载名"，使诗避免了平滞呆板，增加了起伏感和曲折感，也提升了诗歌内容的理性认识。

送范山人归泰山 ①

天宝四载，诗人于东鲁送范山人归泰山，写此诗相送。

鲁客②抱白鸡③，别余④往泰山。

初行若片雪，杳⑤在青崖间。

高高至天门⑥，日观⑦近可攀。

云生⑧望不及⑨，此去何时还。

【注释】

①范山人：其人生平不详。李白鲁郡的友人。山人：指隐士。泰山：古称岱山，又名岱宗，春秋时改为泰山。为我国五岳中的东岳。其山位于山东中部，绵亘济南、历城、长清、泰安等县。主峰在泰安市北，海拔 1524 米，有五岳独尊之称。

②鲁客：即范山人。

③抱白鸡："鸡"一作"鹤"。据西晋葛洪《抱朴子·仙药》(《百子全书》，1993 年版，第 4723 页) 篇说，想到名山求灵芝草，要"带灵宝符，牵白犬、抱白鸡，以白盐一斗及开山符檄著大石上，执吴唐草一把以入山，山神喜，必得芝也。"王琦注《续博物志》："学道之士，居山宜养白鸡、白犬，可以避邪。"

④余：我，指李白。

⑤杳：深远。

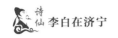

⑥天门：即南天门。古称"天门关"，又称"三天门"，在十八盘尽处。此门建于1624年，门上有阁，名"摩天"。门两侧石室内有《天门铭》石刻，铭辞古雅，楷法端严。此处距极顶仅一公里，《泰山图志》云："磴道悬空，一关独户，而朝天有路矣。"

⑦日观：即日观峰，在玉皇顶东南，为岱顶观日处。

⑧云生：指日观峰处涌出的白云。

⑨望不及：看不到。

【句解】

鲁客抱白鸡，别余往泰山。

范山人别我往泰山，诗人以抱白鸡入山采灵草的故事喻友人，此次去泰山，一定能如愿，有新的收获。

初行若片雪，杳在青崖间。高高至天门，日观近可攀。

诗人想象友人攀游泰山的景况。开始，友人似一片洁白雪花，若隐若现地飘飘于青翠的山崖间，以后到达高高的南天门，再后到达奇险的日观峰。

云生望不及，此去何时还。

日观峰生出浓浓的白云，云海波涌，遮住诗人的视线，看不到友人的身影。此时，诗人发出思友的感叹：友人何时归还呢？表现诗人与范山人友情的深笃。

【赏析】

这首诗赞许范山人"抱白鸡""若片雪"，喻其高雅情操外，主要表现诗人对范山人深厚真挚的友情。从山底到山顶日观峰的登山游程，诗人以想象的方式，一路关心，可谓情深意厚；刚送走友人，就又盼何时归还，可谓思念之切，思念之真。

　　这首诗艺术上很有特点：1. 几乎通篇以丰富的想象来描述友人们的归山，游山的行踪。2. 比喻夸张奇丽。把初行比作一片雪花，既有飘飘然的动感，又有洁雅的美感，这样艺术构思，只有天才的诗人才能做到。3. 第一句用典"抱白鸡"，来势突兀，加深对范山人这个人物的理解。4. 诗的风格，英爽清丽，飘逸自然，热情奔放，通俗易懂。

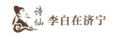

送杨山人归嵩山 ①

天宝三载（744），在单县送杨山人归嵩山，写此诗送别。

我有万古宅②，嵩阳玉女峰③。

长留一片月，挂在东溪松。

尔去掇④仙草，菖蒲⑤花紫茸⑥。

岁晚或相访，青天骑白龙⑦。

【注释】

①杨山人：李白的友人。嵩山：在今河南省登封市西北，中国五岳中称为中岳。

②万古宅：古老的房子。

③玉女峰：嵩山，二十四峰之一，峰北有石如女子，所以称玉女峰。

④掇：拾取，选取。

⑤菖蒲：传说中的仙草。《抱朴子·仙药》："韩终服菖蒲十三年，身生毛，目视书万言，皆诵之。冬袒（袒露身体一部分）不寒。又菖蒲生须得石上，一寸九节以上，紫花者尤善也。"

⑥紫茸：菖蒲草上所开紫色的小花。

⑦骑白龙：有飞升成仙的意思。白龙：相传后汉人瞿武，七岁绝粒，服仙草精紫芝，入峨眉山。天竺（今印度）国真人授他以真诀，遂乘白龙而去。（见王琦：《李太白全集》，中国书店1996年版，第402页）

【句解】

我有万古宅，嵩阳玉女峰。

我有古老的住宅，在嵩山南面玉女峰上。写住宅的古老和位置。

长留一片月，挂在东溪松。

在住宅东溪松林的上空，挂着皎洁的月亮，洒下明亮的月光。此描写环境的优美。

尔去掇仙草，菖蒲花紫茸。

你归回嵩山后，采取仙草菖蒲，要选取优质的紫茸小花，服用效果更好。

岁晚或相访，青天骑白龙。

岁晚也许要拜访你，那时你的道学道术长进一定很大，愿你像"青天骑白龙"故事中的人物一样能升天成仙。

【赏析】

这首诗写了杨山人嵩山住处的优美环境，采食仙草菖蒲得天独厚的条件，反映他们修道成仙的愿望。

特别是对自然环境的描写"长留一片月，挂在东溪松"，美丽的玉女峰，古老的住宅，苍翠的松林，潺潺的流水，朗朗的明月，这是一幅多么美丽诱人的画图，这幅山月、古宅、松、溪图，寂寥空旷，幽静闲雅，清秀恬淡，正是道教所向往的环境，是修道成仙的好地方。

通过掇取服食菖蒲和"青天骑白龙"的典故，反映诗人对思慕成仙的追求，对仙家生活的向往。

诗人不是单纯写景，而是寓情于景，以景抒情。诗中的"玉女峰""一片月""东溪松""菖蒲花"等自然景物，一旦入诗都和学道，修道有了关系，达到情景交融，以景表情。

在语言的运用上，特别是前四句，自然流畅，明白如话，毫无雕饰，体现一种清新朴素的美。

鲁郡尧祠送窦明府薄华还西京 ①

天宝四载秋，李白于鲁郡兖州抱病参加饯别友人窦明府的宴会，有所感而写此诗。李白自注：时久病初起作。

朝策②鰲眉骝③，举鞭力不堪④。

强扶愁疾⑤向何处，角巾⑥微服⑦尧祠南。

长杨⑧扫地不见日，石门⑨喷作金沙潭。

笑夸故人指绝境⑩，山光水色青于蓝⑪。

庙中往往来击鼓，尧本无心⑫尔何苦。

门前长跪双石人⑬，有女如花日歌舞。

银鞍⑭秀毂⑮往复回，簸⑯林蹶⑰石鸣风雷。

远烟空翠时明灭，白鸥历乱⑱长飞雪。

红泥亭子⑲赤栏杆，碧流环转青锦湍。

深沉百丈洞海底，哪知不有蛟龙蟠⑳。

君不见绿珠潭㉑水流东海㉒，绿珠红粉沉光彩㉓。

绿珠楼下花满园，今日曾无一枝在。

昨夜秋声阊阖㉔来，洞庭木落㉕骚人㉖哀。

遂将㉗三五少年辈，登高远望形神开㉘。

生前一笑轻九鼎㉙，魏武㉚何悲铜雀台㉛。

我歌白云㉜倚窗牖，尔闻其声旦挥手。

长风吹月渡海来，遥劝仙人一杯酒。

酒中乐酣^㉝宵向分^㉞，举觞^㉟酹尧^㊱尧可闻？

何不令皋繇^㊲拥^㊳篲^㊴横八极^㊵，直上青天扫浮云。

高阳小饮^㊶真琐琐^㊷，山公^㊸酩酊^㊹何如我？

竹林七子^㊺去道赊^㊻，兰亭雄笔^㊼安足夸？

尧祠笑杀五湖水，至今憔悴空荷花。

尔向西秦^㊽我东越^㊾，暂向瀛洲^㊿访金阙^{㊿①}。

兰田太白^{㊿②}若可期，为余洒扫石上月。

【注释】

①鲁郡：即兖州郡治，今山东兖州。尧祠：供奉尧帝的祠庙。在兖州城东南七里，泗河之西，现已不存。窦明府薄华：姓窦，名字薄华，李白的友人。明府，唐时称县令为明府。西京，即长安。天宝元年（742）改为西京。

②策：鞭打，策马。

③骊眉骊：马名，黄体黑眉，一种稀有的马。詹锳主编的《李白全集校注汇释集评》引《资治通鉴》卷一〇〇曰"（姚）襄所乘骏马曰骊眉骊。"胡三省注："黑而黄色曰骊。黄马黑喙曰骊。"王琦《李太白文集辑注》则引《十六国春秋》曰："姚襄所乘骏马曰骊眉骊，日行千里。"《说文》：骊：黄马黑喙也。骊，黑也。骊眉骊，则黄马而黑眉者矣。古犁、骊通用。《李白评传》："李白把姚襄独特的一匹坐骑作为典故，可谓僻典，于此可见他对五胡中人的关注。"

④力不堪：力不胜任。

⑤强扶愁疾：勉强支撑着忧愁的病体。

⑥角巾：古时隐士常戴的一种有棱角的头巾。

⑦微服：指平民服装。

⑧长杨：此处指垂柳。

⑨石门：在兖州尧祠东南面，是横跨在泗水河上的水门，门上装有闸板，既可以灌田，又可以放舟通航，石门上面可以行人，是鲁郡一个美丽的景点。

⑩绝境：景色最优美的环境。

⑪青于蓝：语出《荀子·劝学》(《百子全书》，岳麓书社1993年版，第130页)篇："青，取之于蓝，而青于蓝。"因为靛青是从蓝草中提炼出来的，但颜色却比蓝草更深。

⑫尧本无心："尧本无心尔何苦"句，是说拜尧击鼓的人来来往往，尧本无心叫人祭祀，你们来做此事又是何苦呢？尧：传说中上古帝王名。

⑬双石人：石雕刻的人物，即跪着的两个石人。其一已出土，跪势，高约四尺许。详见1994年8月6日《兖州日报》的介绍。

⑭银鞍：指马、骑马的人。

⑮秀毂：华丽的车，指乘车的人。

⑯簸：上下颠动。

⑰蹶：摇动。宋玉《风赋》："蹶石伐木。"这两句指人欢马叫，车马喧啸。

⑱历乱：纷乱，这句形容白色的鸥鸟纷飞的状态。

⑲红泥亭子：装饰红颜色的亭子。泥：涂抹。青锦湍：像青色的织锦一样的激流。

⑳蟠：盘曲，盘伏。

㉑绿珠潭：绿珠：据《晋书》卷三十三《石崇传》(中华书局1982年版，第1004页)载：石崇，西晋大臣，任荆州刺史时，因劫掠客商成为巨富。晋武帝曾助王恺与其斗富，然恺亦败于石崇。绿珠，是石崇的爱妾，美而艳。孙秀欲求之，石崇不许，被杀，绿珠跳楼殉节。

㉒水流东海：喻往事似水没于东海之中。

㉓沉光彩：指绿珠的红粉、光彩被埋于地下。

㉔阊阖：传说神话中的天门，以代天庭。这里指秋风从天而降。

㉕洞庭木落：即洞庭秋波，树叶飘落。屈原《九歌·湘夫人》"袅袅兮秋风，洞庭波兮木叶落"。

㉖骚人：指屈原。

㉗将：带领。

㉘形神开：身心舒展。

㉙九鼎：国家权力的象征，此指帝位。《史记·本纪》："禹收九牧之金，铸九鼎。"夏、商、周三代为传国之宝。

㉚魏武：即魏武帝曹操。

㉛铜雀台：曹操建安十五年（210）建立，高十丈。故址在今河北省临漳县西南。曹操临终时嘱咐其子说：我死后，我的宫人伎女都要住在铜雀台上，每月初一、十五，向我的灵帐演伎乐。你们要时时登铜雀台，望我的西陵墓田。见《文选》陆机《吊魏武帝文》（记魏武遗令）。

㉜白云：穆王与西王母宴于瑶池，西王母赠歌中有"白云在天，山陵自出"语。见《穆天子传》。

㉝乐酣：乐声酣畅。

㉞宵向分：夜将半时，即夜半。向：将近。

㉟觞：古代酒器。

㊱酹尧：把酒洒在地上表示祭奠尧帝。

㊲皋繇：这二句是对尧帝讲的话。其意是，为何不叫皋繇拿着扫帚横扫八方，扫除天上的浮云。皋繇，即皋陶。尧帝时的贤臣，掌管刑法。

㊳拥：持。

㊴篲：扫帚。

㊵极：尽头。

㊶高阳小饮：指山简事。参看《鲁中都东楼醉起作》应接篱注释。

㊷琐琐：细小，言山简高阳之饮微不足道。

㊸山公：即山简。

㊹酩酊：大醉。

㊺竹林七子：《世说新语·任诞》（中华书局 2018 年版，第 929 页）："陈留阮籍，谯国嵇康，河内山涛……沛国刘伶，陈留阮咸、河内向秀、琅琊戎，七人常集于竹林之下。肆意酣畅，故世谓竹林七贤。"

㊻赊：远。

㊼兰亭雄笔：东晋书法家王羲之，于东晋穆帝永和九年（353）三月三日，与友人谢安、孙绰等四十一人在山阴兰亭宴集禊，饮酒赋诗，由王羲之作序并亲自书写，即《兰亭集序》。该帖为历代书法家所重视。推崇为王书代表作，所以称为"雄笔"。

㊽尔向西秦：指窦明府还西京。西秦，即西京。

㊾东越：今浙江绍兴一带。

㊿瀛洲：神话传说中的仙山。

[51]金阙：传说用金银建造的宫殿。

[52]兰田太白：山名，都在陕西省。《元和郡县志》关内道京北府兰田县："兰田山，一名覆车山，在县东二十八里。"太白：山名。《水经注·渭水》："太白山，在武功县南，去长安二百里，不知其高几何，俗云：'武功太白去天三百'"，这两句是说心想名山，意在回到朝廷。

【句解】

朝策骥眉骗，举鞭力不堪。强扶愁疾向何处，角巾微服尧祠南。

早晨，骑上骥眉骗骏马，举马鞭好似力不胜任，因为我勉强支撑忧愁的病体，角中微服，去尧祠南参加送别窦明府的饯行宴会。

长杨扫地不见日，石门喷作金沙潭。笑夸故人指绝境，山光水色青于蓝。

主要描写石门附近的美景。尧祠前边泗水河畔，繁茂的杨柳遮住了阳光，那柔软的枝条扫着地面。河水奔腾，石门是喷波吐浪，形成水面开阔的金沙潭。这里山光水色，本来很美，现在又有壮观的石门，如织的游人，送客的宴乐，更是美不胜收。游人笑赞、友人称许，真是送客游乐的绝美佳镜。

庙中往往来击鼓，尧本无心尔何苦。

庙中常常有很多人拜尧击鼓，祈求福安，但尧本无心叫人祭祀，你们又是何苦呢？

门前长跪双石人，有女如花日歌舞。银鞍绣毂往复回，簸林蹶石鸣风雷。

这四句描写游人车马之盛，热闹喧哗之景。尧祠门前两个雕刻石人，跪姿迎客，如花的美女载歌载舞，石门路上，佩银鞍的骏马，豪华的绣车，来往复回，车水马龙，那滚滚的车轮声、马嘶声，人们的歌声、笑声，好似风吹林啸，石滚雷鸣。

远烟空翠时明灭，白鸥历乱长飞雪。

写石门天空景象。清澈碧蓝的天空，飘浮着烟云，远远看去时明时暗；雪白的鸥鸟不时纷乱飞翔，好像飘飞的雪花。

红泥亭子赤栏杆，碧流环转青锦湍。

写石门眼前的景象。河水边的亭子，涂着红的颜色，赤色的栏杆围绕着亭子。青锦色的水流环转回旋，急湍涛鸣。

深沉百丈洞海底，哪知不有蛟龙蟠。

想象水底下的情况。在那百丈深的水底，说不定有蛟龙盘踞。

君不见绿珠潭水流东海，绿珠红粉沉光彩。绿珠楼下花满园，今日曾无一枝在。

通过写晋代石崇事，说明人生荣华富贵只不过是过眼烟云。晋代石崇

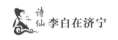

的绿珠潭,潭水流向了东海,他美而艳的爱妾绿珠,其光彩沉埋地下,绿珠楼下百花盛开的花园,而今哪儿还有一枝存在。

昨夜秋声闾阖来,洞庭木落骚人哀。

昨夜飒飒秋风,从西方吹来,洞庭波起,落叶纷飞。这时诗人想到屈原的不幸遭遇,哀叹不已。

遂将三五少年辈,登高远望形神开。

此时,携领三五少年,登高望远,身心舒展,心旷神怡。

生前一笑轻九鼎,魏武何悲铜雀台。

鼎是政权的象征。如果魏武生前不看重"鼎",不去苦争天下,也不会有他死后妻妾们铜雀台的悲哀。

我歌白云倚窗牖,尔闻其声旦挥手。长风吹月渡海来,遥劝仙人一杯酒。

我倚着窗户高歌一曲《白云谣》,请君听到歌声挥手相应,夜深了,长风劲吹,月亮从海那边升起,在天空游动,我举杯,遥劝天上仙人们饮酒,天上人间一齐干杯。

酒中乐酣宵向分,举觞酹尧尧可闻?何不令皋繇拥篲横八极,直上青天扫浮云。

送行的酒宴进行到夜半时分,大家沉于酒酣之中,这时举杯祭奠尧帝,尧帝倘若有知,何不令皋陶挥起巨帚横扫八方天上的浮云,使寰宇澄清。

高阳小饮真琐琐,山公酩酊何如我?竹林七子去道赊,兰亭雄笔安足夸?

送行宴会热烈隆重,欢乐气氛浓浓,历史上那些名士宴饮,比起今天的饯行集会,山简筑高阳池只是琐琐小饮,山公的醉态怎能如我?竹林七贤的集会也不过如此,兰亭修禊雄笔何足夸赞?

尧祠笑杀五湖水,至今憔悴空荷花。

尧祠前金沙潭的水清澈明净，胜过五湖的水。那些地方现在只剩下残败的荷花。

尔向西秦我东越，暂向瀛洲访金阙。兰田太白若可期，为余洒扫石上月。

在此与窦明府分别，你向西秦，我准备去东越，暂到瀛洲寻访仙人。若能在兰田山、太白山再相会，请你扫洒清石，做好沐清风赏明月的准备。

【赏析】

诗人"强扶愁疾"参加窦明府饯行宴会，通过对石门、尧祠环境的描写和对历史人物的褒贬嗟叹，对仙人们的酹酒祭拜和对未来的设想等，抒发了诗人忧愁愤激的心情，反映对现实的不满，表达了傲视权贵及对未来的设想。

在这首诗里，诗人没有写送别宴请的情况，而是用大量笔墨写石门的优美景色和尧祠的热闹繁华。请看：石门的"长杨扫地"、石门喷浪、金沙潭泛波、山光水色、碧流环转、白鸥纷飞、红亭立岸、栏杆围绕等是一幅很美的石门风光图。尧祠前石人双跪，美女歌舞，骏马嘶鸣，车轮滚滚，欢声笑语，热闹非凡。诗人以酣畅淋漓之笔写石门的美景和尧祠的繁华，表现诗人大病后对自然美景的热爱，在这么美的地方送别友人，是一件乐事，也表现对友人的情谊。写自然美，在诗人心中，还映衬出社会的不公、黑白颠倒等丑恶现象。

接着诗人穿过历史的隧道，把笔触伸向历史的天空，历史的画廊，把心中之苦闷，胸中之幽愤，借古人之事说出。

诗人蔑视世上的富贵荣华："绿珠潭水东流海，绿珠红粉沉光彩。"

诗人睥睨权贵："生前一笑轻九鼎，魏武何悲铜雀台。"

诗人傲视名士："山公的高阳小饮，竹林七贤的雅集，王羲之的兰亭雄笔等也不过尔尔。"

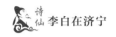

诗人同情屈原:"洞庭木落骚人哀。"直至诗人的晚年（59岁）还曾写诗赞颂屈原"屈平词赋悬日月"。

诗人的笔又转向天国，对仙人、对尧帝表示敬畏。

在皓月当空的夜半时分，诗人举杯向天，"遥劝仙人"饮酒；举觞酹尧，既对尧敬拜，又有点埋怨，天上飘着浮云，为何不令皋陶拥持大扫帚把浮云扫除。这里"以尧喻玄宗，痛其闭目塞听，不纳忠谏，欲其举贤明法，去奸佞，远小人！"（安旗:《李白全集编年笺注》，中华书局2019年版，第705页）据诗人当时思想状况，这种比喻是有道理的。

诗人的笔从天上又转到人间的石门，赞美尧祠的水胜过五湖的水。最后友人去西京，诗人将赴东越，期望将相会于兰田太白，即希望再重返京城。

这首诗的艺术构思奇妙。诗人的笔一会写石门，一会写尧祠，一会写现实，一会写历史，一会写人间，一会写天国，一会写当下，一会写未来，不是平铺直叙地写，而是穿插错综，起伏跌宕，给人的感觉是变幻超忽，惝恍莫测。诗人多角度地反映思想感情，读者多方面地得到美的享受。

诗的另一突出点即以景寓情，情景交融。写景，景美，寓情，情深。描写石门，尧祠景色就凸显这一特点。再是写景层次清晰。如"远烟空翠时明灭"六句，前两句写天空，白鸥长飞；中间写地上的亭子，河中的碧流，最后写水下百丈之底，蛟龙的曲盘。这样写使读者一目了然，印象深刻。

鲁郡尧祠送吴五之琅琊 ①

天宝四年，写于兖州。

尧②没三千岁，青松古庙存。

送行奠桂酒③，拜舞清心魂。

日色促归人④，连歌⑤倒芳樽⑥。

马嘶俱醉起⑦，分手更何言⑧。

【注释】

①尧祠：供奉尧帝的庙宇。吴五：李白的友人，姓吴，排行第五，事迹不详。琅琊：郡名，即沂州，唐时属河南道，州治临沂县，今山东省临沂市。

②尧：传说中陶唐时的部落长，炎黄联盟的首领，史称唐尧。常与舜并举，为上古时贤明帝王。

③奠桂酒：敬献桂酒。语出《楚辞·九歌·东皇太一》（黄寿祺、梅桐生译注：《楚辞全译》，北京联合出版公司2018年版，第32页）："奠桂酒兮椒浆。"奠：献，设酒食祭奠。桂酒：用桂浸制的酒，亦泛指美酒。

④归人：指吴五。

⑤连歌：接连不断的唱歌。

⑥倒芳樽：倾杯而尽。芳樽：美的酒杯。

⑦俱醉起：都带着醉意起来。

⑧更何言：还能再说什么呢？

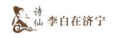

【句解】

尧没三千岁，青松古庙存。

尧帝殁后数千年，已无踪影，现在看到的只有古老的尧祠和那青松翠柏。

送行奠桂酒，拜舞清心魂。

送行朋友先以桂酒举行祭奠和拜舞尧帝，礼仪后，大家心魂清新，便与友人开怀畅饮，共叙友情。

日色促归人，连歌倒芳樽。

约定分别的时辰，日色已到，催促归人登程，似乎兴致未尽，边唱边倾杯，沉于酒酣之乐。

马嘶俱醉起，分手更何言。

征马嘶鸣，人们醉意浓浓，关心的话语再三叮咛，李白与友人们都起来送行，挥手告别，此时此刻，还有什么话要说呢，目送友人登车东去。

【赏析】

这首诗通过祭奠拜舞尧帝和开怀畅饮及至招手醉别，反映了诗人的思想感情和对吴五的情谊。

尧祠是一个风景美丽、拜尧敬祖、士人雅集和送客的最佳地方。这次送吴五回琅琊就选择此处。诗的三、四句"送行奠桂酒，拜舞清心魂"，特别是"奠酒""拜舞"的结果达到"清心魂"，也就使心灵受到洗礼，得到了清亮，返观社会现实，黑白颠倒，贤愚不分，使诗人愤激，愁悒满胸，以古庙内的净化之美，批判社会上的龌龊之丑。

诗的后四句，写酒酣之乐和友情。人逢知己千杯少，诗人与朋友开怀畅饮，兴之所至，连连高歌，倾杯痛饮。他们情意相投，连唱连饮，沉浸于友情和酒乐之中。"日色促归人"一个"促"字，说明诗人与友人已忘记归程时间，征马嘶鸣，又催促登路启程，这时他们一个个醉意朦胧地起来，依依不舍地招手醉别，目送友人东去琅琊。

诗叙写送客的过程，构思简单明了，语言通俗易懂，风格清新飘逸。

别中都明府兄 ①

天宝五载（746）秋，写于中都（汶上）。

吾兄诗酒继陶君，试宰中都天下闻。②

东楼喜奉连枝会，南陌愁为落叶分。③

城隅渌水明秋日，海上青山隔暮云。④

取醉不辞留夜月，雁行中断惜离群。⑤

【注释】

①中都：今汶上县。明府：汉魏以来对郡太守的尊称。唐时对县令的尊称。

②陶君：即陶渊明，中国大诗人，性嗜酒。陶渊明曾为彭泽县令，以此喻中都明府。试：用，任用。宰：采邑的长官，这里指中都县令。

③东楼：见《鲁中都东楼醉起作》东楼的注释。连枝：两棵树的枝干连在一起，比喻兄弟关系。此处指诗人与中都明府似兄弟。会：聚集，会合。陌：路，田间小路。

④城隅：城边。渌：清澈的水。海上：据《汶上县志》和《济宁运河文化》中记载，汶水的一分支流流入现汶上的低洼处，成为有名的茂都淀，其南有南旺、蜀山、马踏三湖，西和东有梁山、坦山、太白山（因李白游此山得名）、塌山等，七八月间，"秋潦兼天，城如浮艇"，山水相接，浩入大海。李白登上东楼观望，写下"海上青山隔暮云"诗句，是反映当

时的实际景况的。沧海桑田，当年的湖淀干涸，现已成为沃野良田。

⑤雁行：比喻兄弟之序。惜：惜别。

【句解】

吾兄诗酒继陶君，试宰中都天下闻。

我明府兄作诗饮酒，才华横溢，大有陶渊明之风。他任中都县令，治理有方，政声远播，为天下人称誉。

东楼喜奉连枝会，南陌愁为落叶分。

东楼安排酒宴，兄弟情深，欢欣鼓舞，开怀畅饮。醉别分手，在南去的路上，秋风飒飒，落叶纷纷，心中增添一层离愁。

城隅渌水明秋日，海上青山隔暮云。

城边的河水清澈明净，日光耀秋波，远处的湖面、青山、天空飘着多姿的白云。

取醉不辞留夜月，雁行中断惜离群。

醉意浓浓，留恋这秋夜的月色。与明府兄分别，如大雁离开雁群，内心里恋恋不舍，依依惜别。

【赏析】

此诗与李白的《酬中都小吏携斗酒双鱼于逆旅见赠》应是先后写于中都。时间应是离鲁游越之前。

这首诗的主要内容，写诗人与明府兄的友谊感情。诗的一、二联，赞美兄长诗酒才华，政声远播，天下所闻。三、四联，写东楼聚会，兄弟尽觞，突出一个"喜"字；醉别分手，瑟瑟秋风，落叶纷纷，突出一个"愁"字。五、六联写优美的环境，渌水情谊深，日光耀秋波，情满海山，云隔不断。七、八联，醉别情笃，欲留夜月，离开雁行，惜别离群。全诗着重一个"情"字，尽写兄弟深情。

　　诗的写作有三个特点：一是从不同的角度、不同的侧面来表现兄弟情谊，如一、二联是赞兄弟情深；三、四联以东楼聚会之事表达兄弟诗酒之乐；五、六联是以山水之景寓情；七、八联，从诗人心灵深处表现难舍难分，依依惜别之情。二是诗的结构跌宕起伏。诗写到"东楼连枝会"后，不是继续写情，而是笔锋一转，写中都的山水之景，表明诗人爱兄长也爱这里的山水，景中饱含着深情。这样把兄弟情谊推向更广的空间，增加了感情的广度和高度。写景后，又写惜别之情，进一步深化友情的深度。这是李白常用的笔法，《鲁郡东石门送杜二甫》，写到"何时石门路，重有金樽开"，没继续写送别之情，而转笔写"秋波落泗水，海色明徂徕"山水之景，使诗情更加扩展。三是诗中"喜"与"愁"，"渌水"与"青山"，对仗工整，而通过对比写更加重了感情色彩。

送族弟凝之滁求婚崔氏 ①

天宝四载（745），在单父任职的族弟李凝去滁州求婚，李白写此诗相送。

与尔情不浅，忘筌②已得鱼。

玉台挂宝镜③，持此意何如。

坦腹东床④下，由来志气疏⑤。

遥知向前路，掷果⑥定盈车。

【注释】

①凝：李白的族弟，时任单县主簿。滁：即滁州，今安徽滁县。

②忘筌：筌通"荃"，一种捕鱼的工具。《庄子·外物》（《百子全书》，1993年版，第4596页）："筌者，所以在鱼，得鱼而忘筌。"比喻成功以后忘记获得成功所依赖的条件。

③玉台挂宝镜：晋温峤替别人家女儿觅婚，结果是自己成婚的故事，出自《世说新语·假谲》（中华书局2018年版，第1114页）：从姑家中有一女儿，聪慧姿美。从姑托温峤替女儿觅婚。峤已丧妇，看中从姑女儿，想与其成婚，向从姑说：佳婿难得，找一个和我（峤）比怎么样？从姑说，找一个一般人家即可，何敢与你比？过不久，温峤告知从姑，佳婿已找到啦，婿身名臣，全不次于峤。便拿出玉台镜一枚，作为聘礼，从姑大喜，成婚交礼，成婚男子是温峤，从姑抚掌大笑。

④东床：《晋书·王羲之传》（中华书局1982年版，第2093页）："太

320

尉郗鉴使门生求女婿于导，导令就东厢遍观子弟、门生归，谓鉴曰：'王氏诸少并佳，然闻信至，咸自矜持（谨慎有礼），惟一人在东床坦腹食，独若不闻。'鉴曰：'正此佳婿邪！'访之，乃羲之也，遂以女妻之。"这里以王比拟前往求婚的族弟李凝。

⑤疏：放浪无拘束。

⑥掷果：传说晋潘岳，因貌美，每外出常有妇女向他掷果致意。这里用潘岳事喻李凝此次求婚定能得到女方的喜爱。

【句解】

与尔情不浅，忘筌已得鱼。

诗人言于弟凝，我与你感情不浅，你结婚得志，可别得鱼忘筌，忘了兄长。似与弟开玩笑，表现兄弟间的和谐情深。

玉台挂宝镜，持此意何如。

以晋温峤带着玉台镜为聘礼，假称代人订婚，结果自己喜结良缘的故事，说明凝去求婚带的聘礼很珍贵，也非常满意。

坦腹东床下，由来志气疏。

以太尉郗鉴女儿选中东床坦腹的王羲之的故事，说明李凝这次求婚，定被女方选中，玉成其事。

遥知向前路，掷果定盈车。

借用古代美男潘岳出行女人向他掷果示爱的故事，说明早就预知一表人才的凝，定能招女方的喜爱，求婚顺利成功。

【赏析】

这首诗写了兄弟情笃外，主要写凝求婚的过程和顺利成功。

诗开头二句，以幽默玩笑的方式，表现了兄弟情深。下边六句，借助历史上的三个故事，从不同的角度和层面，描写求婚过程。

　　玉台二句，写携带聘礼求婚。以晋温峤用玉台镜为聘礼成婚的故事，说明凝这次求婚带的聘礼较贵重，也暗寓求婚定能成功。

　　坦腹二句，写女方老人择优选婿。以太尉郗鉴派人察看，终选王羲之为婿的故事，说明崔氏的父母也是乐意这门亲事，但诗人没有明写，是用故事说明的这个问题。

　　最后二句写女方崔氏对李凝的喜爱。用美男潘岳出行女子掷果致意的故事，说明女子崔氏欢喜凝、爱慕凝。全诗展现给读者的是：李凝去求婚，女子崔氏欢喜，崔家老人同意，此婚成矣！

　　全诗巧妙成功地运用三个典故写凝求婚，不仅简洁地表现求婚的顺利成功，而且拓展了故事人物形象的思维空间，还提升了求婚的文化层次和精神境界。

送族弟凝至晏堌单父三十里 ^①

天宝四载（745）深秋，李白写于单县。

霜^②满原野白，戎装^③出盘游^④。

挥鞭布^⑤猎骑^⑥，四顾登高丘。

兔起马足间，苍鹰下^⑦平畴^⑧。

喧呼相驰逐，取乐销人忧^⑨。

舍^⑩此戒^⑪禽荒，徵声^⑫列齐讴^⑬。

鸣鸡发晏堌，别雁^⑭惊涞沟^⑮。

西行有东音^⑯，寄与长河流。

【注释】

①凝：即李凝。李白的族弟，曾任单父主簿。晏堌：地名。唐时在单父县城西北，相传为晏婴的故居。单父：今山东单县。

②霜：王琦注本为"雪"，据咸本改，因有"别雁惊涞沟"句，"别雁"南飞，一般在深秋或初冬，故"霜"字较准确。

③戎装：军人装束。

④盘游：逸乐，游乐。《书·五子之歌》："乃盘游无度。"孔安国传："盘乐游逸无度。"（见王琦：《李太白全集》，（中国书店1996年版，第383页）

⑤布：布置、安排。

⑥骑：读 jì，指一人一马或骑马的人。

⑦下：冲飞而下，鹰为猎兔，从高空直冲飞下。

⑧畴：田地。

⑨销：销同"消"，消除。销人忧：即消除人的忧愁。

⑩舍：舍去。

⑪戒：戒除，不做。舍、戒，此处指不再做游猎而转向唱歌。王琦注（同注④）《书·五子之歌》："内作色荒，外作禽荒。"孔氏传："迷乱曰荒。"二句意思是说，游猎取乐，既为禽荒，今戒而舍之，转则徵声逐歌以为乐矣。

⑫徵声：古色五音之一，此指唱歌。

⑬齐讴：齐地歌曲。

⑭别雁：指告别北方南飞的大雁。

⑮涞沟：即涞河。《山东通志》：单县东门外有涞河，源出汴水，晋时所开，北抵济河，南通徐沛。元以后渐湮，唯下流入沛者，仅存水道。

⑯东音：东方的音乐。《吕氏春秋》：夏后氏孔甲作《破斧之歌》实始为东音。

【句解】

霜满原野白，戎装出盘游。

在送凝弟的路上，深秋的原野覆盖一层白白的霜雪。诗人与凝都换上军人装束，在这打猎的好季节，他们准备以游猎为乐。

挥鞭布猎骑，四顾登高丘。

诗人与凝等人，骑着马，挥着鞭。布置好逐猎的阵势，同时四面观察，登上了一个高丘。

兔起马足间，苍鹰下平畴。喧呼相驰逐，取乐销人忧。

写围猎情景。兔子从马足间蹿出，飞奔逃跑，苍鹰从高空飞下，欲抓蹄兔。地面上骏马飞驰，他们喧啸着、呼叫着，相互应答，追逐着猎物；他们兴致盎然，沉浸在游猎的欢乐之中，忘记了一切忧愁。

舍此戒禽荒，徵声列齐讴。

他们放弃以游猎取乐的活动，转到歌唱方面，一支接一支唱着齐地的歌。

鸣鸡发晏堌，别雁惊涞沟。

晏堌村响起此起彼伏的鸡叫声，涞河的上空，北来的雁群高高地南飞。

西行有东音，寄与长河流。

往西行，却听到的是齐歌，便引发了诗人思绪沸腾，今后的路如何走？寄希望像大河一样，波涛汹涌地奔向前方。

【赏析】

这首诗主要描写了诗人与凝弟的游猎、歌唱之乐和晏堌鸡鸣、雁飞的深秋景色，最后表达诗人寄望大河的思想感情。

全诗写了二乐一景：即游猎之乐、歌唱之乐和晏堌之景。诗人浓墨重彩写了游猎之乐。开始二句"霜满原野白，戎装出盘游"交代出游猎季节、地点及做好"戎装"等有关准备，这预示着游猎的成功。接着以下六句具体形象地描述逐猎活动，请看：诗人及弟凝挥鞭纵马、高丘围猎，狡兔逃窜，苍鹰飞下捕捉，骏马飞驰，猛逐猎物，你喧我呼，人欢马叫，情绪飞扬，热闹非常，都沉于游猎的欢乐之中，忘记了一切烦恼。这场面写得形象、具体，让读者感到身临其境，如见其景，如见其人。

诗人及凝放弃游猎转向歌唱，他们一支接一支地唱着齐歌，心情是欢快的。

晏堌之景，诗人可选的景物很多，但只选了鸡和雁，是非常有代表性的，以"鸡鸣"说明晏堌的农村特色，以"雁"南飞说明深秋季节要到来，这就是一幅充满生气的晏堌秋色图。

诗人那么快乐于游猎和歌唱，那么爱听鸡鸣爱看雁飞，有一种情含在里边，就是对弟凝的深厚情谊。

"取乐销人忧"，是说因乐忘忧，不是没有忧，忧是什么忧？怎么办？诗的末二句给了回答。诗人听着"东音"，忧愁涌上心头。辞朝回家，"攀龙坠天"的苦闷、政治上的失望、前途的迷茫、对谗言的怨恨等都堆上心头，此时此刻，诗人只好寄望大河，要像河里波涛一样，奔腾不息地到达东海，他要为理想、为功业求索向前。

在艺术构思上有这么几个特点：一是以景达情。诗人以酣畅之笔写游猎场面，写高歌齐讴和鸡鸣雁飞的秋景，既表现了诗人疏狂豪放，也表现了与凝弟的手足情深，做到以情寓景，以景达情。二是构思起伏曲折。以送行路上的景况，为写打猎作了铺垫，又写围猎的生动场景，接着转笔写同声齐讴，再转笔写鸡鸣雁飞的秋景，后转入写"寄与长河流"的情怀。这几转几折有长有短，有粗有细，有浓有淡，有直白有含蓄，使文势跌宕，构思回旋，产生较大的感染力。三是结尾表情含蓄，给读者留下较大的想象空间。

携妓登梁王栖霞山孟氏桃园中 ①

天宝五载（746），李白登单县栖霞山，于桃园中写下此诗。

碧草已满地，柳与梅争春②。

谢公③自有东山妓，金屏笑坐如花人。

今日非昨日，明日还复来。

白发对绿酒，强歌心已摧。

君不见，梁王池上月，昔照梁王樽酒中。

梁王已去明月在，黄鹂愁醉啼春风。

分明④感激眼前事，莫惜醉卧桃园东。

【注释】

①妓：古代指歌女、舞女。梁王：即刘武，为汉文帝之子；汉景帝之弟，他于宋州大建宫苑，以爱人才、广交文士而著闻于史。栖霞山：唐时在单县东四里，现已不存。

②柳与梅争春：《陈后主诗》："三春桃照李，二月柳争梅。"早春到来，柳绿与梅艳争显自己的特色。

③谢公：即东晋谢安。《晋书·谢安传》（中华书局 1982 年版，第2072 页）："安虽放情丘壑，然每游赏，必以妓女从。"是说谢安游东山时，每以蓄妓女相随。此处诗人以谢安携妓自比。

④分明：意思是说应须。苏颋《景龙观送裴士曹》："君还洛邑分明

327

记，此处同来阅岁华。"

【句解】

碧草已满地，柳与梅争春。

满地已长出碧绿的草，在万物复苏的季节，柳与梅争相显示自己的柳绿与花美。

谢公自有东山妓，金屏笑坐如花人。

东晋谢安，在东山有蓄妓，长得如花似玉，常在金色的屏风后喜笑。谢公游赏时，妓女跟随着助兴游玩。

今日非昨日，明日还复来。

今日不是昨日，昨日已永远一去不复返了，明日还会再来。诗人感叹时光的变迁，人世沧桑。

白发对绿酒，强歌心已摧。

言年衰发白，面对着酒杯，感叹功业未就，强烈的建立功业之心已被挫伤。诗人感时伤怀。

君不见，梁王池上月，昔照梁王樽酒中。梁王已去明月在，黄鹂愁醉啼春风。

是说梁王池上的月亮，曾照着梁王饮酒欢歌，而今还是那个月亮，只照着梁王空寞的遗迹，让人感伤，连黄鹂鸟也愁醉似的啼鸣。

分明感激眼前事，莫惜醉卧桃园东。

应须感奋眼前的事情，愁绪满怀，借酒浇愁，醉卧桃园，一醉方休。

【赏析】

这首诗通过栖霞山览古，抒发了胸中的幽愤苦闷之情，表达了对社会现实的不满。

诗人在碧草满地、柳梅争春的明媚春光里携妓登游，应是心花怒放、高兴快乐的事情，但诗人却是愁云笼罩，心情郁闷。

诗人踏寻着梁王的遗迹，想着梁王爱人才、交文士的美名，看着古月空照着寂寞的梁王池，连那黄鹂鸣叫声似诉说着忧愁……此时此刻，他又想到自己头发已白，但功业未就，前途未卜，抚今追昔，览古思今，不禁感叹历史的沧桑之变，人世的变幻莫测；感叹梁王的不再出世，世态炎凉无情；也感叹自己"白发对绿酒""强歌心已摧"。

回到眼前事，感奋激发，充满感慨，只好以酒浇愁，不惜"醉卧桃园"，聊以自慰。

诗中有一句"明日还复来"，明指时光的变化，也暗示诗人仍存希望，理想的明天还要到来。

诗感情充沛。诗的节奏和起伏的感情促成诗句的长短，所以读起来感到情感的抑扬，节奏的明快，诗句的顺口，给读者增强感染力。

在当今世上，能鉴证古今者只有月亮。诗人在怀古方面就选择一轮明月，它曾照到爱才的梁王，还是那轮明月，而今照到的是贤愚易位，是非颠倒的朝廷，从而诗人巧妙地对社会现实进行了批判。

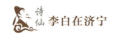

送族弟单父主簿凝摄宋城主簿至郭南月桥却回栖霞山留饮赠之 ①

吾家②青萍剑③，操割④有馀闲。

往来纠⑤二邑⑥，此去何时还。

鞍马月桥南，光辉歧路⑦间。

贤豪⑧相追饯⑨，却到栖霞山。

群花散芳园，斗酒开离颜⑩。

乐酣相顾起，征马无由攀⑪。

【注释】

①单父：古代县名，唐时为单父，今山东单县。主簿：唐时州县均设此官，主管文书、事务。凝：李白族弟，即李凝。摄：兼理，辅助。宋城：唐时属河南道，宋州（睢阳郡）治所，今河南商丘市睢阳区，距单父百余里，故李凝可兼任主簿。月桥：单父的桥名。却：退。栖霞山：唐时在单父境内，世传梁孝王曾游此山。

②吾家：凝为李白的从弟，故称"吾家"。

③青萍剑：剑名。典出《文选》卷四十，三国魏，陈琳《答东阿王笺》："君侯体高世之才，秉青萍，干将之器。"吕延济注"青萍、剑名也"。《抱朴子·博喻》："青萍，豪曹，剺锋之精绝也。"（见安旗：《李太白全集编年笺注》，中华书局 2017 年版，第 704 页。）

④操割：持刀割物。用此比喻胜任某项工作的能力。

⑤纠：督察。

⑥二邑：指单父和宋州。

⑦歧路：岔路。

⑧贤豪：贤士和豪杰，指有道德和才华出众的人。

⑨追饯：追赶上李凝为其送行。饯：用酒食送行。

⑩开离颜：脸上的离情别绪，因饮饯行酒消失了，呈现出欢快的表情。

⑪攀：牵、拉。

【句解】

吾家青萍剑，操割有馀闲。

以青萍剑"操割有馀闲"比喻李凝，是说我家族弟李凝操作能力，管理能力很强。

往来纠二邑，此去何时还。

李凝兼管单父，宋城两地的主簿，来往于两城督察主簿工作。凝弟去宋州不知何时回到单父。这是夸其有管理、治理才能。

鞍马月桥南，光辉歧路间。贤豪相追饯，却到栖霞山。

单父的贤士豪杰们听说李凝去宋州赴任，已悄然离城，他们跨马扬鞭，直追到月桥南的岔路口，大家争相祝贺，夸其荣耀，又重回到栖霞山，设华宴饯行。

群花散芳园，斗酒开离颜。

花园的花散发浓郁的芳香。诗人、李凝和那些贤豪开怀畅饮，笑逐颜开，驱走了离情别绪，沉浸于友谊的快乐之中。

乐酣相顾起，征马无由攀。

在痛饮畅酣的欢乐中，大家站起来相互告别，这时征马催行，无理由让他们留下，就挥手依依惜别。

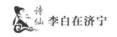

【赏析】

这首诗主要夸赞李凝的治理能力和描写贤豪们"追饯"的热烈场面。

全诗从三个层面、不同的角度对李凝进行赞扬。一是以"喻"赞扬。以青萍剑的"操割有馀闲"来喻李凝的治理能力，做各项事情都会游刃有余。二是以实事赞扬。凝身兼单父、宋州两地主簿，无须多言，这个事本身就说明有胜任能力，否则不会如此安排。三是受到社会贤达、豪士们的拥戴。李凝已离单赴宋，这些人又策马追赶，劝回栖霞山饯行，而且倾杯痛饮，兴奋欢畅，笑逐颜开，最后又难舍难分，再无理由劝其留下，只好挥手惜别。这说明他们对李凝的爱戴，对李凝的友谊。之所以如此，是因为他对社会、对群众做了很多好事，社会贤达们才对李凝这般友好和热情。

诗中运用比喻新颖恰切。以青萍剑喻李凝，不仅说明他有治理的才能，还含着他具有豪气、侠气和阳刚之气的性格，一个比喻能少好多笔墨。

诗中写"鞍马追饯""华宴饯行""群花散芳""乐开离颜""酒酣惜别"等活动场面，激情奔放，多姿多彩，形象具体，有较强的感染力和逼真感。

宴陶家亭子

天宝五载（756）秋，李白约杜甫、高适同游单县时所作。

曲巷幽人①宅，高门大士家。

池开②照胆镜③，林吐④破颜⑤花。

绿水藏春日，青轩⑥秘⑦晚霞。

若闻弦管妙，金谷⑧不能夸。

【注释】

①幽人：指隐士。

②开：展示、展现。

③照胆镜：化秦镜之典。《西京杂记》卷三："高祖初入咸阳宫，周行库府，金玉珍宝，不可称言……有方镜，广四尺，高五尺九寸，表里洞明。人直来照之，影则倒见。以手扪心而来，则见肠胃五脏，历然无碍。人有疾病在内，则掩心而照之。则知病之所在。又女子有邪心，则胆张心动。秦始皇常以照宫人，胆张心动者则杀之。"王琦注：用此典，"借言水之情，照人若镜也"，以镜喻水之清澈透明。

④吐：开放，放出。

⑤破颜：《五灯会元》载：世尊在灵山会上以花展示众人，是时众皆默然，唯迦叶尊者破颜微笑。此借言花色之美，令人心欢颜悦。

⑥青轩：此指亭子。

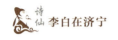

⑦秘：隐蔽。

⑧金谷：以此喻指陶家亭子风光之美。金谷为晋人石崇金谷别馆，以奢华著称，地在今洛阳。王琦（《李太白全集》，中国书店出版1996年版，第460页）注引石崇《金谷诗叙》："予……有别庐在河南县界金谷涧中，或高或下，有清泉、茂林、众果、竹柏、药草之属，莫不毕备。又有水碓、鱼池、土窟，其为娱目欢心之物备矣。时征西大将军祭酒王诩当还长安，余与众贤共送往涧中，昼夜游宴，屡迁其坐。或登高临下，或列坐水滨，时琴瑟笙筑，合载车中，道路并作，及住，令与鼓吹递奏。"云云。

【句解】

曲巷幽人宅，高门大士家。

曲巷的深处有一户住宅，可谓高门大户，主人是一位隐逸的社会名士。此概写陶家大院。

池开照胆镜，林吐破颜花。

以传说秦镜的故事，说明池水清澈透明，照人如镜子一样。以"破颜微笑"的佛教故事，说明花树绽放出美丽的花，令人心乐颜悦。

绿水藏春日，青轩秘晚霞。

春天的阳光照进池里绿水，水面泛起粼粼的亮光；夕阳照进青轩亭子，亭子内辉映着灿灿的晚霞。

若闻弦管妙，金谷不能夸。

若要再响起美妙的管弦之声，其绮丽的佳景，悦耳的乐声，美不胜收。世上都说晋人石崇的金谷园美，与陶家亭子比也要逊色、不能再炫耀了。

【赏析】

这首诗主要写陶家亭子的境之佳、景之美。如果从楼台亭阁、山水花草等铺陈写起，需要很多文字和较长篇幅写成，其艺术效果是落入俗套，没有创意。李白不愧是伟大的天才诗人，他只选定几个代表性的物相，历史的典故，仅用八句四十个字，把陶家亭子绝妙之美写了出来。全诗只用了高门、青轩、池水、木花、春日、晚霞、弦管、金谷等，看似平常，然而经诗人融进历史典故，或嵌进精美之词，陶亭之美好似烟花绽放开来，给读者以想象的空间。如以"宝镜"喻水，使你想象池水清澈明净；以"破颜花"喻花，使人想象花之美艳；"绿水藏春日"一个"藏"字，让人想象着日光照水的晶亮跃动之美；青轩秘晚霞一个"秘"字，让人想象着青轩夕照，亭子内彩霞飞动的美景；特别是"金谷"的典故，这座晋人石崇的私人园林，世传是迷人的好，醉人的美，但与陶家亭子相比，它大为逊色，至此，诗人把陶亭美推向顶峰，也使读者在更广的空间想象着陶氏的亭子之美。

诗的颔联、颈联，对仗工整，音调铿锵，富丽精工，气韵飘逸。

送方士赵叟之东平 ①

李白居鲁郡时，方士赵叟来访，送别时写下此诗。时间应是赐金还山之后。

长桑晓洞视，五藏无全牛。②

赵叟得秘诀，还从方士游。

西过获麟台，③为我吊孔丘。④

念别复怀古，潸然空泪流。⑤

【注释】

①方士：方术之士，古代自称能求仙、炼丹使人长生不老的人，也泛指从事医、卜、星、相之类职业的人。此指道士。赵叟：道士，名字不详。东平：郡名，即郓州，郡治东平县，即今山东省东平县。

②长桑：长桑君，相传是古代名医扁鹊的老师。开始接触，扁鹊看长桑君是独奇之人，便恭谨地待他，而长桑君亦知扁鹊非常人也。出入十余年，乃呼扁鹊私（私下）坐，间与语曰："我有禁方，年老，欲传与公，公毋泄。"扁鹊曰："敬诺。"乃出怀中药方予扁鹊："饮是以上池之水，三十日当知物矣。"乃悉取其禁方书，尽与扁鹊。忽然不见，殆非人也。扁鹊以其言饮药三十日，视见垣一方人，以此视病，尽见五脏症结。"（此见《史记·扁鹊列传》，中华书局1982年版，第2785页）。五藏：同五脏。五藏无全牛：庖丁为文惠君解牛曰："始臣之解牛之时，所见无非牛

者。三年之后，未尝见全牛也。方今之时，臣以神遇，而不以目视。"以上二句比喻赵叟的道术高妙。

③获麟台：据《左传》哀公十四年载（弘丰译注，中国文联出版社2017年版，第308页）：十四年春，去鲁国西面的大野狩猎，叔孙氏的驾车人子鉏商猎获一只麒麟，认为是不祥之物，便把它赏赐给管山林的虞人。孔子察看后，说"这是麒麟"，便带走了它。相传孔子作《春秋》，因获麟而伤感，即结束于"西狩获麟"之句，孔子也于二年后逝世。获麟台：据《嘉祥县志》讲，因麒麟主吉祥，故金建县时名为"嘉祥"县，麒麟台在嘉祥城西十五余里处。后因建置变迁，此地归属今山东巨野县东二十余里夏官屯镇，现改为麒麟镇。诗中以此地指出赵叟去的方向，并借此抒写怀古之情。

④吊：凭吊古人或感慨往事。

⑤潸然：流泪的样子。

【句解】

长桑晓洞视，五藏无全牛。

主要赞美长桑、扁鹊高超的洞视五脏的特异功能，赞美庖丁解牛的娴熟技术，以比喻称颂赵叟方士的道术高妙。

赵叟得秘诀，还从方士游。

赵叟方士得到秘诀，道术水平提升很快，但仍然从事方士游的活动。

西过获麟台，为我吊孔丘。

告知赵方士，回东平路过的获麟台，那是孔子捕获麒麟的地方，你要代我凭吊孔丘。

念别复怀古，潸然空泪流。

想到分别，又想到悼念孔子，想到这位大圣的宏伟奉献，捕麟时的伤心，使人感情涌动，眼泪潸潸流下。

【赏析】

　　李白写送友人和赠送友人的诗，往往用古代典故、故事比拟友人，称颂友人，此诗即以扁鹊和庖丁解牛的故事，来赞颂赵叟方士。方士既不是古医，亦不是弄刀屠夫，似乎和两个故事联系不是紧密，有些费解，但仔细地去读，深入地一想，方知诗人用心之苦、用心之妙，写长桑、扁鹊主要颂其特异透视功能，这位道士按传之秘方修炼，寓意可能出现某些特异功能，所以诗人以扁鹊之事来作比拟，是合乎情理、顺理成章的事。庖丁解牛的故事，庄子用以阐明道家思想，做事要顺应自然，遵循规律。赵方士对此领悟较深，明彻道理，是一个思想合格的方士。简言之，赵叟是一位能理解道家思想真谛，又修炼成功的方士，值得誉赞。

　　诗的另一个重点，是获麟台凭吊孔子，抒发怀古情思。李白刚来东鲁时受到一些保守儒生的嘲弄，李白斥责他们为"死守章句"，不懂经济之道的"下愚"。这反映李白放达不羁的思想与鲁地习俗有些碰撞，对儒学尚乏深入的理解。随着儒文化的熏陶，求仕艰苦的砥砺，李白所践行的就是儒家积极的入世思想，他开始也尊孔子为"大圣"。所以这次赵方士过获麟台，拜托他代表诗人凭吊，表示对孔子的尊敬和景仰。李白写怀古的诗很多，但很少落泪，而这次为什么要悲伤得潸然泪下呢？诗人可能想到自己的境遇，"赐金还山"后，理想的破灭，政治上受到的打击，前途的渺茫，又想到孔子捕麟时的伤心，自己不禁潸然泪下。这泪是伤古之泪，也是伤时之泪；是胸中的郁闷之泪，也是对社会不公的激愤之泪。

送蔡山人 ①

赐金还山后，写于鲁郡。

我本不弃世，世人自弃我。

一乘无倪②舟，八极③纵远柁④。

燕客期跃马，唐生安敢讥。⑤

采珠勿惊龙，大道可暗归。⑥

故山有松月，迟⑦尔玩清晖。

【注释】

①蔡山人：李白故交，名字事迹不详。

②倪：端，边际。无倪：无有边际。

③八极：八方极远之地。

④柁：同"舵"。

⑤燕客期跃马，唐生安敢讥：以战国时燕人蔡泽开始"不遇"后为秦相的故事，喻蔡山人，来日当有大富贵，他人未可轻视、讥笑他。典故见《史记·范雎蔡泽列传》（《二十四史》传七十九《范雎传》十九，中华书局2000年版，第1879页）："蔡泽者，燕人也。游学干诸侯，小大甚众，不遇，而从唐举相。……唐举孰视而笑曰：'先生曷鼻、巨肩、魋颜、蹙齃、膝挛。吾闻圣人不相，殆先生乎？'蔡泽知唐举戏之，乃曰'富贵吾所自有，吾所不知者寿也，愿闻之。'唐举曰：'先生之寿，从今以往者四十三岁。'蔡泽笑谢而去。谓其御者曰：'吾持粱刺齿肥，跃马疾驱，怀

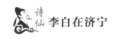

黄金之印，结紫绶于要，揖让人主之前，食肉富贵，四十三年足矣。'后果为秦相。

⑥采珠勿惊龙，大道可暗归:《庄子·列御寇》(《百子全书》，岳麓书社1993年版，第4610页)：有人想见宋王，并想得到宋王的车子。庄子给这个人讲了个故事。有千金之珠，在深渊骊龙的颔下。想采得其珠，必须趁骊龙睡的时候才能得到。你要想得到宋王的车子，也必须趁宋王睡的时候，但使宋王而寤，弄不巧，要遭粉身碎骨之祸。这里诗人劝慰蔡山人不要贸然躁进，以免惊龙而致祸。这里龙以喻国君。

⑦迟：期待。

【句解】

我本不弃世，世人自弃我。

我本不是弃世，而是要入世干一番事业，实现政治理想，但偏偏将我逐出京城，是世人将我抛弃。这两句是诗人抒发离朝的激愤和痛苦。

一乘无倪舟，八极纵远舵。

乘坐一只小船，驶向四面八方，驶向遥远的地方。这两句是说离朝后无有着落，似一只船在海上无目的漂流。

燕客期跃马，唐生安敢讥。

燕客蔡泽期望跃马扬鞭，入仕成名。相面人唐举知其将成富贵，不敢讥笑他，后蔡泽果然成为秦相。此以蔡泽喻蔡山人，你奋发有为，来日必将为大富贵之人，别人不敢轻看你。

采珠勿惊龙，大道可暗归。故山有松月，迟尔玩清晖。

诗人有了"攀龙忽堕天"的经历和教训，便以"采珠勿惊龙"的故事劝慰蔡山人，不要躁进，要谨慎从事，就能自然走向成功大道。故山有松月，迟尔玩清晖。故乡有苍松翠柏，清风明月，风光怡人。期待你来这里赏月观景。表明诗人有归隐山林之意。

【赏析】

诗的头二句"我本不弃世，世人自弃我"，这是诗人对黑暗政治的愤怒斥责！也是挥斥幽愤的呐喊！"我本"即是诗人的初心，他的初心理想是"愿为辅弼，使寰区大定，海县清一"，他有很强很高的功业心，为此他拼搏奋争，但是屡屡遭至失败，特别是"赐金放还"离朝后，从明媚的艳阳春天一下子跌入阴霾遍地的寒冬，他悲愤，他惆怅，他嗟叹，他拔剑击柱，终夜坐吟，为他的冤屈和不公，终于像火山爆发一样喷出"我本不弃世，世人自弃我！"而今被抛弃的我，如驾一叶扁舟，随波漂流，漂向天际，漂向八方。一个满腹惆怅，前途微茫的诗人形象立于读者面前！

运用历史典故赞扬友人或表达思想感情，是李白在诗中常用的艺术手法。在这首诗中，选了两个典故，一是用战国时蔡泽事，赞扬他"燕客期跃马"的积极求仕精神，赞扬他的乐观自信，"吾持梁刺齿肥，跃马疾驱，怀黄金之印，结紫绶于要，揖让人主之前，食肉富贵……"还赞扬他所获得的理想结果，即成为秦相。诗以蔡泽喻蔡山人，赞誉他也积极求仕，定会取得富贵，别人对他不要轻看讥笑。运用第二个典故是"采珠勿惊龙"的故事，结合诗人在宫廷当近臣的几年经历，总结受谗遭诬的惨痛教训，告诫劝慰蔡山人，要处事谨慎，不要躁进求成，要采珠，不要惊动骊龙，否则，轻者一事无成，重者会遭灭顶之灾。言之凿凿，态度诚恳，深表对友人蔡山人的关爱。

既然"世人自弃我"，济世不能，报国无门，才路被堵，那只好回到山林，回到故山，那里有明月青松，有无限的自然风光，也期待你来这里共玩赏明月，沐浴清辉，暂时过静谧的山林生活，等待以后可来的机遇。

全诗不仅抒发了诗人的愤慨，描写了对友人的劝慰，表现诗人归隐故山的心情，而且还以愤恨的感情抨击和挞伐社会政治的黑暗。

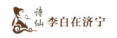

戏赠杜甫

天宝四载（745）秋，李白、杜甫同在兖州，两人相见时，戏赠此诗。

饭颗山头①逢杜甫，头戴笠子日卓午②。

借问别来太瘦生③，总为从前作诗苦。

【注释】

①饭颗山头：一作长乐坡前。据徐叶翎《东鲁寻踪说李杜》（中国文化出版社 2011 年版，第 230 页）载："余与樊英民先生查阅兖州史志，近发现兖州城北五里之甑山即饭颗山，此诗作于访范十后返归途中。"在两位大诗人笑谈中，李白口占此诗，杜即和以《赠李白》，二诗应为唱和之作。

②卓午：正午。

③太瘦生：欧阳修《六一诗话》："唐人语也。至今犹以'生'为语助，如'什么生''何以生'之类是也。"

【句解】

饭颗山头逢杜甫，头戴笠子日卓午。借问别来太瘦生，总为从前作诗苦。

在饭颗山头，与杜甫同行。天是正午时分，洒下秋日的阳光，杜甫戴着斗笠消瘦的面容，就问：缘何"别来太瘦生？"杜甫答曰：是因"从前作诗苦"。

【赏析】

这首戏赠短诗，以幽默的笔调，勾画了杜甫戴着斗笠瘦瘦的形象，反映了李白对杜甫的关心及二人真挚的友情。

诗头二句交代写诗的时间、地点，描写杜甫中午戴着斗笠的形象。李白问杜甫缘何"太瘦"？说明李对杜的关心、爱护、亲切之情实如手足。杜甫以"作诗苦"回答"瘦"的原因。说明杜甫写诗所用的心智、心思和耗费的心血，使之面容消瘦。"作诗苦"，也是对杜甫写诗态度的赞誉，他或"新诗改罢自长吟""语不惊人死不休"，或"颇学阴（铿）何（何逊）苦用心"，或"清诗近道要，识子用心苦"等，可谓惨淡经营至矣！极矣。一个"瘦"字，一个"苦"字，说明李对杜的关爱，反映他们亲密无间的友谊，对杜写诗态度的赞美！

以口语入诗，全诗口语化，颇似随口说来，通俗易懂，明白如话，这是李白诗的另一种风格。

附：杜甫赠诗《赠李白》
秋来相顾尚飘蓬，未就丹砂愧葛洪。
痛饮狂歌空度日，飞扬跋扈为谁雄？

寻鲁城北范居士失道落苍耳中见范置酒摘苍耳作^①

天宝五载（747）秋，李白在兖州寻访城北范居士时作。

雁度秋色远，日静无云时。

客^②心不自得^③，浩漫^④将何之^⑤。

忽忆范野人^⑥，闲园^⑦养幽姿^⑧。

茫然起逸兴，但恐行来迟。

城壕^⑨失往路，马首迷荒陂^⑩。

不惜翠云裘^⑪，遂为苍耳欺^⑫。

入门且一笑，把臂君为谁。

酒客^⑬爱秋蔬^⑭，山盘荐霜梨。

他筵不下箸^⑮，此席忘朝饥。

酸枣^⑯垂北郭，寒瓜^⑰蔓东篱。

还倾四五酌，自咏猛虎词^⑱。

近作十日欢^⑲，远为千载期。

风流自簸荡^⑳，谑浪^㉑偏相宜。

酣来上马去，却笑高阳池^㉒。

【注释】

①鲁城：即今山东兖州。范居士：这位范居士与杜甫诗《与李十二白同寻范十隐居》中的范十、《秋日鲁郡尧祠亭上宴别杜补阙范侍御》的

范侍御、《送范山人归泰山》中的范山人，疑为同一人，其名字生平不详。失道：迷失路途。苍耳：一年生草本植物，茎高四五尺。果实呈卵形，多刺，易沾人衣。

②客：李白自指。

③自得：得意、如意、满意。

④浩漫：广大的样子。

⑤将何之：将往何处去。

⑥野人：隐居之人，此指范居士。

⑦闲园：闲适的田园生活。

⑧幽姿：隐居不现的姿态。

⑨城壕：护城河。

⑩陂：斜坡、山坡。

⑪翠云裘：即绣着翠云花纹的皮衣。

⑫欺：欺负，此指苍耳在诗人不觉中沾上衣服。

⑬酒客：指李白。

⑭秋蔬：秋季的蔬菜。

⑮箸：筷子。

⑯酸枣：枣的一种，果实圆而小，味酸。

⑰寒瓜：即冬瓜，能爬蔓。

⑱猛虎词：即《猛虎吟》或《猛虎行》，古乐府相和歌曲调名。

⑲十日欢：《史记·范雎列传》（《二十四史》传79，中华书局2000年版，第1879页）：秦昭王邀平原君聚会，给他去信说："寡人闻君之高义，愿与君为布衣之友，君幸过寡人，寡人愿与君为十日饮。"后用来比喻朋友之间的欢聚。

⑳簸荡：颠动、动荡，东倒西歪的样子。

㉑谑浪：戏谑放浪。

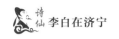

㉒高阳池：酒池名。据《世说新语·任诞》(中华书局 2018 年版，第 1879 页)载：习郁在襄阳作一佳园池，为游宴胜地。晋代山简每临这个酒池，必大醉而归，并说："池是我高阳池也。"后人以此喻嗜酒宴饮。

【句解】

雁度秋色远，日静无云时。客心不自得，浩漫将何之。

大雁南飞，一派秋色。天高无云，晴空日静。诗人心烦意乱，很不得意。他欲外出散心解闷，地方很多，可往哪里去呢？

忽忆范野人，闲园养幽姿。茫然起逸兴，但恐行来迟。

诗人忽然想起了城北的友人范居士，他隐居于自己的庄园，过着闲适的田园生活，有着高雅的风姿。诗人茫然中涌起了豪情逸志，他担心时间晚了，就赶快策马，奔向范居士村庄。

城壕失往路，马首迷荒陂。不惜翠云裘，遂为苍耳欺。

骑马行至护城河，忘记以前走过的路，迷路踏入一个长满高高苍耳的斜坡，那苍耳好像欺负人似的，沾满了我的翠云锦裘。

入门且一笑，把臂君为谁。

进了友人的大门，范居士和我相顾而笑，他把着我的手臂问："这是谁弄的，满身苍耳。"接着为我摘除苍耳。

酒客爱秋蔬，山盘荐霜梨。他筵不下箸，此席忘朝饥。酸枣垂北郭，寒瓜蔓东篱。还倾四五酌，自咏猛虎词。

我爱吃秋天的果蔬，主人以山盘进献山梨，还有从北城采摘的酸枣，从东篱摘下的寒瓜，别处的宴会我不喜欢，而这个丰盛的素宴真让我高兴，因而倾杯而尽，一连痛饮四五杯，边喝边咏乐府《猛虎词》。

近作十日欢，远为千载期。

诗人把杯痛饮，兴之所至，想到《史记》中范雎的故事，便出豪语："愿与君十日欢饮，再约一千年的期会。"

风流自簸荡，谑浪偏相宜。

酒脱放逸，无拘无束，自然的手舞足蹈，戏谑放浪，宣呼欢笑，恰能达到相宜的境界。

酣来上马去，却笑高阳池。

酒喝得尽情尽兴后，便上马归去，却笑山简的高阳酒池，还不如我们在这里喝得痛快。

【赏析】

李白这首诗是一篇叙事诗，是一篇生动的城郊访友的故事。它记叙了诗人访友的过程，描写了朋友相聚的欢欣，反映了诗人羡慕田园生活的思想。

诗的第一句点明艳阳高照，大雁南飞的秋天。三、四句写诗人忧郁苦闷，心不自得，而又苦于向何处倾诉、向何人倾诉的心情。

忽忆范野人以下二十二句，正面写寻友的所见所感。以"茫然起逸兴"，担心时间迟晚，表现诗人寻友的急切心情；以马迷荒坡、苍耳沾衣这具有喜剧性的情节，表现只有发生在秋天农村路坡才有的特色佳趣；以"入门且一笑，把臂君为谁"表现友人间的欢欣、兴奋；以"爱秋蔬""荐霜梨""酸枣""寒瓜""他筵不下箸，此席忘朝饥"表现素席的丰盛特点和诗人的喜爱；接下"还倾四五酌"六句，表现相聚的友人开怀畅饮，倾杯而尽，边饮边唱《猛虎词》的热烈的气氛，情绪飞扬，感情沸腾的场面；他们风流倜傥，"簸荡""谑浪"，沉浸于友乐、酒乐、情乐的境界之中，诗人表示不仅现在欢快，要永远分享这样的欢乐。

最后两句"酣来上马去，却笑高阳池"，与开头的"忽忆范居士"策马寻友相呼应，有头有尾，是一个完整的故事。

这个诗故事，事事相连，环环相接，以叙事转折为节奏，脉络连贯，语若贯珠，神韵自畅。使此诗具有较强的魅力和感染力。

李白这首诗，寻友的整个过程，似一个个镜头连接起来，好似微型的电视剧。现以此种形式解读其内容。

李白秋访范居士

时间：盛唐天宝五载，即公元746年秋天。

鲁郡的秋天：雁阵南飞。天高云淡，艳阳高照。秋天的各种树木，叶子变黄，树叶随风飘飞。

李白家中：普通的四合院。李白站在院子里，气宇轩昂，眸子炯然，哆如饿虎，一脸愁容。

旁白：李白辞朝后，一腔忧愤。现在他心烦意乱，苦不自得。向何处倾诉？向何人倾诉？他正思绪茫然。

李白在院子里踱步，忽然脸上有兴奋之色。

旁白：此时李白想到城北的范居士，便决定前去拜访。家人牵来五花马。

李白跨马启程。举鞭抽马，马扬蹄奔驰。

城北的原野：绕城的护城河，清澈明净。河北岸是一片高高的斜坡，坡上长满茂密的苍耳。有几排酸枣树，鲜红的酸枣挂满树枝，阳光下红艳如火。从坡上有三条路通向西北、正北、东北三个方向。

李白跨马走在路上：李白骑马出城……骑马过护城河桥……骑马走上斜坡……

李白迷路。李白下马勘察去范居士村庄的方向。走进苍耳草丛，衣服沾满苍耳。李白试图摘下，但苍耳带刺，沾上衣服很难摘下，便感叹："苍耳乃欺我也！"

恰巧来一老者，李白施礼相问，去范家庄如何走？老翁指路。李白重新跨马飞奔范家庄。

范家庄：一个偌大的村庄，鸡鸣狗吠。村南一片灰瓦青砖宅院，大门匾额写着"范宅"。

范居士：中等身材，雍容华贵，和蔼可亲。李白进大门，与范居士相顾而笑。范把着白的手臂，寒暄几句后，叫家人帮李白摘掉苍耳，端水洗手。把李白引进正上房，按礼序坐下，上菜，欢欣鼓舞，亲切交谈。

老友相见，滔滔不绝地谈起往事。李白动情谈到在朝廷被谗、被排挤的事，谈到当今朝廷忠奸不分，贤愚颠倒，似怒火中烧。

范居士：对李白进行劝慰。李白兄：烦心之事泯没于心中，今日不提，品尝下今年的水果，看怎样？

屋中央八仙桌上：摆满了霜梨、酸枣、核桃、大枣，接着上寒瓜、豆角、鸡蛋、鸭蛋等十几种蔬果和土养的鸡鸭等，又端上白玉壶盛的鲁酒、兰陵美酒等，一桌丰盛的美餐。

热烈、酣畅、欢快饮酒场面。

范居士首讲欢迎词、祝酒词，话语亲切，充满感情。

李白表示感谢。接着倾杯而尽。连喝三杯，面不改色。众呼：酒仙，酒仙，真乃诗酒英豪。

李白酒酣兴奋，欢谑放浪、手舞足蹈貌。边饮边咏猛虎词。一会悲怆地高咏"大道如青天，我独不得出"，一会又高咏"天生我材必有用"……

当地名士们，一个个向李白敬酒，赞李白是诗仙、酒仙，真乃旷世奇才！

傍晚之景：天色将晚，红霞满天。酒酣尽兴的诗人，骑马返程。秋天旷野、李白骑着马奔驰……

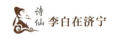

雪谗诗赠友人 ①

　　李白在京因被谗赐金还山，回东鲁家后，又遭刘氏等谗诬，在这种情形下，李白雪谗赠友，写下此诗。时间约计天宝三四年间。

嗟予沉迷，猖獗已久。②

五十知非，古人尝有。③

立言补过，庶存不朽。④

包荒匿瑕，蓄此顽丑。⑤

月出致讥，贻愧皓首。⑥

感悟遂晚，事往日迁。⑦

白璧何辜，青蝇屡前。⑧

群轻折轴，下沉黄泉。⑨

众毛飞骨，上凌青天。⑩

萋斐暗成，贝锦粲然。⑪

泥沙聚埃，珠玉不鲜。

洪焰烁山，发自纤烟。⑫

沧波荡日，起于微涓。⑬

交乱四国，播于八埏。⑭

拾尘掇蜂，疑圣猜贤。⑮

哀哉悲夫，谁察予之贞坚。⑯

彼妇人之猖狂，不如鹊之彊彊。

彼妇人之淫昏，不如鹑之奔奔。^⑰

坦荡君子，无悦簧言。^⑱

擢发续罪，罪乃孔多。^⑲

倾海流恶，恶无以过。^⑳

人生实难，逢此织罗。^㉑

积毁销金^㉒，沉忧作歌。

天未丧文^㉓，其如余何。

妲己灭纣^㉔，褒女惑周。

天维荡覆，职此之由。^㉕

汉祖吕氏^㉖，食其在傍。

秦皇太后^㉗，毒亦淫荒。

蟊蜮^㉘作昏，遂掩太阳。

万乘尚尔，匹夫何伤。^㉙

辞殚意穷，心切理直。

如或妄谈，昊天是殛。^㉚

子野善听，离娄至明。^㉛

神靡遁响，鬼无逃形。^㉜

不我遐^㉝弃，庶昭忠诚。

【注释】

①雪谗：雪洗谗言。

②嗟：叹息，感叹。沉迷：沉溺迷恋。猖獗：狂妄放肆，行为无忌。沉迷

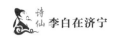

猖獗：此指李白去朝以后胸中郁闷，浪迹江湖，耽于酒色，行为不羁的状态。

③五十知非：安旗《李白全集编年笺注》（中华书局2017年版，第857页）注：《淮南子·原道》："蘧伯玉年五十而知四十九年非。"高诱注："伯玉，卫大夫璩瑗也。今年则行（做）是也，则还顾知去年之所行非也。岁岁悔之，以至于死，故有四十九年非，所谓月悔朔（农历正月初一），日悔昨也。"这里用璩瑗"知非"事，言自己从前做得不妥的地方，现已知晓。

④立言：《左传》襄公二十四年（孔令河：《五经注译》，山东友谊出版社2001年版，第2581页）："太上有立德，其次有立功，其次有立言。虽久不废，此之谓不朽。"补过：《左传》昭公七年（同上书《五经注译》第2743页）："仲民曰：能补过者君子也。"庶：希望。

⑤包荒：见《周易》（任宪宝编著：《周易》，吉林文史出版社2016年版，第39页）泰卦，孔颖达疏："包含荒秽之物。"匿瑕：美玉上面的斑痕，居藏的瑕秽。蓄：贱养，如蓄妓、蓄妾等。顽丑：招来烦恼的贱人。

⑥月出：《诗·陈风》（张晓琳注析：《诗经》，中国文联出版社2017年版，第108页）中的篇名，此诗写诗人在月下遇到一个美丽的姑娘，因为爱她便对着月亮大发感叹。这两句结合上两句一起来看，当时李白之前曾蓄一妾，或为魏颢《李翰林集序》中所谓"刘氏"。从诗中略知此人为白"包荒""匿瑕"所致，秉性愚顽，好生是非，使李白备受其扰。贻：使，招致。

⑦感悟：有所感而觉悟。

⑧白璧：李白自喻。青蝇：比喻谗谤。

⑨群轻：如丛轻。折轴：即车轴折断。这句意思：很轻的东西，但积蓄多了，就能使车轴毁折。（见汉班固撰：《汉书·中山靖王胜传》，中华书局1996年版，2422页）

⑩飞骨：即飞肉。鸟能飞翔，是以长满羽毛的翅膀扇扬而飞。意思是，羽毛虽轻微，但众多羽毛长于翅，就能飞上蓝天。（见《汉书·中山靖王胜传》）

⑪萋斐：指文采交错的样子，多比喻谗毁交构是非。贝锦：有贝形花

纹的丝织品。比喻罗织罪名，毁谤诬陷别人的谗言。见《诗·小雅·巷伯》（孔令河：《五经注译》，山东友谊出版社2001年版，第929页）："萋兮斐兮，成是贝锦。彼谮人者，亦已大甚！"粲然：鲜明、显著的样子。

⑫洪：大。烁山：火光满山。纤烟：纤细烟火。

⑬微涓：微小的水流。

⑭四国：四方。《诗·小雅·青蝇》（张晓琳注析：《诗经》，中国文联出版社2017年版，第188页）："谗人罔极，交乱四国。"八埏：八方。《汉书·司马相如传》（中华书局1996年版，第2529页）："上畅九垓，下沂八埏。"孟康注："埏，地之八际也。"

⑮拾尘：用颜回事。孔子困于陈蔡，跟从他的弟子几天没有饭吃。子贡谋得米一石，由颜回给大家烧饭。风吹烟灰落入锅中，颜回觉得扔掉可惜，就将沾灰的饭吃掉。子贡看到此情，以为颜回偷偷吃饭，就告知孔子。孔子了解颜回的人品，不信其事，当面询问颜回，弄清真相。（见《孔子家语·在厄》，《百子全书》，岳麓书社1995年版，第43页）。这里以颜回事喻自己被怀疑诬陷的冤情。掇蜂：用伯奇事。周时，上卿尹吉甫的后妻欲陷害前妻的儿子伯奇，就在空旷无人的地方，衣领上抹上蜂蜜，沾上蜜蜂，让伯奇给她取掉（掇）。伯奇仁孝，就用手掇取蜂，吉甫登楼看到这种情况，认为是调戏、无礼，怒而逐走伯奇。（见《琴操·覆霜操序》）诗人以"拾尘""掇蜂"自喻，所受诬陷、蒙受的冤屈与此有相似情况。疑圣：使圣人孔子怀疑颜回。猜贤：使尹吉甫猜疑伯奇。

⑯贞坚：正直坚定的操守。

⑰彼妇人之猖狂，不如鹊之彊彊。彼妇人之淫昏，不如鹑之奔奔：《国风·鄘风》（孔令河：《五经注译》，山东友谊出版社2001年版，第608页）；"鹑之奔奔，鹊之彊彊"，彊彊：鸟雌雄相随而飞的样子。泛指相随的样子。奔奔：相随。"奔奔""彊彊"：言鹊、鹑居则匹配一起，飞则相随而飞。此刺那个"猖狂""淫昏"的妇人，不如禽兽，诗人以痛斥泄胸中之愤。

⑱坦荡：《论语·述而篇》（贾庆超：《论语新读》，中国社会出版社，

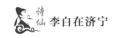

第 292 页)："君子坦荡荡，小人长戚戚。"坦荡：心地宽广。君子：指友人。簧：古时吹奏乐器中赖以震动发声之物。簧言：欺人的巧言。见《诗·小雅·巧言》(孔令河：《五经注译》，山东友谊出版社 2001 年版，第 920 页)："巧舌如簧。"

⑲擢发续罪：擢发，拔发。续与赎古通用。《史记·范雎·蔡泽列传》："擢贾之发以续贾之罪，尚未足也。"其意形容罪恶之多。

⑳流恶：以海水流恶难尽，形容罪恶之多。见《古代汉语词典》(商务印书馆 2017 年版，第 1189 页)："罄南山之竹，书罪无穷，决东海之波，流恶难尽。"

㉑人生实难：语出《左传》成公二年 (弘丰译注：《左传》，中国文联出版社 2017 年版，第 77 页)：纳夏姬，申公加以劝阻，谈了很多理由，楚庄王放弃娶夏姬的想法。其后将军子反想娶夏姬，巫臣又加劝阻，说：这是个不祥的人……人生在世实在很不容易，(人生实难) 如果要了夏姬，恐怕不得好死吧！天下漂亮女人很多，为什么要娶她？子反放弃娶夏姬的打算。织罗：即罗织，诬陷成罪。

㉒积毁销金：《史记·张仪传》："众口铄金，积毁销骨。"金、骨，二者都是坚硬之物。众口同声的谗言恶语，能使金可铄，骨可销，言其谗言、谣言害人之深、害人之重。

㉓天未丧文：《论语·子罕第九》(见贾庆超：《论语新读》，中国社会出版社 2004 年版，第 303 页)，"古代文化不都在我这里吗？……如果上天还不想毁灭古代文化，那么匡人又能把我怎样呢？"言匡人不能违天意而害我啊！这里诗人以孔子自喻，以匡人困孔子喻自己遭诽谤谗言的陷害。

㉔妲己灭纣：商纣王好酒淫乐宠爱妲己，相传她"助纣为虐"，杀害宗室大臣，用毒刑治人，贤臣数谏不听，"微子去之，箕子为之奴，比干谏而死"，周武王于是率诸侯伐纣灭商。妲己亦死。(见林少华主编，司马迁著：《史记·殷本纪》，漓江出版社 2018 年版，第 30 页) 褒女惑周：褒女，即褒姒，周幽王的宠妃。幽王竟废申后及太子，以褒姒为后，以其子

伯服为太子。褒姒不好笑，幽王想方设法让她笑，仍是不笑。幽王竟戏举烽火，谎报军情，骗诸侯来到，褒姒乃大笑。数举烽火取乐，失信于诸侯。后犬戎兵真的来到，烽火不起作用，杀幽王于骊山下，褒姒被掳。（见上同书《史记·周本纪》42页）

㉕天维：天柱地维。《列子·汤问》（《百子全书》，岳麓书社1993年版，第4653页）："共工与颛顼争为帝，怒而触不周之山，天柱折，地维绝。"这句是说天翻地覆。职：主。此：这。职此：主要由于这个原因。

㉖吕氏：即吕后（前241—前180）。汉高祖皇后，字娥姁，单父（今山东单县）人。楚汉战争中，被俘项羽军中。垓下之围前送归刘邦，佐刘邦定天下。汉初，助刘邦杀韩信等异姓诸侯王。刘邦死，其子（惠帝）即位，她掌握国政。惠帝死，立少帝，她临朝称制，分封吕氏四人为王侯，以审食其为左丞相，"得幸太后"，掌握实权。吕后擅专朝十六年。（见《史记·吕太后本纪第九》，中华书局1982年版，第395页）

㉗秦皇太后句：即秦始皇之母。当秦皇年少时，太后与相国吕不韦经常私通，始皇长大，太后乐淫不止。吕不韦怕始皇发觉，祸及己身，便推荐嫪毐给太后，"太后私与通，有身，太后恐人知之，诈卜当避时，徙宫居雍。嫪毐常从，事皆决于嫪毐。始皇九年，夷嫪毐三族，杀太后所生两子。"嫪后为周勃、陈平诛灭。（见《史记·吕不韦列传第二十五》，中华书局1982年版，2505页）

㉘螮蝀：虹。《尔雅·释天》："螮蝀，虹也。"《春秋潜潭巴》："虹出日旁，后妃阴胁主。"

㉙万乘：天子。伤：妨害。

㉚昊天：皇天。殛：杀。二句意思：我所说的话，如有不实，当遭上天的严惩。

㉛子野：春秋时晋国的乐师师旷的名字。师旷双目失明，善弹琴，辨音能力强，甚可从辨音而知吉凶。离娄：亦作离朱，传说视力特强，能于百步之外，见秋毫之末。

355

㉜神靡遁响，鬼无逃形：友人如能像子野离娄那样明察，则神鬼无法逃其明鉴。

㉝遐：远。《国风·周南·汝坟》："既见君子，不我遐弃。"即不要弃我，不要离我远。（张晓琳注析：《诗经》，中国文联出版社2017年版，第10页）

【句解】

嗟予沉迷，猖獗已久。

诗人因谗言被赐金放还，心中郁闷，回东鲁家中后，"刘氏"者流又散布流言蜚语，恶意中伤，又是幽愤填膺，只能感叹上天不公，嗟叹世态炎凉，在此心情下，诗人以酒浇愁，狂歌痛饮；排遣幽愤，疏放不羁，诗人处于慨叹"沉迷""猖獗"的生活状态。（猖獗不是现在的词意，古代指疏放无羁之意）。

五十知非，古人尝有。立言补过，庶存不朽。

"五十知非"的典故，以蘧伯玉的事来比喻诗人以前有"非"的事情，并总结经验，弘扬文德，弥补过错，希望持续地发展。

包荒匿瑕，蓄此顽丑。月出致讥，贻愧皓首。感悟遂晚，事往日迁。

谗言、谣言中诋毁诗人"包荒""匿瑕""蓄此烦丑"，蓄养，贱养妓妾等，就是魏颢《李翰林集序》中提及与李白结合的"刘氏"，从诗中略知这个"刘氏"不安于家室，秉性愚顽，道德低下，搬弄是非，使李白蒙受冤屈。对此，诗人有所感悟，以前总认为是"小事"，没有在意，可那"女人"却变本加厉地进行诬陷造谣。

白璧何辜，青蝇屡前。群轻折轴，下沉黄泉。众毛飞骨，上凌青天。

白璧有什么罪过，青蝇屡屡来玷污，李白何罪之有？谗毁者不停地散布流言蜚语污化诗人。很轻的东西，但积压多了就能折断车轴，使车沉入土中；羽毛很轻，但长在翅膀上，就能飞上蓝天。同样的道理，谗言看似很轻，但谗言屡兴，流言不止，就能造成祸害，把人压垮。

萋斐暗成，贝锦粲然。泥沙聚埃，珠玉不鲜。

诬毁者在暗地里苦心编织谣言,如"萋斐""贝锦"一样粲然,蒙蔽不知情的人,正像泥沙聚多使珠玉不鲜,谣言的脏水泼向某一人,是好人也会蒙上阴影。李白就是谣言的受害者。

洪焰烁山,发自纤烟。沧波荡日,起于微涓。交乱四国,播于八埏。

纤细火苗能引起漫山大火,涓涓细流,能汇成沧波荡日,是说对李白的谗言秽语沸沸扬扬,四处流传,其始皆来源于琐屑之事。这些谎言,传来传去,波及四面八方,蛊惑人心,混淆视听。

拾尘掇蜂,疑圣猜贤。哀哉悲夫,谁察予之贞坚。

颜回"拾尘",孔子怀疑其偷吃饭,尹伯奇"掇蜂",其父认为调戏继母,颜、尹二人蒙冤,诗人有其类似情况,真是令人悲痛,有谁看到我的坚贞!

彼妇人之猖狂,不如鹊之彊彊。彼妇人之淫昏,不如鹑之奔奔。

揭露那个妇人的"猖狂",胡作非为,还不如鸟鹊;那个妇人的"淫昏",无耻淫乱,还不如鹌鹑!可见诗人的愤怒之情。

坦荡君子,无悦簧言。擢发续罪,罪乃孔多。倾海流恶,恶无以过。

友人是坦荡君子,不要轻信骗人的花言巧语。如果真像他们说的那样,自己的罪过真的擢发难数,倾海难尽。

人生实难,逢此织罗。积毁销金,沉忧作歌。

以楚庄王欲纳夏姬不成的故事,知夏姬是带来灾祸的不祥之人。以此事喻诬毁者,诗人经历挫折坎坷多多,何敢染指那些不祥之人。那些流言蜚语,只是罗织诬陷而已。诋毁积多了,金子也会销蚀,深沉的忧愤,如怒火中烧,对此长叹悲歌,雪洗其谗。

天未丧文,其如余何。

匡人以兵困孔子,孔子讲,上天只要想传古代文化,只有我传之,上天需要我,匡人你能对我怎样?这里,诗人以孔子自喻,匡人困孔子喻诗人遭诽谤诋毁,诗人以天道自慰,以立言自誓。

妲己灭纣,褒女惑周。天维荡覆,职此之由。

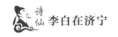

这几句以妲己和褒姒的故事，说明宠妃当势，红颜误国，妲己毁了纣王，褒姒使周幽王丧乱，终使其灭亡。一个国家发生如此天翻地覆的变化，主要是由于"宠妃当势"。

汉祖吕氏，食其在傍。秦皇太后，毐亦淫荒。

汉高祖吕后，与审其食私通，秦始皇的母后，与嫪毐淫乱，她们弄权宫廷，淫荡昏腐。

蠮螉作昏，遂掩太阳。万乘尚尔，匹夫何伤。

上四联中汉祖吕氏，秦皇太后的行为，似昏暗阴虹遮掩了太阳，使朝政笼罩阴霾，天子尚且如此，平民百姓又有何妨！

辞殚意穷，心切理直。如或妄谈，昊天是殛。

其意，我该讲的话都讲了，该表达的意思都表达了，这都是恳切理直的话，如妄言失实，愿受上天的惩罚。

子野善听，离娄至明。神靡遁响，鬼无逃形。

子野善听辨音，离娄眼睛更明，能看百步之外的毫末，诗人希望友人耳聪目明，神的遁响能听到，鬼的逃形能看到，即是说神鬼也无法逃其明鉴。

不我遐弃，庶昭忠诚。

两句意思是，如苍天不弃我，友人相信我，我的忠诚之心天日可鉴。

【赏析】

雪谗诗赠友人，友人何人？不知其详。诗的主体是"雪谗"，谗者是谁，诸家说法不一。洪迈云："今集中有《雪谗诗》一章，大率言妇人淫乱败国……"安旗先生说此妇"诸家皆以杨贵妃当之"，认为刺杨贵妃。郭沫若认为李白"又合于刘，刘决"的刘氏是拨弄是非的谗者。雪谗的对象应细品诗的内容，结合李白的经历和当时背景综合分析来定。当时李白因谗离京，一腔忧愤，对谗者多斥责，"白璧竟何辜？青蝇遂成冤。"（《赠蔡舍人雄》）"才微惠渥重，谗巧生缁磷。"（《赠崔司户文昆季》）"一谈一笑失颜色，苍蝇贝锦喧谤声。"（《答王十二寒夜独酌有怀》）等，笔锋直指高力士、杨贵妃为进谗的人。回到东鲁后，那个拨弄是非的"刘氏"又散布流言，搞得满城风雨，对李白压力很大。李白蒙受冤屈，一腔怒火，只好写诗倾诉，雪谗赠友，细品此诗，所刺之人，有"刘氏"也有杨贵妃，应兼而有之。

全诗 35 联 70 句，除诗开头与结尾向友诉说思想状态和表示忠诚外，诗的大部分内容是"雪谗"，而"谗"的具体内容，由于诗歌的特点和字句的要求，不能像论文一样条分缕析地列出，而是通过简练诗句和历史典故表现出来。通观全诗，其谗之内容有如下几点：一、编织谎言，罗织罪名。以"萋斐暗成，贝锦絷然""人生实难，遭此织罗"等句，表现这一特点。二、捕风捉影，罔顾事实。以"拾尘"，颜回吃尘饭被怀疑偷吃的故事，以"掇蜂"，伯奇好心为继母掇蜂而诬陷无礼被逐的故事，痛斥那些谗毁者不顾事实，妄说臆断，加害于人。三、淫乱败国，臭名昭著。诗以受宠的妲己灭纣、褒姒红颜误国，吕后与审食其的私通，秦皇太后与嫪毐的私通等事，来影射和揭露杨贵妃的劣迹，洗雪对自己的谗言。四、煽风点火，广为宣传。谗言、谎言满天飞，把一把烟火，传成洪焰满山；把涓涓细流，宣传成沧波荡日；还把轻的说成重的，小的说成大的，搞得沸沸扬扬，愈演愈烈，致使"群轻折轴，下沉黄泉"，"众毛飞骨，上凌青天"，使被谗者造成伤害。五、青蝇乱飞，玷污白璧。诗人怒火喷出，把诋毁者比喻乱飞的青蝇，斥责它们到处撒污，并发出吼声，"白璧何辜，青蝇屡前。"诗人怒骂那谗毁的妇人"猖狂""淫昏"，还不如鹊、鸲，简直不如禽兽，诗人恼怒之心溢于言表。

这首诗一个突出特点，就是用古代典故多，全诗 70 句，用古代典故 18 处，看出诗人历史知识丰富，并能灵活运用。用古代典故，能丰富扩大诗的内涵，加深对现实人事的理解，其好处是能扩展想象，开拓思路；能借古喻今，借古讽今，把历史感和现实感交织在一起，加深对现实的认识；还能以简洁的文字，表达丰富的内容，如"拾尘""掇蜂"仅四个字，引出两个故事，喻诗人蒙冤，省却好多笔墨。

秋日鲁郡尧祠亭上宴别杜补阙范侍御 ①

天宝五年（746）秋，李白在鲁郡（兖州）宴别杜、范二友人时作。

我觉秋兴②逸③，谁云秋兴悲④。

山将⑤落日去，水与晴空宜⑥。

鲁酒白玉壶，送行驻⑦金羁⑧。

歇鞍憩古木⑨，解带挂横枝。

歌鼓川上亭⑩，曲度⑪神飙吹⑫。

云归碧海夕，雁没青天时。

相失各万里，茫然空尔思。

【注释】

①鲁郡：即兖州。尧祠：纪念帝尧的庙宇。在兖州城东南七里，泗水河之西。杜补阙、范侍御：郑修平先生，徐叶翎先生都认为此诗是送杜甫的。据郭沫若先生考证，杜补阙即杜甫，其推断原题应为"宴别杜补阙，兼示范侍御。"范即范十，他不是送别的对象，故只能写作"兼示"。见郭沫若《李白与杜甫》。范十早先曾经做侍御，罢官后，隐于兖州城北。

②秋兴：因秋天景物而引起的兴味和情致。

③逸：安逸，恬乐。

④秋兴悲：宋玉《九辩》："悲哉秋之为气也。"潘岳《秋光赋》："嗟

秋月之可哀。"此反其意而用之。(见安旗:《李白全集编年笺注》,2017 年版,710 页)

⑤将:将要,送。

⑥宜:适宜,协调。

⑦驻:停。

⑧羁:马笼头,此指马。

⑨憩古木:在古老的树下休息。憩:休息。

⑩歌鼓川上亭:在河边的亭子唱歌击鼓。河上亭即尧祠亭。

⑪曲度:曲调、节拍,此指音乐。出自王粲《公讌诗》:"管弦发徽音,曲度清且悲。"

⑫神飙吹:形容乐声激越,响声如疾风。飙:疾风。

【句解】

我觉秋兴逸,谁云秋兴悲。

我感觉金色的秋天让人快乐豪逸,谁说秋天让人悲戚呢? 诗人荦脱不群,一般文人往往渲染悲秋之声,而李白却感"秋兴逸"。

山将落日去,水与晴空宜。

青山将恋恋不舍的落日送走,水光与天光交相辉映,水面出现清丽和谐的色彩。这是送别宴会的环境描写。

鲁酒白玉壶,送行驻金羁。歇鞍憩古木,解带挂横枝。

(河边亭子里,摆满一桌玉盘珍馐)白色的玉壶盛满了鲁酒。参加送别宴会的人把马拴在古老的树上,腰带挂在横的树枝上,高兴地参加宴会。

歌鼓川上亭,曲度神飙吹。

在河畔亭子里,唱歌声、击鼓声、欢笑声等交织在一起,高亢激越,似疾风吹过一样。形容宴会场面的热烈与欢乐。

云归碧海夕,雁没青天时。

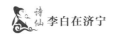

片片的暮云飘向大海的方向，南飞的大雁渐渐没入蓝天。这两句对天空云和雁的描写，暗寓着友人像云、雁一样，远赴他乡。

相失各万里，茫然空尔思。

此地一别，相距万里，不能谋面，心绪茫然，只有在心中思念着你，写与友人的惜别之情。

【赏析】

一般送别诗、宴别诗都要写送别的友情，但李白这首宴别诗，没有按旧的套路，而是用主要墨笔写尧祠亭之景，做到以景达意，以景表情，是这首诗最具特色的地方。

"我觉秋兴逸"，表现诗人在"悲秋"和送友之际，仍为达观豪逸的风采。接着是第一次写自然之景"山将落日去，水与晴空宜"，除表现自然的山水之景外，还寓含着"落日故人情"、依依惜别之意，寓含着与友人和谐的亲密关系。接下来"鲁酒白玉壶"六句，诗人没有写宴席上的倾杯痛饮和丰盛的酒宴，而是写鲁酒玉壶，写马憩人悦、欢歌乐鼓、曲度飘空等欢快场景和欢乐氛围，在这个场景和氛围里，让人感到诗人与友人深深的欢情、别情和友情。再接下来是二次写自然景："云归碧海夕，雁没青天时"，诗人望着白云飘向远方，南飞的雁群没入蓝天，便想到友人像白云、大雁一样远走他乡，于是心潮激荡，思绪沸扬，离情别绪喷发出来，写成最后两句"相失各万里，茫然空尔思"，想到今后与友人相距万里，心内若有所失，思绪茫然，只能是对友人殷殷的思念。

全诗写景错综有致，写情起伏跌宕，情依景发，景依情美，情景交融，深深感人。

鲁郡东石门送杜二甫 ①

天宝四载（745）秋，杜甫西入长安，李白南游吴越，两人在鲁郡东石门分手，临别时，李白写下此诗。

醉别②复几日，登临遍池台。

何时石门路，重有金樽③开。

秋波落泗水④，海色⑤明⑥徂徕⑦。

飞蓬⑧各自远，且尽手中杯。

【注释】

①鲁郡：即兖州。天宝元年（742）改为鲁郡。石门：在今兖州东南约七里处，是横跨于泗水的水门，即金口坝。石门建有闸，既可蓄水灌田，又可以放舟通航，石门上面还可以行人。石门地处水陆交通要道，近邻古庙尧祠，风景优美，是送客的最佳地点，也是唐代鲁郡的一大景观。

②醉别：天宝三载（744）秋，李白与杜甫在今河南开封、商丘和山东的单县一带共同游览，分别后，于次年春又在鲁郡（今兖州）相会，接着游齐州，分别后，于同年秋再相会于鲁郡，然后杜甫西去长安，李白南去吴越。杜先离鲁郡，所以李白于石门送别。"醉别"，詹锳、郁贤皓二位先生认为这里的醉别是指二人在上一次的分别，而不是石门分别。（见詹锳《李白诗选译》，凤凰出版社2017年版，第116页；郁贤皓《李白集》，凤凰出版社2017年版，第153页注）然《唐诗鉴赏辞典》认为"醉别"即本次石门

的分别。解释"醉别复几日":"没有几天便要离别了,那就痛快地一醉而别吧……鲁郡一带的名胜古迹、亭台楼阁几乎都登临游览遍了。'登临遍池台'说的就是这个意思。"笔者认为"醉别",是指最后一次即石门送别。也唯其如此,"登临遍池台"的内容和情感、诗意的脉络,才能顺畅贯通。

③樽:古代盛酒的器具。

④泗水:即泗河,发源于山东省泗水县东的陪尾山,四泉并发,故曰泗水。其西流经曲阜至兖州,南流入淮水。

⑤海色:这里指像海一样湛蓝明澈的天光。又说海色:指晓色。

⑥明:用作动词,照亮。

⑦徂徕:山名,又称尤崃山,在今山东省莱芜市境内,为大小汶河的分水岭。

⑧飞蓬:草名,常随风飞转。古人常用以比喻身世飘零,行踪漂泊不定。

【句解】

醉别复几日,登临遍池台。

为送别杜甫,几天来天天饮酒,临池登台,览遍鲁郡的名胜古迹。

何时石门路,重有金樽开。

什么时候我们重聚石门,手把金樽,倾杯痛饮,畅叙别后的思念,共赏妙诗奇文。

秋波落泗水,海色明徂徕。

夏天的泗河汹涌澎湃,到了秋天,波涛下落。河水平缓,清澈明净。似海一样湛蓝的天光映照徂徕山脉。这二句写泗水、徂徕山美丽的山光水色。

飞蓬各自远,且尽手中杯。

此地一别,像飞蓬一样,天各一方,不知何时才能相会,此时的惜别之情,思友恋情,似波涛在胸中涌动,用语言无以表达,只能借酒抒情,干!干!且尽手中杯!

【赏析】

这首诗主要表现李白对杜甫的友情。是写伟大的浪漫主义诗人李白与伟大的现实主义诗人杜甫友谊的著名诗篇，在中国文学史上具有重大意义。

这首诗仅八句，从四个方面即四个角度表现李、杜的友情。

送别之前，以两位伟大的诗人携手览胜、登临池台，欢歌乐酒，开怀畅饮，表现友情之亲。

送别之始，还未分手，却想着何时再聚，"何时石门路，重有金樽开"，表现两人情谊的难舍难分。

送别之地，以山光水色之美，以滔滔的河水，明丽的青山，喻友情之厚深。诗人何以选泗水、徂徕山之景，因为他俩曾"行乐泗水春"，泛舟赏花；李白曾隐居于徂徕山中，号"竹溪六逸"，杜甫也曾去过徂徕山脉的石门山访过张氏朋友，写过《题石门张氏隐居二首》，这两处山水都有他们美好的记忆，选这两处山水入诗，不仅增加诗的美感，也增加友谊的深笃感。

送别之末，以飞蓬而喻，天各一方，而他们心中的友情，惜别之情，难舍难分的惆怅之情，化为情感的波涛，都注入酒中，以酒抒怀，从胸中喷出"且尽手中杯"诗句，表现友情的真诚深远。

至此彪炳史册的两位诗坛明星，他们友谊的光芒照亮了古今文坛，也照进读者的心中。

这首送别诗，以友谊为主线，叙事、抒情、写景，按情感的节奏而布局，如：第一联偏重于写事，第二联偏重于写情，第三联偏重于写景，第四联事、情并重，叙事、抒情、写景转折起伏，错落有致，加之诗首尾呼应，气脉贯通，把李、杜的友谊渲染得淋漓尽致，荡人胸怀，以情动人。诗中写石门周边山光水色隽美明丽，以美感人。这是一篇情真意切、风景如画的佳作。

梦游天姥吟留别 ①

海客②谈瀛洲③，烟涛微茫④信⑤难求；

越人语天姥⑥，云霞明灭⑦或可睹。

天姥连天⑧向天横⑨，势拔⑩五岳⑪掩赤城⑫。

天台⑬四万八千丈⑭，对此欲倒东南倾。

我欲因⑮之⑯梦吴越，一夜飞度镜湖⑰月。

湖月照我影，送我至剡溪⑱。

谢公宿处⑲今尚在，渌水荡漾清猿啼。

脚著谢公屐⑳，身登青云梯㉑。

半壁见海日，空中闻天鸡㉒。

千岩万转路不定，迷花倚石忽已暝㉓。

熊咆龙吟殷岩泉，栗深林兮惊层巅㉔。

云青青兮欲雨，水澹澹㉕兮生烟。

列缺㉖霹雳，丘峦崩摧。

洞天㉗石扉㉘，訇然㉙中开。

青冥㉚浩荡㉛不见底，日月照耀金银台㉜。

霓为衣兮风为马㉝，云之君㉞兮纷纷而来下。

虎鼓瑟㉟兮鸾回车㊱，仙之人兮列如麻㊲。

忽魂悸㊳以魄动，恍㊴惊起而长嗟㊵。

惟觉时㊶之枕席，失向来㊷之烟霞㊸。

世间行乐亦如此㊹，古来万事东流水㊺。

别君去兮何时还？且放白鹿㊻青崖㊼间。

须行即骑访名山。

安能摧眉㊽折腰㊾事㊿权贵，使我不得开心颜！

【注释】

①天姥：山名，在今浙江天台县西，近临剡溪。主峰海拔 817 米，其峰孤峭，直插蓝天。传说登山的人听到过仙人天姥的歌声，因此而得名。吟：是歌行体的一种。

②海客：航海者。

③瀛洲：古代传说东海有三座神山，即蓬莱、方丈、瀛洲，为仙人居住的地方。

④烟涛微茫：其意是瀛洲在烟雾波涛之中，隐约渺茫，难以寻求。

⑤信：实在，确实。

⑥越人句：越人说起天姥山，云霞缭绕，时隐时现，但有时能看得到。

⑦明灭：忽明忽暗，时隐时现。

⑧连天：形容天姥山高峻、耸直。

⑨向天横：形容山势绵延广大。

⑩势拔：形容山势高，超出其他山峰。

⑪五岳：指东岳泰山、西岳华山、中岳嵩山、南岳衡山、北岳恒山，总称五岳，是我国古代以为最高的五大名山。

⑫赤城：山名，在今浙江天台县北，因山土为赤色，状如云霞，望之似雉堞，因名。

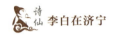

⑬天台：天台山，在今浙江天台县城东北。

⑭四万八千丈：极言山之高。王琦《李太白全集》342页注："四，当作一"，太白云四万，字误，应为一万八千丈。这二句是说一万八千丈的天台山也倾倒在天姥人的东南。以上四句中形容天姥、赤城、天台三山都是夸张的说法，实际这三座山都是比较小的山。

⑮因：依据，依照。

⑯之：指前面所谈情景。

⑰镜湖：即鉴湖，在今浙江绍兴。

⑱剡溪：在今浙江嵊州市南。即曹娥江上游诸水，古通称剡溪。

⑲谢公宿处：指南朝宋诗人谢灵运当年游剡溪时住宿的地方。谢灵运《登临海峤初发疆中作》（《历代名诗一万首》，岳麓书社1995年版，第333页）："暝投剡中宿，明登天姥岑，高高入云霓，还期哪可寻。"

⑳谢公屐：谢灵运为游山特制的一种木鞋。《南史·谢灵运传》（《二十四史》，中华书局2000年版，《南史》谢灵运传十九谢灵运列传第九，第354页）记：谢灵运登山时，带着自己制造的木屐，上山时可去掉前齿，下山时可去掉后齿，这样便于行走山路。

㉑青云梯：山上石阶随山势高耸入云，故谓登天云梯。谢灵运《登石门最高顶》诗（《历代名诗一万首》，岳麓书社1995年版，第329页）："共登青云梯。"

㉒半壁见海日，空中闻天鸡：在半山腰看到太阳从海上升起。天鸡：据《述异记》（《百子全书》，岳麓书社1993年版，第4357页）载：东南有桃都山，山上有大树，名谓桃都，枝相离三千里。树上有天鸡，日初照此树，天鸡则鸣，天下的鸡皆随之鸣。

㉓迷花倚石忽已暝：谓正迷恋山间的花草、依倚山石时，天突然暗了下来。暝：暗，黑，指天晚。

㉔熊咆龙吟殷岩泉，栗深林兮惊层巅：是说熊的咆哮声，龙的吼叫声在

岩泉之间回荡，声音洪大，使山林树木为之战栗，层层山峰为之震惊。殷：震动。司马相如《上林赋》："殷天动地。"层巅：重叠的山峰。

㉕澹澹：水波动荡的样子。

㉖列缺：闪电。《汉书·扬雄传》（中华书局1996年版，第3513页）："霹雳列缺，吐火施鞭。"颜师古注引应劭曰："列缺，天隙电照也。"

㉗洞天：道教称神仙住的洞府为洞天。

㉘石扉：石门。

㉙訇然：形容声音很大。

㉚青冥：指高空，青色的天空。

㉛浩荡：广阔浩大貌。

㉜金银台：指神仙居住的由金银所建筑的宫阙。郭璞《游仙诗》（《历代名诗一万首》，岳麓书社1995年版，第272页）："神仙排云出，但见金银台。"

㉝霓为衣兮风为马：指云中的仙人穿着虹霓似的衣服，骑着疾风一样的马。

㉞云之君：泛指云中的神仙。

㉟虎鼓瑟：老虎弹瑟。张衡《西京赋》（孔庆东主编：《楚辞·汉赋》，吉林文史出版社2018年版第217页）："白虎鼓瑟，苍龙吹箎。"瑟：古乐器。鼓：敲击，弹奏。

㊱鸾回车：神鸟鸾驾车而回。鸾：传说中凤凰一类的鸟。

㊲列如麻：言神仙众多。

㊳悸：心惊。

㊴恍：心神不定的样子。

㊵长嗟：长叹。

㊶觉时：梦醒时。

㊷向来：指刚才，原来。

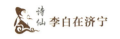

㊸烟霞：指梦中的仙境。

㊹亦如此：指与梦境一样虚幻和变化莫测。

㊺东流水：比喻一去不再复还。

㊻白鹿：传说中的神仙坐骑。《楚辞·哀时命》（孔庆东主编：《楚辞·汉赋》，吉林文史出版社，第185页）："浮云雾而入冥兮，骑白鹿而容与。"古代隐士多以养白鹿、骑白鹿表示清高。

㊼青崖：青山。

㊽摧眉：低头。

㊾折腰：弯腰，摧眉折腰，即低头弯腰，卑躬屈膝貌。萧纪《陶渊明传》："渊明叹曰：'我岂能为五斗米折腰向乡里小儿，即日解绶出职。'"

㊿事：侍服。

【句解】

海客谈瀛洲，烟涛微茫信难求；

航海之人谈到神奇的仙山瀛洲，在烟雾波涛之中，渺渺茫茫，难以寻求。

越人语天姥，云霞明灭或可睹。

越地人说起雄伟的天姥山，虽然云霞缭绕，时隐时现，但有时还能看到。

天姥连天向天横，势拔五岳掩赤城。天台四万八千丈，对此欲倒东南倾。

主要描写天姥山的高峻和气势的雄伟。天姥山直插天表横卧蓝空，它宏伟的气势超过五岳，压倒赤城，连高一万八千丈的天台山也倾倒于天姥山，向东南低倾。

我欲因之梦吴越，一夜飞度镜湖月。湖月照我影，送我至剡溪。谢公宿处今尚在，渌水荡漾清猿啼。

写梦至剡溪的情景。天姥山这么雄奇宏伟，因此我梦游吴越。一夜之间飞过了镜湖，明月把我的身影倒映在湖水里，又把我送到诗人谢灵运去过的剡溪，在那里，他的住宿之地依然存在，溪水碧波荡漾，阵阵猿声清历。

脚著谢公屐，身登青云梯。半壁见海日，空中闻天鸡。

写梦登天姥的情景：脚上穿着谢公当年特制的木屐，攀登高入云端的悬崖峭壁，好似登青云高梯。到了半山腰，看到大海日出，霞光万道，又听到天鸡那高扬的啼鸣，奇景绮丽动人。

千岩万转路不定，迷花倚石忽已暝。熊咆龙吟殷岩泉，栗深林兮惊层巅。云青青兮欲雨，水澹澹兮生烟。列缺霹雳，丘峦崩摧。洞天石扉，訇然中开。青冥浩荡不见底，日月照耀金银台。霓为衣兮风为马，云之君兮纷纷而来下。虎鼓瑟兮鸾回车，仙之人兮列如麻。

在奇峰异峦中所见惊险的神奇的境界。千岩万转，山路变化不定。诗人倚着石头，欣赏奇花异草，迷恋山间的风景，突然间天黑下来，熊在咆哮，龙在吟啸，岩石泉水都在轰鸣，巨大的声响，森林为之战栗，山峰为之惊恐。沉沉的黑云将要下雨，水气迷蒙，到处烟雾腾腾。突然间电闪雷鸣，山峦顷刻崩摧。一道闪光中洞府显现，两扇石门大开，洞府高大无边，深不见底，明亮的日月之光照耀着神仙居住的金银台，云神披着彩霓，驾着风马，纷纷从天而降。猛虎鼓瑟，鸾凤驾车，仙人队列，密麻整齐地走了过来。

忽魂悸以魄动，恍惊起而长嗟。惟觉时之枕席，失向来之烟霞。

梦醒后的情况和心境。面对此情此景，心惊胆战，恍然中意识到原来是一场梦。梦醒后，眼前只有睡觉时的席子枕头，梦里一切如烟霞般地消失了。

世间行乐亦如此，古来万事东流水。别君去兮何时还？且放白鹿青崖间。须行即骑访名山。安能摧眉折腰事权贵，使我不得开心颜！

写梦后的感慨。世间的行乐也像梦境一样虚幻，古来万事都如东去的

流水，一去不返。与你们分别后何时回来？暂且将白鹿养在青山间，待需要时骑上它访求名山。我怎能低头弯腰侍奉那些权贵，使我心情不舒展，脸上无欢颜！

【赏析】

　　这首诗是李白浪漫主义的著名诗篇。通过记梦游仙的形式，反映了诗人辞朝还山后理想的破灭，心情的郁闷；表现了对权贵的蔑视，对上层社会的绝望；也表现了向往自由的憧憬。

　　记梦，主要从梦之起因、梦中情状、梦醒感慨三部分去写。

　　开头八句写梦的起因。海客谈的海上瀛洲，虚无缥缈，难寻难求。以此衬托出现实存在天姥山，它拔地参天，横空出世，其高峻气势超过五岳，盖过赤城，连高四万八千丈的天台山也倾倒在它的脚下，只能向东南低倾。天姥山在彩霓中时隐时现，奇如仙境，胜似仙境。既然海上仙境难求，就渴望去天姥一游。这为梦游天姥的缘由作了说明。

　　中间二十六句写梦中情状，即写梦游经历和所见所闻。这部分又分三个层次写出：

　　第一个层次，"我欲因之梦吴越"至"空中闻山鸡"句，写梦至剡溪登天姥的情景。此段开始转入梦境。一夜飞到镜湖，皓月当空，月亮照着诗人的影子，一直把诗人送到剡溪，来到当年谢灵运的宿处，眼见渌水荡漾，耳闻猿鸣清历，于是穿上谢公当年特制的木屐，踏上谢公当年攀登的石径——"青云梯"，至半山腰，诗人观日出大海，天鸡高唱，倚奇石，赏艳花，绮丽之景美不胜收。这时诗人的心境还是惬意的。

　　第二个层次，"千岩万转路不定"至"仙之人兮列如麻"句，写梦中惊险奇诡的境界。这一段是梦游的重点。正当游赏快乐之时，突然天色昏暗，出现可怕的景象：熊咆龙吟，势如飓风，山岩泉水为之震荡，茂密的森林为之战栗，层层山峰为之惊颤。乌云重重，水雾缭绕，电光闪烁，雷声轰鸣，山崩石裂，洞府石门，轰然大开。一个迷丽的神仙境界出现在眼前，天空广阔，一望无际，日月高照，金银楼台，熠熠生辉。这时，云神们披彩霓，驾风马，纷纷从天而降。猛虎鼓瑟，鸾凤驾车，队列整齐走了过来。这一段写得浪漫多姿，奇异诡丽，是梦游的高潮。

第三个层次，"忽魂悸以魄动"至"失向来之烟霞"四句，写梦醒的情状。仙境倏忽消失，梦境也旋即破灭，诗人清醒地回到现实，不仅长叹，眼前只有枕席，那梦中的仙境似烟霞一样消失。

第二部分，以三个层次写梦中场景，迷离惝恍，色彩缤纷，层次井然，跌宕多姿，很有艺术魅力。

第三部分写梦游后的感慨，点出全诗主旨。梦醒后，诗人认识到"世间行乐"也像梦中仙境倏忽消失，古来万事都如东去流水，永不复回，这一切都是虚幻的。此时此刻，诗人感到最抚慰心灵的是"且放白鹿青崖洞，须行即骑访名山"，让自己徜徉山水，拥抱自然，使心灵在大自然中得以自由解放。诗的最末两句"安能摧眉折腰事权贵，使我不得开心颜"，一吐诗人郁闷之气，这是向权贵们投去睥睨的一瞥，也是争取自我尊严的宣告！同时表达了封建社会怀才不遇者的心声。

这诗表面上似以梦游山水向友人告别，实为托梦寄意，写入翰林之梦与失败的感慨愤懑。诗人以天姥比喻朝廷，入山前把它想象得雄冠五岳，无限美好，但在天姥的梦游中，发现山中危机四伏，险象丛生，处处包藏着迷乱、惊险、危机、恐怖，所以惊醒后，断然与天姥之梦告别，表现了与权贵的抗争。

集天才、奇才、仙才于一身的李白，充分发挥其浪漫主义的艺术才能，娴熟地运用想象、夸张、比喻、对偶等艺术手法，精确地选择山、水、月、熊、龙等艺术形象，加之奔放的感情和形象化的语言，描绘出一个曲折奇特、丰富多彩、惝恍迷离、变化莫测的梦境，强烈而深沉地表达了诗人蔑视权贵、挞伐邪恶，向往自由，渴望光明的真情。

沙丘城下寄杜甫 ①

天宝十载（751），写于沙丘城家中。

> 我来竟何事，高卧沙丘城。
>
> 城边有古树，日夕连秋声。
>
> 鲁酒不可醉，齐歌空复情。②
>
> 思君若汶水，浩荡寄南征。③

【注释】

①沙丘城：在兖州州治城瑕丘东二里，详见附诗注后的参阅资料。

②鲁、齐：均指今山东。鲁酒：鲁地的酒为薄酒。《庄子·外篇·胠箧》（《百子全书》，岳麓书社 1993 年版，第 4549 页）："鲁酒薄而邯郸围。"据《淮南子》许慎注：楚国大会诸侯时，鲁国、赵国都向楚王献酒，管酒的官吏私向赵国讨酒，赵国没有答应，官吏大怒，以鲁酒代替赵酒献给楚王，楚王误以为赵有意献给薄酒，便发兵包围了赵国的国都邯郸。后来人们便以鲁酒代称薄酒。这两句是说酒也不能消愁，歌也无法忘忧。"不可醉"，即没有那个心情和兴趣去倾杯畅饮；"空复情"，因无意欣赏，歌声徒有其情，打动不了诗人的心。

③汶水：本诗中"思君若汶水"的汶水，不是指源于莱芜西流入济（黄河）的东西流向的汶水，而是汶水一支流至沂南县南入沂河，流至兖州，洙水、沂水汇流入泗水。"浩荡寄南征"句正合泗水流向。又，古时

有"泰山郡水皆名汶"之说，如唐代兖州墓志上有"泰山巍巍，汶水汤汤"句，也是汶水即泗水的证据。再，汶水一支流洸河，流经古任城东入泗，故唐时许多诗文中的汶水即泗水。

附：安旗先生关于沙丘城地理位置的考证

（见安旗主编：《李白全集编年笺注》，中华书局 2017 年版，第 833 页）

从诸诗中显然可见，此沙丘在东鲁，与河北巨鹿县之沙丘无涉。据明万历《兖州府志》，谓"沙丘，在宗鲁门外"，宗鲁门，即兖州府城东门，亦即唐代兖州（鲁郡）治城瑕丘之东门。又据清乾隆《兖州府志》，谓沙丘，在城东二里，黑风口以西。黑风口，即金口坝，隋开皇中兖州刺史薛胄在城东沂、泗二水交汇处所建之堤堰也，见《隋书》本传，今犹存。又据清孔尚任《阙里志》谓（曲阜县）西沂泗交汇处，拥沙如丘，呼为沙丘。又据今兖州人士称，民国年间其地又名沙岗村，新中国成立之初，其地积沙犹高于屋顶，后因城中建设取用，始渐夷为平地。似此，则东鲁沙丘在唐代兖州（鲁郡）治城瑕丘东门外金口坝西岸无疑。李白寓居之地即在此亦无疑矣。

从此新说揆东鲁之作，前此窒疑难通者，今则皆可迎刃而解矣。然旧说根深蒂固，新说殊难确定。幸赖上天垂鉴，1993 年泗水干涸，有北齐佛残碣一通，自然暴露于金口坝附近河床之上，碣文中有"大齐河清三年岁次实沈于沙丘东城之内"等字样赫然在焉。由是可知，兖州之名沙丘由来尚矣。李白诗中之所以屡称沙丘者，良有以也。

【句解】

我来竟何事，高卧沙丘城。

诗人回忆与杜甫一起欢乐的生活，推心置腹地交谈，而今只身一人生活于沙丘城，不禁产生孤独感，心内怅然若失，故而发出"我来竟何事，高卧

沙丘城"的感慨，其意思是，我近来做了些什么呢？闲居乏味地安卧于沙丘家中。以此表现"思君"的苦闷、无味的思想感情。

城边有古树，日夕连秋声。

城边有古老的树木，枯叶纷飞，秋风萧瑟，秋色苍凉。表现思君不见君而产生悲秋之感。

鲁酒不可醉，齐歌空复情。

因无兴趣，不能倾杯，不能酒酣，"不可醉"。因无心欣赏歌曲，使齐歌徒有其情。这两句是说酒不能消愁，歌也不能解忧。

思君若汶水，浩荡寄南征。

思君之情如滔滔的汶水，浩浩荡荡地奔向南方。

【赏析】

李白与杜甫"醉眠秋共被，携手日同行"兄弟般的情谊，是中国文学史上的一段佳话，是千古传颂的友谊赞歌。在现存的李白诗歌中，直接写杜甫的诗有两首，一是《鲁郡东石门送杜二甫》，再就是本诗。

这首诗的主旨是"思君"，即思念杜甫。思念与杜甫一起时的欢乐生活，思念推心置腹的友情。全诗围绕"思君"而写事抒情。诗共八句，前六句所写内容，粗读似与"思君"无关，但仔细品读，却感到句句与"思君"有关，而且一联强似一联，直至直抒胸臆。

诗的第一联"竟何事""高卧"，好似写诗人闲居安卧的生活。但联系"思君"去考虑，却深切感到诗人思君不见君那种心生惆怅、落寞、忧郁、孤独的心境，感到"我来竟何事，高卧沙丘城"既写当下生活之状，又包含着对杜甫的思念。

第一联写心境，第二联转写秋景。诗人是乐观豪迈的，对于秋天曾写过"我觉秋兴逸，谁云秋兴悲"。但这次写秋，因为"思君"不见君，选择了城边古树、日夕秋声等典型事物，那苍老的古树，那日夜瑟瑟的秋风。表现了环境凄寂、苍凉的悲秋气氛。以景寓情，景物所包含之情，既有诗人一己之悲，也有"思君"之忧。

第三联写日常生活中的酒和歌，因为"思君"，没有其他生活兴趣，所以不能倾杯酣酒，不能得"可醉"之乐。因无心听歌赏曲，齐歌再专情也是徒有其情。

诗到此，已从不同感受和不同的角度写出"思君"的深切，友情的深笃。但天才的诗人在第四联把思君之情推向高峰，"思君若汶水，浩荡寄南征"。把思念之情喻为汶水，让读者想象，浩浩荡荡流向南方……把读者的思维引向更广的空间，引向更深更具体的意象。

以水喻情，在古代诗歌创作中虽有人用过，但其佼佼者应属李白，如"桃花潭水深千尺，不及汪伦送我情"；"孤帆远影碧空尽，惟见长江天际流"；"请君试问东流水，别意与之谁短长"……都收到极好的艺术效果，本篇"思君若汶水，浩荡寄南征"亦是如此。

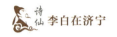

鲁中送二从弟赴举之西京 ①

鲁客②向西笑③，君门④若梦中。

霜凋逐臣发⑤，日忆明光宫⑥。

复羡⑦二龙⑧去，才华冠世雄。

平衢⑨骋高足⑩，逸翰⑪凌长风。

舞袖拂秋月⑫，歌筵闻早鸿⑬。

送君日千里，良会⑭何由同。

【注释】

①二从弟：或指幼成、令问，或指凝与洌。赴举：唐时各地乡贤赴京应试，叫作赴举。

②鲁客：李白自指。

③向西笑：向西望长安而笑，渴慕帝京意。语出桓谭《新论·祛蔽》："人闻长安乐，则出门向西而笑。"

④君门：皇帝的宫阙。

⑤霜凋逐臣发：指被贬谪之臣（指李白）的头发，凋残得白如秋霜。

⑥明光宫：汉宫名，汉武帝兴建。这里指朝廷，唐王朝的宫阙。

⑦羡：羡慕。

⑧二龙：古人称誉同时著名的两个人，多指兄弟。《世说新语·赏誉》（中华书局 2018 年版，第 519 页）："谢子微见许子将兄弟，曰：'平舆之渊有二龙焉'。"这里以二龙借指诗人二从弟。

⑨平衢：平坦的道路。

⑩高足：骏马、良马。汉代驿站设三种马，有高足、中足、下足之别。高足为上等快马。

⑪逸翰：超越的文辞、文章。

⑫舞袖拂秋月：在秋天的月光下，挥动衣袖翩翩起舞。

⑬早鸿：早来的大雁。

⑭良会：美好的聚会。

【句解】

鲁客向西笑，君门若梦中。霜凋逐臣发，日忆明光宫。

诗人西望长安，脸上泛起笑意。他曾经出入过皇家宫殿，现在想来，好似在梦中。岁月使他衰老，他的头发霜凋一样变成雪白。然而对长安几乎天天都在忆念。这几句说明诗人念念不忘长安，报效之志耿耿在心。

复羡二龙去，才华冠世雄。平衢骋高足，逸翰凌长风。

非常美慕二龙赴京赶考，你们那杰出的才华称雄于世。你们跨上骏马，在平坦的大道上驰骋，将很快到达京师。凭借你们超凡的文笔，写出的好文章，定能凌风传扬。这是对二从弟文才的颂扬，并对他们金榜题名抱有希望。

舞袖拂秋月，歌筵闻早鸿。

在送别二从弟歌宴上，都心情兴奋。秋月明亮，边歌边舞，不时听到早来大雁的叫声。这是写送别歌宴上的情景。

送君日千里，良会何由同。

今日送君千里之外的京师应举，我们何时再能相聚欢饮？期待这一天。

【赏析】

这首诗主要反映诗人对长安的思念，描叙对二从弟的称颂和惜别之情。

　　赐金还山后，诗人受到严重打击，陷入深深的苦闷，自叹"攀龙忽堕天"，骂谗言者是"苍蝇"，在多数诗篇里喊冤叫屈，为己鸣不平。"霜凋逐臣发"已含着身心受到的伤害，内心的苦闷；但诗人的报国之志，理想之火，仍在胸中燃烧，"君门若梦中"，对西安念念不忘，对朝廷忠心耿耿，"日忆明光宫"，甚而期待再进入朝廷宫殿，成为皇帝的近臣。诗人此时没有把皇帝看透，还心存幻想。

　　诗人抒发己之感慨后，便转入对二从弟颂扬。他以羡慕的眼光，称二从弟为"二龙"，杰出的才华为冠世之雄。这次赴京应试，跨骏马，走大道，到长安后，定能写出超逸美文，获得赞誉传扬。

　　诗里最后表达送别之情。秋月明亮，早雁声声。送别宴席上，欢歌曼舞，开怀畅饮，一派浓浓的惜别之情。这时诗人高唱"送君日千里，良会何由同"，希望二从弟榜上有名，那时再来胜利的聚会！再来开怀畅饮！

留别西河刘少府 ①

天宝四载（745），写于东鲁。

秋发②已种种③，所为竟无成。

闲倾鲁壶酒，笑对刘公荣④。

谓我是方朔⑤，人间落岁星⑥。

白衣⑦千万乘⑧，何事去天庭⑨。

君亦不得意，高歌羡鸿冥⑩。

世人若醯鸡⑪，安可识梅生⑫。

虽为刀笔⑬吏，缅怀在赤城⑭。

余亦如流萍，随波乐休明⑮。

自有两少妾，双骑骏马行。

东山春酒绿，归隐谢⑯浮名。

【注释】

①西河：地名。有人认为"西河"为"东阿"之讹。东阿为山东东阿县。刘少府：东鲁县尉。

②秋发：即晚年之发，喻指白发。

③种种：孔令河《五经注译》（《左传》昭公三年，山东友谊出版社2001年版，第2703页）："余发如此种种，余奚能为？"杜予注："种种，短也。"即稀少之意。

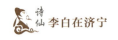

④刘公荣：据《世说新语·任诞》（中华书局2018年版，第933页）载：晋人，又名昶，为人通达，仕至兖州刺史。与人饮酒，杂秽非类，人或讥之。答曰："胜公荣者不可不与饮，不如公荣者，亦不可不与饮；是公荣辈者，又不可不与饮。"故终日共饮而醉。此借指刘少府。

⑤方朔：即东方朔。西汉文学家，汉武帝文学侍臣。常借诙谐滑稽言论讽谏武帝，因此终生不得重用。

⑥岁星：传说东方朔为岁星转世，后据此以岁星代指东方朔。此处李白以东方朔自比。（见《汉书·东方朔传》，中华书局1996年版，第2841页）

⑦白衣：古代无功名人的代称，犹言平民老百姓。

⑧万乘：指皇帝。

⑨天庭：朝廷。

⑩鸿冥：鸿飞入高空，距离地面远，目标小，弓箭无法射到。以此比喻远离祸害，此处喻欲脱离世俗尘网。扬雄《法言·问明》："治则见，乱则隐。鸿飞冥冥，弋人何慕焉？"

⑪醯鸡：即蠛蠓虫的一种，比蚊子小。

⑫梅生：名梅福。九江寿春人，曾为南昌尉，后弃家逃出，传以为仙。（见《汉书·梅福传》，中华书局1996年版，第2917页）

⑬刀笔：古人在竹简即竹片上写字，有错字就用刀刮去，故有关案牍（公事、文书）的事叫刀笔。刀笔吏：即主办文案的官吏。《史记·汲黯列传》（中华书局1982年版，第3105页）。"天下谓刀笔吏不可以为公卿。"

⑭赤城：道教传说中的仙山。即天台山，因石呈赤色，壁立如城，故叫赤城。

⑮休明：指明君或盛世，此是说盛世的清明。

⑯谢：辞掉，抛弃。

【句解】

秋发已种种，所为竟无成。

头上的白发越来越稀少，但建功立业的政治理想竟一无所成。这两句是嗟叹头发已白，功业未就。

闲倾鲁壶酒，笑对刘公荣。谓我是方朔，人间落岁星。

诗人胸中苦闷，忧郁无聊，就把杯痛饮，以酒浇愁。就如晋代刘公荣一样，终日以酗酒为乐。我的性格豪放不羁，平交诸侯，而东方朔是"戏万乘若僚友，视俦列如草芥"，有相似之处，所以有人说我是东方朔，是降落人间的岁星。

白衣千万乘，何事去天庭。

一介布衣的李白，被奉诏入京，成为待诏翰林，有机会游说皇帝。一片忠心，有机会实现抱负，但是"赐金放还"，不知何故让我离开朝廷？这是诗人对冤屈和不公的申诉。

君亦不得意，高歌羡鸿冥。世人若醯鸡，安可识梅生。虽为刀笔吏，缅怀在赤城。

君（刘少府）也不得志，你高歌抒怀，羡慕那飞鸿冲破昏暗，你也想着挣脱尘网，但世人如小蠓虫一样，哪里认识你梅福一样的仙姿，你现在身为刀笔小吏，但心里想着仙人的生活，想着赤城仙境。

余亦如流萍，随波乐休明。自有两少妾，双骑骏马行。东山春酒绿，归隐谢浮名。

这些年来，为寻志东奔西走，如浮萍一样随水波漂流，感受着盛世的清明。而今，寻志无门，意归隐东山，在那里有两少妾相随，还有醇香的春酒，将过着如意的隐士生活。

【赏析】

这首诗反映了诗人和刘少府内心的苦闷、郁愤，表达了他们归隐从仙的愿望。

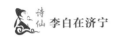

诗的前八句，诗人自述其思想状态。"秋发已种种，所为竟无成"是苦闷的核心思想。"所为"，指的是诗人"安社稷""济苍生"的政治理想，建功立业的宏图大志，但因被朝廷逐出京师，政治上彻底失败，理想的破灭，宏志成为泡影，要"所为"的事竟一事无成，对此情此况，怎么不忧愁，怎能不郁愤满胸呢！下一步路又前途迷茫，无路可寻，何以解忧？就倾杯痛饮，以酒浇愁，就效刘公荣终日而饮，以酣酒为乐，就发出沉重的呐喊和责问：我"何来去天庭"？！这句发问的诗句表现了诗人复杂而激荡的思想感情，一是怨，怨朝廷把自己逐出京师，不用其才；二是斥责，斥责那些谗言诋毁，造谣生事的奸佞小人；三是恋，留恋供奉翰林，侍笔银台的荣耀，从"白衣千万乘""随波乐休明"看出，诗人为实现自己的理想，非常乐意游说万乘，当皇帝的近臣。对此，他一直念念不忘，在很多首诗中反映出这一思想。但这只是诗人幼稚的幻想，皇帝是不会再起用他的。

诗人没有接着写他的思想活动，而是笔锋一转，专写友人刘少府，写他不得志，写他羡慕高空的飞鸿，自由安全，欲脱离尘网，而世人如小蟆虫一样，不理解他的思想境界，而他身在官场心却在仙人那里，虽在官府当一个刀笔吏，却怀想着赤城的仙境，想着将来脱离尘俗与仙人的活动。

诗人又把笔锋转到写自己。这些年，我像浮萍一样随水波漂流，虽身处清明盛世，但寻志路上屡遭挫折，一次次失败，至今有些心灰意冷，思欲归隐东山，在那里有"两少妾"随同，有醇香美酒，将过着闲雅的山人生活。

诗抒发了两人不得志的苦闷郁愤心情，表现两人欲出世而隐居从仙的活动，反射出两人都对现实的不满，对黑暗政治的批判。

写诗人与刘少府两人的事，如分头去写，显得平板呆滞，而诗人采取穿插去写，使诗的构思显得有起伏，节奏有高低，文势跌宕，生动形象。

诗的用语平淡，但感情充沛，如"所为竟无成"，本是沉痛的悲叹，但听起来如平常语；如"何事去天庭"，本是冤屈的呼号，但听起来如与友谈话，整首诗不是激昂慷慨，但诗人的感情却波涛汹涌，体现诗人豪放又沉郁的一种风格。

忆旧游寄谯郡元参军 ①

天宝十载（751），李白于鲁郡家中写此诗。

忆昔洛阳董糟丘②，为余天津桥③南造酒楼。

黄金白璧买歌笑，一醉累月④轻王侯。

海内贤豪⑤青云客⑥，就中⑦与君心莫逆⑧。

回山转海不作难，倾情倒意无所惜。

我向淮南攀桂枝⑨，君留洛北愁梦思。

不忍别，还相随⑩。相随迢迢访仙城⑪。

三十六曲水迴萦⑫。一溪初入千花明⑬，万壑度尽松风声。

银鞍金络⑭到平地，汉东⑮太守来相迎。

紫阳之真人⑯，邀我吹玉笙。

餐霞楼⑰上动仙乐，嘈然⑱宛似⑲鸾凤鸣。

袖长管催⑳欲轻举㉑，汉中㉒太守醉起舞。

手持锦袍覆我身，我醉横眠枕其股。

当筵意气凌九霄㉓，星离雨散㉔不终朝㉕，分飞㉖楚关㉗山水遥。

余既还山㉘寻故巢，君亦归家渡渭桥㉙。

君家严君㉚勇貔虎㉛，作尹㉜并州㉝遏㉞戎虏。

五月㉟相呼渡太行㊱，摧轮㊲不道羊肠苦㊳。

385

行来北凉^㊴岁月深^㊵，感君贵义轻黄金。

琼杯^㊶绮食^㊷青玉案^㊸，使我醉饱无归心。

时时出向城西曲，晋祠^㊹流水如碧玉。

浮舟弄水箫鼓鸣，微波龙鳞^㊺莎草^㊻绿。

兴来携妓恣经过，其若杨花似雪何！

红妆欲醉宜斜日^㊼，百尺清潭写^㊽翠娥。

翠娥婵娟^㊾初月辉^㊿，美人更唱⁵¹舞罗衣。

清风吹歌入空去，歌曲自绕行云飞⁵²。

此时行乐难再遇，西游⁵³因献《长杨赋》⁵⁴。

北阙⁵⁵青云不可期⁵⁶，东山⁵⁷白首还归去。

渭桥南头⁵⁸一遇君，酂台⁵⁹之北又离群。

问余别恨今多少，落花春暮争纷纷⁶⁰。

言亦不可尽，情亦不可及。

呼儿长跪缄此辞，寄君千里遥相忆。

【注释】

①谯郡：即亳州，今安徽亳县。元参军：即元演，时为亳州参军，李白的好友。

②董糟丘：疑为当时洛阳一个酒商的别号。他为招揽生意建造了一所酒楼。诗人写"为余"而建，只是文人浪漫的说法。据《韩诗外传》记载，夏桀建了宽广的酒池，池内可行船。酒糟堆得似土山，距十里都能看到。

③天津桥：桥名，唐时在洛阳西南洛水之上。

④累月：多月，几个月。

⑤贤豪：德才超群、声望很高的贤能豪杰之人。

⑥青云客：指洁身自好的清高之人。

⑦就中：其中。

⑧莫逆：彼此间情投意合，没有冲突，极为融洽。《庄子·大宗师》（《百子全书》，岳麓书社 1993 年版，第 4541 页）："三人相视而笑，莫逆于心，遂相与友。"

⑨淮南攀桂枝：此句诗人已归返安陆。安陆唐时属淮南道，故云淮南。攀桂枝：《楚辞》淮南小山《招隐士》："桂树丛生兮山之幽……攀援桂枝兮聊淹留"，桂树芳香，以喻美德美行。这句的意思是攀桂枝，持美行，隐居待仕。

⑩还相随：李白与元演在开元二十七年冬同游淮南。

⑪仙城：即仙城山，在随州。《随州志》："善光山，在南七十里，本名仙城山。"

⑫三十六曲水迴萦：有三十六条弯曲的水溪，水环绕萦回。

⑬千花明：各种花盛开。《文选》江淹《杂体诗》，李善注："凡草木花实荣茂谓之明，枝叶雕伤谓之晦。"

⑭银鞍金络：指装饰华丽的马。络：马络头。

⑮汉东：郡名，即随州。州治在今湖北随县。

⑯紫阳之真人：即道士胡紫阳。真人：道士的敬称。

⑰餐霞楼：胡紫阳建于随州，为其住所。《冬夜于随州紫阳先生餐霞楼送烟子元演隐仙城山序》："胡公身揭日月，心飞蓬莱，起餐霞之孤楼，炼吸景之精气。"又《汉东紫阳先生碑铭》："所居苦竹院，置餐霞之楼，手植双桂，栖迟其下。"

⑱嘈然：众乐齐奏，声音杂乱。

⑲宛似：好像。

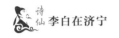

⑳催：《文苑英华》作"吹"。

㉑轻举：飘然欲飞。描写轻曼舞姿的样子。

㉒汉中：疑为"汉东"之误。

㉓九霄：天的最高处。此句意为筵席意气风发，豪气冲天。

㉔星离雨散：形容聚而分别。

㉕不终朝：指不满一个早晨，喻时间短。

㉖分飞：指分别。

㉗楚关：因随州属古楚地，故曰楚关。

㉘还山：回乡，李白曾于开元二十八年回到家中。

㉙渭桥：在长安附近渭水上，有三座渭桥，即中渭桥、东渭桥、西渭桥。此诗中的渭桥为长安城北的中渭桥。

㉚君家严君：指元参军的父亲。

㉛貔虎：猛兽。此句是说元演的父亲是位勇猛的武将。

㉜尹：官名。唐玄宗开元十一年在太原府设尹和少尹，为当地地方长官，兼管军事。

㉝并州：即今太原。开元十一年改为太原府，李白此处是沿用旧称。

㉞过：阻止。

㉟五月：指开元二十三年，李白与元参军游太原。

㊱太行：即太行山。当时从洛阳去太原，须经太行山。

㊲摧轮：曹操《苦寒行》（《历代名诗一万首》，岳麓书社1995年版，第154页）："北上太行山，艰哉何巍巍，羊肠坂诘屈，车轮为之摧。"形容太行山的路狭窄崎岖难行。

㊳不道羊肠苦：与友人同行，兴致高，路虽然狭窄如羊肠，但没有感到行走的艰苦。

㊴北凉：应作"北京"。《元和郡县志》河东道太原府："天宝元年改北郡（即太原）为北京。"

㊵岁月深：时间很久。

㊶琼杯：玉杯。

㊷绮食：精美的食品。

㊸案：有足的托盘，食盘。

㊹晋祠：周代晋国始祖唐叔虞的祠庙。《元和郡县志》河东道太原府晋阳县"晋祠"，一名王祠，周唐叔虞祠也，在县西南十二里。《水经注》曰：昔智伯遏晋水以灌晋阳，其川上溯，后人蓄以为沼。沼西际山枕水，有唐叔虞祠，水侧有凉堂，结飞梁于水上，晋川之中，最为胜虞。

㊺龙鳞：形容水波的情状。潘岳《金谷集作诗》："滥泉龙鳞阔。"

㊻莎草：即"香附子"。多年生草本植物。

㊼宜斜日：是说红妆在夕阳的照耀下更美丽、更适宜。

㊽写：这里指映照于水中的倒影。

㊾婵娟：形容姿态美好。

㊿初月辉：新月的光辉。此句是说少女容颜秀美，如新月一样新丽明浩。

51更唱：轮换着唱。更：变更、交替。

52清风吹歌入空去，歌曲自绕行云飞：这两句形容歌声嘹亮，随风直入云霄，似绕云而飘飞。《列子·汤问》："秦青抚节悲歌，声振林木，响遏行云。"

53西游：西到长安。

54《长杨赋》：西汉扬雄献给汉武帝的一篇赋。借用此典故，说明自己在长安时曾试图以诗文取得玄宗皇帝的信任。

55北阙：朝堂，这里指朝廷。《汉书·高帝纪》：汉初萧何为高宗建未央宫，立东阙，北阙，尚书奏事及谒见时，都在北阙。

56青云不可期：入朝做官没有希望。

57东山：在今浙江上虞市。东晋谢安曾在此隐居。这两句是说，诗人

求官不得，只好归隐。

㊄渭桥南头：安旗先生注："两宋本，缪本，王本俱注云'一作涡水桥头，一作是。《元和郡县志》河南道亳州谯县，涡水，在县西四十八里'。"

㊄鄮台：应在鄮县。鄮县为谯郡属县，在谯县东北七十里。二句谓与元参军前此曾于谯郡重会，旋又相别。按李白行踪，其上年归返东鲁时应途经谯郡，因得与元演会。

㊀问余别恨今多少，落花春暮争纷纷。此二句一作莺飞求友满芳树，落花送客何纷纷。

【句解】

忆昔洛阳董糟丘，为余天津桥南造酒楼。黄金白璧买歌笑，一醉累月轻王侯。

忆当年洛阳有个叫董糟丘的酒商，在天津桥南筑一酒楼。我们经常在此酣饮，以黄金白璧换得欢歌笑语，一连几个月都沉于酣乐之中，想到官场那些事，就蔑视权贵，轻视王侯。这四句是说开元十九年出长安以后，盘桓洛阳，黄金买醉的情景。

海内贤豪青云客，就中与君心莫逆。回山转海不作难，倾情倒意无所惜。

在洛阳这段时间，认识了海内的许多贤能、豪杰和青云之士，有的结成莫逆之交，回山转海也不变心，把真情实意向朋友倾吐而没有任何顾虑。

我向淮南攀桂枝，君留洛北愁梦思。

这两句是说，诗人已归返安陆，并以楚辞攀桂枝的典故，说明他暂隐居待仕。友人元演留在洛北，只能忧愁得梦中思念。

不忍别，还相随。相随迢迢访仙城。

这二句意思是，真的不想别离，还是相随一起，去访迢迢千里的仙城山，去游随州。此以下十九句写诗人与元参军游历随州情况。

三十六曲水回萦。一溪初入千花明，万壑度尽松风声。

写去随州路途的自然景观。三十六条河溪环绕萦回，初入的一条清溪，两岸五颜六色的花盛开，争艳斗丽，跨过无数的沟壑，郁葱的松林，松涛阵阵。一派美丽的自然风光。

银鞍金络到平地，汉东太守来相迎。

骑着银鞍金络装饰一新的骏马，越过山岭来到平地。汉东太守礼貌地相迎。

紫阳之真人，邀我吹玉笙。餐霞楼上动仙乐，嘈然宛似鸾凤鸣。袖长管催欲轻举，汉中太守醉起舞。手持锦袍覆我身，我醉横眠枕其股。当筵意气凌九霄，星离雨散不终朝，分飞楚关山水遥。余既还山寻故巢，君亦归家渡渭桥。

餐霞楼上，响起美妙的仙乐，嘈然动听，好似鸾凤齐鸣。随州的胡紫阳真人，邀我吹奏玉笛。这时管乐声起，长袖轻舞，汉东太守醉意浓浓，也甩袖舞了起来。我喝得有些醉意了，太守拿过锦袍盖在我的身上，我醉后横卧枕在太守的大腿上。酒酣的宴席上，意气风发，豪气冲天。酒后各自分飞，楚地的关山重重，水路遥遥。我将返归家园，你要渡渭桥归回家中。以上十三句，其中第三到十一句主要写饮酒欢快的状态和酣乐的浓烈气氛。

君家严君勇貔虎，作尹并州遏戎虏。

说元演的父亲英勇如貔虎，他任并州（太原）长史，有力阻止住戎虏的进犯。

五月相呼渡太行，摧轮不道羊肠苦。

诗人与友人商定，五月去太原，翻越太行山时，因弯曲羊肠小道，竟使车轮摧断，但兴致高，没感到有什么苦。

行来北凉岁月深，感君贵义轻黄金。琼杯绮食青玉案，使我醉饱无归

心。

来到北都太原日子已很久啦，深感元演父子重义轻利的侠义精神。每天丰盛的华筵，美酒佳肴，吃得酒足饭饱，忘记了回家。

时时出向城西曲，晋祠流水如碧玉。浮舟弄水箫鼓鸣，微波龙鳞莎草绿。

常常出游，踏上城西的蜿蜒之路。晋祠的流水，如碧玉晶莹，划舟戏水，吹箫击鼓，欢声笑语，那水面细波粼粼，岸上莎草丰茂。这几句描写晋水的自然风光和有划舟情景。

兴来携妓恣经过，其若杨花似雪何！红妆欲醉宜斜日，百尺清潭写翠娥。翠娥婵娟初月辉，美人更唱舞罗衣。清风吹歌入空去，歌曲自绕行云飞。

这几句主要描写携妓乐游和美女歌舞的情状。携妓姿身美貌，走起路来，好似飘动的杨花雪花。艳妆的少女小酌几杯，脸泛红润，与夕照相映越发艳美。百尺清潭，映照出美女的倩影。姿貌秀美的少女如初月一样新艳明丽。她们舞动着罗衣，动听的歌声随风飘荡，绕云而飞。

此时行乐难再遇，西游因献《长杨赋》。北阙青云不可期，东山白首还归去。

水上的如此行乐，世上难以再次遇到。我曾西游长安进献《长杨赋》，本想以此取得皇上的信任，然而目的没有达到，被赐金还山。既然朝廷的任用没有希望，就毅然回到故山。

渭桥南头一遇君，酂台之北又离群。

在渭桥（涡水桥）南头再相遇，旋即又在酂台之北分手，各自奔赴要去的地方。

问余别恨今多少，落花春暮争纷纷。言亦不可尽，情亦不可及。呼儿长跪缄此辞，寄君千里遥相忆。

问我离愁别恨知多少？就像那暮春的落花纷纷飘落。对老友，千言万语说不尽，深情厚谊难以表达。呼儿长跪封好信函，向千里之外元参军，遥寄我深深的思念。

【赏析】

　　这是一篇以"忆旧游"为主要内容的叙事诗，记述了与友人元演四次聚散的经历，描写了山水之美，酒酣之畅，歌舞之乐，表现了对权贵的蔑视，抒发了怀才不遇、仕途难求的苦闷心情。这首诗还是考察李白行踪，交友和思想感情变化等重要的宝贵历史资料。

　　四次的聚散都各有其特点。第一次洛阳初识元参军，主要表现内容有两点，一是"黄金白璧买歌笑，一醉累月轻王侯"，黄金买醉包含着痛苦和无奈，一醉累月反映诗人对社会现实的不满，不愿看到社会的污浊，来个一醉方休。轻王侯，反映诗人对权贵的傲视。第二点，认识结交一些海内贤能豪杰之士，成为回山转海不变心的莫逆之交。

　　第二次随州之会，重点写了沿途的自然风景和餐霞楼上的酒酣之乐。溪水回旋萦回，岸上千花盛开，万壑松涛阵阵，在这美丽风光中，随州太守亲自迎接，在餐霞楼上响起奇妙的音乐，似鸾叫凤鸣，"长袖欲轻举"，"太守醉起舞"。我醉"枕其股"，他拿锦袍盖我身等。整个筵席意气风发，其乐融融。餐霞楼内饮酒之乐，写得酣畅淋漓，形象逼真，活灵活现，充溢着浓浓的生活气息。

　　第三次太原聚会，主要写了三点：一是元演父子"贵义轻黄金"，以琼杯绮食招待，致使醉饱无有归心。二是写晋水之美，绿如碧玉，细波粼粼，莎草丰茂，泛舟戏水，箫鼓齐鸣。三是写歌妓妩媚之姿。动时之美"若杨花似雪"，晚霞中之美"红妆欲醉宜斜日"，水中映照之美"清潭写翠蛾"，以月喻美"婵娟初月辉"。这些美女罗衣飘飞，翩翩起舞，轮番高歌，声入九霄，绕云而飞。这段写得绘声绘色，想象丰富，比喻生动，形象感人。

第四次相会在谯郡，涡水桥和郰台均在谯郡。这次会面比较短暂，所以诗中说"一遇君""又离群"。

诗的最后以纷纷落花比喻离愁别恨，真是千言万语说不尽，深情厚谊无法表达，只能给千里之外的元参军寄去深切的思念。表现诗人与友人友情的深笃和真挚。以此回味全诗内容，越发感到两人友谊的珍贵。

李白长于抒情，亦长于叙事。诗人自叙四会四别的游踪：洛阳初识，随州再聚，太原同游，谯郡邂逅，历历写出，事事叙来，游踪清晰，如在目前。唐汝询《唐诗解》评曰："此篇叙事四转，语若贯珠，又非初唐牵合之比，长篇当以此为法。"《唐宋诗醇》的作者评曰："此篇最有纪律可循，历叙旧游，纯用叙事之法。以离合为经纬，以转折为节奏，结构极严而神韵自扬。"叙事之诗，离合转折，语若贯珠，错落变化，节奏天然，脉络连贯，势如奔流。在叙事转换外，又间或发议论，抒感慨，读后很受触动，收到动人心魄的艺术效果。

参阅：

安旗先生对此诗按语：诗叙二人于洛阳、随州、太原三次同游，至为清晰。第四次相会，即"渭桥"二句所云，诸家皆以为长安事，实误。按二句文意紧相连属，然渭桥在长安，郰台在谯郡，二地相去甚远，殊不可解。今据诸本所注"一作"文字，断"渭桥南头"为"涡水桥南之讹，则地理相合，诗意豁然贯通"。因知自与元演第四次相会，乃在谯郡。此次相会极短暂，故曰"一遇君""又离群"。别后，白即归返家中，故其于暮春作此诗以忆元演时，有"呼儿长跪缄此辞"之语。白寓家之地在鲁，谯郡在其南、考白之游踪，唯上年秋之际自江南北归时，可途经谯郡，故断此诗为本年春东鲁作。

闻丹丘子于城北山营石门幽居中有高凤遗迹仆离群远怀亦有栖遁之志因叙旧以寄之 ①

天宝十载（751），李白在东鲁家中闻元丹丘营石门幽居而作。

春华沧②江月，秋色碧海云。

离居盈寒暑③，对此长思君。

思君楚水南④，望君淮山北⑤。

梦魂虽飞来，会面不可得。

畴昔⑥在嵩阳，同衾⑦卧羲皇⑧。

绿萝笑簪绂⑨，丹壑贱岩廊⑩。

晚途各分析⑪，乘兴任所适。

仆⑫在雁门关⑬，君为峨眉客。

心悬万里外，影滞两乡隔。

长剑复归来，相逢洛阳陌⑭。

陌上何喧喧，都令心意烦。

迷津⑮觉路失，托势⑯随风翻。

以兹谢朝列，长啸归故园⑰。

故园恣闲逸，求古散缥帙⑱。

久欲入名山，婚娶⑲殊未毕。

人生信多故，世事岂惟一。

念此忧如焚，怅然若有失。

闻君卧石门，宿昔契^⑳弥敦^㉑。

方从桂树隐^㉒，不羡桃花源。

高凤起遐旷，幽人^㉓迹复存。

松风清瑶瑟^㉔，溪月湛芳樽。

安居偶佳赏，丹心^㉕期此论。

【注释】

①城北山：无考。高凤：汉，叶县人，曾隐于叶县的西唐山。其石门遗迹亦在此。

②沧：水青绿色。杜甫《秋兴八首》之五（张忠纲解读：《杜甫集》，国家图书馆出版社 2019 年版，第 299 页）："一卧沧江惊岁晚，几回青琐点朝班。"

③盈寒暑：意思是一年。

④楚水南：指漫游楚水以南的一些地方。

⑤淮山北：指元丹丘的住处。

⑥畴昔：往日，过去。《左传·宣公二年》（孔令河：《五经注译》，山东友谊出版社 2001 年版，第 2274 页）："将战，华元杀羊食士，其御羊斟不与。及战，曰：'畴昔之羊，子为政，今日之事我为政。'"

⑦衾：被子。

⑧羲皇：即羲皇上人，意为太古时代的人，比喻生活恬淡闲适，无所系念。陶潜《与子俨等疏》："尝有五、六月中，北窗下卧，遇凉风暂至，自谓是羲皇上人。"

⑨簪绂：古代天子、诸侯等礼服的服饰。绂：古代为系官印的丝绳。

此处指为官之人。

⑩岩廊：朝堂的代称。《汉书·董仲舒传》（中华书局 1996 年版，2495 页）："盖闻虞舜之时，游子岩廊之上，垂拱无为，而天下太平。"

⑪分析：分开，离别。

⑫仆：古代谦辞，自己。

⑬雁门关：在河东道代州雁门县（今山西代县）北。开元二十四年（736）李白游太原时曾北往雁门关，其时元丹丘游蜀，故有此说。

⑭相逢洛阳陌：指在开元二十四年（736）北游太原，结束归来，在洛阳与元丹丘相逢。

⑮迷津：迷失道路。

⑯托势：凭借势力，此指诗人进朝后凭借朝廷的势力。

⑰故园：故乡，家园，此指东鲁家园。

⑱散缥帙：散，开。缥帙：书卷。缥：青白色帛，用于制作书套。《玉台新咏序》："方当开兹缥帙，散此绦绳。"

⑲婚娶：指李白的闺女与儿子的婚事。《唐会要》卷八十三："开元十二年二月刺：男年十五，女年十三以上听婚嫁。"这年李白的女儿平阳与儿子伯禽都够此年龄，但姐弟的婚娶之事还未办毕，所以李白把此事挂在心头。

⑳契：投合。

㉑弥敦：更加淳厚和睦。

㉒桂树隐：典故出自《楚辞》淮南小山《招隐士》："桂树丛生兮山之幽，……攀援桂枝兮聊淹留。"王逸注："桂树芬香，以兴屈原之忠贞也……原引持美行，淹留于此，以待明君。"这里攀桂枝者，喻其暂时隐居，待时出仕。

㉓幽人：隐逸之人，此指高凤。

㉔瑶瑟：以玉为饰的瑟。瑶：一种美玉。瑟：是一种乐器。

㉕丹心：赤诚之心，此说的是友情。

【句解】

春华沧江月，秋色碧海云。

春天百花盛开，江水映着明月，秋色萧瑟，碧海云天。这两句写春去秋来，说明时光易逝。

离居盈寒暑，对此长思君。

分别后，已经历一年的寒暑。这期间，常常思念你。

思君楚水南，望君淮山北。梦魂虽飞来，会面不可得。

思念您在淮水之南的行踪，遥望淮山北您的居处，在梦中您来聚会，但是得不到真实的见面和交谈。

畴昔在嵩阳，同衾卧羲皇。绿萝笑簪绂，丹壑贱岩廊。

往昔在嵩阳相聚，同盖一条被子，好似羲皇时代的古人，生活恬淡闲适，无所系念，记得在绿萝下面，谈到社会的现实，讥笑那些权贵之人，在游览红土绝巇的林壑时，睥睨朝廷的殿堂。这几句主要写在嵩阳与元丹丘相居住时的情景及对当时时政的针砭。

晚途各分析，乘兴任所适。仆在雁门关，君为峨眉客。心悬万里外，影滞两乡隔。

离开嵩阳就各自分别，任凭意愿奔向要去的地方。我到边塞雁门关，你游览峨眉山，心里牵挂你万里之外，两人身影都滞留异乡。这几句忆叙分别后各自远去的情况及对友人的牵挂。

长剑复归来，相逢洛阳陌。陌上何喧喧，都令心意烦。

跨马挟剑从太原归来，在洛阳与丹丘相逢。此时两人都有些知名度，洛阳的接待，一时何等的喧嚷，致使有些心烦意乱。

迷津觉路失，托势随风翻。以兹谢朝列，长啸归故园。

我当初的持诏进京，现在想来似是迷失路径，虽凭借着皇上的势力，随风炫耀一阵子，但不久便受到谗言诋毁，我只能含愤辞朝，长啸回到故园。这几句主要忆述任供奉翰林时，因受谗毁而被赐金放还的情况。

故园恣闲逸，求古散缥帙。久欲入名山，婚娶殊未毕。

在故园家中思想放开，闲逸安适，打开书卷，探求古籍，学习智慧。久想着漫游名山，只是儿女婚娶之事没有办妥，还要留在家中。

人生信多故，世事岂惟一。念此忧如焚，怅然若有失。

在人生的道路上，确有许多意想不到的事故，一个接着一个，致使我忧心如焚，有时精神怅然若失。

闻君卧石门，宿昔契弥敦。方从桂树隐，不羡桃花源。

听说你归隐石门，起居契合心意。你不慕世外桃源，而是攀桂枝而隐，坚持芳香美德，隐居待仕。

高凤起遐旷，幽人迹复存。

高凤虽然时间久远，但他的遗迹仍然存在，可睹其物而思其德。

松风清瑶瑟，溪月湛芳樽。安居偶佳赏，丹心期此论。

形容隐居地的景色优美。松涛阵阵，琴声清越；溪水映月，手把芳樽，与友人一起欣赏这美好的风景。

【赏析】

这首叙旧诗，记述了诗人与元丹丘的行踪，表现他们深笃真挚的友谊，反映诗人在不同时期的思想感情。

此诗四十四句，二百二十个字，几乎字里行间都表现李白与元丹丘的友情。从诗的内容看，可以从四个方面表现他与友人情谊的真挚。一是未相见时，昼思夜想，情深意厚。白日思念丹丘楚水南、淮山北的行踪，牵挂远方友人的生活"心悬万里外，影滞两乡隔"。到了夜晚，梦魂飞来，在梦中相聚，以得友谊的欢情，可见思念之切。二是相见时，亲如手足，情投意合。"畴昔在嵩阳，同衾卧羲皇"，同盖一条被子，还感到无比恬适快乐。在绿萝下，林壑间高谈阔论，讥笑富贵，傲视朝廷，表现他们淡泊

名利，超凡脱俗，情致相同。三是把胸中之事，向友人倾诉。在诗中"迷津觉路失，托势随风翻"，即把待诏翰林的失意被逐的事向丹丘倾吐，"久欲入名山，婚娶殊未毕"，又把内心"入名山"的想法和儿女婚姻大事告知朋友，把友人视作亲人，视作家人，可见友情之深，两情相融，达到无话不谈的地步。四是闻丹丘隐于营石门，马上写长诗"叙旧以寄之"，心急着与丹丘沟通，表现诗人对友人的关心和热爱。诗的结尾表现诗人对丹丘设想的理想世界，也是对友人的美好愿望。

李白的广泛交游中，元丹丘是他最亲密的挚友，李白写给他的诗现存十五首，表现两人深厚情谊。

李白长于抒情，亦长于叙事，此篇的结构，是以时间、事件为经纬，以事的转换为节奏，所以脉络清楚，节奏明快。曾国藩在《求阙斋读书录》中评及此诗："叙嵩阳一会，旋别向雁门，洛阳一会，旋别向故园，脉络分明。"

此诗在叙事过程中，间以议论，或加以抒情，如在叙述"长啸归故园"和"婚娶殊未毕"后，加以发感慨议论"人生信多故"，因人生的事故多，致使"念此忧如焚，怅然若有失"，说明当时诗人忧心如焚的悲苦心情。在诗的结尾几句，发了"方从桂树隐，不羡桃花源"的议论后，又进行抒情和景物描写"松风清瑶瑟，溪月湛芳樽"。通观全诗，叙事、议论、抒情相融合，增强了对诗所表达的思想感情的理解，增强了诗的艺术感染力。

诗中所叙写的李白行踪，故园读书情况、儿女婚姻等都是研究李白及家事的第一手资料。

单父东楼秋夜送族弟沈之秦 ①

天宝九载（750）秋，李白于单县送族弟沈去西安时作。

尔②从咸阳来，问我何劳苦。

沐猴而冠③不足言，身骑土牛④滞⑤东鲁。

沈弟欲行凝弟留，孤飞⑥一雁秦⑦云秋。

坐来⑧黄叶落四五，北斗已挂西城楼。

丝桐⑨感人弦亦绝，满堂送君皆惜别。

卷帘见月清兴⑩来，疑是山阴夜中雪⑪。

明日斗酒别，惆怅⑫清路尘⑬。

遥望长安日，不见长安人。

长安宫阙九天上，此地曾经为近臣⑭。

一朝复一朝，发白心不改。

屈平⑮憔悴滞江潭，亭伯⑯流离放辽海⑰。

折翮⑱翻飞随转蓬，闻弦坠虚下霜空⑲。

圣朝⑳久弃青云士㉑，他日谁怜张长公㉒。

【注释】

①单父：今山东单县。沈：即李沈，李白族弟，生平不详。秦：指长安。

②尔：你，指李沈。

③沐猴而冠：沐猴，即猕猴。语出《史记·项羽本纪》（漓江出版社2018年版，第154页）："项王见秦宫室皆以烧破坏，又心怀思欲东归，曰：'富贵不归乡，如衣绣夜行，谁知之者？'说者曰：'人言楚人沐猴而冠耳。'"诗以此语讽刺权贵者如沐猴戴帽子一样，虚有其仪表，没有真实的才能。

④身骑土牛：据《三国志·魏志·邓艾传》（《二十四史》，中华书局2000年版，《三国志·魏书》邓艾传）载：三国时，周泰对钟繇说："君，明公之子，少有文采，故守吏职，猕猴骑土牛又何迟也。"李白以比喻自己政治上不得志。

⑤滞：停留。

⑥孤飞：谓李沈一人去长安，似孤雁而飞。

⑦秦：指长安。

⑧坐来：适才或正当其时。《诗词曲语辞汇释》卷四："坐来，犹云适才或正当其时也。李白《单父东楼秋夜送族弟沈之秦》诗：'沈弟欲行凝弟留，孤飞一雁秦云秋。坐来黄叶落四五，北斗已挂西城楼。'言其时正当黄叶初落也。"

⑨丝桐：琴。王粲《七哀诗》（《历代名诗一万首》，岳麓书社1995年版，第158页）："丝桐感人情，为我发悲音。"

⑩清兴：清雅兴致。

⑪山阴夜中雪：用王子猷雪夜访戴逵的故事。参见《东鲁门泛舟二首》注。

⑫惆怅：失意，伤感。

⑬清路尘：语出曹植《七哀诗》（《历代名诗一万首》，岳麓书社1995年版，第195页）："君若清路尘，妾若浊水泥。浮沉各异势，会合何时谐。"此指与李沈分别的路上。

⑭近臣：皇帝左右的侍从之臣。这里指诗人曾伴侍过玄宗皇帝。

⑮屈平：即屈原。《楚辞·渔父》（孔庆东主编：《楚辞·汉赋》，吉林文史出版社 2018 年版，第 118 页）载："游于江潭，行吟泽畔，颜色憔悴，形容枯槁。"

⑯亭伯：即东汉崔骃，字亭伯，富有才学，曾任权臣窦宪的主簿，因直言窦的缺点，被放逐为长岑（今沈阳）长。（见《后汉书·崔骃传》，《二十四史》，中华书局 2000 年版，第 1149 页）

⑰辽海：今辽宁省辽河流域。以上两个典故，是诗人比喻自己政治上的遭遇和失意。

⑱折翮：折断鸟羽的翎管。这里比喻心灵所受的伤害。

⑲闻弦坠虚下霜空：用更羸射雁的故事。更羸，古代的射箭能手，曾于京台之下为魏王引弓虚发，雁应声而落。魏王奇怪，更羸向魏王解释说：天空中这只雁飞得慢而叫声甚哀。飞得慢，是因伤痛厉害，叫声哀，说明失群已久，因创痛未好，警心未忘，它听到弦音便引而高飞，即使伤痛加剧，无力翻飞，便坠落于地。这里李白比喻自己离朝后，犹如惊弓之鸟，心神不安，处境不好。（见《战国策·楚策四》，王延栋：《战国策译注》，中华书局 2019 年版，168 页）

⑳圣朝：指唐玄宗时的朝廷。

㉑青云士：清高之士。这里李白喻己。

㉒张长公：《史记·张释之列传》（中华书局 1982 年版，第 2751 页）："其子曰张挚，字长公，官至大夫。"因为人耿直，不能取悦于当权者，官职被免，后，终身不仕。诗人以张公喻己遭遇相似。

【句解】

尔从咸阳来，问我何劳苦。

李沈弟你从京师来，问我为何还这样劳苦。

沐猴而冠不足言，身骑土牛滞东鲁。

朝内那些权贵，像猕猴穿着人的衣冠一样，只是虚有其表，不值一说。我辞朝后，虽身骑土牛，滞留东鲁，但冰心玉壶，心是热的。

沈弟欲行凝弟留，孤飞一雁秦云秋。

今日沈弟、凝弟都在席上，明天凝弟留下，沈弟一人奔赴长安，似一只秋雁孤飞。

坐来黄叶落四五，北斗已挂西城楼。丝桐感人弦亦绝，满堂送君皆惜别。卷帘见月清兴来，疑是山阴夜中雪。

时令正当是秋夜，发黄的树叶随风飘落，闪亮的北斗星悬在西城楼的上空。满堂送客的文人、士人，听着动人心弦的绝妙乐器声，看着清幽明亮的月光，心里想到王子猷雪夜访戴逵的故事，饮酒品茶，兴致浓浓，别情依依，沉浸在浓烈的友情气氛里。

明日斗酒别，惆怅清路尘。

明日送沈弟赴京，饮酒作别，一腔离情别绪，难舍难分地目送沈弟，走在微尘飞扬的路上。

遥望长安日，不见长安人。长安宫阙九天上，此地曾经为近臣。

远远望见长安的太阳，但看不到帝君，宫殿巍峨，高耸入云。我也做过皇帝的侍臣，出入这长安的宫阙。

一朝复一朝，发白心不改。屈平憔悴滞江潭，亭伯流离放辽海。

一天又一天过去了，时光如水，头发白了，但是我的志向没有改，"扶社稷""济沧生"的理想没有改，豪放不羁的性格没有改！但结局是赐金还山，离开京城，像屈原、亭伯一样被放逐江滨、辽海，何其相似啊！

折翮翻飞随转蓬，闻弦坠虚下霜空。圣朝久弃青云士，他日谁怜张长公。

怀着受伤的心灵像蓬草一样随风飘飞，屡次受排挤谗害，现如惊弓之鸟，心神受挫。朝廷久弃超凡的高洁之士，就如没人可怜因耿直而终身不仕的张长公一样，有谁会想到我呢！这几句表现诗人的怨愤和郁闷。

【赏析】

这首诗通过送族弟沈还京，表现了惜别之情，抒发了被放去朝的怨恨，表露出对长安的眷顾之情。

沈弟一人去西安，以一雁孤飞，表现对其弟的关爱；以黄叶飘落，月星高照，乐声绝妙，山阴雪夜访友，高朋满堂等送客的环境和欢快的乐声，表现了兄弟情笃，惜别情浓。又以"斗酒别""清路尘"，表示在送别路上恋恋不舍，思绪茫然，难舍难分的情状。

诗人遥望长安，长忆"宫阙""近臣""发白心不改"，幻想有一天朝廷会起用他、重用他。但这是幼稚的幻想，朝廷已经把他抛弃。残酷的现实是，那些沐猴而冠的小人权势显赫，自己却身骑土牛滞留东鲁。历史上贤能的屈原、崔骃、张长公因不会取悦于权势，而被排斥、放逐，有的被迫害而死。诗人想到此，便怒火中烧，思绪如潮，便发出了"他日谁怜张长公？"的呐喊，这是愤怒的呐喊！是向社会不公的斥问！也是向权势们抗争的呐喊！

金乡送韦八之西京 ①

李白于天宝四载（745），在金乡送友人时作。

客②自长安来，还归长安去。

狂风吹我心，西挂咸阳③树。

此情不可道④，此别何时遇。

望望⑤不见君⑥，连山⑦起烟雾。

【注释】

①金乡：今山东金乡县。韦八：姓韦，排行第八，名字、生平不详。西京：即长安。唐天宝元年称长安为西京，洛阳为东京，太原为北京。

②客：指韦八。

③咸阳：此指长安。此二句以心挂咸阳树形象地表示对长安的眷恋。

④不可道：难以表达。

⑤望望：望了又望，依依不舍的样子。

⑥君：指韦八。

⑦连山：连绵不断的群山。鲍照《吴兴黄浦亭庾中郎别》（《历代名诗一万首》，岳麓书社1995年版，第358页）："连山眇烟雾，长波迥难依。"

【句解】

客自长安来，还归长安去。

友人韦八，他从长安来金乡，今又回到长安去。

狂风吹我心，西挂咸阳树。

诗人以狂风吹心，挂西安之树为比喻，形象具体地描绘诗人眷恋、思念长安的心情。

此情不可道，此别何时遇。

对长安复杂的感情难以表达，还是不说吧。友人回西安，此地一别，何时才能相遇呢？

望望不见君，连山起烟雾。

望着，望着，直到望不见友人的身影，看到的只是连绵的群山和升起的片片烟雾。描写与友人难舍难分的深厚情谊和惜别之情。

【赏析】

这首诗主要表现李白人在江湖心存魏阙的思念和描写送友的惜别之情。全诗八句，一、二句似口语入诗，明白如话，以下三句写诗人对长安的思念之情，后三句写送友人的惜别之情。

诗人以奇特的想象和夸张"狂风吹我心，西挂咸阳树"表示思念之情。狂风不是自然之风，而是心中之风，一个"吹"字，表现情之切，一个"挂"字，表示意之久，以此形容思念之情形象、具体、生动感人，故此成为千古名句。至今在山东一带，对人的牵挂称为"挂心"，这个词可能来源于李白的诗句。诗人说"此情不可道"，为什么"不可道"？因为包含着复杂的情感，长安之地，既有待诏翰林、侍笔银台、皇帝近臣之喜，又有受谗诋毁、皇帝疏远、赐金放还之忧，而且喜为大喜，忧为大忧，喜忧如波涛在胸中翻腾，起伏，撞击，确实一言难尽，难以表达。

诗由"此别何时遇"转到写眼前的情景。今日一别，不知何时才能相遇，心中充满惆怅的别绪。深情地目送友人，望着，望着，友人消失于群山的烟雾之中，诗人若有所失，久久地伫立在那里，望着友人去的方向。此情此景，表现着友谊的深厚，别情的浓溢。

此诗的语言明白如话，纯真生动，构思新颖，想象奇特，别情依依，真诚感人。

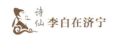

答王十二寒夜独酌有怀 ①

天宝十年（752）冬，写于鲁郡。

昨夜吴中②雪，子猷③佳兴发。

万里浮云卷碧山，青天中道流孤月。

孤月沧浪④河汉⑤清，北斗⑥错落⑦长庚⑧明。

怀余对酒⑨夜霜白，玉床金井⑩冰峥嵘⑪。

人生飘忽百年内，且须酣畅万古情。

君不能狸膏金距学斗鸡，坐令鼻息吹虹霓⑫。

君不能学哥舒⑬，横行青海⑭夜带刀，西屠⑮石堡取紫袍。

吟诗作赋北窗里，万言不直⑯一杯水。

世人闻此皆掉头⑰，有如⑱东风射⑲马耳。

鱼目⑳亦笑我，谓与明月㉑同。

骅骝㉒拳跼㉓不能食，蹇驴㉔得志鸣春风。

《折杨》《皇华》㉕合流俗，晋君㉖听琴枉《清角》㉗。

巴人谁肯和《阳春》㉘，楚地由来贱奇璞㉙。

黄金散尽交不成㉚，白首为儒身被轻。

一谈一笑失颜色㉛，苍蝇㉜贝锦喧谤声。

曾参^㉝岂是杀人者，谗言三及^㉞慈母惊。

与君论心握君手，荣辱于余亦何有？

孔圣犹闻伤凤麟^㉟，董龙^㊱更是何鸡狗？

一生傲岸^㊲苦不谐^㊳，恩疏^㊴媒劳^㊵志多乖^㊶。

严陵^㊷高揖^㊸汉天子，何必长剑拄颐^㊹事玉阶^㊺。

达亦不足贵，穷亦不足悲。

韩信^㊻羞将绛灌比，祢衡^㊼耻逐屠沽儿^㊽。

君不见李北海^㊾，英风豪气今何在！

君不见裴尚书^㊿，土坟三尺蒿⁵¹棘⁵²居！

少年早欲五湖去⁵³，见此⁵⁴弥⁵⁵将钟鼎⁵⁶疏⁵⁷。

【注释】

①王十二：李白的朋友。排行十二，名字不详。王写了一首《寒夜独酌有怀》赠李白，李白看后，写了此诗作以回答。

②吴中：吴郡，今江苏苏州一带。

③子猷：东晋名士王子猷，在一个雪夜，因发佳兴而访友人戴逵，至朋友家门口，又因尽兴而返。（见《世说新语》，中华书局2018年版，第974页）这里以王子猷比喻王十二，说他寒夜独酌怀念自己，与子猷雪夜访戴逵相似。

④沧浪：水色清沧，有苍凉寒冷意。

⑤河汉：银河。

⑥北斗：即北斗星。

⑦错落：不齐的样子。北斗有七星，成斗状，故为错落不齐。

⑧长庚：古时把黄昏时分出现于西方的金星称为长庚星。

⑨对酒：面对酒杯。

⑩玉床金井：形容井栏和井都有美的装饰。床：指井边的栏杆。

⑪峥嵘：形容结的冰厚而高低不平的样子。

⑫君不能狸膏金距学斗鸡，坐令鼻息吹虹霓：唐玄宗爱好斗鸡的游戏，有些人投其所好，因善于斗鸡而得宠幸，因此当时有"生儿不用识文字，斗鸡走马胜读书"的民谣。（见《东城老父传》）这两句诗就是讽刺这种现象。君：指王十二。狸膏：即狸油。狐狸能捕鸡，鸡最惧狐狸。以狸油涂于鸡头，使对方的鸡闻到气味就畏惧后退。金距：套在鸡爪上的金属品，使鸡的爪子更加锋利。坐：因此。令：使。鼻息吹虹霓：极言斗鸡者气焰之盛。玄宗时期的王准、贾昌等都以斗鸡术得宠，飞扬跋扈，显赫一时。

⑬哥舒：即安西节度使哥舒翰，玄宗时著名的边将，突厥胡人。天宝八年取石堡城得到玄宗的赏赐，晋封鸿胪员外卿，加摄御史大夫。当时民谣说："北斗七星高，哥舒夜带刀。吐蕃总杀尽，更筑两重壕。"（《太平广记》卷四九五）后投降安禄山被杀。

⑭青海：今青海湖，此处指陇右河西一带。

⑮西屠：据《旧唐书·哥舒翰传》载，天宝八年，哥舒翰率领十万人，攻下石堡城后取得紫袍（当时三品以上的官吏的朝服。职为御史大夫的哥舒翰属从三品，上朝时可穿紫袍）。

⑯直：值。

⑰掉头：转过头，不屑一顾。

⑱有如：好像，犹如。

⑲射：这里指风吹得急。

⑳鱼目：鱼目混珠之辈，比喻平庸的人。

㉑明月：珍珠名，比喻贤能的人。

㉒骅骝：赤色的骏马，比喻贤能。

㉓拳跼：不得伸展的样子，曲而不伸。

㉔蹇驴：跛驴，喻世俗小人。

㉕《折杨》《皇华》：古代流行的两支通俗歌曲。

㉖晋君：指春秋时代的晋平公。

㉗清角：曲调名，相传为黄帝所作，有德之君才能听，否则会引起灾祸。《韩非子·十过》（《百子全书》，岳麓书社1993年版，第1652页）记载，春秋时，晋平公强迫音乐家师旷为他演奏《清角》，结果招致风雨大作，平公因此得病，晋国三年大旱。这句是说，晋平公德薄，无法享受《清角》之乐曲。

㉘巴人谁肯和《阳春》：即《下里巴人》《阳春白雪》，都是春秋战国时楚国歌曲，前者通俗，后者高雅。此句喻自己才德高而知音少。

㉙楚地由来贱奇璞：讽刺当时朝廷不识人才。据《韩非子·和氏》（《百子全书》，岳麓书社1993年版，第1665页）载，楚人和氏得玉璞，先后献给历王和武王，都以为是假，先后断和氏左足和右足，直至文王继位，才知其是块美玉，并名为和氏璧。

㉚交不成：意思是钱财散尽了，没人同自己交往。

㉛失颜色：惊惧而色变。此句意思是动辄得咎。

㉜苍蝇：即青蝇，喻谗人者。《诗·小雅·青蝇》（张晓琳注析:《诗经》，2017年版，第188页）:"营营青蝇，止于樊。岂弟君子，无信谗言。"又《小雅·巷伯》（孔令河:《五经注译》，山东友谊出版社2001年版，第929页）:"萋兮，斐兮，成是贝锦。彼谮人者，亦已大甚。"这句是说谗谤起始，如苍蝇嗡喧，构人罪过，似编织贝锦。

㉝曾参：孔子弟子。《战国策·秦策》（王延栋:《战国策译注》，中华书局2017年版，第50页）:"昔者曾子处费（费国），费人有与曾子同名族者而杀人，人告曾子母曰:'曾参杀人。'曾子之母曰:'吾子不杀人。'织（织布）自若。有顷焉，人又曰:'曾参杀人。'其母尚织自若也。顷之，一人又告曰:'曾参杀人。'其母惧，投杼逾墙而走。"

㉞三及：三次提及。当时毁谤李白的人不少，他感到有口难辩，对此十分恼怒愤慨。

㉟孔圣犹闻伤凤麟：《论语·子罕》（全池：《论语新译》，人民日报出版社2009年版，第156页）：孔子说，凤鸟不再降临，黄河不再出现八卦图案，我这一生大概就要完了吧！又《家语·辨物》（《百子全书》，岳麓书社1993年版，第36页）载，叔孙氏之车士于大野获麟焉，折其前左足，叔孙氏弃之郊外。孔子观之，曰："麟也，胡为来哉！胡为来哉！"涕泣沾襟。子贡问之，孔子曰："麟之至为明王，出非其时而见害，吾是以伤焉。"这句是说世道衰落，是不祥之兆。

㊱董龙：十六国前秦的奸臣，官右仆射。据《通鉴》，一百卷记载，当时的宰相王堕刚峻耿直，有人劝他对董龙要应付敷衍几句，他说："董龙是何鸡狗，而令国士与之言乎！"结果王堕被害而死。董龙何鸡狗，意为董龙是个什么东西。诗人借王堕的话斥骂玄宗宠臣杨国忠、李林甫之流。

㊲傲岸：高傲。

㊳谐：协调。

㊴恩疏：指皇恩薄少，被皇帝弃用。

㊵媒劳：指引荐者徒劳。

㊶乖：不顺利。这里借用《楚辞·九歌·湘君》："心不同兮媒劳，恩不甚兮轻绝。"是说被举荐入京，却不为玄宗赏识，仍是壮志未酬。

㊷严陵：东汉的隐士严光，字子陵。其与汉光武帝刘秀是同学。光武即位，他不愿称臣，仍以朋友之礼相见，长揖而不肯跪拜。

㊸高揖：平交的礼节。

㊹长剑挂颐：佩剑较长，可支腮。颐：腮。

㊺事玉阶：在殿前玉阶上侍奉皇帝。诗人以严子陵自比，表明无心高官富贵。

㊻韩信：汉初大将，他本被刘邦封为王，后来贬为淮阴侯，他不服，常称病不朝，羞与绛侯周勃、颍阴侯灌婴同列。

㊼祢衡：东汉人，尚气刚傲，好矫时慢物。据《后汉书·祢衡传》(《二十四史》，中华书局2000年版，《后汉书》第1281页）载，有一次他到了魏国都城许都（今河南许昌）后，有人问他与陈长文、司马伯达的交往如何？他答道："吾焉能从屠沽儿也。"

㊽屠沽儿：杀猪卖酒的人，古时为封建士大夫所贱视。此处是蔑视陈群、司马朗的话。

㊾李北海：李邕，今江苏扬州人。玄宗时任北海（今山东青州）太守，颇有文名，刚直重义。据《旧唐书·文苑传》(《二十四史》，中华书局2000年版，《旧唐书》文苑传李邕，第3429页）载，他于天宝六年（747）被李林甫所害。

㊿裴尚书：裴敦复，曾任刑部尚书。他因立有战功，受李林甫猜忌而贬为淄川太守，与李邕同时遇害。

(51)蒿：蒿草。

(52)棘：刺丛。

(53)五湖去：春秋时越国大夫范蠡，助越王打败吴国，功成身退，泛舟于五湖，人莫知他去哪里。

(54)此：指李邕、裴敦复被迫害而死的事。

(55)弥：更加。

(56)钟鼎：古代贵族列鼎而食，这里用来表示高官厚禄。

(57)疏：这两句是说早年就有浪迹江湖之意，见到李北海、裴敦复惨遭杀害之事，更加看透了朝廷的黑暗，也更加坚定了弃绝仕途的想法。

【句解】

昨夜吴中雪，子猷佳兴发。

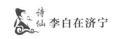

昨夜吴中下了一场大雪，在这寒冷的雪夜，王十二像王子猷一样突发佳兴，他想到了诗人。

万里浮云卷碧山，青天中道流孤月。

写诗人与王十二相隔迢迢千里的雪夜景观。浮云万里缭绕着座座青山，在青天的中央流动着一轮清冷的明月。

孤月沧浪河汉清，北斗错落长庚明。

寒月悬空，月光苍凉。清明的银河横亘夜空，北斗七星，高低错落，似成斗状，那长庚星闪烁着明亮的星光。这二句主要描写冬夜月亮、星光的景色。

怀余对酒夜霜白，玉床金井冰峥嵘。

在寒冷的雪夜，你（王十二）对着酒思念我，关怀着老朋友。屋外的井栏杆，结上高低大小不同的冰花，似美丽的玉雕，又像洁白晶莹的画图。

人生飘忽百年内，且须酣畅万古情。

时光易逝，人生短促，在这苦短的人生之内，以美酒的酣兴之乐，舒展心头的郁结之情。

君不能狸膏金距学斗鸡，坐令鼻息吹虹霓。

其意是不要学玩弄狸膏金距之术的斗鸡之徒，他们受皇帝宠幸，飞扬跋扈，气焰嚣张，好似鼻孔出的气能吹到天上的虹霓。

君不能学哥舒，横行青海夜带刀，西屠石堡取紫袍。

诗人抨击哥舒翰在青海横行举刀，西屠石堡，用无数人的鲜血换得紫袍，得以升官发财。

吟诗作赋北窗里，万言不直一杯水。

指友人王十二在北窗下吟诗作赋，纵有万言，还不如一杯水管用。是说不被权贵重视。

世人闻此皆掉头，有如东风射马耳。

世俗人听到这些情况掉头不顾，听若罔闻，似马耳边吹过一阵东风一样。

鱼目亦笑我，谓与明月同。

鱼目混珠的无能之辈，还嘲笑我，并自夸和有名的珍珠"明月"相同，欲混进贤能的行列。

骅骝拳踞不能食，蹇驴得志鸣春风。

赤色的骏马屈身弓背不能食草，而瘸腿跛驴却春风得意，咴咴嘶鸣。这两句比喻贤人失志，小人得志。

《折杨》《皇华》合流俗，晋君听琴枉《清角》。

《折杨》《皇华》是古代的俗曲，为当时流俗所欣赏。而《清角》是古代的神曲，传为黄帝合鬼神作于泰山，流俗之人是不配听的，就连德薄的晋平公也不配听，听之灾祸随至。

巴人谁肯和《阳春》，楚地由来贱奇璞。

听惯了《下里巴人》的俗曲，哪里肯应和高雅的《阳春白雪》。楚王把奇美的玉璞当作普通石头，好坏辨别不清。这两句讽刺当权者好坏不分，真假不辨。

黄金散尽交不成，白首为儒身被轻。

钱财花尽，没有交到真正的知音。读书到了白头，仍然被人轻视。

一谈一笑失颜色，苍蝇贝锦喧谤声。

奸佞小人谗言毁谤，无所不用其极，谈笑间，他们抓住点漏风，就胡编乱造，大肆宣扬。

曾参岂是杀人者，谗言三及慈母惊。

曾参是贤德之人，他哪能杀人？可三进谗言，有三人都说他杀人，连她慈母不得不信。这个故事说明谗言可畏，使最信任自己的人也发生动摇。

与君论心握君手，荣辱于余亦何有？

握住你的手，把掏心的话告诉你，时至今日，荣辱与我又有何关系！

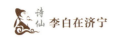

孔圣犹闻伤凤麟，董龙更是何鸡狗？

孔子哀叹凤鸟不至，悲伤麒麟被获，以此认为生不逢时，理想落空。诗人以此事喻己，为不能实现政治理想而感伤。董龙是十六国前秦的奸臣，时任宰相性格耿直的王堕骂"董龙是何鸡狗"，其意是董龙是个什么东西！此处借王堕的话斥骂玄宗宠臣李林甫、杨国忠之流。

一生傲岸苦不谐，恩疏媒劳志多乖。

诗人说自己一生傲岸不羁，难与权贵们相处，也因此被皇帝疏远。举荐的人也白白地操心费力，结果是壮志难酬。

严陵高揖汉天子，何必长剑拄颐事玉阶。

严子陵见汉光武帝，长揖而不肯跪拜，因为他不愿在殿前玉阶上带长剑侍奉皇帝。此处诗人以严子陵自比，表明无心于权贵。

达亦不足贵，穷亦不足悲。

做官得志也不值得尊贵，穷愁潦倒也不能悲伤。

韩信羞将绛灌比，祢衡耻逐屠沽儿。

韩信被贬淮阴侯后，称病不朝。他羞于与降侯周勃、颍阳侯灌婴同列。祢衡到魏国国都许昌后，有人问起他与陈长文、司马伯达的交往，他说，与杀猪卖酒的人为伍感到羞耻。这两句说明诗人羞于与凡庸的人在一起。

君不见李北海，英风豪气今何在！

你不见北海太守李邕，被李林甫所害，而今他的英风豪气在哪里呢？

君不见裴尚书，土坟三尺蒿棘居！

你看刑部裴尚书，也是被李林甫所害，而今他的三尺土坟长满杂草荆棘。

少年早欲五湖去，见此弥将钟鼎疏。

我年轻时就想学范蠡功成身退，泛舟于五湖。见到李北海、裴敦复的悲惨遭遇，使我更加坚定了弃绝仕途，远离富贵的想法。

【赏析】

这首诗没有含蓄，直言指斥朝廷，猛烈地抨击时政，揭露统治者的昏腐和罪行。对自己和友人的悲惨遭遇表示强烈愤慨，同时表达了对功名富贵的蔑视。

诗从三方面对统治者进行揭露和批判。一是批判统治者黑白颠倒，贤愚不分。统治者远君子，近小人，宠幸奸佞，宠幸那些玩弄"狸膏金距"之术的斗鸡之徒，使他们气焰熏天，无所不为。使社会上鱼目混珠，真假不辨，贤能失志，小人得志，"骅骝拳跼不能食，蹇驴得志鸣春风"。二是抨击哥舒翰之流，不顾人民的死活，用无数人鲜血换取紫袍，换取官位的升级。三是揭露统治者残害忠良的罪行。李北海、裴尚书是有名的忠臣良将，英风豪气，功业显赫，被玄宗皇帝宠臣李林甫无辜杀害，这是天宝年间政治黑暗和吏治腐败最典型的体现，对此，诗人写道："君不见，李北海，英风豪气今何在！君不见，裴尚书，土坟三尺蒿棘居。"这是诗人悲伤的泣诉，血泪的控告，也是对他们的怀念和赞扬，说明诗人的激愤既来自对正义的张扬，也是对统治者无情的批判。

诗人以孔子"伤凤麟"喻己，一生的政治理想不能实现，当下，"恩疏媒劳志多乖"，被皇帝疏远，举荐人徒劳，空怀壮志，更恨那些谗言诋毁者、诽谤者，痛斥他们的可恶，"一谈一笑失颜色，苍蝇贝锦喧谤声"。诗人面对谗言的伤害和不幸的遭遇。他没有弯腰低头，而是高喊："达亦不足贵，穷亦不足悲。""何必长剑拄颐事玉阶"，宁愿远离权贵，做一个忠贞的贤能之人。

此诗借酬答的形式，以典型的事例，新奇的比喻，恰当的典故，参差的诗句，奔放的感情，明快的节奏，酣畅淋漓地抒发了感慨，一针见血地揭露统治者的丑恶罪行；入木三分地批判统治者的腐败和政治黑暗。同时塑造出一个不阿贵、不媚俗、高傲正直的诗人形象。安旗先生说："此诗抨击时政，直言直指，亦可谓'惊风雨泣鬼神'之作也"，说得极是。

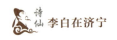

赠从弟南平太守之遥二首 ①

天宝十载（751），写于鲁郡沙丘。

其一

少年不得意，落魄无安居。

愿随任公子②，欲钓吞舟鱼③。

常时饮酒逐④风景，壮心遂与功名疏。

兰生谷底⑤人不锄，云在高山空卷舒。⑥

汉家天子⑦驰驷⑧马，赤军蜀道迎相如⑨。

天门九重⑩谒圣人⑪，龙颜一解四海春⑫。

彤庭⑬左右呼万岁，拜贺明主收沉沦⑭。

翰林秉笔⑮回英盼⑯，麟阁⑰峥嵘⑱谁可见。

承恩初入银台门⑲，著书独在金銮殿。

龙驹⑳雕镫㉑白玉鞍，象床绮席㉒黄金盘。

当时笑我微贱者，却来请谒为交欢。

一朝谢病㉓游江海，畴昔㉔相知几人在。

前门长揖后门关，今日结交明日改㉕。

爱君㉖山岳心不移，随君云雾迷所为。

梦得池塘生春草㉗，使我长价登楼诗㉘。

别后遥传临海作㉙，可见羊何㉚共和之。

【注释】

①原题下有注："时因饮酒过度贬五陵，后诗故赠。"从弟：堂弟。南平：郡名。即渝州，今重庆市。之遥：李之遥。

②任公子：《庄子·外物》（《百子全书》，岳麓书社1993年版，第4596页）载，春秋任国公子做了一个大鱼钩和长线，以五十头牛为鱼饵，在东海钓鱼，钓了一年没有钓到鱼，忽然有一天钓了条大鱼。

③吞舟鱼：谓之鱼大。这里以任公子为喻，说明少有大志。

④逐：追求。

⑤兰生谷底：兰生在山谷底部，人迹不到，无以锄兰。其意以兰自喻，身处逆境，不为世人赏识。

⑥云在高山空卷舒：以高山之云比喻其闲适自在的浪游生活。

⑦汉家天子：指汉武帝。

⑧驷：四匹马驾的车。

⑨相如：汉代，成都人，是著名的词赋作家。这两句借用汉武帝赤车驷马到蜀中召见司马相如来比喻自己奉诏入京的事。

⑩天门九重：皇帝所居之处。

⑪圣人：此处指玄宗。

⑫四海春：皇帝欢颜，恩泽四海，如似草木迎来温暖的春天。

⑬彤庭：朱红色的宫殿。

⑭收沉沦：收用被沦落有才能的人，此指天宝初玄宗诏白入宫。

⑮翰林秉笔：这里指李白供奉翰林时为皇帝潜草诏诰。秉：拿着、握着。

⑯英盼：此指皇帝的注目凝视。盼：看。

⑰麟阁：即麒麟阁，为汉宫阁名，是宫廷藏书处。这里借指翰林院。

⑱峥嵘：形容麟阁的高大，气派不凡。

⑲银台门：唐长安大明宫门名。

⑳龙驹：良马、骏马。

㉑雕镫：华美的马镫。

㉒绮席：珍贵的酒宴。

㉓谢病：因病而辞职。

㉔畴昔：往昔，从前。

㉕前门长揖后门关，今日结交明日改：写世态炎凉人情冷暖。

㉖君：指李之遥。

㉗池塘生春草：南朝宋诗人谢灵运《登池上楼》诗中的名句。据《南史·谢言明传》载，谢惠连十岁能属文，族兄谢灵运赞赏他。谢灵运曾于永嘉西堂写《登池上楼》诗，一天没有写成，忽梦见惠连，遂得"池塘生春草"句。诗中李白以谢氏兄弟比拟自己与从弟的情谊。

㉘长价登楼诗：使《登池上楼》诗增长价值。

㉙临海作：临海：晋时郡名，即今台州。临海作：指谢灵运赠从弟谢惠连的诗，题为《登临海峤初发强中作与从弟惠连可见羊何共和之》，诗中表现对惠连的思念之情。此处诗人用谢灵运的诗题及诗意。将自己的赠诗比作临海作，借以表达对从弟的真诚友情。

㉚羊何：指谢灵运的诗友，泰山羊璿之，东海何长瑜，他二人与谢灵运、谢惠连以文章赏会，共为山泽之游。这两句意为分别后，我从远地给你寄诗，也希望你和诗友一道唱和。

【句解】

少年不得意，落魄无安居。愿随任公子，欲钓吞舟鱼。

年少时放荡不羁，浪迹四方，有些事做得不够满意。然而胸有大志，像任公子东海钓大鱼一样，做一番一鸣惊人的大事业。

常时饮酒逐风景，壮心遂与功名疏。

时常饮酒，追随着风景，寻志漫游，但遭受一次次挫折，建功立业的雄心壮志也渐变弱了，经常被失望苦恼着。

兰生谷底人不锄，云在高山空卷舒。

兰花生于谷底，孤寂地生长，人迹不到。白云在高山上来回飘荡。这两句是诗人自喻，身处逆境，不被世人赏识。

汉家天子驰驷马，赤军蜀道迎相如。

汉武帝赤车驷马，到蜀中召见辞赋家司马相如。诗人用此事比喻自己天宝初年奉诏入京的事情。

天门九重谒圣人，龙颜一解四海春。

在幽深的宫禁，拜谒了玄宗，皇帝欢颜，恩泽四海，如万木迎来和煦的春天。这两句是对皇帝的颂扬。

彤庭左右呼万岁，拜贺明主收沉沦。

在彤漆装饰的宫殿，左右大臣皆呼万岁，拜贺皇帝起用有才能的被埋没的草野之士。这里喻指天宝初诏白入宫。

翰林秉笔回英盼，麟阁峥嵘谁可见。

在诗人任供奉翰林时，其以文化侍从的身份，挥笔写诗，潜草诏诰，皇帝都是注目凝视，表示满意。翰林院好似汉代的麒麟阁巍峨高大，气派非凡。

承恩初入银台门，著书独在金銮殿。龙驹雕镫白玉鞍，象床绮席黄金盘。

承皇帝恩惠，初入皇宫时，曾在金銮殿内，问以国政，潜草诏诰。"著书独在金銮殿"即指此事。当时对白极高的礼遇，骑的良马是华美的马镫，玉饰的马鞍。用的是象牙装饰的坐骑，黄金装饰的餐具，吃的是珍贵的酒宴。这几句写诗人侍笔银台，当皇帝近臣的情景。

当时笑我微贱者，却来请谒为交欢。

以前讥笑我微贱的那些人，现在请求相见交为朋友。这两句是说以前看不起他的人，现在对他逢迎、拜谒、交友。

一朝谢病游江海，畴昔相知几人在。前门长揖后门关，今日结交明日改。

"谢病"指辞朝。诗人离朝漫游江河，往昔的那些所谓知己朋友，今日还有几人呢？有的前门长揖，非常客气，但一听我离朝"放还"，就不再往来。有的今日结交，明天态度就大为改变。这几句从一些人对诗人入朝和离朝前后的态度变化，说明世态炎凉，人情冷暖。

爱君山岳心不移，随君云雾迷所为。

这二句是说，对你（从弟之遥）的友爱似山岳一样诚心不移，与你的联系如缭绕的云雾不离开你。表示对从弟的友谊一直真诚不变。

梦得池塘生春草，使我长价登楼诗。

谢灵运曾写《登池上楼》一诗，竟日不成，忽梦见族弟谢惠连，遂得"池塘生春草"句，使这首诗名声远播。此处以谢氏兄弟的故事比拟与从弟的情谊。

别后遥传临海作，可见羊何共和之。

这里以谢灵运对从弟惠连的赠诗"临海作"喻诗人对从弟之遥的赠诗，借以表达对从弟的深厚情谊。谢灵运与诗友羊璇之、何长瑜相互写诗唱和酬答，也希望你（从弟之遥）与诗友们相互唱和。

【赏析】

诗以赠诗的形式，追昔忆旧，言志抒怀，并表现对从弟李之遥的深情。

诗有四点重要内容：一、一至八句，写心有壮志而不得志的愤慨。诗人虽怀有"欲钓吞舟鱼"的雄心壮志，但因寻仕之路屡受挫折，也就疏于功名，如"兰生谷底"，冷漠不被人识，似高山之云空自舒卷，无人问津，以此抒发怀才不遇的郁闷之慨。二、从"汉家天子驰驷马"至"象床绮席黄金盘"十二句，写诗人待诏翰林、侍笔银台时的得意心情。以汉家天子"迎相如"入"彤庭""贺明主"等诗句，表现诗人奉诏入京，待诏翰林的惬意快乐；以"翰林秉笔回英盼""著书独在金銮殿"表现潜草诏诰，被皇帝重用所得到的殊荣；以"龙驹雕镫白玉鞍""象床绮席黄金盘"，表示在朝廷得到极高的礼遇。这时的诗人已被"赐金放还"，但他仍在思君王，恋魏阙，一片忠心。其目的，不是单纯地留恋那段荣光的生活，而是企望再次得到"近臣"的身份，为实现"愿为辅弼，使寰区大定，海县清一"的政治理想而创造条件。三、从"当时笑我微贱者"到"今日结交明日改"六句，写世态炎凉。在当皇帝近臣时，以前讥笑他的人，也在巴结他"请谒为交欢"，而离朝之后，原来"相知"的人远远离开，"前门长揖后门关"都变了脸色，改变了态度。这几句重点写炎凉的世态、人情的冷薄。四、从不同的角度写与从弟的情谊。用"山岳""云雾"比喻与从弟的友情永远不变；以谢灵运梦得"池塘生春草"的故事，说明诗人与从弟情谊的深厚；以谢灵运赠与从弟谢惠连的"临海作"比拟诗人赠与从弟李之遥的诗，这诗从远地寄去，能像谢灵运与诗友羊、何相互酬答一样，也希望从弟和诗友们一道唱和。

这四点内容不同，感情色彩相异，然而叙事转换自然，节奏起伏顺畅，文势一派相通，体现这时期李白诗豪中有悲的风格。

诗的结尾以谢灵运梦得"池塘生春草"的典故比拟诗人与从弟关系深厚，这个典用得符合诗人身份，以示他们情谊是高雅的、文雅的，把他们之间的友谊提升到文士的层次，提升到与诗歌艺术有关的高度。

其二

东平①与南平②，今古两步兵③。

素④心爱美酒，不是顾⑤专城⑥。

谪⑦官桃源⑧去，寻花几处行。

秦人⑨如旧识，出户笑相迎。

【注释】

①东平：郡名，治所在今山东省东平县。阮籍曾为东平太守，诗中以东平代阮籍。

②南平：郡名，唐时渝州，今重庆市，以南平代李之遥。

③步兵：指阮籍，其曾任步兵校尉。《晋书·阮籍传》（中华书局1982年版，第1359页）载："阮籍闻步兵厨人善酿，有贮酒三百斛，乃求为步丘校尉，遂纵酒昏酣，遗落世事。"

④素：向来，一向。

⑤顾：回头看，此指留恋之意。

⑥专城：州郡长官。其意可专一治理城的政事。

⑦谪：封建时代特指贬官降职或流放。

⑧桃源：即桃花源。是晋诗人陶渊明想象虚构的一个与世隔绝、人人平等的乐土。后多用此比喻隐居的胜景。此处喻李之遥被贬。桃源：地名。唐时属江南西道朗州武陵县。《桃花源记》："忽逢桃花林，夹岸数百步，中无杂树，芳草鲜美，落英缤纷，渔人甚异之，复前行，欲穿其林。"见梁衡：《影响中国历史的十篇政治美文》，中国人民大学出版社2013年版，36页。

⑨秦人：即桃花源中人。据《桃花源记》载："自云先世避秦时乱，率妻子邑人来此绝境。"

【句解】

东平与南平，今古两步兵。素心爱美酒，不是顾专城。

晋代阮籍为东平太守，今李之遥为南平太守，一今一古，同为郡守。两人又同爱美酒，阮籍为爱酒"乃求步兵校尉，遂纵酒昏酣，遗落世事"，而李之遥因嗜酒过度被贬至武陵。这里以阮籍比拟李之遥，在生活方式和个人遭遇上有些相同之处。

谪官桃源去，寻花几处行。秦人如旧识，出户笑相迎。

桃花源，是陶渊明幻想的一个胜境。居住着避秦乱而迁入的人们，在那里人人平等，过着快乐美满的生活。这几句是诗人想象从弟之遥去了那里，到几个地方寻花，桃花源的秦人出门相迎，满脸欢笑，好似老熟人。李之遥哪里是被贬，而像走亲访友一样，悠然自得，欢心快乐。

【赏析】

《赠从弟南平太守之遥》其中这首诗，借用诗人阮籍和桃花源之事表现诗人对从弟的抚慰和对美好社会的向往，折射出对社会黑暗的批判。

诗的前四句，写古时东平太守阮籍比拟今南平太守李之遥，两人同为太守，同爱美酒，都是不顾恋官位。之遥因饮酒过度而贬至武陵，是酒惹的祸，而诗人劝慰从弟，你这饮酒算什么？你看竹林七贤之一的阮籍，"越礼放情，纵酒任真，轻时傲世的种种放达行为"，成了竹林名士，其人格风神与行为方式为当时士大夫的楷模。诗人以此慰藉从弟，并从他两人的比拟上，也有对从弟的称颂之意。

诗的后四句，通过诗人的想象，从弟谪官桃源后，去寻花访行，居住桃源的秦人，开门笑迎，亲如家人，真是和睦乐土，礼仪之乡。这种桃源之地，如神仙之境，是诗人最理想的地方，也是从弟向往之地。但想到社会现实，两相比较，诗人更感到社会不公和政治的黑暗。

这首诗一大特点，用典的奇妙。因南平、东平，爱酒的联系，而选阮籍的典故；因从弟贬的地方是桃源，即用《桃花源记》的故事，和实地实事完全契合。再，用这两个典故和故事，反映表达出诗人丰富复杂的思想感情，如对从弟的关心抚慰，对美好社会的向往，对社会现实的讥刺……如不用典故，再多用笔墨也难以表达完美。

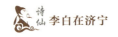

古风其二十

天宝五载（746），写于济南。

昔我游齐都①，登华不注②峰。

兹山何峻秀，绿翠如芙蓉③。

萧飒④古仙人，了知是赤松⑤。

借予一白鹿⑥，自挟两青龙⑦。

含笑凌倒景⑧，欣然愿相从。

泣与亲友别，欲语再三咽⑨。

勖⑩君青松心，努力保霜雪⑪。

世路多险艰，白日欺红颜。

分手各千里，去去何时还。

在世复几时，倏⑫如飘风⑬度。

空闻紫金经⑭，白首愁相误。

抚己忽自笑，沉吟为谁故。

名利徒煎熬，安得闲余步⑮。

终留赤玉舄⑯，东上蓬莱⑰路。

秦帝⑱如我求，苍苍但烟雾。

【注释】

①齐都：即济南。古时济南为齐地，唐为济南郡，郡治就在济南。

②华不注："华不注山在济南府城东北十五里。不字即柎字，如诗'棠棣之华，鄂不韡韡'之不，花之蒂也。喻此山孤秀如华柎之注于水者然。"三句所写山势同此。此注见安旗《李白全集编年笺注》。

③芙蓉：即荷花。此处喻华不注山。《九州志》："大明湖望华不注山，如在水中。"因华不注立于湖畔（古时明湖水面广阔），倒映水中，如花萼注入。湖中又金芙蓉，故借用以比山，形容山之美。

④萧飒：形容山上的风声。

⑤赤松：即赤松子，古仙人名。传说其随风雨而动。此处是说登上山顶峰，听到萧飒的风声，知是赤松仙人乘风路过此山。

⑥白鹿：白色的鹿。此指游仙人所骑的鹿。

⑦青龙：宝剑名。

⑧凌倒景：从天上下看日月云物的倒影。凌：临近，迫近，此处指看到。景：即影子。

⑨咽：呜咽、暗泣。

⑩勖：勉励。

⑪青松心、保霜雪：像青松一样，经霜雪，历严寒而青翠不凋，此处喻保持坚贞的节操。

⑫倏：极快。

⑬飘风：暴起的疾速之风。

⑭紫金经：指炼丹之书。

⑮闲余步：即从容缓步。闲：缓。

⑯赤玉舄：西晋，葛洪《抱朴子·极言》(《百子全书》，岳麓书社1993年版，第4736页)：仙人安期生留于人间一双赤玉舄为报，飞升而去。舄：古代的一种复底鞋。

⑰蓬莱:《史记·封禅书》(中华书局 1982 年版, 第 1355 页): 东海有蓬莱、方丈、瀛洲三神山, 山上有仙人及长生不死药。

⑱秦帝: 即秦始皇。《史记·秦始皇本纪》(漓江出版社 2018 年版, 第 106 页) 载: 秦始皇听信方士之言, 派徐福率童男女乘船入海, 欲登蓬莱仙山, 寻求长生不死之药。此处为李白想象自己成仙, 东飞蓬莱仙地。皇帝觅我踪迹, 只看到苍苍茫茫的烟雾。

【句解】

昔我游齐都, 登华不注峰。兹山何峻秀, 绿翠如芙蓉。

昔日漫游济南时, 攀登上华不注高峰, 这座山是何等的高峻挺拔, 绿翠孤秀的山峰, 宛如美丽荷花出于水中。这几句主要描写华不注山峰的奇异俊美。

萧飒古仙人, 了知是赤松。借予一白鹿, 自挟两青龙。含笑凌倒景, 欣然愿相从。

呼啸的山风吹来, 知道是赤松子仙乘风来到仙山, 请借给我一只白鹿, 我骑上它, 挟带双青龙宝剑, 飞腾上空, 笑看下边的倒影, 高兴地跟从赤松子遨游蓝空。这是诗人想象跟仙人一起游乐的情景。

泣与亲友别, 欲语再三咽。

无声地哭泣着与亲友告别, 想说话而因哽咽说不出, 形容分别时的痛苦心情。

勖君青松心, 努力保霜雪。世路多险艰, 白日欺红颜。分手各千里, 去去何时还。

勉励亲友要像青松一样, 不畏风霜, 保持纯洁的节操。今后的人生道路, 困难险限, 红颜被欺, 要有思想准备。这一别相距千里, 你走后何时回来呢? 这几句诗人对亲友的勉励, 交代注意的问题及深深的思念。

在世复几时, 倏如飘风度。空闻紫金经, 白首愁相误。

人生在世能有几时？就如忽的一阵疾风吹过。虽读过一些炼丹之类的书，没有起什么作用，而今头发白了，还是忧愁和迷惑。这几句写时光易逝，至白头仍未摆脱忧愁迷惑的心境。

抚己忽自笑，沉吟为谁故。名利徒煎熬，安得闲余步。

抚摸着自己心有所悟，忽然笑了，思考这些年的东奔西跑终究为谁呢？白白地受名利的煎熬，不能得一点余闲宽容，现已明白，只有神仙最快乐。这几句写自己的醒悟，受名利的煎熬不得安闲，意欲摆脱。

终留赤玉舄，东上蓬莱路。秦帝如我求，苍苍但烟雾。

仙人安旗生升天后留下一双玉舄（一种复底鞋），我要穿上它，奔向蓬莱去找仙人。即使皇帝求我，也难觅踪，放眼东望只是苍苍茫茫无边无际的烟雾。这几句写决意去蓬莱求仙，踪迹难寻。

【赏析】

这首诗描写了华不注山的峻秀和仙迹奇景，抒发了与亲友泣别的心情，表现了诗人为摆脱社会现实的"煎熬"而去蓬莱投仙，从而以仙境之美，映衬出现实社会的黑暗。

诗的内容分三部分。"昔我游齐都"以下五联为第一部分，主要写华不注山的高峻孤秀，如"芙蓉"一样奇美，再就是赤松乘风，白鹿腾空，挟双剑青龙，笑看倒影，遨游相从等景象，想象仙游的奇幻快乐。"泣与亲友别"以下四联为第二部分。以"泣"与"咽"表现惜别之悲、分别之恋，生动形象，具体感人。诗人对亲友勉励保持青松一样的节操，对亲友世路的艰险表示关心，并以"去去何时还"表示盼早回来相见。这几句，对亲友的感情写得深笃、亲切、朴实。

在世复几时以下六联，主要是感叹岁月易逝，"倏如飘风度"；悲叹"白首愁相误""名利徒煎熬"，而今抚己自笑，自醒，沉思，沉吟，成年累月的辛苦奔波，为什么？为谁？现在只想心静下来，闲余舒缓，决意弃

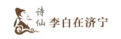

世从仙，穿上赤玉舄，东上蓬莱路，身后留下的只是苍茫的烟雾。

诗人学仙慕仙，想象入蓬莱仙境，脱离烦心的人世，进入快乐美好的世界，以此表达对现实社会的反抗。

这首诗想象丰富，比喻贴切。一会儿写人，一会儿写仙；一会儿写游山，一会儿写游仙；一会儿写人间亲友离愁别绪，一会儿写神仙"含笑凌倒景"的快乐。整首诗变幻莫测，虚虚实实，人仙和谐，气氛快乐。在构思上，写事的转换大开大合，节奏的起伏大起大落，唯其如此，才能使写人与写仙融会贯通，使诗的三大部分自然衔接，浑然一体。

观博平王志安少府山水粉图 ①

天宝十年（751），李白写于博平。

粉壁为空天，丹青②状江海。
游云不知归，日见白鸥在。
博平真人王志安，沉吟至此愿挂冠③。
松溪石磴带秋色，愁客思归坐晓寒。

【注释】

①博平：县名。古属河北道博州，故址在今山东省聊城博平镇。少府：即县尉。王志安：即博平县县尉。粉图：画于粉壁上的画图，即壁画。

②丹青：古代绘画常用的两种颜色，亦泛指绘画艺术。

③挂冠：弃官。即将标志官职的衣帽挂于官衙或城门，不辞而别。《后汉书·蓬萌传》（《二十四史》，中华书局 2000 年版，《后汉书》逸民列传第 73 蓬萌第 186 页）："解冠挂东都城门，归，将家属浮海，客于辽东。"

【句解】

粉壁为空天，丹青状江海。游云不知归，日见白鸥在。

在粉壁墙上，画下如下的画图：高高的蓝空，飘着白色的游云，辽阔江海，翩飞着成群的白鸥。

博平真人王志安，沉吟至此愿挂冠。

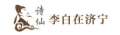

松溪石磴带秋色，愁客思归坐晓寒。

博平真人王志安，若有所思地坐在石磴上，好像在想着挂冠的事。

溪旁是苍翠的松林。风声飒飒，秋意浓浓。诗人忧心忡忡，正思归东鲁的家中。这两句是写诗人看画后的想象和表现内心情感的活动。

【赏析】

此时的李白，赐金放还后，理想的破灭，前途的渺茫，情绪跌落到低谷。为解脱思想的困窘，也表示对黑暗现实的反抗，就觅道求仙。博平在安陵南。诗人在访道安陵路宿博平时，结识了道士王少府，两人情志相投，都厌弃官场，思归山林。在这首诗中，诗人借助观赏赞美粉壁图，而赞美王少府的"挂冠"情怀，抒发自己的寄情山水、放形江海之志。

诗的前四句，写画图上的蓝天、游云、白鸥、江海，画面高雅广阔，喻少府情操高超，亦反映诗人对山水的热爱与兴致。诗的后四句，画面出现苍翠的松柏，潺潺的溪流，瑟瑟的秋风，在这清丽的美景中，真人王志安坐于石磴，眼观远方，脸带厌弃官场的愁容，显现挂冠思归的神态气韵，形象逼真，惟妙惟肖。这反映出王少府包括诗人对出世求仙的赞许。

这首小诗语言自然通畅，明白如话。真是画中有诗，诗中有情，情寓景中，情景交融，在欣赏吟诵中体会诗人的思想感情，领略其内心郁愤的波澜，有其较强的艺术感染力。

留别曹南群官之江南 ①

我昔钓白龙②，放龙溪水傍。

道成本欲去，挥手凌苍苍③。

时来④不关人⑤，谈笑游轩皇⑥。

献纳⑦少成事，归休辞建章⑧。

十年罢西笑⑨，揽镜如秋霜。

闭剑琉璃匣⑩，炼丹紫翠房⑪。

身佩豁落图⑫，腰垂虎盘囊⑬。

仙人借彩凤，志在穷遐荒。

恋子四五人，徘徊未翱翔。

东流送白日，骤歌兰蕙芳。

仙宫⑭两无从，人间久摧藏⑮。

范蠡⑯说勾践，屈平⑰去怀王。

飘飘紫霞心，流浪忆江乡。

愁为万里别，复此一衔觞。

淮水⑱帝王州⑲，金陵绕丹阳。

楼台照海色，衣马摇川光。

及此北望君，相思泪成行。

朝云落梦渚⑳，瑶草空高唐㉑。

433

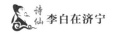

帝子㉒隔洞庭，青枫㉓满潇湘。

怀君路绵邈，览古情凄凉。

登岳眺百川，杳然万恨长。

却恋峨眉去，弄景偶骑羊㉔。

【注释】

①曹南：即曹州。唐时州治曹县，今山东曹县。李白自梁园至曹州，与群官告别后，就去江南宣城。

②钓白龙：用陵阳子明的故事。其人好钓鱼，于旋溪钓得一条白龙，子明惧，解钩拜而放之。后来又钓得一条白鱼，腹中有书信，教子明服食之法。子明按信中说法，上黄山采五色脂，开水煮后喝下去。三年后，龙来迎去。见《列仙传》卷下。

③苍苍：此处指茫茫的天空。

④时来：即时运。

⑤不关人：意思是不由人。

⑥轩皇：此处指玄宗。这两句是说白奉诏入朝事。

⑦献纳：进言以供采纳。此指向皇帝建言。班固《两都赋》："朝夕论思，日月献纳。"

⑧建章：汉宫名。在长安，此代指朝廷。这二句是说放还辞朝。

⑨罢西笑：桓谭《新论》："人闻长安乐，则出门西向而笑。"西笑：喻指朝廷。罢西笑：是说对朝廷失望。李白自天宝三载（744）去朝，至写此诗恰是十年。

⑩琉璃匣：以五色琉璃做成匣子。

⑪紫翠房：道教炼丹用的房子。

⑫豁落图：道教徒佩戴有道教标识图案的一种装束。豁落是道教术语，道经中有所谓清真童子，名之为"豁落七元"。

⑬虎盘囊：绣有伏虎形的荷包。

⑭仙宫：仙，指求仙。宫：指从政。这句的意思是求仙，从政都无成就。

⑮摧藏：忧伤之意。《文选》刘琨《扶风歌》："抱膝独摧藏。"

⑯范蠡：春秋时仕越为大夫，佐勾践灭吴后与大夫文种说："狡兔死，良犬烹，敌国破，谋臣亡。"遂辞勾践而易名隐遁，泛舟五湖。

⑰屈平：即屈原，曾仕楚国左徒，三闾大夫，爱国直谏，受谗被逐，投江而死。这两句诗人以范蠡、屈原自喻。

⑱淮水：即淮河。发源于华山，在丹阳姑苏之界，西北流经南京、秣陵之间，萦纡京邑之内。

⑲帝王州：指金陵（今南京）。

⑳梦渚：即云梦之渚。

㉑高唐：即高唐之观。这两句是说平生的壮志已如朝云飘没于云梦之渚，像瑶草衰凋于高唐之观。

㉒帝子：尧之二女，娥皇、女英，为舜之二妃。《九歌·湘夫人》（孔庆东：《楚辞·汉赋》，吉林文史出版社 2018 年版，第 26 页）："帝子降兮此渚。目眇眇兮愁予。"据《述异记》载："舜南巡，葬于苍梧之野。尧之二女娥皇、女英追之不及，相与恸哭。"

㉓青枫：树。《楚辞·招魂》（张向荣解读：《楚辞》，天津古籍出版社 2017 年版，第 208 页）："湛湛江水兮上有枫，目极千里兮伤春心。"这两句是以舜与二妃生死之别喻君国之思。

㉔骑羊：这两句用葛由事。相传葛由为蜀羌人，周成王时，好刻成木羊出卖，一天，他骑木羊竟登上蜀地绥山，成仙而去。此表达入蜀求仙之意。

【句解】

我昔钓白龙，放龙溪水傍。

说的是陵阳子明在旋溪钓到白龙，又把龙放回水中。三年后，龙来迎去。

道成本欲去，挥手凌苍苍。

修道成功后，就应该随龙而去，挥手于茫茫的天空。

时来不关人，谈笑游轩皇。献纳少成事，归休辞建章。

时运是不由人的，当初持诏进京当了皇帝近臣，陪从皇帝游乐餐饮，谈笑欢心，但向皇上的建言献策很少采纳，加之谗言诋毁，逐渐被皇帝疏远，最后赐金放还，辞朝归休东鲁家中。

十年罢西笑，揽镜如秋霜。

从天宝三载诗人赐金放还，到告别曹南众官时恰为十年，辞朝后已"罢西笑"，对朝廷不抱希望。而今对镜一照，头发花白，身已衰老。诗人感叹年华易逝，岁增人衰。

闭剑琉璃匣，炼丹紫翠房。身佩豁落图，腰垂虎盘囊。

把剑封闭在五彩的琉璃匣内，专在紫翠房里炼丹，身上佩戴道教徒特别的"豁落图"服饰，腰垂给道教徒特制的"虎盘囊"荷包。这是描写李白炼丹时的情况。

仙人借彩凤，志在穷遐荒。恋子四五人，徘徊未翱翔。东流送白日，骡歌兰蕙芳。

仙人借彩凤，志在辽远的天空。想修道成仙，但又"恋子四五人"，犹豫徘徊，未能翱翔蓝空，只能是"东流送白日，骡歌兰蕙芳"。这几句写诗人又想学道成仙，又不能割舍现实的矛盾心理，也既是说，身处逆境，领了道箓，但他的理想抱负还不能忘掉。

仙宫两无从，人间久摧藏。

是说修仙、从政两样都无有成就，无法实现自己的抱负，心中长久地苦闷忧愁。

范蠡说勾践，屈平去怀王。

以范蠡功成退隐和屈原被谗逐的故事，来比喻自己辞朝离京后的辛酸遭遇。

飘飘紫霞心，流浪忆江乡。

漂泊流浪，但有一颗赤诚的"紫霞"之心，心念国事民瘼，常常忆起江乡。

愁为万里别，复此一衔觞。

这两句是说，今日与诸君一别，相距千万里，我更加忧愁，对此，我再举杯痛饮，以表离情别绪。

淮水帝王州，金陵绕丹阳。楼台照海色，衣马摇川光。及此北望君，相思泪成行。

去江南后，将看到淮河，帝王州的金陵，那里楼台映照海蓝色的天空，衣马映照江河的水光，想到此景，北望长安，思念之情，不禁泪流成行。这里说明诗人既鸣冤叫屈，怨恨朝廷，又思君落泪，这就是李白具有的思想状态。

朝云落梦渚，瑶草空高唐。

早晨之云消没于云梦泽中，瑶草凋衰于高唐之观。此句喻诗人的壮志如云消没于云梦之渚，如瑶草枯衰于高唐之观。

帝子隔洞庭，青枫满潇湘。

舜之二妃恸哭葬于苍梧的舜帝，以其生死之别，托喻诗人对君国的思念。

怀君路绵邈，览古情凄凉。登岳眺百川，杳然万恨长。

想起归途路程遥远，观览古人心情凄苦悲凉。登上山岳眺望百川，辽远茫然，胸中种种愁恨，绵长深远。

却恋峨眉去，弄景偶骑羊。

此处借葛由骑羊成仙的故事，表达诗人欲入蜀学道成仙。

【赏析】

这首诗记叙了诗人辞朝后的经历，反映了不同时期的思想及思想的复杂矛盾状态，抒发了诗人内心的郁闷和幽愤之情。

诗开始，以陵阳子明钓白龙，随放入水，三年后白龙迎去成仙的故事为起"兴"，诗人叙其经历，抒其愤慨之情。

此诗以事寓情，以情串事，有四次的起伏转折，把诗人思想感情完全地表现出来。

一是从"谈笑游轩皇"，转向"归休辞建章"，即是从供奉翰林，侍

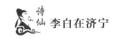

笔银台，当皇帝近臣，转向"赐金放还"，离开京师，归休民间。这次转变，是从天上转向地下，"攀龙忽堕天"；从满怀希望转向大失所望；从有信心实现理想转到理想的破灭，政治上彻底的失败。

二是从一心学道求仙到"仙宫两无从"，对成仙失去信心。辞朝后历经十个冬春，自己的头发已经花白，对皇帝"罢西笑"，而不抱什么希望。回想这些年来，为求得精神上的解脱，曾一度急切求道箓，正式成为一名道士，终日在紫翠房里侍炉炼丹，奢望成仙。但是，诗人理想的火焰还在燃烧，建功立业的愿望仍在冲动，他留恋现实，不能乘风翱翔仙去，他还要寻找时机，为实现抱负而去奋争。

三是从"仙宫两无从"到思君"相思泪成行"。诗人总结十年的活动，不仅从政彻底失败，被逐出京城，而修道求仙也没有成功，而只是忧愁久久地塞满胸间。诗人想到历史上范蠡脱勾践，屈原去怀王的故事，与他们有类似的遭遇。诗人又想到归去的宣城，江南有古城金陵和楼台、河流、蓝天等美丽的风光，这时不禁眺望长安，想到皇帝不识自己的真心；想到雄心壮志如朝云消没于云梦之渚，如瑶草衰凋于高唐之观；想到对皇帝如帝妃恋舜一样有真诚的君国情怀；诗人还想到自己天大的冤屈，被谗被诬的困境，这时感情再也按捺不住，热泪成行，哗哗流出。这泪虽然含有希望之泪，但更是怨恨之泪，忧思之泪。

四是从"泪成行"转到"弄景偶骑羊"。诗人想到归路迢迢，思念古人心情凄凉，登高望远，愁恨绵长，真是寻志无路，报国无门，只能是访道求仙，在峨眉欣赏风景，有机缘时可能骑羊成仙，脱离风尘，过仙人的生活。

在构思上，以四次的转换，文势的四次变化，如波涛起伏奔涌，使诗叙事抒情生动而不呆板，节奏跌宕而不平滞。

诗以子明钓白龙开头为"兴"，而以"弄景偶骑羊"结尾，首尾相呼应，使读者加深理解诗人入道求仙的内容，加深理解诗人内心幽愤的感情。

此诗中用的典故，不是在叙事，而主要用于写情，如用范蠡、屈原、帝妃的故事，主要表达诗人当时复杂的思想感情，给读者一个古今比拟想象的空间，加深对诗人情感的理解。

送杨燕之东鲁 ①

天宝六载（748），写于金陵。

关西②杨伯起③，汉日④旧称贤⑤。

四代三公⑥族，清风⑦播人天⑧。

夫子⑨华阴居，开门对玉莲⑩。

何事历衡霍⑪，云帆今始还。

君坐稍解颜⑫，为君歌此篇。

我固⑬侯门⑭士，谬登圣主筵。

一辞金华殿⑮，蹭蹬⑯长江边。

二子⑰鲁门东，别来已经年⑱。

因君此中去，不觉泪如泉。

【注释】

①杨燕：汉，杨震之后，华阴人。之：到，往。

②关西：函谷关之西。

③杨伯起：东汉杨震，字伯起，弘农华阴人。少好学，明经博览，无不穷究，诸儒为之语曰："关西孔子杨伯起。"

④汉日：指汉时。

⑤贤：德才出众的人。

⑥四代三公：杨震尝为司徒。太尉：其子秉；尝为太尉：秉子赐，尝

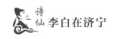

为司空、司徒、太尉；赐子彪，尝为司空、司徒、太尉。孔融尝曰："杨公四世清德，海内所瞻。"（见《后汉书·杨震传》）三公，谓司空、司徒、太尉。五公：谓太傅、太尉、司徒、司空、大将军。杨世四世只为三公，未有登太傅、大将军之位，因而为四代三公，不应是四代五公。（见王琦《李太白全集》注，中国书店 1996 年版，第 401 页）

⑦清风：清明高洁之风。

⑧人天：人指人间，天指天空，人天指传播广远的意思。

⑨夫子：指杨燕。

⑩玉莲：指华山的玉女峰和莲花峰。

⑪衡霍：即衡山。《尔雅·释山》："大山宫小山霍。"郭璞注："谓围绕之。"邢昺疏："谓小山在中，大山在外围绕之，山形若此者名霍。"衡山有七十二峰，故可称衡霍。这二句是说杨燕游历衡山后，来至金陵。

⑫解颜：面带笑容，此处指消解疲劳之态。

⑬固：本来。

⑭侯门：指显贵之家。崔郊《赠去婢》诗："侯门一入深如海，从此萧郎是路人。"谬登圣主筵：错误地奉从皇帝的御宴活动，指待诏翰林，当御用文人事。

⑮金华殿：汉宫名。《三辅黄图》卷二："未央宫有宣室、麒麟、金华等殿。"这里代指朝廷。

⑯蹭蹬：比喻失意潦倒。

⑰二子：指女儿平阳与儿子伯禽。

⑱别来已经年：李白于上年秋去东鲁，至第二年岁暮恰为一年。

【句解】

关西杨伯起，汉日旧称贤。四代三公族，清风播人天。

函谷关之西，东汉的杨伯起明经博览，德才超群，诸儒称他为"关西孔子"。杨伯起、儿子、孙子、曾孙四代，曾做过司空、司徒、太尉三公的家族，他们家四世清德，广传清明高洁的家风。这几句主要颂扬杨燕的汉代祖先杨伯起"四代三公"的荣贵和高洁清风的远场。

夫子华阴居，开门对玉莲。

您家世代居住在华阴，开门就能看到玉女峰和莲花峰。

何事历衡霍，云帆今始还。君坐稍解颜，为君歌此篇。

您何故离开华阴到衡山游览？现乘船扬帆来到金陵，一路劳顿，请您坐席上休息，让身心宽松一下，解除疲劳。我给您讲讲我的遭遇和托您办的事情。

我固侯门士，谬登圣主筵。一辞金华殿，蹭蹬长江边。

为实现"扶社稷""济苍生"的理想，为一展建功立业的宏图，本来想求侯门之士，不料，却误入了供奉翰林，充当了御用文人，侍陪餐游，而且遭谗言诋毁，皇帝疏远，被赐金放还。我含着冤屈，含着悲愤，辞去朝廷，回到故园，而今漂泊到金陵，只是望江兴叹，生活失意潦倒。

二子鲁门东，别来已经年。因君此中去，不觉泪如泉。

两个子女在东鲁门家中，与他们分别已经一年了。我时常挂念他们，适逢友人杨燕去东鲁，代我到家中去看望抚慰两个子女。一想到家中儿女的事，不觉泪如泉涌。

【赏析】

这首诗歌颂了杨燕先祖汉代杨震"四代三公"的功德，抒发自己的苦闷和幽愤，表达了诗人真挚感人的父子之情。诗的内容，主要是三点：一是赞誉杨燕祖先的功德。汉之杨震，四代为官，官至三公，显贵荣光，彪炳历史。这实际赞颂其后代杨燕，寓意杨燕也一定传承着他清德高洁的家风。二是似对挚友坦言自己内心的苦闷。他诉说着自己为实现理想、抱负，一次次的失败，诉说着怎样攀龙又坠天，诉说着辞朝之后的悲苦幽

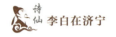

愤，而今只能蹭蹬江边，忧心如焚。三是托杨燕去鲁东门家中，看望抚慰一双儿女。提到去看儿女，诗人"不觉泪如泉"，这泪饱含着诚挚的父爱，饱含着远方的牵挂，饱含着暖暖的抚慰，也饱含着多年生活酿成的悲辛……从诗的构思看，全诗着力于写三种情，即颂友之情、挥斥幽愤之情、怜子之情。从感情色彩看，一次比一次浓，一次比一次强，好似一条河水，开始微波细浪，继而波涛滚滚，最后那怜子之情汹涌澎湃，致使诗人泪流如泉。

送萧三十一之鲁中兼问稚子伯禽 ①

天宝八载（749），李白写于金陵。

六月南风吹白沙，吴牛喘月②气成霞。

水国郁蒸③不可处④，时炎道远无行车。

夫子如何涉江⑤路，云帆袅袅⑥金陵去⑦。

高堂⑧倚门⑨望伯鱼⑩，鲁中正是趋庭处⑪。

我家寄在沙丘⑫傍，三年不归空断肠⑬。

君行既识伯禽子，应驾小车骑白羊⑭。

【注释】

①萧三十一：名字、事迹不详。

②吴牛喘月：《世说新语·言语》（中华书局 2018 年版，第 100 页）：满奋谓晋武帝曰："臣犹吴牛，见月而喘。"刘孝标注："今之水牛，唯生江淮，故谓之吴牛也。南土多暑，而此牛畏热，见月疑是日，所以见月则喘。"这句说明时令在夏天。

③郁蒸：郁热蒸腾。

④不可处：不可居住，栖息。

⑤涉江：渡江。

⑥袅袅：此指帆随风飘动的样子。

⑦金陵去：离金陵而去。

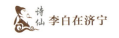

⑧高堂：即父母。

⑨倚门：《战国策·齐策》："王孙贾年十五，事闵王，其母曰：'女（你）朝出而晚来，则吾倚门而望，女（你）暮出而不还，则吾倚闾而望。'"（见安旗《李白全集编年笺注》中华书局 2015 年版，第 832 页）

⑩伯鱼：孔子的儿子，名鲤。

⑪趋庭处：子承父教的地方。《论语·季氏》（孔令河：《四书句解》，山东友谊出版社 1997 年版，第 122 页）："（孔子）尝独立，鲤趋而过庭，曰：'学诗乎？'对曰'未也'。'不学诗，无以言。'鲤退而学诗。"后因以"趋庭"为承受父教的代称。这两句喻萧三十一为伯鱼，其父母都家居鲁中。

⑫沙丘：唐时，在兖州治城瑕丘东二里，泗河西岸。

⑬三年：李白天宝五载离开东鲁去南方漫游，到天宝八载写诗时间为三年。断肠：思念感伤。

⑭驾小车骑白羊：此典故出自《世说新语·容止》（中华书局 2018 年版）。刘孝标注："《（卫）玠别传》曰：玠在群伍之中，实有异人之望。龆龀时，乘白羊车子洛阳市上，咸曰：'谁家璧人？'"此以晋名士卫玠幼时比喻伯禽。

【句解】

六月南风吹白沙，吴牛喘月气成霞。水国郁蒸不可处，时炎道远无行车。

六月的金陵，炎热酷暑，吴地的牛见到月亮就喘粗气，那气似能成霞。在江河纵横的水乡，郁热蒸腾，热得人无法栖住，因炎热，那道路上也无行路的车马。这几句主要描写酷暑的到来，人畜难耐的景况，也反映诗人思想的郁闷。

夫子如何涉江路，云帆袅袅金陵去。高堂倚门望伯鱼，鲁中正是趋庭处。

你如何渡江北上，可能胸有成竹，只见你乘坐的船，那高高袅袅的船帆，离开金陵，破浪前行。你家老母这时也可能倚着门遥望，盼着你快快回家。你鲁中的家庭是你受父母教诲和沐浴父母温暖的地方。

我家寄在沙丘傍，三年不归空断肠。君行既识伯禽子，应驾小车骑白羊。

我的家在鲁门东沙丘旁边，已经三年没有回家，因而常常思念儿子伯禽，甚而达到"空断肠"的地步。你到了东鲁见到伯禽，他或许正驾小车骑着白羊高兴地玩耍。

【赏析】

这首诗描写了金陵夏日的炎热景象，抒写了萧三十一母亲对儿思念的急切心情，表达了诗人对家和儿子伯禽的深切思念和牵挂。诗的内容主要是三点，前四句，从"吴牛喘月""郁蒸不可处""道远无行车"三个事例生动、具体、形象地描写金陵的炎热，从人热得"不可处"，牛见月即喘的"气成霞"夸张的写法，及路上不见车马行人来表现酷热的程度。这种"郁蒸"的热，作为环境描写，反映出诗人思想的郁闷。诗的中间四句，写萧的船云帆袅袅离开金陵，诗人用想象手法写其母倚门巴望儿子回来，表现真诚无私的母爱。后四句，用浓墨重彩写对儿子的思念、牵挂，甚而忧煎断肠，三年，一千多个日日夜夜，想着沙丘旁的儿女。趁萧三十一回鲁，想象着见到儿子时，可能正驾小车骑白羊尽情玩呢！这深笃的父子之情，如波涛在人胸中涌动，如春风给人以温暖。诗人的怜子之情，感动着一代代的读者。

寄东鲁二稚子 ①

天宝八载（749）春，李白写于金陵。

吴地②桑叶绿，吴蚕已三眠③。

我家寄东鲁，谁种龟阴④田？

春事⑤已不及⑥，江行复茫然⑦。

南风吹归心，飞堕酒楼⑧前。

楼东一株桃，枝叶拂青烟⑨。

此树我所种，别来向三年⑩。

桃今与楼齐，我行尚未旋⑪。

娇女字平阳，折花倚桃边。

折花不见我，泪下如流泉⑫。

小儿名伯禽，与姊亦齐肩。

双行桃树下，抚背复谁怜⑬？

念此失次第⑭，肝肠日忧煎。

裂素⑮写远意，因之汶阳川⑯。

【注释】

①东鲁：指今山东兖州、曲阜一带。当时李白的儿女寄住在兖州沙丘旁的村庄。

②吴地：此指金陵（今南京），春秋时属吴国。

③三眠：荀卿《蚕赋》："三俯三起，事乃大已。"后因称"三俯"为"三眠"。《本草》："蚕三眠三起二十七日而老。"（见郁贤皓《李白集》注，凤凰出版社 2017 年版，第 193 页）

④龟阴：龟山之北。龟山在今山东新汶市南。龟阴田，以此代指在东鲁的田产，并非实指龟阴。

⑤春事：春天的农事活动。

⑥已不及：来不及料理。

⑦江行复茫然：浪迹江边，心绪茫然。

⑧酒楼：旧注以为指任城（今山东济宁市任城区）酒楼。《太平广记》卷二〇一引《本事诗》："李白自幼好酒，于兖州习业，平居多饮。又于任城县构酒楼，日与同志荒宴，客至少有醒时。邑人皆以白重名，望其里而加敬焉。"（见王琦：《李太白全集》，中国书店出版社 1996 年版，第 326 页）

⑨拂青烟：形容枝叶繁盛茂密。

⑩向：将近，接近。向三年：将近三年。李白在天宝五载离东鲁南下吴越，至写此诗已近三年。

⑪旋：回归。

⑫泪下如流泉：刘琨《扶风歌》："据鞍长叹息，泪下如流泉。"

⑬抚背谁复怜：又有谁抚摩和爱怜他姐弟俩。

⑭次第：次序。失次第，即失去常态，形容心绪紊乱。刘桢《赠徐干诗》（《古代汉语词典》，商务印书馆 2017 年版，第 217 页）："起坐失次第，一日三四迁。"

⑮裂素：裂，裁截。素：一种精白的绢，这里代纸。裂素，即裁截白色的绢。

⑯汶阳川：即汶水，实指泗水，李白寄家的地方。

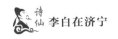

【句解】

吴地桑叶绿，吴蚕已三眠。我家寄东鲁，谁种龟阴田？春事已不及，江行复茫然。

吴地的桑叶碧绿一片，养的春蚕已进了三眠。我家寄在东鲁沙丘，家中的龟阴农田谁去耕种？家中的农事我不能顾及，只好徘徊江边，心绪茫然。

南风吹归心，飞堕酒楼前。楼东一株桃，枝叶拂青烟。此树我所种，别来向三年。桃今与楼齐，我行尚未旋。

南风吹动归乡的心愿，心落到东鲁的酒楼前面。楼的东边一株桃树，枝叶茂密拂掠云烟。这棵桃树是我亲手所栽，离开它已将近三年，桃树长得与楼齐，离家漫游还未归还。

娇女字平阳，折花倚桃边。折花不见我，泪下如流泉。小儿名伯禽，与姊亦齐肩。双行桃树下，抚背复谁怜？

我的女儿名字叫平阳，折花倚在桃树旁边，折花想起在外地的父亲，热泪滚滚好似涌泉。还有小儿名叫伯禽，长得已与她姐齐肩。姐弟俩同失去母亲，生活读书无人照管。两人在桃树下玩耍，有谁抚摩其背表示爱怜？

念此失次第，肝肠日忧煎。裂素写远意，因之汶阳川。

想到这些心绪烦乱，天天肠断忧煎，思来想去没有办法，就拿出白绢放在面前。挥毫写下遥远的思念，速寄到东鲁的家园。

【赏析】

这首诗以生动的笔触，丰富的想象，通过酒楼、桃树、女儿的折花等形象和心理描写，表现了诗人对儿女的深切思念和温暖的慈爱。李白写这首诗时，年近天命，为实现自己的理想，建功立业，在求仕的路上屡遭坎坷挫折，历经凄风苦雨，特别"赐金放还"后，更是对现实彻底失望，怀着一腔郁愤和痛苦，三年前离开了东鲁的家，告别儿女来到金陵。在这明媚的春光里，吴地桑叶碧绿，春蚕将入三眠，诗人却高兴不起来，他由江南的蚕事，想到家中的农事，想到龟阴农田谁去耕种，一双儿女尚小，自己又远离家乡无能为力，如果春种不好，秋季就不会有好的收成，将会影响儿女们的生活，想到此，真是心烦意乱，茫然若失。诗人翘首北望，南风吹动归乡的心愿，归心飞落到东鲁酒楼，诚如安旗先生说，"飞堕"二字，把心儿的动态写活了，无形的"心"变成了有形的实体，大大加重了思念之情的"分量"。以上开始八句，由景物写到蚕事，由蚕事写到农事，由农事引起思家，由思家而归心北飞，极其真切清晰地表现了思念渐次展开的过程。接下来，楼东以下十四句，浪漫主义诗人发挥其想象力，描绘出两幅动人的画面：一是在酒楼东头，有一棵高与楼齐的桃树，枝繁叶茂，绿叶浓如青烟。这桃树是我离家时所栽，那栽树情景还历历在目，我用镢刨坑，平阳用小桶提水，伯禽用铁铲铲土，父女三人高兴地栽了这棵桃树，平阳歪着头问："爹爹，你去南方啥时回来？"当时我回答："乖孩子，明年桃树开花时我就回来。"儿女偎依在李白身边，感到很幸福，而此时李白却有说不出的滋味。时光已过了三年，桃花开了三次，我还没有回家，一想到儿女，心就酸酸的……二是另一幅画面，十四五岁的平阳，是个漂亮的小姑娘，有一双像她父亲一样的大眼睛，明眸皓齿，楚楚动人。她折花倚住桃树，想到老爹三年前说过"桃花开时就回来"的话，脸泛笑意，盼着老爹回来。但女儿拿着折花，凝视着，今年又失望了，不禁泪流不止，热泪如泉。儿子伯禽长得与姐姐一样高了，他一定会想父亲。"双行桃树下"写出儿女的可怜之状，无有他人照顾，只有姐弟二人相依为命，失去母亲的孩子，一切都靠父亲，然而父亲又在千里之外的金陵，有谁去抚慰两个可怜的孩子呢！这时，诗人可能想到许夫人，心头的感伤更深更苦了！在这两个画面中，桃树是个系情景物，老父对子女的思念和子女对老父的思念，都与桃树紧密联系起来。"桃"字的每次出现，都表现不同时期的一种特定感情，"桃"字的四次重复出现，使父子之情加浓

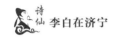

升华，正如那盛开的桃花，浓艳美丽，馥郁四溢！最后四句，诗人从想家回到现实，因思念儿女忧煎肠断，且一天甚似一天，只好用白绢写成此诗，寄往东鲁家园，以便安慰儿女，也安慰自己。诗中想象儿女的体态、动作、神情、心理活动，都描绘得惟妙惟肖，逼真形象，似如见其人，如听其声。这些细微的描写亦反映出诗人思念儿女的深情。清沈德潜评论这首诗说："家常语，琐琐屑屑，弥见其真。"（《唐诗别裁》）即以平白如话的家常语，家庭中的家常事，父子之间的细故常情，描绘出一副慈父的形象，浓浓的父子情，深深的父爱。读之令人泪下，感叹唏嘘。

赠武十七谔并序

肃宗至德元载丙申（756），李白五十六岁，南奔宣城后作。

【序】

门人武谔，深于义者也。质本沉悍，慕要离①之风。潜钓川海，不数数②于世间事。闻中原作难，西来访余。余爱子伯禽在鲁，许将冒胡兵以致之③。酒酣感激，援笔而赠。

> 马如一匹练④，明日过吴门⑤。
>
> 乃是要离客，西来欲报恩。
>
> 笑开燕匕首⑥，拂拭竟无言。
>
> 狄⑦犬吠清洛⑧，天津⑨成塞垣。
>
> 爱子隔东鲁，空悲断肠猿。
>
> 林回弃白璧⑩，千里阻同奔。
>
> 君为我致之，轻赍⑪涉淮源⑫。
>
> 精诚合天道，不愧远游魂⑬。

【注释】

①要离：春秋勇士，为吴王报仇而杀庆忌，欲取得庆忌的信任，便"诈以负罪出奔，使吴王焚其妻子于市"，果然获得庆忌的信任，要离乘机杀死庆忌。

②数数：急迫的意思。《庄子·逍遥游》（《百子全书》，岳麓书社

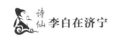

1993 年版，第 4528 页）："彼其于世，俱数数然也。"陆德明《音义》：司马云："犹汲汲也。"崔云："迫促意也。"

③致之：致：接，送达。之：指伯禽。致之：此指接伯禽，把其送到父亲处。

④一匹练：白马飞驰奔跑的样子。《艺文类聚》卷九十三引《韩诗外传》：颜回望吴门马，见一匹练。孔子曰："马也。"然则马之光景一匹长耳，故后人号马为一匹。（见安旗《李白全集编年笺注》注释，中华书局1982 年版，第 2533 页）

⑤吴门：苏州的别称。

⑥燕匕首：锋利的匕首。《史记·刺客列传》："于是太子豫求天下之利匕首，得赵人徐夫人匕首。"

⑦狄：对居住在北方部落的泛称。《左传·闵公元年》（孔令河：《五经注释》，山东友谊出版社 2001 年版，第 2044 页）："狄人伐邢。"《礼记·王制》（孔令河：《五经注释》，山东友谊出版社 2001 年版，第 1381页）："北方日狄。"安禄山为胡人，故称狄。

⑧洛：指洛水。

⑨天津：指洛阳天津桥。

⑩林回弃白璧：《庄子·山木》（《百子全书》，岳麓书社 1993 年版，第 4575 页）："林回弃千金之璧，负赤子而趋。"或曰："为其布欤？赤子之布寡矣；为其累欤？赤子之累多矣。弃千金之璧，负赤子而趋，何也？"林回曰："彼以利合，此以天属也。"

⑪轻赍：轻装。

⑫淮源：淮水之源，此指淮水。

⑬远游魂：邓攸，晋人，字伯道。永嘉末为石勒所俘，寻机逃至江南。南逃时携一子一侄，度不能两全，乃弃子全侄。其后妻不复孕，卒以无嗣。时人义而哀之日："天道无知，使邓伯道无儿。"事见《晋书·邓攸

传》，中华书局 1982 年版，第 2338 页。

【句解】

马如一匹练，明日过吴门。

武谔骑一匹白色的骏马，白马疾驰如风，看去好似一匹长长的白练。他明日将跨出吴门，走出吴国的国界。

乃是要离客，西来欲报恩。

武谔英武勇猛，如古代的侠客要离一样，他从西边来找到李白，为的是报答李白之恩。

笑开燕匕首，拂拭竟无言。

他笑着拿出最锋利的"燕匕首"，一边上心地拂拭，一边听别人交谈。以上六句生动描写了武谔骑马、擦匕首等英武的豪侠形象，并将其喻为古侠要离加以赞美。

狄犬吠清洛，天津成塞垣。

安禄山的叛军已到内地，他们像狗一样在洛水畔乱叫，摧残践踏人民群众。洛阳当年的天津桥变成防守的关卡。以上二句形容安禄山叛军的嚣张气焰和给百姓带来的灾难。

爱子隔东鲁，空悲断肠猿。林回弃白璧，千里阻同奔。君为我致之，轻赍涉淮源。精诚合天道，不愧远游魂。

叛军战火的阴霾波及鲁地，可儿子伯禽还留在东鲁。他为此忧心，像"断肠猿"似的。古有林回"弃千金之璧，负赤子而趋"的事，当从梁园南逃时因接伯禽的人中间出了变故，儿子没有与我们同奔，使我日夜忧愁，现有侠士武谔去接他，骑马换船溯淮北上，不几日将父子团聚。我的一片精诚合于天意，也不愧我这远游人牵挂忧虑的心魂。

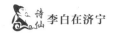

【赏析】

　　这首诗赞美了武谔的豪侠精神和仗义报恩的高尚德操，揭露安禄山叛军所带来的灾难，表现了诗人对滞留于东鲁儿子伯禽的担心、牵挂、思念和爱怜之心。诗和序从四个方面赞颂武谔，一是说武谔"深于义"、质朴、"沉悍"，对"世间事"淡定自然没有急促的情趣，具有侠士特有的性格；二是仰慕春秋勇士要离的风范，以其为榜样，仗义报恩；三是以"马如一匹练"的马驰之状和"笑开燕匕首"的侠士之举，勾勒出一个豪侠的形象；四是"冒胡兵以致之"，旱路水道，千里迢迢，不辞辛劳，不惧胡兵，不畏风险，以此践行"报恩"之思，去接伯禽脱出困境。诗从四个方面塑造出一个英武豪迈、赴人急难、仗义报恩、侠肝义胆的武谔形象。诗以"狄犬吠清洛，天津成塞垣"二句，写叛军的犬吠乱号气焰嚣张和战事带来的灾难。接着，诗人转写对儿子伯禽的牵挂。诗以"林回弃白璧"比拟李白对儿子的疼爱，但因特殊缘故伯禽没有随父千里同奔，而是一人滞留于东鲁。在这兵荒马乱的时候，不仅儿子伯禽"空悲断肠"，诗人自己也是"空悲断肠"。幸亏武谔西来相助，不惧风险去接伯禽。诗人一腔慈爱，一片精诚，上合天道，下合人情，呜呼！不愧远游人的心魂，不愧深深的父子之情。此诗感情充沛、炽热，以这种感情颂扬武谔的侠肝义胆，痛斥叛军的祸国殃民，抒写对儿子的牵挂爱怜。自此李白举家南迁，伯禽在东鲁住了二十年，这次告别了兖州的沙丘城，任城的酒楼，告别了泗河、汶水，告别了孔孟之乡这片热土，迁到宣城生活。读者疑问，伯禽的姐姐平阳在什么地方？可能如魏颢说的"既嫁而卒"，也就是说她在东鲁出嫁，不久而卒。李白的那个折桃花可爱的小姑娘，永远留在了东鲁，留在了孔孟之乡。

鲁郡叶和尚赞 ①

天宝四五载（745—746）间，李白写于兖州。

海英岳灵，诞彼开士②。

了身皆空，观月在水。③

如薪传火，朗彻生死。④

如云开天，廓⑤然万里。

寂灭⑥为乐，江海而闲⑦。

逆旅⑧形内⑨，虚舟⑩世闲。

邈彼昆阆⑪，谁云可攀。

【注释】

①鲁郡：唐时，鲁郡治在今兖州。

②开士：菩萨的异名，后以称有德行的高僧。

③了身皆空，观月在水：领悟到佛教的说法，即认为人身无实如幻，好像是水中的月亮一样。

④如薪传火，朗彻生死：佛教认为，人虽死而神不灭。神可以再转化为形。慧远《形尽神不灭论》说："火之传于薪，犹神之传于形。火之传异薪，犹神之传异形。前薪非后薪，则知指穷之术妙。前形非后形，则悟情数之感深。惑者见形朽于一生，便以为神情俱丧，犹睹火穷于一木，谓终期都尽耳。"

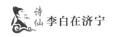

⑤廓：辽阔、广大。

⑥寂灭：佛教谓死为寂灭或谓圆寂，即超脱一切境界，入于不生不灭之门。

⑦江海而闲：江海不以人为而终古不息。

⑧逆旅：旅馆，客舍。

⑨形内：形体之内。

⑩虚舟：不系之舟，任其漂流。《庄子·列御寇》（《百子全书》，岳麓书社 1993 年版，第 4610 页）："巧者劳而智者忧，无能者无所求，饱食者而遨游，泛若不系舟，虚而遨游者也。"

⑪昆阆：神话中，昆仑山顶有阆风山，神仙住的地方。

【句解】

海英岳灵，诞彼开士。

山川英灵所孕育诞生的叶和尚是一位高僧。

了身皆空，观月在水。如薪传火，朗彻生死。

按照佛教的说法，人身是虚幻的，就如水中的月亮一样。人与精神，即形与神的关系，犹如柴与火苗的关系，柴燃尽了，火苗可在另外柴燃起，显现出来，人与此同理，人死了，形没有，可神在别的人（形）显现出来，谓之神不灭。这四句是赞赏叶和尚理解佛家理论。

如云开天，廓然万里。寂灭为乐，江海而闲。

白云飘浮在辽阔万里的蓝空。人寂灭即进入不生不死的极乐境界，似江海万古不息而又平静安闲。

逆旅形内，虚舟世闲。

天地间为逆旅，乘不系之舟，任其漂流。

邈彼昆阆，谁云可攀。

遥远的昆仑山巅的阆风山，是神仙的住所，谁说能轻易攀登上去呢？

言攀其山之难。

【赏析】

　　李白信奉道教，一度受影响较深，写过不少反映道教生活的诗篇，也交了不少如元丹丘等道教朋友，对于佛教他也交了一些朋友，并写诗加以赞誉，鲁郡叶和尚就是其中一位。《鲁中叶和尚赞》这首诗，用"赞"的文体，通过"了身皆空"，一切皆空；"如薪传火"，"形死"而"神"不灭的形神关系，即薪火关系；通过"不生不死"的"寂灭"的极乐境界和"虚舟世间"等几种佛教的义理，赞叶和尚对佛教义理有深刻的认识；赞叶和尚把握佛教之理，践行佛教之规，并能大彻大悟，是一位出众的高僧。这首赞诗中，运用看得见、摸得着"物"作为比喻，如"观月在水""如薪传火""江海而闲"等，帮助读者理解诗的内容，领会诗要表达的情感，加深对叶和尚的誉赞。

金乡薛少府厅画鹤赞 ①

高堂闲轩②兮，虽听讼③而不扰。

图蓬山④之奇禽，想瀛海之缥缈。

紫顶烟⑤艳⑥，丹眸星皎。

昂昂⑦伫眙⑧，霍⑨若惊矫⑩。

形留座隅⑪，势出天表⑫。

谓长鸣于风霄，终寂立于露晓⑬。

凝玩⑭益古，俯察愈妍⑮。

舞疑倾市⑯，听似闻弦⑰。

傥感至精以神变，可弄影而浮烟。

【注释】

①金乡：县名，唐时属河南道兖州，即今山东金乡县。薛少府，名字不详。赞：古代文体的一种，一般用于颂扬，多用韵文写成。

②轩：有窗的长廊或小室。

③讼：在法庭争辩是非曲直，打官司。

④蓬山：仙山，神仙所居之地。

⑤烟：此处指云气。

⑥艳：深红。

⑦昂昂：气宇轩昂的样子。

⑧伫眙：站立而视。

⑨霍：乌疾飞的声音，引申为迅速。

⑩惊矫：惊飞貌。

⑪隅：角落，靠边的地方。

⑫天表：天外。

⑬谓长鸣于风霄，终寂立于露晓：是写鹤鸣的季节，据《艺文类聚·易通卦验》说：立夏，清风至，鹤则鸣。《春秋感情符》："八月露降，鹤即高鸣相警。"

⑭凝玩：专注地欣赏，观赏。

⑮妍：美丽。

⑯疑：相似，好像。倾市：即鹤舞倾市观看。典故出自《吴越春秋》，说吴王阖闾与夫人及小女儿滕玉一起吃蒸鱼，吴王先吃了一半，再给女儿滕玉吃。其女儿非常气愤，说：王吃剩下的鱼给我吃，是对我的侮辱，我不想再活下去了。于是自杀。吴王极为悲痛，葬滕玉于邦西阊门外，凿池积土，纹石为椁，金鼎玉杯，银樽珠襦之宝殉葬。送葬时，舞白鹤于吴市中，万人围观，遂使男女及白鹤俱入墓门而送死。

⑰闻弦：谓师旷鼓琴事。《韩非子·十过》载：师旷援琴而鼓，一奏之有玄鹤二八，道南方来，集于廊门之垝，再奏之而列，三奏之延颈而鸣，舒翼而舞，音中宫，商之声，声闻于天。

【句解】

高堂闲轩兮，虽听讼而不扰。

高大的厅堂，宽敞的前廊。大厅墙壁上画一幅仙鹤图，这里是薛少府办公听诉讼的地方。这两句说明大厅画鹤的位置。

图蓬山之奇禽，想瀛海之缥缈。

这两句运用想象的手法，是说大厅的画鹤是蓬、瀛仙山的奇禽，对鹤加以赞美。

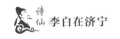

紫顶烟艳，丹眸星皎。昂昂伫眙，霍若惊矫。形留座隅，势出天表。

主要是描写和赞美鹤的神态和具体形象。鹤顶深红，丹眸如皎星一样明亮。鹤的神态气宇轩昂，站立远视，矫健展翅高飞，其势似冲出天外。

谓长鸣于风霄，终寂立于露晓。

主要写鹤鸣是随季节而变化。夏至到来，清风徐徐，鹤则鸣叫。八月露降，则鹤寂然，高鸣相警。

凝玩益古，俯察愈妍。

专注凝神地观赏，更加体会到画中鹤的非凡，仔细俯察，愈能感到鹤的美妍。

舞疑倾市，听似闻弦。

以鹤美丽的历史传说对鹤加以赞美。在给吴王女儿送葬的街上，白鹤起舞，人们倾市而出观看，说明鹤的魅力和人们对鹤的热爱。古代音乐家师旷一次鼓琴，十六只鹤飞来，再奏而成群列队而来，第三次鼓琴，鹤竟然"延颈而鸣，舒翼而舞"，说明鹤通音律，与艺术融合，展现鹤的高雅飘逸。

傥感至精以神变，可弄影而浮烟。

倘惹感至精美而发生神奇的变化，鹤可弄影而舞，似浮烟样翩飞。

【赏析】

这首"厅画鹤赞"，主要是对画中鹤的赞美。

开头两句写明这幅鹤图所在的方位，不是一般的客厅，而是县少府的大堂，彰显其方位的显要性。

以下从五个方面对图中的鹤进行赞美：赞其一，画中之鹤似东海蓬瀛仙山的奇禽，见其珍贵；赞其二，美丽的形象，轩昂的神态。鹤顶深红，丹眸如星，昂扬远视，矫翼思空，其势昂昂，冲飞天外；赞其三，动听的鹤鸣，鸣于风霄，随风飘荡；赞其四，美丽的传说，动人的故事。市民倾市观白鹤起舞和鹤听师旷鼓琴而"延颈而鸣，舒翼而舞"，说明鹤的魅力和可爱，说明鹤通琴声，能解人意，与人结下深深的情缘；赞其五，如果"感至情"而发生神奇的变化，鹤不是画中的鹤，而成鲜活的鹤，可"弄影"起舞，"浮烟"凌空。诗人从五个方面赞美鹤，中间还加以议论，如"凝玩益古，俯察愈妍"，即专注凝神观赏，越加感到画中鹤的不凡，细心观察后，愈感到鹤的闲美丽妍。诗人把对鹤现实的描写，配以神话传说和历史故事，三者相融，所描写鹤的形象，不仅有现实的美感，还有厚重的历史感和迷离的神秘色彩，给读者留下深刻的印象。

琴赞

天宝四载（748），李白写于邹城峄山。

峄阳①孤桐②，石耸天骨③。

根老冰泉，叶苦霜月。④

斫⑤为绿绮⑥，徽⑦声粲发⑧。

秋风入松⑨，万古奇绝⑩。

【注释】

①峄阳：峄山的南面。峄：指峄山，在今山东邹城市境内。方圆十余公里，海拔555米，山势峻拔，怪石嶙峋，山上多洞，幽深相通。山泉清冽，树木丰茂。

②孤桐：《尚书·禹贡》（孔令河：《五经注译》，山东友谊出版社2001年版，第370页）"峄阳孤桐"。孤，特。峄山之阳，特生桐，适于制琴瑟。据《封氏闻见记》载："土人云"此桐所以异于常桐者，诸山皆发地兼土，惟此山大石攒倚，石间周围皆通人行，山中空虚，故桐木绝响，是而珍而入贡也。

③石耸天骨：在石缝中生出桐树，那树干似高耸于石上。天骨：雄伟的骨干。

④根老冰泉，叶苦霜月：谓桐之根、枝、叶都饱受冰泉和风霜的磨炼。

⑤斫：砍、削。

⑥绿绮：古琴名，古代四大名琴之一。傅云《琴赋序》："齐桓公有鸣琴

曰号钟、楚庄王有鸣琴曰绕梁，司马相如有绿绮、蔡邕有焦尾，皆名器也。"

⑦徽：琴徽，系琴弦的绳子，这里指琴节。

⑧粲发：指发出典雅隽妙的琴声。

⑨秋风入松：此比喻优美清韵的琴声。

⑩奇绝：奇特罕见。

【句解】

峄阳孤桐，石耸天骨。

峄山的南面生有特殊的桐树。那雄伟的树干立在石上。这两句写峄山特殊的桐和高耸的树干。

根老冰泉，叶苦霜月。

梧桐的老根深深扎入泉水中，受山泉的滋养。桐树的干、枝、叶也都经历风霜、冰雪的磨炼，同时吸收大自然的精华。

斫为绿绮，徽声粲发。

用刀斧砍断桐树，经过匠人和琴师精心设计，制造出珍贵的名琴，弹奏此琴，会发出美妙动听的琴声。

秋风入松，万古奇绝。

秋风入松，发出的声音，美妙动听，奇特罕情，万古未有。

【赏析】

此文主要是对琴的赞美。诗人以独特的视角，赞美琴先赞美制造琴的原材料桐树，赞美桐又赞其生长的环境，它生长在峄山之阳，那里怪石百态，巨石傲空，山泉潺潺，桐木蓊郁。这里桐树的根深深扎在"冰泉"，汲取峄山水土的宝贵营养；桐的枝叶，沐浴风雨霜月，吸取天地之精华，树的根、干、枝、叶都关注了峄山的灵秀。用具有天地精华和峄山灵秀的峄阳孤桐制造的琴是"绿绮"样的名贵之琴，用它弹奏的曲子美妙动听，如

"秋风入松",随风势的大小,一会如万马奔腾,一会似百鸟和鸣;一会如松涛阵阵,一会又像春雨潇潇……这动人的乐章,奇特罕见,万古未有,这琴声随风常常在山间飘荡。诗人对琴的赞,还反映诗人尚德的思想。嵇康《琴赋》序中说:"众器之中,琴德最优。"李善引《白虎通》曰:"琴者,禁也。禁人邪恶,归于正道,故谓之琴。"诗人以琴为赞,特别是以"孤桐"之琴为赞,自然应有寓意,反映诗人高雅和崇高德操的思想感情。全诗八句三十二字,由桐写到琴,由琴写到琴声,层次清晰,字句工整,文笔流畅,风格清丽。

任城县厅壁记 ①

  风姓②之后，国为任城，盖古之秦县也。在《禹贡》③则南徐④之分，当周成⑤乃⑥东鲁之邦，自伯禽到于顺公，三十二代⑦，遭楚荡灭，因属楚焉⑧。炎汉⑨之后，更为郡县。隋开皇三年，废高平郡⑩，移任城于旧居。邑乃屡迁，井⑪则不改。鲁境七百里，郡有十一县⑫，任城其冲要。东盘琅琊⑬，西控钜野⑭，北走厥国⑮，南驰互乡⑯。青帝太昊⑰之遗墟，白衣尚书⑱之旧里。土俗古远，风流清高，贤良间生，掩映天下。

  地博厚，川疏明。汉则名王分茅⑲，魏则天人列土⑳。所以代变豪侈，家传文章。君子以才雄自高，小人则鄙朴难治。况其城池爽垲㉑，邑屋丰润㉒。香阁倚日，凌丹霄㉓而欲飞；石桥横波，惊彩虹而不去，其雄丽块圠㉔，有如此焉。

  故万商往来，四海绵历㉕，实泉货㉖之橐籥㉗，为英髦㉘之咽喉。故资大贤，以主东道㉙，制我美锦㉚，不易其人。今乡二十六，户一万三千三百七十一。帝择明德，以贺公㉛宰之。公温克修，俨硕㉜有立。季野备四时之气㉝，士元非百里之才㉞。拨烦㉟弥闲，剖剧㊱无滞。镝百发克破于杨叶㊲，刀一鼓必合于《桑林》㊳。

  宽猛相济㊴，弦韦㊵适中。一之岁肃而教之，二之岁惠而安之，三之岁富而乐之。然后青衿㊶向训，黄发㊷履礼。耒耜㊸就役，农无游手之夫；杼轴[44]和鸣，机罕频哦[45]之女。物不知化，陶然自春。权豪锄纵暴之心，黜[46]吏返淳和之性。行者让于道路[47]，任者并于轻重[48]。扶老携幼，尊尊亲亲，千载百年，再复鲁道[49]。非神明博远，孰能契于此乎？

白探其东蒙[50]，窃听舆论，辄记于壁，垂之将来，俾后贤之操刀[51]，知贺公之绝迹者也。

【注释】

①任城：唐时，属河南道兖州，即今山东省济宁市任城区。厅壁记：写于官府厅壁上的记事文章。据韦氏《西京记》：郡官盛写壁记"'以记当厅前后迁除出入，浸以成俗。'然则壁记之由，当是国朝（唐）以来，始台省、遂流郡邑耳。"即是说，开始仅限于朝廷各部司，后逐渐流传至州、郡、县衙。内容也多变为歌功颂德，失去原来的本意。

②风姓：太昊为风姓，任城为太昊后裔，故任为风姓之后。《左传·僖公二十一年》（孔令河：《五经注译》，山东友谊出版社2001年版，第2128页）："任、宿、须句皆风姓也。"任，即古任城，今山东济宁市任城区。

③禹贡：《尚书·夏书》中的篇名。是一篇重要的地理志著作，将中国划为九州，记述了各区域的地理分布、交通、物产状况等。

④南徐：东晋南渡，侨置徐州于京口（今镇江市），南朝宋元嘉八年以江南晋陵地为南徐州，仍治京口。隋开皇元年废。（参见徐文苑：《东晋南北朝舆地表·扬州》）

⑤周成：周成即成周。指西周的东都洛邑。周平王东迁，居王城，敬王避乱，迁都成周。此处代指周朝。

⑥乃：语助词，常用于句首。

⑦自伯禽到于顺公，三十二代：周公旦的长子伯禽，代其父封于鲁

（曲阜），是为鲁国。顺公：应作顷公。自伯禽至顷公为三十三代。三十二代误。

⑧属楚焉：据《史记·周公世家》（漓江出版社 2018 年版，第 289 页）："顷公……十九年，楚伐我，取徐州。二十四年，楚考烈王伐灭鲁，顷公亡，迁于卞邑，为家人，鲁绝祀。"

⑨炎汉：又称炎刘，指汉朝。汉代自称以火德王，所以称炎汉。

⑩高平郡：东汉章帝时建置此郡，治所在山东微山县西北。《元和郡县志》河南道兖州："魏志曰：文帝封鄢陵侯彰为任城王。齐天保七年，移高平郡于此，任城县属焉。隋开皇三年，罢高平郡，属兖州。"

⑪井：相传古制八家为一井，引申为旧居之处。

⑫鲁境七百里，郡有十一县：《元和郡县志》河南道兖州："州境：东西三百三十一里，南北三百五十三里。"又云："管县十一，瑕丘、金乡、鱼台、邹县、龚丘、乾封、曲芜、曲阜、泗水、任城、中都。"王琦注："新旧《唐书》所载，只十县，以贞元中割'中都'入郓州故也。"

⑬琅琊：即沂州，今山东临沂市，在任城以东。

⑭钜野：今山东巨野县。古为大野地。唐时属郓州，在任城以西。

⑮厥国：指兖州平陵县，在任城北，据章怀太子《后汉书注》："东平路、县名，古厥国也，属东平国。址在今山东东平、汶上一带地方。"

⑯互乡：乡名，在沛县。据王琦《李太白全集》注：《太平寰宇记》载：徐州沛县合乡故城，古互乡之地。《论语》："互乡难与言"即为此地。

⑰青帝太昊：即太皋庖牺氏。风姓，其后裔当春秋时，"有任、宿、须句、颛臾，皆风姓之胤也。"

⑱白衣尚书：名郑均，字子虞，孔子弟子郑国十八代孙，东汉任城人，官至尚书。后退职归家。元和二年，汉章帝东巡，经任城时到郑均家，赐其终身领取尚书俸禄，时人号称白衣尚书。

⑲分茅：古代分封诸侯，以白茅裹泥土授之，谓之分茅。据《后汉

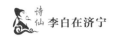

宪王苍传》：元和元年（84），封孝王刘尚为任城王，食任城、亢父、樊三县。

⑳天人列土：列土：谓分封诸侯。据《三国志·曹志》：黄初三年（222），立威王曹彰为任城王。天人：非凡的人物，这里指威王彰。

㉑爽垲：明亮干燥。爽：明。垲：燥。

㉒丰润：指城中房屋众多而华丽。

㉓丹霄：天空。

㉔块圠：广大的样子。

㉕绵历：指时间延续悠久。

㉖泉货：即货币。《汉书·食货志》："故货，宝于金，利于刀，流于泉。"

㉗橐籥：古代冶铁用以鼓风吹火的工具，犹今之风箱。橐：外面的箱子。籥：里边的送风管。此处指泉货的源泉。

㉘英髦：杰出优秀的人。

㉙东道：接待宾客者，亦称东道主。

㉚制我美锦：典出《左传·襄十一年》（孔令河：《五经注译》，山东友谊出版社2001年版，第2500页）：说郑国大夫子皮（名公孙侨），欲封尹何为邑官，郑子产说："尹何太年轻了，不知能否胜任"，子皮说："我爱尹何，可让他边学边干。"子产说："他连刀的性能都不知道，硬叫他去砍杀。恐要把事情办坏的。"接着子产用实例向子皮讲道理，说："你如若有一块贵重的美锦，想做一件满意的衣服，是找一个技艺高超的去做，还是找一个初学裁缝者去做？"答复是自然找一个技术好的去做。子产告诉子皮：大官大邑，关系国家的命脉，难道不比你那块美锦更重要吗？诗人用这个典故，喻朝廷选用贤能的官吏，来任城任职。

㉛贺公：即贺知止。据贺铸《庆湖遗老集》载：贺知止是贺知章的从弟，浙江会稽人，以明经科举道，初任上虞丞，约于天宝三四年任任城县

令，卒于阳谷县令。

㉜俨硕：庄严端重。《诗·陈风·德行》："有美一人，硕大且俨。"

㉝季野备四时之气：季野，指褚裒。《世说新语·德行》（中华书局2018年版，第46页）："谢太傅绝重褚公，常称褚季野虽不言，而四时之气亦备。"四时，指一日四时：朝、昼、夕、夜。"君子有四时，朝以听政，昼以访问，夕以修令，夜以安身"（《左传》）。又据《国语·鲁语》："士朝而从业，昼而讲贯，夕而习复，夜以计过。"此处借这个典故赞扬贺知止的举止庄严和蔼。

㉞士元非百里之才：士元，庞统，字士元。《三国志·蜀书·庞统传》："庞统以从事守耒阳令，在县不治，免官。吴将鲁肃遗先主书曰：'庞士元，非百里才也。使处治中别驾之任，始当展其骥足耳。'"百里，代指县域或县官。此借这个典故称颂贺公的政治才干。

㉟拨烦：处理繁重的政务。

㊱剖剧：谓剖析发生的急要之事。

㊲镝百发克破于杨叶：《史记·周本纪》（漓江出版社2018年版，第42页）载：楚国有一个善射箭的人，名叫养由基，于百步之外射一片杨叶，能百发百中。这里借以称颂贺公处理政务的精准施策，没有失误。

㊳刀一鼓必合于《桑林》：用庄子庖丁解牛事。桑林：商代乐曲名。意思是每一挥动刀，就恰到好处，即"投刃应桑林"，节拍完全和合。言其治民的举措合乎民意，无不合宜。

㊴宽猛相济：即宽严相互补益。猛：严。《左传·昭二十一年》："仲民曰……政宽则民慢，慢则纠之以猛。猛则民残，残则施之以宽。宽以济猛，猛以济宽，政是以和。"

㊵弦韦：弦：弓弦；韦：兽皮，弦紧皮柔，比喻急缓。此处赞贺公在施政方面不急不缓，做到急缓适中。

㊶青衿：代指学子。《诗·郑风·子衿》（孔令河：《五经注译》，山东

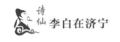

友谊出版社 2001 年版，第 679 页）："青青子衿，悠悠我心。"

㊷黄发：以代老者。老人发白，白久则黄。

㊸耒耜：上古时的翻土农具，耜以起土，耒为其柄，后由木改为铁制。

㊹杼轴：杼：织机的梭；轴：卷织物的轴。这句是形容和谐的织机的响声。

㊺颦哦：皱眉不乐。

㊻黠：狡猾。

㊼行者让于道路：谓行者让路，讲礼貌。《孔子家语》卷二（《百子全书》，岳麓书社 1993 年版，第 21 页）："虞、芮二国争田而讼，连年不决，乃相谓曰：'西伯，仁人也，盍往质之？'入其境，则耕者让畔，行者让路。"

㊽任者并于轻重：路上行走，担负东西较轻的人，替担负重的人分担一些，说明关心，助人为乐。《礼记·王制》（孔令河：《五经注译》，山东友谊出版社 2001 年版，第 1381 页）："轻任并，重任分。"孔颖达《正义》："任，谓有担负者俱应担负。老少并轻，则并于少者担之。老少并重，不可并于少者一人，则分为轻重，重与少者，轻与老者。"

㊾鲁道：即周公治鲁尊尊亲亲之道。

㊿东蒙：指蒙山，今临沂费县西北，任城之东。

51操刀：刀，在古代是书写工具，上古记事是用刀刻于龟甲或竹木简上。操刀相当于后来的拿笔。此处指秉笔而书的文人。

【简评】

厅壁记的"记"，也叫杂记，是古代的一种文体。本篇"记"的内容可分为三段，开始"风姓之后"第一句至"井则不改"自然段为第一段，主要写任城县的历史沿革；自"鲁境七百里"至"为英髦之咽喉"为第二段，主要写任城县的人文地理、城镇风貌、自然风光；自"故资大贤以主东道"至"孰能契于此乎?"为第三段,主要从贺公德操、精准施政、社会效果等方面对其进行赞颂。结束语表明写厅壁记的目的性。

第一段写历史沿革,彰显任城的历史悠久。第二段写人文、地理环境,有两个突出点,一是显其文化底蕴深厚,太昊的遗墟,白衣尚书的旧里,风流清高的民俗等,在此提及的白衣尚书郑均,他的为政清廉、爱国忧民的事迹至今在任城流传,还修了白衣尚书纪念馆;二是对任城的描写,不仅大地博厚,河流疏明,而城池房屋,雄丽丰润,特别是对"香阁"和"石桥"的描写,清雄奔放句句动人,"香阁倚日,凌丹霄而欲飞,石桥横波,惊彩虹而不去。"这诗化的语言,夸张生动的描写,给读者留下深刻的印象。第三段,也是重点部分,从不同的角度对贺公进行颂扬,首先赞其高尚德操"温、恭、克、修","俨硕有立",有才华,有气度;再赞其施政精准,如百步穿杨和庖丁解牛那样,准确无误,恰到好处,既不过宽,也不过猛,做到宽猛相济;既不过急,也不过缓,做到急缓适中。再赞其经过"肃而教之""惠而安之""富而乐之"三年的教化,使社会有了大的变化,呈现出社会安定和谐,人民安居乐业的社会画图,男耕女织,和乐如春:权豪黜吏,改恶从善;百姓相互帮助,扶老携幼,尊尊亲亲……诗人感叹"非神明博远,孰能契于此乎?"这种祥和的社会景象,是对贺公政绩的颂扬,也是李白的社会政治理想,他在《赠范金乡》其二诗中表达了"百里鸡犬静,千庐机杼鸣"同样的社会向往。因而这篇"厅壁记"文章,是研究李白思想和社会理想的重要资料。

崇明寺佛顶尊胜陀罗尼幢颂并序 ①

天宝十年（751），写于兖州。

　　共工不触山，娲皇不补天②，其鸿波汩汩③流！伯禹不治水，万人其鱼乎！④礼乐大坏，仲尼不作，王道其昏乎！⑤而有功包阴阳，力掩造化，首出众圣，卓称大雄。⑥彼三者之不足征矣！粤⑦有我西方金仙⑧之垂范⑨，觉旷劫⑩之大梦，碎群愚之重昏⑪；寂然⑫不动，湛⑬而常存。使苦海静滔天之波，疑山灭炎昆之火，囊括天地，置之清凉⑭。日月或坠，神通自在，不其伟⑮欤！

　　鲁郡崇明寺南门佛顶尊胜陀罗尼石幢者，盖此都之壮观。昔善住天子及千大天游于园观，又与天女游戏，受诸快乐，即于夜分中闻有声曰："善住天子七日灭后当生，七反畜生之身。"⑯于是如来授之吉祥真经，遂脱诸苦，盖之天征为大法印⑰，不可得而闻也。我唐高宗时，有罽宾桑门⑱，持入中土。犹日藏大宝清园虚空，擅金净彩，人皆悦见。所以山东开士⑲举国而崇之。时有万商投珍，士女云会，众布蓄沓如陵⑳。琢文石㉑于他山，耸高标于列肆㉒。镂珉错彩㉓，为鲸为螭㉔；天人海怪，若叱若语。贝叶金言㉕刊其上，荷花水物形其隅。良工草莱㉖，献技而去。

　　圣君垂拱南面㉗，穆清而居，大明广运，无幽不烛。以天下所立兹幢，多临诸旗亭㉘，喧嚣湫隘㉙，本非经行网绕㉚之所。

472

乃颁下明诏，令移于宝坊㉛。吁！百尺中标，矗若去断，委翳苔藓，周流星霜，俾龙象㉜兴嗟，仰瞻无地，良㉝可叹也。

【注释】

①崇明寺：佛教寺院。原在兖州，现已不存。《佛顶尊胜陀罗尼》，佛经名。梵文译音，意义为"总持"，内容多是一些荒诞的咒语。幢：释家幡盖之类的标志，用石头打制而成，把咒语刻在上面。

②共工不触山，娲皇不补天：共工、女娲事。据《论衡·谈天》（《百子全书》岳麓书社1993年版，第3319页）载："儒书言，共工与颛顼争为天子，不胜，怒而触不周之山，使天柱折、地维绝。女娲销炼五石以补苍天，断鳌足以立四极。天不足西北，故日月移焉。地不足东南，故百川注焉。"

③鸿波汩汩：鸿，通洪，洪大。汩汩：波涛汹涌声。

④伯禹不治水，万人其鱼乎：大禹不治理江河，众人淹在水中，不就成了鱼吗？《左传·昭公元年》："美哉禹功，明德远矣，微禹，吾其鱼乎！"

⑤礼乐大坏，仲尼不作，王道其昏乎：周朝的礼崩乐坏，幸亏有孔子重新删订流传下来。不然，缺乏礼乐制度的约束，世道不就混乱和昏暗了吗？王道：泛指西周初期的法度。

⑥而有功包阴阳，力掩造化，首出众圣，卓称大雄：这四句意思，释迦牟尼的功德与法力，这远超过女娲、伯禹、孔子。阴阳：古代哲学概念，任何事物都由阴阳组成。造化：创造，化育，此指自然界。大雄：释迦牟尼的尊号，佛有大智力，能降伏四魔，故称大雄。

⑦粤：古语助词。用于句首或句中，与"曰"同用。

⑧金仙：佛家说如来身子，金色微妙，故称金仙。

⑨垂范：遗留的模范。

⑩旷劫：久远的劫难。

⑪重昏：黑暗的境地。

⑫寂然：安静的样子。

⑬湛：澄清，深。

⑭使苦海静滔天之波，疑山灭炎昆之火，囊括天地，置之清凉。此四句是说，如来佛具有极大的法力，他能拯救人脱离苦海，能解除人的各种疑虑，使世人万物处于安静之中。苦海：比喻苦境无边。疑山：比喻疑虑众多。囊括：全部包罗，包括。

⑮伟：奇伟。《说文》："伟，奇也。"

⑯鲁郡崇明寺南门佛顶尊胜陀罗尼石幢者，盖此都之壮观。昔善住天子及千大天游于园观，又与天女游戏，受诸快乐，即于夜分中闻有声曰："善住天子七日灭后当生，七反畜生之身。"这八句内容是讲《陀罗尼经》的传世。善住天子，佛教所说忉利天诸天子中之一人。善住自知七日后命终，死后七返阎浮提受畜生之身，堕地狱，很害怕，求救于帝释。帝释至祇园精舍，向佛求其转身之法。佛说："可令善住天子诵读《佛顶尊胜陀罗尼经》可延寿转难。《陀罗尼经》中说：佛告天帝，若有人听说《陀罗尼》一经，先世所造的一切罪孽，皆能消灭。"善住听其言，被授《陀罗尼经》后，遂脱苦狱。

⑰法印：佛教谓道为法，故讲道叫说法、佛力叫法力、僧衣叫法衣，尊称法师。法印即是佛法印证的真实事物。佛教以诸行无常、诸法无我，涅槃寂静为三法印。以此作为基本教义与识别佛经真伪的标准。

⑱罽宾桑门：罽宾，汉代西域的国名。梵语为迦释弥罗，在今克什米尔一带。桑门：佛语，"沙门"的译音。据《翻译名义》记载：佛陀波利，罽国人，忘身殉道，遍观灵迹。闻文殊师利在清凉山，远涉流沙，躬来礼谒。高宗仪凤元年，杖锡五台，虔礼圣容。忽见一翁从山出来，作波罗门语，给波利说："法师何求？"波利说："闻文殊隐此，欲求瞻礼。"翁说：

"师将《佛顶尊胜陀罗尼经》来不？"此土众生，多造诸罪，佛顶咒乃除罪秘方。若不将经，徒来无益。纵见文殊，未必能识。可还西国取经，传此弟子。当示文殊所在。波利作礼举头不见老人。遂返本国，取得经来，状奏高宗，遂令杜行顗及日照三藏与内共译。经留在内，波利注奏，"志在利人"，请布流行。帝愍专志，遂留所译之经，还其梵本。波利将向西明与僧顶贞共译《佛顶尊胜陀罗尼经》。"所愿以毕，持经梵本，入于五台不去。"

⑲开士：梵语菩萨的音译，后以称僧人或高僧。

⑳众布蓄沓如陵：众人布施，杂沓的东西积聚在一起如丘陵一般。

㉑文石：带有花纹的石头。《山海经》："瞻诸之山，其阳多金，其阴多纹石。"纹：通纹。

㉒列肆：商场。

㉓镵珉错彩：雕刻多彩的石纹。镵：错、凿，雕刻玉石的工具。此处作动词用。珉：美玉。彩：纹彩，图纹。

㉔螭：《说文》："螭，若龙而黄，此谓之地蝼，或云无角曰螭。"

㉕贝叶金言：贝叶，梵语的音译，其意为叶。西域经文，多写在贝叶上，如保护得当，可保存五六百年。

㉖草莱：荒野，引申为民间。

㉗圣君垂拱南面：圣君：仁德之君。以下四句写圣君关心世上的一切。垂拱：垂衣拱手。

㉘旗亭：酒店。

㉙湫隘：湫：下；隘：小。

㉚经行网绕：经行，僧人围绕石幢循行礼拜。围绕，以网围罩石幢，使鸟雀不得栖上污染。

㉛宝坊：僧房、庙宇。西方供佛宫殿，以七宝增饰，故名宝坊。

㉜龙象：高僧。

㉝良：很、确。

我太官广武伯^①陇西李公，先名琬，奉诏书改为辅。其从政也，肃而宽，仁而惠，五镇方牧^②，声闻于天。帝乃加剖竹^③于鲁^④，鲁道粲然可观。方将和阴阳于太阶^⑤，致吾君于尧舜，岂徒闭阁坐啸^⑥，鸿盘二千^⑦哉！乃再崇厥功，发挥象教^⑧，于是与长史卢公、司马^⑨李公等，咸明明在公^⑩，绰绰有裕^⑪，韬大国之宝，钟元精^⑫之和。荣兼半刺^⑬，道光列岳^⑭。才或大而用小，识无微而有通。政其有经，谈岂更仆^⑮！

有律师^⑯道宗^⑰，心总群妙，量苞大千^⑱。日何莹而常明，天不言而自运。识岸浪注^⑲，玄机^⑳清发，每口演金偈^㉑，舌摇电光^㉒，开关延敌^㉓，罕有当者^㉔。由万窍同号于一风^㉕，众流俱纳于溟海^㉖。若乃严饰佛事^㉗，规矩梵天^㉘。法堂^㉙郁以雾开，香楼^㉚岌乎岛峙，皆我公之缔构也。以天宝八载五月一日示灭^㉛大寺，百城号天，四众^㉜泣血，焚香散花，扶榇^㉝卧辙。仙鹤数十，飞鸣中绝。非至德动天，深仁感物者，其孰能与于此乎？三纲^㉞等皆论穷弥天，惠湛清月，传千灯^㉟于智种，了万法于真空^㊱。

【注释】

①广武伯：广武，县名，隶陇右道兰州。伯，地方长官。

②五镇方牧：说李琬先后任五个地方的太守。据李白《虞城令长李锡去思碑》说："文浦，郓、海、淄、唐、陈五州刺史，鲁郡都督，广平太守，袭广武伯。"镇、州、藩镇的别称。方牧：太守级的地方长官。

③剖竹：符信，剖置以竹，分为二，一给本人，一留官府存档。凡为

太守，皆剖竹使府。

④于鲁：指为鲁郡太守，鲁郡即兖州，唐时隶河南道。

⑤和阴阳于太阶：据《黄帝太阶六符经》说："太阶者，无之三阶也。上阶为天子，中阶为诸侯、公卿、大夫，下阶为士、庶人。"三阶平则阴阳和，天下太平。

⑥闭阁坐啸：闭门不理事，坐而吟啸，旷放无拘束。

⑦鸿盘二千："盘"通"磐"，安如山石。以二千石之职为宴安之地。

⑧象教：以形象教化人。

⑨长史、司马：皆官名。唐制，鲁郡为上都督府，设长史一人，从三品，司马二人，从四品下。

⑩明明在公：勤劳国政之事，早起夜寐，都在办公之地操劳。《诗·鲁颂·有駜》(张晓琳注析:《诗经》，中国文联出版社 2019 年版，第 271 页)："夙夜在公，在公明明。"郑玄笺："言时臣忧念君事，早起夜寐，在于公之所，在于公之所，但明义明德也。"

⑪绰绰有裕：宽裕富饶之意。

⑫元精：大道。

⑬半刺：任居刺史之半，即州郡长官下属的长史、司马等。

⑭列岳：高位。

⑮更仆：言谈太久，仆侍疲倦，需要更代仆人。《礼记·儒行》："衰公曰：敢问儒行? 孔子对曰：遽数之不能终其物，悉数之，乃留，更仆未可终也。"陈澔集说："卒遽而数之，则不能终言其事。详悉数之，非久留不可。仆，臣之傧相者，久则疲倦，虽更代其仆，亦未可得尽言之也。"

⑯律师：佛教中善于解说经义的人。

⑰道宗：僧人的名字。

⑱大千：即大千世界。指广大无边的世界。

⑲识岸浪注：据安旗先生注："佛教谓心体真如，譬如海；诸识之缘动，譬如波浪。《楞伽经》曰：'譬如巨海浪，斯由猛风起。洪波鼓冥壑，无有断绝时。藏识海常在，境界风所动。种种诸识浪，腾跃而转升。'"识岸浪注即本此。

⑳玄机：深妙玄奥的道理，此处指佛教经义。

㉑金偈：偈为佛经中的颂词。金偈是对偈的美称。

㉒舌摇电光：喻言辞流利，善辩，快如闪电。扬雄《解嘲》"舌如电光。"李国翰注："电光，谓此辩速如电光之闪也。"

㉓开关延敌：比喻公开迎战论敌。典出贾谊《过秦论》(梁衡：《影响中国历史的十篇政治美文》，中国人民大学出版社，第 3 页)："秦人开关延敌，九国之师，遁逃而不敢进。"延：延请，引进。

㉔罕有当者：很少有相称、合宜的对手。罕：少。

㉕由万窍同号于一风：从各地生出的风声同归于一。窍：洞穴，古人认为窍穴生风。

㉖众流俱纳于溟海：百川归海。纳：归入。溟海：大海。溟：海。

㉗佛事：指佛教徒诵经、祈祷，供养佛像等活动。

㉘梵天：据《法林珠苑》说，佛经中有梵众天、梵辅天、大梵天之称，统称梵天，实际是民臣、君的定位。

㉙法堂：演说佛法的大堂。

㉚香楼：佛火葬时置宾棺之楼。

㉛示灭：谓菩萨或高僧之死。

㉜四众：佛家以"比丘、比丘尼、优婆塞、优婆夷"为四众。

㉝扶槔：槔：棺材。《说文》："槔：棺也。"

㉞三纲：《翻译名义》"寺立三纲，佛寺职务，上座，维那，典座也"。

㉟千灯：比喻佛教的一切善法。《维摩诘经》："譬如一灯，燃千百灯，冥者皆明，明络不尽。"佛教谓法能破暗，故以灯譬之，传法于人，乃曰

传灯。

㊱真空：王琦注："释典以一切万有终归于无，谓之为空。人法皆空，则谓之真空，即般若智也。"

　　不谋同心，克树圣迹。太官李公，乃命门于南，垣庙通衢。曾盘旧规，累构余石。壮士加勇，力俦拔山。才击鼓以雷作，拖鸿縻[①]而电掣[②]。千人壮，万夫势，转鹿卢[③]于横梁，泯环合而无际。常六合之振动，崛九霄[④]之峥嵘。非鬼神功，曷以臻此[⑤]？况其清景烛物，香风动尘，群形[⑥]所沾，积苦都雪，粲星辰而增辉，挂文字[⑦]而不灭，虽汉家金茎[⑧]，伏波[⑨]铜柱，拟兹陋矣！或日月圆满，方檀[⑩]散华[⑪]，清心讽持，诸佛称赞。夫如是，亦可以从一天至一天[⑫]，开天宫之门，见群圣之颜。巍巍功德不可量也。

　　其录事参军，六曹英寮，及十一县官属[⑬]，有宏才硕德，含香[⑭]绣衣[⑮]者，皆列名碑阴，此不具载。郡人都水使者宣道先生孙太冲[⑯]，得真人紫蕊玉笈[⑰]之书。能令太一[⑱]神自成还丹[⑲]，以献于帝，帝服享万受，与天同休。功成身退，谢病而去，不谓古之玄通微妙之士欤？乃谓白曰："昔王文考[⑳]观艺于鲁，骋雄辞于灵光；陆佐公[㉑]知名在吴，铭双阙于盘石。吾子盍可美盛德，扬中和？"恭承话言，敢不惟命。

遂作颂曰：

揭高幢兮表天宫，嶷独出兮凌星虹。

神纵纵[㉒]兮来空，仡[㉓]扶倾兮苍穹。

西方大圣称大雄，横绝苦海舟[㉔]群蒙。

陀罗尼藏万法宗，善住天子获厥功。

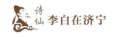

明明李君牧东鲁，再新颓规扶众苦。

如大云王注法雨㉕，邦人清凉喜聚舞。

扬鸿㉖名兮振海浦㉗，铭㉘丰碑㉙兮昭㉚万古。

【注释】

①鸿縻：大绳索。

②电掣：电闪而过。掣：闪过。

③鹿卢：即辘轳，能转动圆木，带动绞索以起重物。

④崛九霄：崛：突起。九霄：传说天有九层，指天的极高处。

⑤曷以臻此：曷：何，怎么。臻：到达。

⑥群形：众生。

⑦挂文字：悬挂文字，指幢上所刻经文。

⑧汉家金茎：汉武帝于长安建章宫作铜柱，高二十丈，上有铜仙人擎盘承甘露。金茎即铜柱。

⑨伏波：指东汉马援，援受封伏波将军。《后汉书·马援传》李贤注（《二十四史》，中华书局2000年版，《后汉书》马援卷24，第553页）："援到交趾，交铜柱，为汉之极界也。"

⑩方檀："檀"疑当作"坛"。方坛，梵语为曼茶罗，即是道场。

⑪散华：为供佛而散布的花。

⑫从一天至一天：据《释典》说："欲界有六天，色界有十八天，无色界有四天，凡三界共二十八天。从一天至一天，可达天宫。（见牛宝彤主编：《李白文选》，学苑出版社1989年版，第207页）

⑬录事参军，六曹英寮，及十一县官属：六曹均为大都督府的属官。据《唐六典》记载：大都督府有录事参军一人，正七品上。功曹参军事一人，仓曹参军事二人，户曹参军事二人，兵曹军事一人，仓曹参军事二人，户曹参军事

二人，兵曹参军事二人，法曹参军事一人，士曹参军事一人，皆为正七品下，是为六曹。《元和郡县志》，河南道兖州，"管县十一，瑕丘、金乡、鱼台、龚丘、乾封、莱芜、曲阜、泗水、任城、中都"。

⑭含香：指郎官，上朝奏事口含鸡舌香，气味芬芳。

⑮绣衣：指御史。

⑯孙太冲：著名道士，河南人，隐于嵩山，曾以合炼金丹为地方官推荐，得到唐玄宗赏识，任都水使者（正五品），掌官川泽、津梁、渠埝、坡池的政事。此为宠异方士的虚衔。

⑰玉笈：玉饰的书箱。常以称秘藏的道书。

⑱太一：天神之名。

⑲还丹：道家炼丹之术，以九转丹再炼，化为还丹，道家自称服用它可白日升天。

⑳王文考：王延寿，东汉辞赋家，有俊才，少游鲁国，作《灵光殿赋》。

㉑陆佐公：名倕，南朝梁文学家。吴郡人，少笃学，善写文章，曾写《漏刻》《石阙》二铭，冠绝当世，朝野闻名。

㉒纵纵：形容众多仙急忙奔赴的样子。

㉓仡：勇敢、雄壮的样子。

㉔舟：济，渡。

㉕法雨：佛教说佛法能滋润众生，以此喻为雨。《法华经》："澍甘露法雨，灭除烦恼焰。"

㉖扬鸿：大名。

㉗海浦：海滨。

㉘铭：刻。

㉙丰碑：高大的石碑。

㉚昭：彰明，显著。

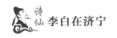

【赏析】

这是一篇关于佛教的颂文。我国唐代，是一个思想比较开放的朝代，对于宗教，不仅儒、道教为朝野所崇信，亦非常信奉佛教，成为儒释道三教圆融的时代。李白受道教影响较深，到了晚年也信奉佛教，这篇颂佛的文章，是研究李白佛学思想的宝贵资料。

按照郑修平先生的分析，全文可分为四大段。

自"共工不触山"至"不其伟软"为第一段。这部分的主要内容是写如来及释迦牟尼等无上的功德和神奇无比的法力，要超出女娲、伯禹、孔子一筹。

自"鲁郡崇明寺"至"良可叹也"为第二段，主要叙述《陀罗尼经》及经幢的传世。

自"我太官广武伯"至"敢不惟命"为第三段。其内容有三：一、赞颂了倡建经幢者鲁郡太守李辅的政绩；二、崇明寺主持律师道宗高超的佛法及崇明寺的示灭；三、重建经幢的过程及壮观景象。

最后的一段颂词为第四段，其内容是序言的概括，两者相得益彰，相辅相成。颂是古代一种文章的体裁。刘勰《文心雕龙颂赞》说"颂唯典雅"，多用韵文写成，一般用于歌功颂德，称善物美。本篇"颂"就是李白记叙立幢的始末，并且作歌颂扬。此篇颂并序文字较长，又多佛教术语，然立论持平，行文清楚，可见李白的识见、文风，也可看出唐代的礼佛习俗及法事。

附录：杜甫在东鲁（济宁）的诗

登兖州城楼

> 东郡趋庭日，南楼纵目初。
> 浮云连海岱，平野入青徐。
> 孤嶂秦碑在，荒城鲁殿馀。
> 从来多古意，临眺独踌躇。

题张氏隐居二首

其一

> 春山无伴独相求，伐木丁丁山更幽。
> 涧道馀寒历冰雪，石门斜日到林丘。
> 不贪夜识金银气，远害朝看麋鹿游。
> 乘兴杳然迷出处，对君疑是泛虚舟。

其二

> 之子时相见，邀人晚兴留。
> 霁潭鳣发发，春草鹿呦呦。
> 杜酒偏劳劝，张梨不外求。
> 前村山路险，归醉每无愁。

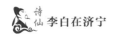

刘九法曹郑瑕丘石门宴集

秋水清无底，萧然静客心。

掾曹乘逸兴，鞍马去相寻。

能吏逢联璧，华筵直一金。

晚来横吹好，泓下亦龙吟。

与任城许主簿游南池

秋水通沟洫，城隅进小船。

晚凉看洗马，森木乱鸣蝉。

菱熟经时雨，蒲荒八月天。

晨朝降白露，遥忆旧青毡。

对雨书怀走邀许主簿

东岳云峰起，溶溶满太虚。

震雷翻幕燕，骤雨落河鱼。

座对贤人酒，门听长者车。

相邀愧泥泞，骑马到阶除。

赠李白

秋来相顾尚飘蓬，未就丹砂愧葛洪。

痛饮狂歌空度日，飞扬跋扈为谁雄。

与李十二白同寻范十隐居

李侯有佳句，往往似阴铿。

余亦东蒙客，怜君如弟兄。

醉眠秋共被，携手日同行。

更想幽期处，还寻北郭生。

入门高兴发，侍立小童清。

落景闻寒杵，屯云对古城。

向来吟橘颂，谁欲讨莼羹？

不愿论簪笏，悠悠沧海情。

参考书目

（清）王琦编注：《李太白全集》，中国书店 1996 年版。

安旗等笺注：《李白全集笺注》，中华书局 2015 年版。

郭沫若著：《李白与杜甫》，人民文学出版社 1958 年版。

王运熙、李宝均 著：《李白》，上海古籍出版社 1979 年版。

郁贤皓著：《李白大辞典》，广西教育出版社 1995 年版。

李长之著：《李白传》，东方出版社 2010 年版。

尚永亮著：《诗映大唐春》，北京大学出版社 2017 年版。

周勋初著：《李白评传》，南京大学出版社 2005 年版。

张忠纲解读：《杜甫集》，国家图书出版社 2019 年版。

萧涤非主编：《杜甫全集校注》，人民文学出版社 2019 年版。

郭谦著：《盛唐十大诗人交往史录》，电子科技大学出版社 2014 年版。

梁宇广著：《李白醉风流》，中央民族大学出版社 2009 年版。

程韬光著：《太白醉剑》，河南文艺出版社 2009 年版。

车延高著：《醉眼看李白》，江苏人民出版社 2010 年版。

康震著：《康震品李白》，东方出版社 2006 年版。

诸传中著：《李白诗影》，湖北教育出版社 2004 年版。

郑修平著：《李白在山东诗文集注》，济宁新闻出版局 1991 年版。

徐叶翎：《东鲁寻踪说李杜》，中国文化出版社 2011 年版。

后 记

　　我一直觉得，生在济宁、工作于这片热土，实为幸甚！因为，济宁为孔孟之乡，儒家思想发源地。从思想层面讲，儒家思想影响中国两千余年，至今其精华仍被我们传承和弘扬；从文学特别是诗歌层面讲，李白是中国古代最伟大的浪漫主义诗人，杜甫是中国古代最伟大的现实主义诗人，李杜是中国古典诗歌的最高峰，是两颗最闪亮的巨星。就是这两曜在济宁相遇，他们"醉眠秋共被，携手日同行"，这种兄弟般的情谊成为文坛上的佳话。闻一多先生说，在文化史上，除了孔子见老子，就是李白见杜甫，他俩的相会，再怎样庆祝也不为过。由此可见济宁文化底蕴之深之厚，这里的山山水水似浸润着经典文化的甘霖。

　　李白移家东鲁（济宁）二十余年，在他身上和诗歌中所表现的"大鹏一日同风起，扶摇直上九万里"的万丈豪情，勃发着昂扬进取的盛唐精神，表现着高度的文化自信和人格尊严等，这些正是中华民族精神宝库中最闪光的珍宝，这也正是我们今天要承继和弘扬的精神。

　　基于这种思考，我感到很有必要向广大群众推介和宣传李白和其诗中所表现的精神，这也应是弘扬优秀传统文化的一个组成部分。

　　我热爱李白，多年积累了些研究资料。2000年我用十个月的时间整理编著成《李白畅游齐鲁诗踪》一书。这本书的出版算是抛一块砖，希望能引来"良玉"。确实有了"砖头"效应，许多中青年李白研究者受到了激励，以极大的热情投入李白的研究工作。我期待"玉"的出现，也期待

李白研究的佳作问世。

除了听到一些赞誉声外，有一些李白诗的爱好者提出建议，除读李白的诗外，还想了解李白为什么移家东鲁？他的家安置在哪个县？在东鲁二十余年都做了哪些较大的事？李白的家庭情况什么样？根据大家的建议和我掌握李白的有关史料，新编著《诗仙李白在济宁》一书。书分上编和下编，上编为《李白其人 寓家济宁》，介绍李白的有关情况；下编为《诗酒英豪 醉歌济宁》，注释品评李白写于济宁的诗。在写李白移家东鲁一节时，有个难题，也是绕不过去的"坎"，那就是李白在东鲁寓家何处？移家东鲁古今无有异议，而在东鲁寓家哪里，说法不一。有的说寓家任城，有的说寓家兖州，还有的说先寓家任城，后又寓家兖州等。这些研究者似都言之有理，亦持之有据；双方都写过很多文章，出过专门研究论证的书。至今在济宁没有一个基本的统一说法，或者由济宁有关权威部门认可的说法。因笔者在这方面没有系统的研究，缺乏过硬的有说服力的历史材料，因此不敢妄言臆断。对此思来想去，学习李木生同志在编写《李白杜甫在济宁》一书的处理办法，经李木生同志同意，把寓家任城、寓家兖州的观点及文章从《李白杜甫在济宁》一书中分别摘编，以期让读者更多地了解。

上编中所涉及的人物和选用的历史材料，有三种情况：一、有据可查的，即或李白的诗中写到，或在别的书中、序中、墓志铭中有记载的，如李白的家世与出生地，李白的移家东鲁，李杜在东鲁的交游及李白的婚姻和子女等情况均属这一类。二、有据可查的事实加传说的，如魏颢三千里寻访李白的故事，汪伦用计谋请李白到村内漫游的故事，山东小吏携斗酒双鱼拜访及宴请李白的故事，基本事实都是诗中和其他文中有记载的，只是在细节上，在某些环境和情绪的描写上有些渲染，再加上某些传说。三、与李白曾生活过的四个女人。关于刘氏与鲁一妇人记载就这么几个字，在李白诗和别的文章中也无再多的记述。然在民间，济宁群众中有各种各样的传说，所以在介绍刘氏与鲁一妇人时，就采用了传说。

下编主要是从《李白畅游齐鲁诗踪》一书中挑选出诗 79 首，文 5 篇，共 84 首（篇），这些诗文大都写于东鲁，即今济宁市所辖的范围。但由于古今行政区划的沿革变化，李白写诗地点的归属也随之变化。如李白《游泰山六首》其一，唐时泰山隶属乾封县（唐时太安县称乾封），而乾封又隶属鲁郡（兖州），所以李白写于鲁郡的诗，也应包括写泰山的诗，缘于此，把写泰山诗其一也收入本书。

有的诗写作地点是有争议的，如《将进酒》，郁贤皓先生认为，李白、岑勋、元丹丘三人饮酒的地点在嵩山（见郁贤皓《李白集》第 93 页），詹锳主编《李白全集校注汇释集评》中引王运熙的话："此诗当是天宝初作于梁宋、东鲁一带。"既然有的专家认为是"东鲁一带"，又是比较重要的诗，所以也就收入本书。

还有的诗不是写于东鲁，而是写于外地的，如在金陵（今南京）写的《寄东鲁二稚子》《送杨燕之东鲁》《送萧三十一之鲁中兼问稚子伯禽》，在宣城写的《赠武十七谔并序》几首诗，虽是写于外地，但直接关系在东鲁的子女，对了解李白与家庭子女关系是非常重要的珍贵资料，因此也纳入本书的范围。

关于书的目录顺序，没有严格按写作的时间排列，其重点是分析诗的内容和艺术特点，在时间上只是大体上划分，可能不十分准确，特望读者见谅。

每首诗的注释部分，对古代人物、典故、地名等条目的注释，吸收了各家的某些研究成果，在此表示谢意。诗的"赏析"部分，主要是根据诗所表达的内容和所运用的艺术手法，进行分析品评，由于水平所限，难免有偏颇和错误，望读者批评指正。

在本书的写作过程中，得到多方面帮助。市委宣传部、市文广新局，市文联等单位和市有关领导给予大力支持和鼓励。

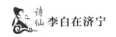

太白湖新区的展鑫书记始终热情地关注和支持本书的写作，他再三强调从政治的高度，把学习李白的诗，弘扬优秀的传统文化与社会主义文化、社会主义核心价值观结合起来，形成马克思主义为指导的最先进的文化，并以此来支撑和促进新区的社会、经济、城市建设和生态文明的发展，这应是研究李白的指导思想和目的。太白湖新区党工委宣传部部长张吉良同志，对本书的写作给予热情的关注，并提出一些修改意见。

贾庆超教授、时鑑教授，帮助查找历史资料和解决一些疑难的问题。孙善增、朱继德、郭玉、路然、李海丽、王豪斌等，在校对、设计、排版等方面给以大力支持和帮助。

在此一并表示感谢！

因水平所限，书中错误难免，还望读者指正。

2021 年 7 月于济宁南风花园